ALLES OVER PSYCHO

Van dezelfde auteur

Alles over management tests
Alles over salarisonderhandelingen
Alles over selectiegesprekken
Alles over assessment centers
Op naar een hoger salaris

Drs. Jack J.R. van Minden

ALLES OVER PSYCHOLOGISCHE TESTS

Uitgeverij L.J. Veen

Amsterdam/Antwerpen

Dit boek is opgedragen aan Danny, Renée en Sharon: hoe vaak zullen zij in hun verdere leven nog getest moeten worden… ?

Uitgeverij L.J. Veen maakt deel uit van Uitgeverij Contact

Vijftiende druk

Tekening omslag: Hans Pieko
ISBN 90 254 0870 2
D/1996/0108/704
NUGI 716

Inhoud

Uit de pers

'Drs. Jack van Minden onthult alle trucs van psychologische tests. Wie aan de hand van zijn verhalen goed oefent kan hoog scoren. Want voor een carrière zijn niet alleen hersens, maar vooral slimheid nodig.' (*De Tijd*)

'In *Alles over psychologische tests* trekt drs. Jack J.R. van Minden een vrijwel complete trommel open over alles wat er te koop is op het gebied van psychologische testen en toetsen. Niet alleen veel algemene voorlichting, maar ook talloze praktische tips.' (*de Volkskrant*)

'Ongetwijfeld geeft *Alles over psychologische tests* aan de leek en toekomstig slachtoffer veel inzicht in het hoe en waarom van een intelligentie- en beroepskeuzetest. Maar het is tegelijkertijd een bevestiging van de waarde (hoe relatief ook voorgesteld) van een dergelijke meetmethode.' (*Nieuwsblad van het Noorden*)

'Want Van Minden heeft een moedig boek geschreven dat hem vermoedelijk in de collegiale kring, maar ook daarbuiten niet door iedereen in dank zal worden afgenomen.' (*Deskunde*)

'Veel onzekerheid en acceptatie van tests en testgebruik komt voort uit onwetendheid. Al veel eerder had voorzien moeten zijn in de behoefte aan informatie over tests. Selectiepsychologen vinden dat ook – en het verschijnen van het boek zal velen van hen met schaamte hebben vervuld.' (Bericht van de voormalige Rijks Psychologische Dienst)

'Met de publikatie van de bestsellers *Alles over psychologische tests* en *Alles over management tests* ontsluierde de Nederlander Jack van Minden, die zijn activiteiten nu ook tot Vlaanderen heeft uitgebreid, de tot dan toe voor het publiek goed bewaarde geheimen van de selectietests.' (*Trends*)

'In *Alles over psychologische tests* geeft Van Minden de sollicitanten de nodige tips om via de test een tamelijk rooskleurig beeld van zichzelf te schetsen.' (*Leidsch Dagblad*)

Ten geleide

In 1985 verscheen de eerste druk van *Alles over psychologische tests*. We schreven toen: "Psychologische tests zijn met een mysterieus waas omgeven. Dat is op zich niet erg, maar dat wordt het wel wanneer deze tests een belangrijke rol in iemands leven gaan spelen. Veel sollicitanten, vooral zij die een middenkaderpositie in het bedrijfsleven of bij de overheid ambiëren, worden psychologisch op geschiktheid getest. Juist omdat kandidaten niet vertrouwd zijn met deze selectiemethode ontstaat er vaak een zekere angst en spanning."

Het bleek een bijzonder goede suggestie om testkandidaten al vroeg 'testwijs' te maken, zodat zij hun kansen vergroten om beter dan hun 'concurrenten' uit de test-'slag' te komen.

We schreven ook dat u als kandidaat geen willoos slachtoffer van werkgevers en testdeskundigen hoeft te zijn. Nee. Met hulp van informatie en oefeningen zult u aanmerkelijk beter uit de testdag komen.

Alles over psychologische tests kent twee pijlers: algemene voorlichting over tests en verregaande concrete vragen en opgaven, gelardeerd met veel praktische tips over de belangrijkste psychologische tests. Wij zijn dan ook van mening dat dit boek uniek is in de wereld.

Dit boek is gebaseerd op jarenlange en continue research. Veel informatie is ook afkomstig van de constante feedback die de vele cliënten van het bureau van de auteur, Psycom in Amstelveen, ons hebben aangeboden na hun onderzoekdag.

Wie moeten en willen dit boek lezen?

Dit boek is geschreven voor:

1 Iedereen die (vroeg of laat...) aan een psychologische testprocedure wordt onderworpen en zich hierop zo goed mogelijk wil voorbereiden.

2 Juist en bijna afgestudeerden die 'binnenkort' misschien getest zullen

worden. Je kunt niet vroeg genoeg met de voorbereiding beginnen, want de uitnodiging van het testbureau komt meestal onverwacht...

3 Studenten psychologie, personeelswetenschappen, human resources en vergelijkbare academische en hbo opleidingen, die kennis willen (moeten) nemen van psychologische selectiemethoden en -tests.

4 Personeelsfunctionarissen, outplacement- en loopbaanadviseurs en andere professionals die meer moeten weten over tests.

5 En ten slotte lezers van *Alles over management tests*, *Alles over assessment centers* en *Alles over selectiegesprekken*, die om welke reden dan ook, meer willen weten over selectie.

Wat kan dit boek voor u doen?

Alles over psychologische tests biedt u vele voordelen:

1 Het licht u uitgebreid voor over hoe psychologische selectie in de praktijk eruit ziet en werkt.

2 Het beschrijft veel voorkomende psychologische tests, zodat u te weten komt wat u *concreet* te wachten staat. U treft vele voorbeelden van tests aan.

3 U raakt vertrouwd met tests – via tekst, tips en oefentest, zodat u zelfverzekerder en meer ontspannen aan de test begint. Hierdoor zult u een piekprestatie kunnen leveren!

4 Daarnaast wordt keihard gewezen op een aantal potentiële *gevaren* die telkens op de loer liggen.

5 Het boek neemt testangst weg (misschien omdat u al eerder bent onderzocht en te licht bent bevonden).

Kortom, dit boek vergroot uw slaagkans enorm!

De 'tipbox'

In dit boek staan op verschillende plaatsen in grijze kaders 'TIPS'. In deze 'tipboxen' vindt u allerlei praktische adviezen. Maak daarvan gebruik!

TIP:

....

....

....

Daarnaast treft u ook hier en daar verwijzingen aan naar de boeken *Alles over management tests*, *Alles over assessment centers* en *Alles over selectiegesprekken*.[1] Dat is een service aan onze lezers, want in die boeken treft u méér informatie aan over deze onderwerpen. Deze verwijzingen zijn onder andere als volgt weergegeven:

*** Zie *Alles over management tests* *** Hoofdstuk 7

De 'gevarendriehoek'

Het psychologisch onderzoek kent vele gevaarlijke situaties, voetangels en klemmen. Verspreid in het boek zult u hiervoor gewaarschuwd worden via de 'gevarendriehoeken', gemarkeerd door het symbool:

!

Studiestrategieën

U zult veel leesplezier hebben met dit boek! Maar als u haast heeft, doet u er goed aan de volgende weg te bewandelen:

1 Raadpleeg in de zusterpublicatie *Alles over management tests* het 'register inventarisatie van tests bij testbureaus'. Hierin leest u welke testbureaus welke tests en opdrachten in huis hebben. (Vergeet niet deze gegevens uit de meest recente uitgave te halen.)

2 Lees delen die voor u waarschijnlijk belangrijk zijn, zoals de hoofdstukken over intelligentie- en persoonlijkheidstests, als u heeft vernomen dat die op de testdag worden voorgelegd.

1 Deze boeken kunt u los van elkaar lezen. Het is echter verstandig, wanneer u binnenkort wordt getest, ze wel goed te bestuderen.

3 Maak alle oefentests! U zult er veel profijt van hebben.

Is tijd geen probleem voor u? Omdat bijvoorbeeld de selectieprocedure juist is begonnen? Lees dan het gehele boek door. Bestudeer daarnaast *Alles over selectiegesprekken*, want hierin leest u hoe u zich op het interview moet voorbereiden, dat *ook altijd* deel uitmaakt van een psychologisch onderzoek.

Nieuw in de vijftiende druk

Alles over psychologische tests is een 'klassieker' geworden.

Zijn er in de vele voorgaande drukken bescheiden veranderingen doorgevoerd, deze druk bevat drastische wijzigingen. De belangrijkste oorzaak hiervan is dat dankzij dit boek steeds meer van het mysterieuze waas dat over tests hing is weggenomen. Testkandidaten weten nu dat zij zich effectief kunnen voorbereiden. De voorgaande drukken hebben duidelijk hun doel bereikt!

Wat is allemaal nieuw in deze druk?

1 Er zijn drie nieuwe hoofdstukken toegevoegd: hoofdstuk 9, Persoonlijkheid en 'moderne' persoonlijkheidstests, hoofdstuk 12, Andere tests, en hoofdstuk 18, De computer, hulpmiddel bij de psychologische test. Hierin leest u onder andere over tests die nu al via het beeldscherm (en op Internet) worden afgenomen.

2 Enkele 'oude' onderwerpen zijn uitgebreid en u treft talloze nieuwe onderwerpen aan, zoals onder andere persoonlijke competenties, de 'big five' persoonlijkheidsfactoren, 'eerlijkheidstests', en een top-twaalf van de meest gebruikte psychologische tests van dit moment.

3 Enkele oude en nauwelijks meer toegepaste tests zijn verwijderd. Maar er zijn meer nieuwe tests toegevoegd. We noemen de Stroomdiagrammentest, de 16 PF test, de Wartegg, creativiteitstest, cijferrijen, letterreeksen en dooreengeworpen zinnen. Van enkele tests zijn de beschrijvingen uitgebreid.

4 Nieuwe oefentests zijn antoniemen (tegengestelden) en woorden invullen.

5 Geheel nieuw is ook het Testregister, zodat u snel de weg vindt naar informatie over de tests die voor u belangrijk zijn.

6 Feiten en voorbeelden zijn geactualiseerd.

7 Nog meer tips om beter te scoren, en 'gevarendriehoeken' om u te wijzen op mogelijke problemen en adders onder het gras.

8 Namen, adressen en telefoonnummers zijn aangepast.

De vele veranderingen en de nieuwe oefentests hebben het boek toegankelijker en praktischer gemaakt, waardoor de waarde ervan voor testkandidaten aanzienlijk is vergroot.

Veel tests zijn beschreven en 'gekraakt'. Het 'enige' dat u nog moet doen is een goede score halen!

Selectietests zijn eenzijdig. (U heeft toch niet de regels bedacht?) Het gewicht ligt bij testbureau en werkgever. We hopen dat dit boek, met zijn vele tips en oefentests, het evenwicht herstelt en het gewenste resultaat oplevert: de baan, promotie of opleidingsplaats.

Veel succes met de testdag!

Amstelveen/Gemünd, mei 1996

Heeft u op- of aanmerkingen op dit boek? Wilt u de auteur attent maken op een bepaalde test of selectiemethode? Maak dan gebruik van de bijgesloten antwoordkaart. Bellen of schrijven kan ook:

Psycom
T.a.v. drs. Jack J.R. van Minden
Parlevinker 5; 1186 ZA Amstelveen
Tel.: 020-6450292/6451073
Fax: 020-6450340

HOOFDSTUK 1

Inleiding

Er worden jaarlijks in Nederland naar schatting bijna een half miljoen mensen psychologisch getest. In België gaat het vermoedelijk om vergelijkbare cijfers. We zeggen naar schatting, want precieze cijfers ontbreken. Dat is een nogal vreemde zaak, want voor velen is het resultaat van 'een dagje testen' misschien geen zaak van leven of dood, het kan toch van groot belang zijn voor de rest van hun leven.

Als onze schatting de werkelijkheid benadert wordt elk jaar zo'n 4 procent van de bevolking op de psychologische onderzoektafel gelegd. Jaar in jaar uit wordt de complete bevolking van een stad als Den Haag of Utrecht onder een psychologisch vergrootglas gelegd. De groep van 12 tot 55 jaar wordt het meest getest. Bij hen ligt de 'testdichtheid' misschien wel rond de 5 procent. Dat wil zeggen dat elk jaar ongeveer één op de twintig Nederlanders in deze (grote) groep te gast is bij een testpsycholoog. We praten over grote groepen mensen die in contact komen met de instrumenten van de psycholoog.

Waar worden al deze mensen voor getest?

Testdoel	*Aantal personen per jaar × 1000*
Sollicitatie	200
Basisschoolverlater ('Cito')	100
School- en beroepskeuze	150
Anders	38
	488

Hoeveel van deze mensen zullen blind varen op het oordeel en advies van de testpsycholoog? Hoevelen zullen tevreden zijn met de 'uitkomst' van hun test? Hoevelen zullen zich voorbereiden op de test, om een zo goed mogelijk figuur te slaan? En hoe zullen zij zich dan voorbereiden, wapenen tegen de tests? Het antwoord op deze laatste vraag is één van de hoofdonderwerpen van dit boek.

Het mysterie test

Velen kijken met ontzag naar de psychologische test. Daar zijn verschillende oorzaken voor aan te wijzen. Ten eerste het grote belang ervan: meestal worden heel belangrijke beslissingen op de uitslag gebaseerd. Ten tweede de geheimzinnige kant van veel tests ('Hoe kunnen ze vaststellen wat voor iemand ik ben, via de antwoorden op enkele nogal vage vragen?'). Ten derde: we weten nog steeds erg weinig van de menselijke geest. (Ontdekkingsreizigers opgelet! Er ligt veel werk te wachten.) En ten vierde, psychologische selectiebureaus hebben de geheimzinnigheid altijd wel mooi gevonden. Het verschafte hun status. Pas de afgelopen jaren zijn zij iets (maar niet zo veel!) scheutiger geworden in het verstrekken van informatie over hun tests en procedures.

De psychologische test is voor velen een mysterieus gebied, vooral wanneer je nooit eerder bent getest of een psychologische test in handen hebt gehad.

Nog niet zo heel lang geleden sprak men over 'psychotechniek' en 'psychotechnisch onderzoek'. Probeerde de psycholoog zichzelf tot 'zielkundig ingenieur' te bombarderen? Zag hij de mens als een kille en koele constructie van allerlei radertjes, schroefjes en boutjes? Gelukkig kom je deze termen nog maar sporadisch tegen, want psychologische tests gaan over mensen en hebben met techniek en monteren maar heel weinig te maken.

De geheimzinnigheid waarmee psychologische tests worden omgeven, heeft ook hun reputatie enige schade aangedaan. Er wordt soms dan ook wel smalend gesproken over 'psychologische vivisectie', het ontfutselen van slaapkamergeheimen, röntgenfoto's van de hersenen, gluurderij, hersenspionage, geestelijk uitkleden en dergelijke. Zit er een waarheid verborgen achter deze bijnamen? De lezer moet zijn eigen oordeel vormen...

Wat is een psychologische test?

We hebben tot nog toe al veel over het begrip psychologische test gesproken, zonder dit toe te lichten. We houden voorlopig de volgende omschrijving aan: een psychologische test is een meestal objectief meetinstrument dat psychologen gebruiken om systematisch vast te stellen welke geestelijke capaciteiten en vaardigheden mensen hebben, om hiermee voorspellingen over hun gedrag te kunnen doen. Tests leveren nooit absolute oordelen op, personen worden met elkaar vergeleken. (Jan is intelligenter dan Piet, of Jan behoort tot de bovenste 30 procent van de bevolking wat betreft technisch inzicht.)

We zullen in dit boek een aantal 'losse' tests bespreken. In de praktijk wordt zelden iemand op een enkele test afgewezen. Het gaat meestal om een verzameling van tests, 'testbatterij' genaamd. Een vliegtuig wordt zelden door een enkel kanon van een luchtafweerbatterij neergehaald. Een testkandidaat evenmin...

Deskundigen maken wel onderscheid tussen test en toets, waarbij het laatste woord duidt op het uitsluitend examineren van kennis (zoals bijvoorbeeld de proefwerken en repetities op school). Wij zullen dit strenge onderscheid niet gebruiken.

Vragen, vragen, vragen...

Ook mensen die al eens eerder psychologisch zijn getest blijven met nogal wat vragen zitten. Psychologen hebben nooit veel moeite gedaan om bijzonderheden over hun werk wereldkundig te maken. Er is steeds meer vraag naar hun selectiediensten ontstaan, maar de voorlichting hierover is heel mager gebleven.

We hebben in een klein onderzoek een aantal mensen de vraag gesteld wat zij graag zouden willen weten over psychologische tests voor sollicitatieprocedures. Sommigen zijn enige tijd geleden getest, terwijl anderen dit nog te goed hebben.

Een korte bloemlezing uit de stroom van reacties die wij ontvingen:

- 'Mag je de werkgever weigeren psychologisch onderzocht te worden? En wat zijn dan de consequenties?'
- 'Wat gebeurt er nu precies met de testformulieren die ik heb ingevuld?'
- 'Wie krijgt mijn gegevens ter inzage?'
- 'Hoe wordt het resultaat van de tests beoordeeld?'
- 'Hoeveel kost een psychologisch onderzoek per persoon?
- 'Wat gebeurt er als ik op het testbureau zeg dat ik bij nader inzien liever niet getest word? Kan ik dan de sollicitatie helemaal vergeten?'
- 'Waar moet je allemaal op letten tijdens de testdag?'
- 'Welke valkuilen kan ik verwachten wanneer ik getest word?'
- 'Ik heb een associatietest moeten afleggen. Welk verband wordt er nu tussen al deze, soms vreemde, vragen gelegd?'
- 'In welke richting moet ik antwoorden? Wat zouden ze graag van mij willen horen?'
- 'Zijn er geen modernere methoden om aanstaande medewerkers te onderzoeken?'
- 'Hoe moet ik beslist niet reageren?'
- 'Hoe meten ze of je "collegiaal" bent en "contactuele eigenschappen" hebt? Dat was één van de eisen in de advertentie...'
- 'Hoeveel tijd ben ik kwijt voor een beroepskeuzeonderzoek en hoeveel dagen na de test krijg je de uitslag?'

- 'Voor deze job moet ik snel kunnen reageren op moeilijke situaties. Hoe onderzoeken ze dat eigenlijk?'
- 'Wat voor normen leggen ze bij tests aan?'
- 'Wat is het verband tussen al die verschillende tests die ik op de testdag moet doen?'
- 'Waar kan ik terecht voor een beroepskeuzeadvies en hoeveel geld ben ik daarvoor kwijt?'
- 'Mag ik de uitslag van elke test mee naar huis nemen?'
- 'Is zo'n psychologische test niet een hele hoop hocus-pocus en flauwekul?'
- 'Hoe kunnen ze nu al die ondoorzichtige management-vaardigheden psychologisch onderzoeken?'
- 'Ik heb wel eens gehoord dat alleen *middle managers*, het middenkader, psychologisch wordt onderzocht, maar de hoofddirectie van een organisatie nooit. Is dat waar en waarom is dat dan zo?'
- 'Ik wist niet wat ik moest doen bij die merkwaardige "fantasievragen"? Wat is de bedoeling hiervan?'
- 'De psycholoog stelde mij nogal onbeschofte vragen in het gesprek. Hoe moet ik dat in het vervolg aanpakken?'
- 'Is het nodig dat je voor elke sollicitatie opnieuw wordt getest?'
- 'Moet je eerlijk zijn of juist jezelf verkopen? Kunnen ze ontdekken of je liegt of oneerlijk bent?'
- 'Worden er op de testdag vragen gesteld over zaken als godsdienst, seksualiteit, politiek, relatie tussen ouders en kinderen?'
- 'Ik zou best eens een handleiding voor het maken van een psychologische test willen zien! Waar kun je die krijgen?'
- 'Ik wil graag eens zien hoe een psycholoog de antwoorden van een test interpreteert!'
- 'Welke eigenschappen kunnen niet met een psychologische test worden gemeten? En waarom gaat dat dan niet?'
- 'Welke test wordt voor welke eigenschap gebruikt?'
- 'Wat voor waarde moet ik in hemelsnaam hechten aan de resultaten van de test?'
- 'Gelden de testresultaten voor de rest van je leven of zijn ze maar een paar jaar geldig?'
- 'Waarom werd ik bij bureau X getest, en niet bij bureau Z, dat vlak bij mijn woonplaats is?'
- 'Hoe kun je je voorbereiden op de test?'
- 'Wat kun je doen wanneer je het niet eens bent met het rapport van de psycholoog?'
- 'Wat gebeurt er met je testrapport? Word je wel voldoende beschermd? Is geheimhouding gegarandeerd?'
- 'In hoeverre geeft het testresultaat de doorslag bij het al dan niet wor-

den aangenomen voor de baan waarnaar je hebt gesolliciteerd?'

- 'Hoe kom ik erachter of ik het beter of slechter dan de andere sollicitanten heb gedaan?'
- 'Wie krijgt de testresultaten eerder te zien: de toekomstige werkgever of ik?'
- 'Je moet nogal wat verschillende tests afleggen op zo'n dag. Leggen al die tests hetzelfde gewicht in de schaal of verschilt dat per test?'
- 'Welke waarde hechten de meeste werkgevers aan psychologische tests?'
- 'Houdt een test rekening met hoe je je op dat moment voelt?'
- 'Hoe groot is de kans dat de testresultaten nogal afwijken van hoe je in werkelijkheid bent?'
- 'Als je getest bent voor een sollicitatie, kan de psycholoog je dan ook meteen een beroepskeuzeadvies geven?'

Waartoe een eenvoudige vraag ('Wat zou je over een psychologische test willen weten?') kan leiden!

We zijn ons ervan bewust dat deze vragen maar het topje van de ijsberg zijn. Achter elke hier opgenomen vraag staan misschien wel tien onuitgesproken vragen. We weten ook niet welke onzekerheden, angsten en spanningen achter sommige vragen steken. De meeste hier gestelde vragen zullen verspreid over de hoofdstukken worden beantwoord. Sommige vragen en problemen zullen nogal uitgebreid worden behandeld, andere alleen maar aangestipt in het voorbijgaan.

U hoeft in ieder geval niet te berusten in 'uw lot'. Na lezing van dit boek gaat u met opgeheven hoofd en assertief het testbureau bezoeken. U verandert van 'lijdend voorwerp' in goed ingelicht 'meewerkend voorwerp' en krijgt greep op de zaak. En dat is een prettig gevoel!

Psychologische adviezen: een veel gevraagd 'artikel'

Steeds meer mensen worden psychologisch getest. Wordt de testpsychologie (als we dit gebied zo mogen noemen) steeds 'populairder'? En zijn daar dan bepaalde oorzaken voor aan te wijzen? We zullen eens kijken.

1 Het aanstellen van medewerkers is soms een hachelijke zaak. Het is vervelend voor werkgever en werknemer wanneer de wederzijdse verwachtingen niet uitkomen. De werknemer moet vertrekken, maar hij geniet nogal wat wettelijke bescherming. Daarom is het vaak een lange, tijdrovende en kostbare zaak voor de werkgever om een arbeidsovereenkomst te beëindigen. Hij gaat graag een vruchtbaar en produktief 'huwelijk' aan

dat langere tijd stand kan houden. Ook hier doet scheiden lijden. Een psychologisch onderzoek verkleint het risico voor de werkgever. Hij krijgt wat meer zekerheid over zijn 'investering'.

2 Psychologische tests vormen een maatstaf om redelijk objectief mensen met elkaar te kunnen vergelijken. We schrijven opzettelijk 'redelijk', omdat we later zullen zien dat de psychologische test verre van volmaakt is (gelukkig maar, voor vele sollicitanten...).

3 Psychologische tests zijn meestal eenvoudige, snelle en pijnloze onderzoeksinstrumenten. Er worden geen tangen, messen of injectienaalden gebruikt. Door het beantwoorden van wat eenvoudige vragen, hier en daar een kruisje op een formulier zetten en het uitvoeren van simpele taken en opdrachten krijgt de psycholoog inzicht in de persoonlijkheid, vaardigheden, talenten en eventuele stoornissen. Psychologische tests zijn daarom niet alleen goedkoop ten opzichte van andere onderzoeksmethoden, ze zijn ook onschadelijk voor de gezondheid. (Maar soms leiden ze tot een 'knak' bij een afgewezen kandidaat.)

4 Psychologie heeft in de loop der jaren een bepaalde faam weten op te bouwen. In vroegere dagen hielden psychologen zich bezig met de studie van de 'ziel' en 'geest'. Maar daar bleek eigenlijk niemand mee uit de voeten te kunnen. Toen eenmaal het begrip 'gedrag' werd gelanceerd (omschreven als waarneembare en registreerbare activiteiten van mensen) kon het werkterrein van de psychologie worden uitgebreid. De psychologie ging meten – en meten doe je met cijfers en getallen. Sinds mensen in getallen konden worden uitgedrukt, werd de psychologie meegenomen in de vaart der volkeren.

5 Een psychologisch advies dient soms als 'scheidsrechter'. Dit geldt vooral testonderzoek. Wanneer bijvoorbeeld de directeur personeelszaken en een afdelingsleider het niet eens zijn over een kandidaat, kunnen ze hun eindoordeel van een (neutrale) testprocedure laten afhangen. Dit is misschien heel belangrijk wanneer deze sollicitant wel over de gewenste capaciteiten beschikt, maar het niet duidelijk is of hij ook *qua persoonlijkheid* bij het bedrijf past.

6 Ook andere psychologische adviezen blijken veelgevraagd te zijn. In de marketing en reclame, voor de bedrijfsvoering, bij de politie en het leger, in de sport, bij de rechtbank, enzovoort. Psychologen hebben zich van oudsher opgesteld als neutrale en objectieve onderzoekers en adviseurs. Waarom zou je geen specialist inschakelen om vat te krijgen op het selectieprobleem?

Soms ook is het 'modern' om een psycholoog te hulp te roepen. Misschien is éénoog toch koning in het land der blinden...

Nog een paar cijfers

Zo'n 40 procent van de Nederlandse psychologen helpt mensen te genezen, van hun kwalen af te komen of hun relaties te verbeteren. Psychologen die zich beroepshalve bezighouden met 'selectie-, school- en beroepskeuze' vormen met 20 procent de tweede belangrijke groep. Er zijn naar schatting zo'n 19 tot 20 000 psychologen in dit land werkzaam. Een kleine 2500 hiervan mogen we 'testers' noemen.

Testen is 'big business', zoals onderstaande gegevens duidelijk maken. In het begin van dit hoofdstuk werd gesteld dat er jaarlijks in Nederland zo'n 200 000 mensen worden getest voor een functie. Bij een gemiddeld tarief van *f* 1500,– spreken we over een 'markt' van *f* 300 miljoen. Wanneer hier ook nog eens school- en beroepskeuzetestprocedures bij worden opgeteld komen we tot een aanmerkelijk hoger bedrag.

Nooit meer testangst

Het onbekende en geheimzinnige van de test, gekoppeld aan de onzekerheid en het grote belang van de testuitslag zorgen ervoor dat nogal wat mensen met lood in de schoenen en vocht onder de armen het testbureau bezoeken. Testbureaus zelf doen er bijna niets aan om de testangst weg te nemen. Een briefje hier en een foldertje daar, denkt men, zal wel voldoende zijn. Wat de bureaus niet weten is dat het voor u de eerste keer kan zijn dat u wordt getest – en dat uw toekomst misschien van de resultaten van die dag afhangt. Voor het testbureau, waar misschien duizenden sollicitanten per jaar worden geknipt en geschoren, is het allemaal niet zo bijzonder. Het is hun dagelijks werk.

Sommige mensen hebben last van examenvrees. Menig examen, proefwerk, repetitie of toets hebben zij verknald. Zij hebben de kennis of kunde in huis, maar maken zich nodeloos zorgen. Met het zweet in de handen en een klam voorhoofd beginnen ze aan de opdrachten... en falen. De angst heeft hen parten gespeeld.

We hopen dat dit boek u zoveel vertelt over de psychologische test en dat u er zoveel praktische tips uithaalt voor het goed maken van de test, dat u er met optimisme aan begint en een 'goed cijfer' behaalt. Het advies dat het testbureau aan de aanstaande werkgever (de opdrachtgever) geeft, is meestal erg belangrijk. Zorg ervoor dat het advies gunstig wordt. Na het lezen van dit boek zult u zien dat u het resultaat in belangrijke mate in de hand kunt hebben!

TIP: Test jezelf, vóór anderen dat doen... Maak de oefentests, aan het eind van dit boek. Het maakt je alvast vertrouwd met veel voorkomende tests.

Je wordt niet altijd even vrijwillig getest...

De meeste mensen worden niet altijd vrijwillig onder het psychologische ontleedmes genomen. Velen worden getest tijdens een sollicitatieprocedure – de toekomstige werkgever wil graag wat zekerheid krijgen over een aantal kandidaten voordat hij 'een huwelijk' met een nieuwe medewerker aangaat. Heeft hij ongelijk? Wordt u vrijwillig getest voor de nieuwe baan? Het is maar hoe je het bekijkt. Geen test, geen baan...

Maatschappelijk werkers verwijzen ook nogal eens naar een psycholoog, meestal wanneer ze er zelf niet helemaal uitkomen. Psychotherapeutische collega's van de testpsycholoog stellen het afnemen van een test soms op prijs. Bijvoorbeeld bij het behandelen van echtparen met relatieproblemen of als de relatie tussen ouder en kind niet helemaal vlot. Ook artsen maken gebruik van psychologische tests. Zo bestaan er tests die allerlei hersenbeschadigingen en -afwijkingen kunnen vaststellen. Misschien niet zo goed als medische instrumenten, maar wel veel goedkoper en zonder een pijnlijke operatie op de patiënt!

Er zijn ook mensen die met verlangen uitkijken naar de dag waarop ze horen 'hoe ze er psychologisch uitzien'. We denken dan aan school- en beroepskeuze. Het is in deze maatschappij niet eenvoudig een beroep 'voor later' te kiezen. En toch wordt meestal op jonge leeftijd al verwacht dat je een beroep kiest waar je je hele leven aan vastzit!

Het is verstandig een beroep te kiezen waarvan u kunt vermoeden dat er ook later nog brood en muziek in zit. Maar hoe weet u of u ook geschikt bent voor zo'n beroep? Sommige 'gespecialiseerde' psychologische tests kunnen inzicht geven in iemands beroepsinteressen en sterke en zwakke punten. Hoe nobel de motieven voor dit type onderzoek mogen zijn, ook hierbij wordt soms wel zachte drang uitgeoefend door ouders of anderen. In ieder geval is voor het onderwerp school- en beroepskeuze in dit boek plaats ingeruimd.

TIP: Soms moeten sollicitanten in een testprocedure ook een beroepskeuzetest invullen. Een vreemde eend in de bijt. Het doel van zo'n test is uw dieperliggende motivatie voor een beroep vast te stellen. Pas hiervoor op! Geef antwoorden die goed passen bij het beroep/de functie waarvoor u wordt onderzocht.

'De Cito-toets', een verhaal apart

Elk jaar worden er in Nederland ruim 100 000 basisschoolverlaters aandachtig bestudeerd met 'de Cito-toets'. Voldoet het testresultaat aan bepaalde normen, dan ziet de toekomst er voor het kind gunstig uit. Ligt het resultaat onder de norm, dan moeten de ouders meestal hard vechten om het 'advies' dat op de test is gebaseerd, te veranderen. We zullen later zien dat het Cito veel meer doet dan het testen van zesdeklassers van de basisschool. Het Cito-verhaal in dit boek is vooral bestemd voor ouders die graag wat meer willen weten over deze test, waarover op een gegeven ogenblik 'iedereen' in de omgeving spreekt. Misschien kunt u met behulp van het Cito-hoofdstuk een stuk spanning en ongerustheid bij uw kind wegnemen.

Wat is het doel van dit boek?

Psychologische tests zijn gebaseerd op de *naïeve kandidaat*: de persoon die zich niet voorbereidt en in alle uitgezette vallen stapt. Wanneer u zichzelf in het afleggen van tests bekwaamt, of u laat trainen, *falen* de meeste tests – en niet u!

Dit boek is heel belangrijk voor elke lezer die binnenkort psychologisch getest wordt. U zult leren hoe u *uw eigen testprestaties kunt verbeteren*, voor de baan die u graag wilt hebben!

In dit boek maakt u allereerst kennis met de achtergronden van de psychologische test. Dit gebied is rijk aan vele wetenschappelijke theorieën en wiskundige statistiek. Ingewikkelde theorieën zult u in dit boek niet aantreffen, noch moeilijke woorden. Soms is het noodzakelijk een technische term te noemen (bijvoorbeeld 'validiteit'). Zo'n begrip wordt dan altijd toegelicht of beschreven, zodat u niet in de kou hoeft te staan. *Alles over psychologische tests* wil een praktisch en bruikbaar boek zijn. Het helpt bij het verbeteren van testprestaties, met name bij sollicitatieprocedures. U zult niet bang zijn om getest te worden, omdat u *leert hoe de uitslag van tests in uw voordeel te beïnvloeden*!

Wanneer u pas getest bent en hier nogal een 'kater' van hebt overgehouden, bijvoorbeeld omdat er een negatief advies is afgegeven, zal dit boek u op uw rechten wijzen en aangeven hoe u eventuele klachten kunt indienen. Dat betekent natuurlijk niet dat u die begeerde job alsnog krijgt! Maar misschien kunt u de achterdeur van de toekomstige werkgever toch nog op een kier zetten... Tenslotte, nee heb je maar ja kun je krijgen!

Dit boek hoopt sollicitanten meer weerbaar te maken wanneer zij, onschuldig en onwetend, de tocht naar het testbureau moeten maken.

Het boek biedt veel praktische informatie over psychologische tests, concrete voorbeelden en oefentests. Maar u zult begrijpen dat niet het achterste van de testtong wordt getoond. Ten eerste bestaan er veel meer tests dan hier worden besproken. Ten tweede mogen we hier geen complete tests afdrukken, vanwege het auteursrecht dat daarop berust.

Hoe goed voorspellen psychologische tests?

Er bestaat helaas nog geen röntgenfototechniek voor de hersenen, die razendsnel uw persoonlijkheid, intelligentie en capaciteiten vastlegt op de gevoelige plaat. Psychologische tests meten dat nu allemaal vrij indirect, waarbij een groot beroep wordt gedaan op uw medewerking en eerlijkheid.

Het doel van elke psychologische test is VOORSPELLEN via een paar 'eenvoudige' vraagjes en opdrachten. Zo zijn er psychologische tests die voorspellen:

- Hoe goed iemand kan rekenen;
- Hoe creatief iemand is;
- Of de persoon spanning (stress) kan verdragen;
- Of de persoon goed met anderen (ondergeschikten) kan omgaan;
- Of iemand technisch inzicht heeft;
- Hoe goed iemand anderen kan leiden ('managen').

De reeks is erg lang te maken. We zullen later (onder meer in hoofdstuk 4) laten zien wat voor soort psychologische tests er bestaan en waarvoor zij dienen.

Een psychologische test is dus een voorspeller. Dat houdt ook altijd een *vergelijking* in. Een goede psychologische test bevat dan ook altijd *normen* waartegen de geteste persoon wordt afgezet. Die maatstaven zijn berekend in vroeger onderzoek naar deze test, vaak voordat deze op de markt kwam. Laten we een voorbeeld geven. Iemand behaalt op een test voor technisch inzicht 80 punten. Is dat een goede prestatie of niet? Is 80 punten veel, weinig of gemiddeld? Om dat te bepalen moet je eerst weten wat het absolute minimum aantal punten is dat iemand kan behalen (vaak: 0 – alle antwoorden verkeerd of geen enkele vraag beantwoord) en wat het maximum aantal punten is (vaak: alles goed). Behalve deze twee grenzen zijn er ook normen uit de praktijk nodig. Wanneer 95 procent van de mensen die ooit deze test hebben afgelegd maximaal 30 punten hebben gescoord, zal 80 punten buitengewoon goed zijn. Wanneer de minimumscore van deze test 30 is (1 procent van de kandidaten) en het maximum boven de 300 ligt, dan kom je met 80 punten niet zo ver.

Kortom: we weten nu dat tests dienen te voorspellen en dat u bij iedere testafname wordt vergeleken met anderen!

De vraag blijft: *hoe goed* voorspellen tests? We willen het antwoord bewaren tot hoofdstuk 6, maar nu alvast verklappen dat dit nogal wat te wensen overlaat. Wanneer u het dus niet eens bent met de testuitslag, kunt u best eens terecht protesteren. Of dat uitmaakt in de eindbeoordeling is iets anders...

Geschiedenis van de testpsychologie in mijlpalen

Wanneer we de geschiedenis van de psychologische test lezen, zien we de gehele psychologie aan ons voorbijtrekken. Ze zijn onlosmakelijk aan elkaar verbonden. We zullen de ontwikkeling van het verschijnsel psychologische test via een aantal belangrijke gebeurtenissen, van een jaartal voorzien, kort beschrijven. Enkele van deze historische feiten hebben tot de dag van vandaag standgehouden, maar andere zien we tegenwoordig als bizar of lachwekkend.

1 Circa 2000 jaar v. Chr. worden in China de prestaties van keizerlijke ambtenaren gemeten. 'Tests' worden gebruikt om bepaalde functies toe te wijzen aan de hogere dienaren.

2 500 jaar voor het begin van onze jaartelling bestuderen Griekse artsen 'temperamenten' van de mens. Zo zijn de vier 'wortels' van de mens volgens Empedocles 'lucht', 'vuur', 'water' en 'aarde'. Iedereen zou een unieke combinatie van deze 'wortels' bezitten.

Hippocrates, die men ook wel 's werelds eerste arts noemt (zijn naam leeft nog steeds voort in de 'Hippocratische eed', die jonge artsen moeten afleggen), onderscheidt vier 'sappen' of 'vochten'. Bij de gezonde personen zijn 'bloed', 'slijm' (of flegma), 'zwarte gal' en 'gal' in evenwicht.

De derde Griek die hier een plaats verdient is Galenus, die de vier elementen 'kwaliteiten' noemt. Hij onderscheidt negen typen temperamenten, door combinaties te maken van zijn elementen. De temperamentenleer is aardige stof voor feestjes en partijen...

3 Omstreeks het jaar 1200 wordt aan de universiteit van Bologna (Italië) voor het eerst een mondeling examen afgenomen. Het is niet bekend wie de gelukkige (of ongelukkige) was.

4 In 1813 ontdekt de Duitse astronoom (sterrenkundige) Bessel dat mensen een verschillende reactietijd hebben bij het waarnemen van planeten. Dat is in die tijd een vervelende ontdekking, want dat betekent dat de 'mens als observator' niet zo betrouwbaar is als altijd werd gedacht. Sinds die tijd wordt de mens aan reactietijd-onderzoeken onderworpen. (Belangrijk voor beroepen waar je razendsnel moet reageren.)

5 De beroemde Franse fysioloog Paul Broca beweert in 1861 dat er een belangrijk verband bestaat tussen de grootte van iemands hersenen (schedelinhoud) en zijn intelligentie. Is het meten van intelligentie een eenvoudige zaak geworden? Of zou de wetenschap later lachen om deze vondst?

6 De Duitser Wilhelm Wundt richt in 1879 (volgens sommigen 1875) 's werelds eerste psychologisch laboratorium op in Leipzig. Psychologen zouden afstappen van allerlei vage en zweverige theorieën en zich meer met objectieve experimenten gaan bezighouden.

7 Het jaar is 1884 en de plaats Londen. De als geniaal bestempelde rijke (en nogal excentrieke) Engelsman Sir Francis Galton is 'standhouder' op de International Health Exhibition. Hij demonstreert hier zijn antropometrisch laboratorium, waar hij mensen in cijfers vastlegt, om ze met elkaar te kunnen vergelijken. Zo meet hij onder andere lengte, gewicht, omvang van de schedel (hersencapaciteit!). Hiermee is deze neef van Charles Darwin (ook geniaal, rijk en excentriek) de eerste die mensen onderwerpt aan 'psychologische tests'.

Galton's antropometrisch laboratorium

8 Een Italiaanse arts, genaamd Cesare Lombroso, beweert omstreeks 1887 dat er 'geboren misdadigers' bestaan. Deze delinquenten bezitten bepaalde (anatomische) uiterlijke kenmerken, waardoor ze duidelijk herkenbaar zijn. Zouden voortaan platte neuzen, zware wenkbrauwen en puntige oren iemands (misdadige) persoonlijkheid verraden?

9 De eminente Engelse psycholoog en statisticus Charles Spearman doet de wereld kond van zijn vondst: de 'twee-factorentheorie' stelt dat intelligentie uit een aantal algemene en specifieke factoren bestaat. Maar wat is 'algemene intelligentie'? Daar is men tot op de dag van vandaag nog niet achter...

10 De Franse psycholoog Alfred Binet doet in 1905 de eerste intelligentietest. Veel latere intelligentietests zijn op zijn originele denkwijze geschoeid. Binet ontwikkelt de test voor Parijse scholen om een brandend probleem op te lossen: hoe kunnen we tijdig de 'zwakke' van de 'sterke' lagere-schoolleerlingen onderscheiden, zodat zij naar speciale scholen kunnen gaan?

11 De Duitser Wilhelm Stern borduurt voort op Binets intelligentietest. Hij lanceert in 1912 het idee intelligentie in een cijfer uit te drukken om kinderen (niet volwassenen!) met elkaar te kunnen vergelijken. Het intelligentiequotiënt (I.Q.) is geboren en zal de wereld veroveren.

12 De Amerikaan John Watson introduceert in 1913 een nieuwe stroming in de psychologie, het behaviorisme. Hij wil alleen maar die onderwerpen bestuderen die natuurwetenschappelijk kunnen worden onderzocht. De meters, indicators, lampen en knoppen doen hun intrede in de psychologie. 'Zwevende' psychologen worden weggedrukt.

13 De Amerikaanse psycholoog Lewis Terman, hoogleraar aan de universiteit van Stanford, biedt zijn land in 1916 de Stanford-Binet-test aan. De 'gemiddelde persoon' zou 100 punten halen op deze Amerikaanse aanpassing van de test van Binet. Minder intelligenten blijven daaronder, terwijl de knappe koppen meer dan 100 punten behalen. Nagenoeg alle latere 'I.Q.-tests' zullen op deze standaard worden gebaseerd.

14 De Eerste Wereldoorlog. In 1917 wordt voor het eerst massaal psychologisch getest. Het Amerikaanse leger heeft de hulp van psychologen ingeroepen om zoveel mogelijk rekruten op hun intelligentie en andere zaken te testen. Er worden twee aparte groepstests ontwikkeld: één voor analfabeten en nieuwe immigranten en een tweede voor soldaten die het Engels als moedertaal hebben. De Amerikaanse testpsychologie zal toonaangevend in de wereld worden.

15 Circa 1917 is de Amerikaan H.H. Goddard druk bezig de theorieën en de test van Binet toe te passen op jongens en meisjes. Hij is een der eersten die de minder-intelligenten beschrijft als zwakzinnig en moroon. Vervelend voor Goddard is dat een onderzoek onder verse immigranten in New York City uitwijst dat zo'n 80 procent van deze landverhuizers zwakzinnig is... Is er iets mis met de immigranten, of met de onderzoekmethode?

16 De Zwitserse psychiater Hermann Rorschach publiceert in 1921 de inmiddels beroemde 'inktvlekkentest', die nog steeds zijn naam draagt. Het luidt de geboorte in van de zogenaamde projectieve persoonlijkheidstests. Vanaf nu 'verraden' mensen hun diepste gevoelens door hun reacties op inktvlekken (en andere vage tekeningen).

17 De Amerikaan David Wechsler openbaart in 1939 de 'Wechsler Bellevue Scale'. Bellevue is een bekend ziekenhuis in New York City, waar hij lange tijd in dienst was. Hij ontwerpt de eerste goede intelligentietest voor volwassenen. Elk testonderdeel heeft een eigen norm, zodat steeds per deel iemands testprestatie kan worden vergeleken met de bevolking. De test wordt nog steeds in vele landen en uitvoeringen gebruikt.

18 Uit hoeveel verschillende factoren (bekwaamheden) bestaat intelligentie? Uit één, zoals Spearman min of meer meent? Of zijn het er 120, zoals de Engelsman Guilford in 1956 beweert, maar niet kan aantonen?

19 In 1971 werd de titel psycholoog in Nederland wettelijk erkend en beschermd. Alleen afgestudeerden in de psychologie mogen deze titel voeren. In 1993 is deze titelbescherming om politieke redenen opgeheven. In België is de titel van psycholoog (nog) *niet* beschermd of erkend. Er wordt wel aan gewerkt door de Kamer van Volksvertegenwoordigers.

20 Rond 1990 beginnen assessment centers door te breken. Gedrag van testkandidaten wordt (weer) belangrijk.

> Wordt u onderzocht voor een managementfunctie? Lees dan ook *Alles over management tests*. Wordt u onderworpen aan een assessment center, of zal uw testdag bestaan uit een combinatie van psychologische tests en assessment opdrachten? Lees dan *Alles over assessment centers* en máák de opdrachten uit dit boek.

HOOFDSTUK 2

Psychologisch getest worden; eerst het goede, dan het minder goede nieuws...

Niemand zal beweren dat psychologische tests werkelijk volmaakt zijn om bijvoorbeeld iemands capaciteiten vast te stellen. We mogen rustig stellen dat er nogal wat nadelen verbonden zijn aan psychologische tests.

We hebben een aantal leken gevraagd welke negatieve kanten zij zien aan de testerij. Sommigen van hen zijn heel kort geleden getest, anderen komen nog aan de beurt... Hun reacties leest u op de volgende bladzijden. Maar ook wetenschappers en officiële instanties spuien de nodige kritiek en hebben niet altijd een even gunstig oordeel. Hun argumenten bewaren we voor later, wanneer u meer inzicht in het verschijnsel test heeft gekregen.

Moeten we psychologische tests afschaffen als er zoveel nadelen aan kleven? En zo ja, wat zijn dan de alternatieven? Welke soorten onderzoek kunnen de taak, die de psychologische tests al bijna honderd jaar vervullen, goed overnemen? We zullen enkele alternatieven bekijken.

De maatschappij heeft aanvankelijk het psychologisch testen van mensen voor allerlei zaken met open armen ontvangen. En natuurlijk heeft de psychologische test ook een aantal voordelen en positieve kanten. Anders zou het verschijnsel allang van het toneel zijn verdwenen... De prettige en plezierige kanten van deze 'geestelijke spionage' komen aan de orde in dit hoofdstuk. We eindigen met de belangrijke vraag of je mag weigeren deel te nemen aan een psychologisch selectieonderzoek.

Getest worden voor een sollicitatieprocedure: voordelen

We hebben in een klein onderzoek – misschien is het beter van een peiling te spreken – een aantal, voornamelijk jongere, mensen gevraagd wat zij er positief aan vinden om in het kader van een sollicitatieprocedure psychologisch getest te (moeten) worden. Sommigen van hen bogen op ervaring. Zij zijn één keer of vaker getest. Anderen hebben nog niet eerder met het instrumentarium van de 'zieleknijper' kennisgemaakt.

We hebben alle reacties verzameld en hier bij elkaar gebracht. Ook negatieve antwoorden zijn geregistreerd. Deze zullen later in dit hoofdstuk worden besproken.

'Ik vind het een uitdaging,' zegt een student. 'Het is een mooie gelegenheid jezelf te ontdekken!' En hij voegt eraan toe: 'Ik was razend nieuwsgierig hoe ver ik bij elke deel-test kon komen – hoe goed ik was.'

Een ander: 'Ik wilde altijd al graag weten hoe mijn persoonlijkheid in elkaar zit en wat ik aan mijzelf moet veranderen.'

'Weet je,' zegt iemand die de sollicitatieprocedure goed is doorgekomen, 'je hebt een bepaald idee van jezelf, een zelfbeeld, en hoe je bij anderen overkomt. Ik vond het interessant dat de persoonsbeschrijving van de psycholoog zo goed aansloot bij hoe ik mijzelf zie.'

Jezelf leren kennen en achter je sterke en zwakke punten komen, is een veelgehoord voordeel. Het is vooral prettig wanneer een ander met gulle hand de kosten van het 'dagje testen' voor zijn rekening neemt...

De psychologische test als spel wordt ook wel genoemd. 'Voor mij was het hersengymnastiek, maar ze (de psychologen) namen het wel serieus op...' Of zoals een ander opmerkte: 'Het is best leuk om te doen.'

Weer een ander: 'Ik vond die test waarbij je zo snel als je kon moest reageren zo aardig, zo spannend.'

'Ik vind het een betrouwbare methode om de goede kandidaten van de slechte te scheiden. Je laat zien wat je kunt, wat je waard bent. Je kunt ze te slim af zijn, waardoor de kans groter wordt dat je voor die baan wordt aangenomen.'

Is het mogelijk een psychologisch testbureau te slim af te zijn, zoals deze persoon beweert? Ja zeker! Na het lezen van dit boek zult u inderdaad uw kansen behoorlijk vergroten. Dat is een belofte die we nakomen!

Nog een positieve reactie. 'Je toekomstige werkgever krijgt duidelijkheid over je capaciteiten. Je komt er zelf ook achter of je zo goed bent als je altijd dacht. Ja, ik vind testen een goede zaak, voor iedereen.'

Een oude heer: 'Het is prima dat je toekomstige werkgever weet wat hij van je kan verwachten. Daar zit toch niets verkeerds in. Ik kan later altijd bewijzen dat ik toen aan het vereiste niveau voldeed.'

De vraag die hier aan de orde komt is eigenlijk: wat telt zwaarder? Hoge testscores of goede werkprestaties? Het antwoord laat zich niet moeilijk raden!

Het afnemen van psychologische tests kan natuurlijk ook als tweerichtingsverkeer worden opgevat: 'Mijn aanstaande baas is te weten gekomen wat ik waard ben. En ik leerde uit de tests of ik wel zo geschikt was voor die functie. Gelukkig wel!'

Deze kandidaat had geen zorg in de wereld: 'Ik wist van tevoren al dat ik de baan zou krijgen. Het was dus voor mij vrij eenvoudig om te bewijzen dat ik inderdaad de aangewezen man was. Toen ik merkte dat ik de vragen "aankon" was ik helemaal ontspannen!'

Het komt inderdaad wel voor dat kandidaten alleen maar voor de vorm, de schijn, worden getest. Jammer voor de concurrenten, maar het is slechts een enkeling die 'op fluweel' zit, wanneer hij de testruimte binnentreedt.

De psychologische test als leerervaring. 'Het was voor mij de eerste keer dat ik solliciteerde en getest moest worden. Ik wist zeker dat ik geen kans had op die baan – ik had totaal geen ervaring. Ik heb hem ook niet gekregen... Maar ik heb ervan geleerd. Ik weet nu waar ik op moet letten, als ik weer getest word.'

Een huisvrouw die na vele jaren probeert haar oude baan terug te krijgen: 'Ik was altijd vreselijk nieuwsgierig. Ik wilde zo graag weten wat een psychologische test nu eigenlijk voorstelt. En nu weet ik het! Het was een leuke ervaring om al die vragen te beantwoorden.'

Een andere reactie: 'Ik heb toen ik getest werd eigenlijk pas voor het eerst in mijn leven kritisch leren denken.'

Hier komen de 'neutrale onderzoekers': 'Kijk, waar gaat het om? Ze willen jouw capaciteiten, aanleg, geschiktheid en zo vergelijken met de andere kandidaten, zodat ze de beste eruit kunnen halen. Het gaat er eerlijk en oprecht toe.'

Een vrouw van middelbare leeftijd formuleert het wat anders: 'Je wordt beoordeeld door de test en niet door iemand die jou aardig vindt, of juist niet!'

Een grijzende man met nogal wat testervaring: 'Het gaat natuurlijk niet om de details van al die tests. Nee, ze proberen de kern van je persoonlijkheid bloot te leggen. Het gaat om de grote lijnen.'

We zullen later zien dat het in werkelijkheid toch iets anders toegaat.

De gevoelsmens komt ook aan bod. 'Ik kon op het testbureau over mijn gevoelens schrijven en praten. Dat vond ik heel prettig. Ik kan me natuurlijk goed voorstellen dat iemand met wat minder opleiding dan ik dat niet kan...'

Hier komt de 'zakenman': 'Je weet dat het bedrijf je wil hebben, anders zouden ze niet al dat geld uitgeven aan zo'n test. Maak je zo'n test goed, dan willen ze je natuurlijk helemaal hebben. Je kunt je voorwaarden dan, eh, aanpassen. Dat heb ik natuurlijk ook gedaan!'

De student die zo hard heeft gewerkt om voor het laatste examen te slagen: 'Ze komen een heleboel over je te weten, maar je hoeft je er gelukkig helemaal niet op voor te bereiden.'

Nog iemand die gerustgesteld wordt door de psychologische test. 'Als je aangenomen wordt, weet je dat je aan de "basisverwachtingen" voldoet. Als je je nieuwe job begint sta je stevig in je schoenen.'

Psychologisch testen levert ook enkele onverwachte voordelen op, zoals deze twintigjarige ambtenaar opmerkt. 'U vroeg mij wat er plezierig en prettig is om getest te worden? Ik vond de onkostenvergoeding erg plezierig. En wat was ik blij dat ik een hele dag niet op kantoor hoefde te komen.'

Enkele conclusies

Welke conclusies mogen we nu aan deze uiteenlopende reacties verbinden?

- Psychologische selectie heeft voordelen voor de geteste en de opdrachtgever.
- Het is een goede methode om achter je sterke en zwakke kanten te komen (een persoonlijke sterkte/zwakte analyse).
- Het beantwoorden van (soms lastige) vragen en het uitvoeren van (soms moeilijke) opdrachten kan spannend en uitdagend zijn.
- Het geeft de opdrachtgever en de geteste persoon een stuk zekerheid, voordat een belangrijke beslissing genomen wordt. (We zullen later de vraag beantwoorden in hoeverre er fouten worden gemaakt: kandidaten met goede testresultaten die in het werk later falen, en andersom, personen die na 'afgekeurd' te zijn toch hun werk uitstekend verrichten.)

Getest worden voor een sollicitatieprocedure: nadelen

In onze peiling hebben we ook gevraagd eens een aantal nadelen te noemen van psychologisch onderzoek. We presenteren citaten van mensen met en zonder testervaring:

Een vijfendertigjarige man: 'Voordat ik getest zou worden zag ik wel wat problemen. Ik was bang dat mijn minder goede kwaliteiten te voorschijn zouden komen... Na afloop was ik er ook niet zo gerust op. Je antwoorden kunnen verkeerd worden geïnterpreteerd en je hebt ook totaal geen inzicht in de beoordeling van de resultaten. Ik ben pas geleden getest. Als ik er nu op terugkijk vond ik het nogal lang duren, bijna een hele dag, en ik moest intensief en onder spanning werken...'

Een jonge huisvrouw op 'banenjacht' meent dat 'het wel erg vermoeiend is'. (Dit is overigens een klacht die meer dan eens wordt geuit.)

Een kritische economiestudent verwoordt de nadelen aldus. 'Ze denken dat ze je persoonlijkheid uit een paar tests kunnen analyseren. Daar geloof ik zelf niet zo in. U vraagt naar een paar nadelen? Tests zijn momentopnamen, maar toch zijn ze bepalend voor je aanstelling – of misschien voor de rest van je leven. Een ander nadeel vind ik dat, wanneer je toch wordt aangenomen door het bedrijf, ze al bevooroordeeld zijn. Ze "kennen" je al.'

Een jonge vrouw geeft ten dele een zelfde antwoord. 'Ben je ten tijde van het onderzoek in een slechte conditie, dan kan de test wel eens slecht uitvallen. Je gedachten dwalen bijvoorbeeld steeds af, met als gevolg dat je wordt afgewezen. Terwijl je misschien toch wel geschikt zou zijn voor die job... En,' gaat ze verder, 'waar ik zo bang voor ben is dat de testresultaten later eventueel opgevraagd kunnen worden door anderen.'

Is deze angst gegrond? Ten dele, zoals we in hoofdstuk 16 zullen zien.

Een ander meldt kort en bondig: 'Ik heb geweigerd mij te laten testen. Ik wilde niet dat mijn eventueel toekomstige werkgever op de hoogte zou komen van mijn mogelijke zwakke plekken. Dat vertikte ik!'

Een man van middelbare leeftijd heeft weinig woorden nodig om zijn gevoelens duidelijk te maken: 'Je wordt in een hokje geplaatst waar je moeilijk uit komt. Dat is niet goed.'

'Ik vond het nogal merkwaardig dat ik zo vaak dezelfde, of bijna dezelfde, vragen moest beantwoorden. En het duurde allemaal zo lang...' verzucht deze zegsman.

Een boekhouder vertelt over zijn emoties. 'Er zijn drie dingen waar ik een hekel aan heb. Geobserveerd worden, door de mangel gehaald worden en afgewogen worden. En dat is nu precies gebeurd op de dag dat ik werd getest! Ik was verder bang dat ik belangrijke vragen verkeerd zou beantwoorden. Er hing toen zoveel van af... Ze willen zoveel van je weten – en ik heb niet zo'n open karakter.'

'Ik had het gevoel dat ik op een grote hoop werd gegooid met andere kandidaten. Er zat niets persoonlijks aan. Ik dacht ook steeds dat ik elke minuut, elke seconde, met alles wat ik deed of zei in de gaten werd gehouden, gecontroleerd werd.'

Deze persoon voelde zich heel duidelijk voortdurend bespied. Terecht? We komen hier nog een aantal malen op terug.

'Het is alweer een tijdje geleden dat ik werd getest. Ik kan mij herinneren dat ik steeds het onwillekeurige idee had dat ik in een bepaalde richting moest antwoorden.'

We zullen later zien dat het idee van deze man van middelbare leeftijd misschien zo vreemd nog niet is.

Een meisje dat juist de middelbare school had verlaten en haar eerste baantje hoopte te vinden: 'Ik moest op een gegeven moment een verhaal over mijzelf schrijven. Nou ja, dat vond ik gek... wat moeten ze daar nou mee?'

'Het is natuurlijk niet prettig wanneer je de oplossing van een probleem niet kunt vinden. En ook wanneer je een vraag moet beantwoorden, waar je eigenlijk geen raad mee weet. Zoals bijvoorbeeld de vraag "je moeder is..." Wat moet je daar nou invullen? En wat moeten ze in 's hemelsnaam met het antwoord?'

Hier volgt nog iemand die moeite heeft met de details van een test. 'Ik moest af en toe naar mijn idee echt waanzinnige vragen beantwoorden. Ik zie het nut er nog steeds helemaal niet van in.'

Nog een criticus aan het woord. 'Ik begreep de intentie, de bedoeling, van een aantal vragen helemaal niet. En dat maakt je natuurlijk wel onzeker.'

Een pas afgestudeerde student die met spanning wacht op de bespreking van de kort geleden afgelegde test: 'Wat mij nogal tegen de borst stuit is dat ik misschien niet als beste (kandidaat) uit de bus kom, terwijl ik weet dat er nogal wat twijfels bestaan over de waarde van psychologische tests.' Heeft hij gelijk?

De student wordt min of meer bijgestaan door deze vrouw die het wat minder mooi formuleert: 'Ik kan mij voorstellen dat je karakter en zo anders uit de test komt dan het in werkelijkheid is.'

'Natuurlijk ben je bang door die tests afgewezen te worden, terwijl je de baan anders gekregen zou hebben, doordat je toch aardig kunt praten... En bovendien is het natuurlijk niet zo aardig dat je hoort dat je een minder prettige persoonlijkheid hebt dan je altijd had gedacht of gehoopt!'

Deze persoon heeft niet zo zeer moeite met de inhoud van de tests: 'Ik vond de omgeving zo kil, zo koud. Brr.'

Een ex-werkgever, nu op zoek naar een baan als werknemer: 'Zolang er geen misbruik van de gegevens wordt gemaakt, zie ik echt geen nadelen – alleen maar voordelen!'

Iemand die er kennelijk niet van houdt om onder druk te werken – het doel van sommige tests: 'Het tempo lag zo hoog; ik moest me eigenlijk steeds rot werken.'

'Ik kan mij goed voorstellen dat er mensen zijn die worden afgeschrikt door het verplichte testen. Misschien is het een (te) hoge drempel voor sommigen, terwijl ze misschien best die baan zouden willen hebben.'

Hoeveel kandidaten zouden jaarlijks weigeren getest te worden? Er zijn ons geen cijfers bekend. Nog interessanter is de vraag of de weigeraars voornamelijk mensen zijn met veel of juist weinig capaciteiten (voor de desbetreffende baan).

Een manager die altijd haast heeft, somt zijn bezwaren kort en zakelijk op. 'Eerst laten ze je onder spanning werken. Het moet allemaal snel-snel, maar dan krijg je een ontzettend lange lunchpauze. Waar is dat voor nodig? Verder vond ik het nogal onprettig dat je zo afhankelijk bent van hoe DIT testbureau je ziet. Dat kan best verschillen van een concurrerend bureau. Het ergerde mij nogal dat ik met zoveel verschillende functionarissen van het testbureau te maken had.'

Nog meer conclusies

Welke conclusies mogen we verbinden aan déze reacties?

- Er wordt geklaagd over fysiologische/fysieke nadelen: intensief werken onder voortdurende spanning en druk, vermoeidheid.
- De vraag naar de validiteit. Wat is de waarde van een test? Hoe betrouwbaar is een test? Testafname is een momentopname, toch worden er uitspraken gedaan over een mogelijke nieuwe baan, die je misschien voor de rest van je leven houdt! Hiermee samenhangend:

testresultaten kunnen van bureau tot bureau verschillen. Een weinig hoopvolle gedachte!

- Angst voor geheimhouding. Testresultaten worden bekend bij je toekomstige 'baas'. Bovendien kunnen deze vertrouwelijke gegevens misschien worden doorgespeeld naar andere instanties. (Deze vrees is niet helemaal gegrond, zoals we later zullen zien.)
- Angst jezelf te leren kennen. Misschien val ik mijzelf tegen. Misschien zijn mijn verwachtingen over mijzelf altijd te hoog geweest.
- Onpersoonlijke behandeling. Het testlokaal is koud en klinisch. Je wordt van alle kanten bespied.
- Doel van test en testvragen is onbekend. Onzeker wat te antwoorden, omdat je niet weet wat er van je verwacht wordt en wat er met de antwoorden gaat gebeuren.

Een aantal meer wetenschappelijke en technische nadelen en problemen komt in de hoofdstukken 6 en 17 aan de orde.

Zijn er alternatieven?

Er zijn dus nogal wat nadelen aan het afnemen van psychologische tests verbonden. Je kunt je dan ook afvragen of er geen methoden zijn (te bedenken), die wel alle voordelen van tests hebben, maar niet de nadelen. Een ideale situatie dus!

Laten we eerst eens kijken naar de voordelen voor de opdrachtgever (toekomstige werkgever). De voordelen voor de geteste persoon lopen vaak hiermee parallel, hoewel dat in eerste instantie niet altijd zo lijkt. (Soms zijn opdrachtgever en testpersoon een en dezelfde, zoals bijvoorbeeld bij beroepskeuze en loopbaanadvies.)

We zien de volgende voordelen voor de opdrachtgever:

- Objectieve vergelijkingsmethode;
- Tijdbesparing (wordt uitbesteed);
- Oordelen van experts;
- Snelheid (resultaten in korte tijd bekend);
- Grote hoeveelheid informatie (vaardigheden, persoonlijkheid, intelligentie, enzovoort);
- Kan relatief goedkoop zijn;
- Risicoverkleining (kans op 'missers' wordt beperkt);
- Kwaliteit van kandidaten wordt in neutrale cijfers en profielen uitgedrukt.

Kortom, de opdrachtgever verkrijgt in de regel snel maximale zekerheid over een kandidaat – tegen redelijke kosten. Het is voor een werkgever niet prettig om later te ontdekken dat een verkeerde kandidaat is aangenomen. Maar voor een sollicitant is dat ook geen aantrekkelijke ervaring. De belangen van beide partijen liggen dus niet zó ver uit elkaar.

Een interessante vraag is of er methoden bestaan die de 'traditionele' psychologische tests kunnen vervangen. Ja, die zijn er inderdaad. Maar we zullen zien dat de meeste van de negen alternatieven die hier besproken worden, beslist geen verbetering zijn.

1 *Loting* De gemakkelijkste, snelste, goedkoopste en eerlijkste methode om uit een groot aanbod van sollicitanten een of meer 'geschikte' kandidaten te kiezen. Het is de meest eerlijke manier, omdat iedereen dezelfde (domme) kans krijgt. De kans op het aantrekken van de verkeerde kandidaat is natuurlijk vrij groot. Het is ook een weinig bevredigend gevoel voor de afgewezen kandidaten. Dit alternatief verdient geen verdere aandacht.

2 *Inschakelen van niet-experts* Niet-specialisten, zoals aanstaande collega's, moeten toekomstige medewerkers analyseren en beoordelen via gespreksvoering. Bekende nadelen zijn dan:

- Subjectiviteit wordt belangrijk (de sollicitant die lid is van dezelfde hockeyclub wordt aangenomen, terwijl anderen misschien veel betere kaarten hebben);
- De belangstelling en aandacht voor kandidaat nr. 7 of nr. 18 is beduidend minder dan voor zijn voorgangers. Is dat terecht?
- De organisatie raakt verstopt door de tijd (=geld!) die gemoeid is met de selectie;
- Een aantal zaken is moeilijk vast te stellen in een gesprek met een medewerker van de afdeling personeelszaken of de directeur van bedrijf of instelling (bijvoorbeeld persoonlijkheidskenmerken, intelligentie en bepaalde vaardigheden). Deze methode is alleen geschikt als eerste, grove zeef.

3 *Kandidaten doorsturen naar een psycholoog die uitsluitend een gesprek afneemt* Een aantal van de juist genoemde problemen wordt hiermee ondervangen. Wel een gesprek voeren met een expert, maar kandidaten niet aan een testbatterij onderwerpen.

Geteste personen hebben veel vertrouwen in deze methode. In het al eerder genoemde onderzoek werd ook de vraag gesteld waar men meer waar-

de aan hecht: psychologische test of gesprek met een psycholoog. Hier volgt een aantal reacties:
'Het is veel persoonlijker dan een test.'
'Je persoon komt in het gesprek beter naar voren.'
'Je kunt zeggen wat je wilt – je hebt de vrijheid.'
'Je kunt jezelf beter verdedigen.'
'Een dialoog met de psycholoog gaat sneller. Je persoonlijkheid komt snel naar boven, omdat je weinig tijd hebt om na te denken.'
'Je kunt je antwoorden beter verklaren. Je kunt ook gebruikmaken van intonaties.'
'Een psycholoog kan specifieker te werk gaan dan een algemene test.'
'Zoiets als omgaan met mensen kun je niet testen met een vragenlijst, maar wel met een persoonlijk gesprek.'
'Hoe kun je in hemelsnaam "enthousiasme" via een test vaststellen? Dat gaat alleen met een persoonlijk gesprek!'

Deze meningen liegen er niet om. De testpersonen vinden het dus allang best als psychologische tests worden afgeschaft ten gunste van het gesprek. Waarom gebeurt het niet? Daar zijn verschillende redenen voor aan te voeren.

- De psycholoog is een mens. En mensen – hoe goed ook opgeleid – zijn subjectief. Ook de psycholoog laat zijn oordeel kleuren door sympathie, kleding van de kandidaat, en dergelijke. Een objectieve test sluit subjectiviteit uit. (Zie ook hoofdstuk 14, waarin het persoonlijke gesprek met de psycholoog wordt behandeld.)
- Langdurige gesprekken voeren (als alternatief voor het afnemen van psychologische tests) is geen haalbare kaart. Er zijn nu eenmaal *te veel mensen* die onderzocht moeten worden. Het zou een te kostbare zaak worden.
- Psychologische tests kunnen een zeer groot aantal eigenschappen van mensen (kennis, intelligentie, vaardigheden, meningen) registreren. Maar hoe moet bijvoorbeeld technisch inzicht worden bepaald uit een gesprek? Zonder hulpmiddelen is dat niet mogelijk.
- Naarmate een gesprek langer duurt zal de opbrengst kleiner worden. Er is dus sprake van een 'natuurlijke' beperking van de gespreksduur.
- Psychologische tests hebben het voordeel dat er een cijfer aan het resultaat van een afname kan worden gegeven, in vaktermen: kwantificeren. Hierdoor kunnen mensen heel nauwkeurig met elkaar worden vergeleken.

Kortom, het afschaffen van psychologische tests, ten gunste van een enkel gesprek met een selectiepsycholoog, zal geen zinvolle zaak zijn.

In de praktijk is een 'dag testen' altijd een combinatie van het afleggen van tests en een persoonlijk gesprek met de psycholoog. Deze probeert dan via zijn 'klinische blik' (hij heeft geleerd hoe vragen te formuleren, mensen uit hun tent te lokken, enzovoort) aanvullende informatie uit de kandidaat te krijgen.

Misschien is dit geen perfect huwelijk, maar toch ook geen ongelukkige samenwoning.

4 *Fysiologische en fysieke metingen* In het grijze verleden van de psychologie zijn er diverse lieden geweest (wetenschappers!) die meenden aan de hand van iemands schedelomvang aanwijzingen te vinden voor de persoonlijkheid. Zo zou een grote schedel wijzen op een grote herseninhoud. De trotse bezitter zou dus nogal intelligent zijn. Volgens anderen zouden juist kleine schedels wijzen op grote intelligentie. Deze theorieën hadden waarschijnlijk meer te maken met het formaat schedel van de onderzoeker zelf dan met iets anders.

De 'knobbelleer' (de officiële naam was frenologie) ging iets verfijnder te werk. Frenologen bevoelden de knobbels op iemands schedel. Elke knobbel wees volgens deze specialisten op bepaalde persoonlijkheidstrekken. Deze leer is al weer lange tijd geleden naar het curiositeitenkabinet verwezen. Dat ze veel invloed heeft gehad blijkt uit het feit dat onze spreektaal nog steeds woorden als 'talenknobbel' en 'wiskundeknobbel' kent.

Hoe dan ook: hoe interessant het betasten van iemands schedel ook is, het levert geen enkele informatie op over persoonlijkheidskenmerken of wat dan ook!

Er is ook heel lang gezocht naar een verband tussen lichaam en persoonlijkheid. Zijn lange mensen lijzig? Zijn dikke mensen vrolijk en vriendelijk? De namen van de Duitse psychiater Kretschmer en de Amerikaanse psycholoog Sheldon zijn aan deze theorie verbonden. Toen beide heren met hun onderzoek startten zag het er allemaal veelbelovend uit. Zou er dan toch verband tussen bijvoorbeeld lichaamslengte en intelligentie bestaan? Zoals het zo vaak gaat bij nieuwe theorieën: eerst leek het verband te bestaan, maar later was elk spoor verdwenen.

Het zal de lezer niet verbazen dat ook is onderzocht welke persoonlijkheidstrekken uit iemands gezichtsuitdrukkingen kunnen worden afgeleid. Het zou natuurlijk heel mooi zijn wanneer je iemand in drieëndertig seconden als 'zwakkeling', geniaal of misdadig zou kunnen beschrijven. Of niet soms? Ook deze huizen bleken op zompige moerasgrond te zijn gebouwd.

Toch heeft de wetenschap het idee dat er een verband zou moeten bestaan tussen lichamelijke en fysionomische kenmerken en persoonlijkheidskenmerken, niet opgegeven. Maar het zijn eigenlijk alleen artsen die zich hiermee bezighouden.

Drie voorbeelden. De EEG, dat staat hier voor elektro-encefalograaf (of -gram), meet de elektrische activiteit in de hersenen. Er wordt hiervoor een aantal elektroden aan iemands schedel verbonden, een volstrekt pijnloze zaak. Zo'n machine geeft wanneer hij is aangesloten op het hoofd een verschillende meter-uitslag bij slaap, dromen of wanneer je je concentreert op bijvoorbeeld een moeilijke en ingewikkelde taak. Maar de EEG geeft vooral nuttige informatie bij mensen met bepaalde hersenafwijkingen of stoornissen. Zo is de elektrische hersenactiviteit van mensen die lijden aan epilepsie ('vallende ziekte') anders dan van personen die hier geen last van hebben.

De ECG – dat staat voor elektrocardiograaf (of -gram) geeft ook weer via elektroden aan of er eventuele hartafwijkingen zijn. Een prima methode voor artsen, maar psychologen zullen er weinig aan hebben. Tenzij zij natuurlijk zelf hartpatiënt zijn.

De derde methode in dit rijtje is de EMG – dit staat voor elektromyograaf (of -gram). Dit apparaat meet iemands spierspanning. Dit keer worden de elektroden op de spieren aangesloten. Zo kan nu bij iemand die bijvoorbeeld zenuwachtig is gevonden worden dat zijn spieren gespannen zijn. Is hij een 'nerveus type', staat hij toevallig nu onder spanning op zijn werk, of is hij misschien zenuwachtig omdat hij *nu* wordt onderzocht? De EMG-methode geeft helaas geen uitsluitsel.

Deze fysiologische methoden geven dus maar heel weinig psychologische informatie. We zullen ze als alternatief voor de psychologische test terzijde moeten schuiven.

We willen hier nog een buitenbeentje noemen, dat grote vermaardheid geniet: de *leugendetector*. Er bestaan met name in de Verenigde Staten verschillende typen, waarvan de Keeler Polygraaf de bekendste is. Het woord polygraaf duidt erop dat er tegelijkertijd meerdere fysiologische reacties worden gemeten. Bij dit apparaat worden bloeddruk en reactietijd vastgelegd. Twee ideeën liggen ten grondslag aan het gebruik van de leugendetector. Ten eerste dat iemands bloeddruk oploopt wanneer hij emotionele antwoorden moet geven. En ten tweede dat het liegen (althans voor de meeste mensen...) emoties opwekt.

In Nederland wordt de leugendetector zelden gebruikt. In Amerika des te meer. Zo moesten alle ministers uit het kabinet van president Reagan zo'n leugentest ondergaan om hun eerlijkheid, betrouwbaarheid en loyaliteit aan te tonen... Misschien komt er ooit nog eens de dag dat elke testkandidaat aan de leugendetector wordt 'gelegd' om de eerlijkheid van de antwoorden te controleren! Het klinkt nogal griezelig...

Zo af en toe berichten kranten en tijdschriften hun lezers dat er een nieuwe methode is ontwikkeld om via allerlei ingewikkelde apparatuur intelligentie te meten. Zo zou de snelheid waarmee de hersenen bepaalde lichtflikkeringen verwerken verband houden met intelligentie. Hetzelfde werd ook verondersteld van eenvoudige reactietijd-onderzoeken. Hoe sneller men een knop indrukt na het opflitsen van een lampje des te intelligenter. Maar ook deze theorieën, te mooi om waar te zijn, zijn als een nachtkaars uitgegaan.

5 *Referenties, oordelen van anderen* Zou het niet gemakkelijker zijn om kandidaten in plaats van psychologisch te testen namen te laten noemen van personen die over hen kunnen oordelen. Deze referenties zouden dan kunnen worden benaderd en voilà... er verschijnt een beeld van de kandidaat!

Ook deze methode kent nogal wat nadelen. We zullen ze eens op een rijtje zetten:

1 We mogen veilig aannemen dat de meeste kandidaten alleen maar positieve referenties zullen doorgeven.
2 Welke waarde moet aan deze oordelen worden gehecht?
3 Wie moet deze informatie verzamelen? Een psycholoog? De toekomstige werkgever?
4 Welke hulpmiddelen moet de onderzoeker gebruiken? (Een psychologische test is ook een hulpmiddel!)

Het ziet ernaar uit dat deze methode weinig betrouwbare informatie oplevert en uiterst tijdrovend is. Informatie van een referentie is niet per se onbruikbaar, maar ze kan uitsluitend als aanvulling worden gebruikt.

6 *Zelfbeschrijvingen* Zowel in het beroepskeuzeonderzoek als bij het testen van kandidaten wordt gebruik gemaakt van zelfbeschrijvings- en zelfbeoordelingsmethoden. Hiertoe behoren onder andere beroepsinteresse-tests, waarden- en attitudentests, zogenaamde biografische vragenlijsten. Zoals de naam al aangeeft krijgt de kandidaat een gestandaardiseerde vragenlijst aangeboden waarmee hij zichzelf probeert te beschrijven of te beoordelen. Hij kan dus niet uit de losse hand 'een verhaaltje' over zichzelf opschrijven.

7 *Vakbekwaamheidsproeven* In het Engels spreekt men vaak van 'work sample test': er wordt als het ware een steekproef genomen uit iemands taken of werkzaamheden. Het bekende autorij-examen is een bekend voorbeeld van zo'n vakbekwaamheidsproef. In korte tijd moet de kandidaat laten zien dat hij *alle facetten* van het autorijden in de praktijk beheerst. De secretaresse die een briefje bij het sollicitatiegesprek moet typen, wordt ook onderworpen aan een 'work sample test'. (Het is wat moeilijker andere secretaressewerkzaamheden op deze manier te testen.)

Voor managers gebruikt men wel eens de 'in-basket' als proef. De kandidaat krijgt in zijn postbak ('basket') een aantal brieven, memo's, berichten, enzovoort. Hij moet nu voor elk poststuk opschrijven wat hiermee moet gebeuren (bijvoorbeeld doorgeven aan de 'baas', secretaresse laten afhandelen, vergadering beleggen, enzovoort).

De methode biedt enige voordelen, zoals een nabootsing van de werkelijkheid. Maar er is ook een aantal nadelen, waardoor ook de vakbekwaamheidsproef geen volwaardige vervanger van de psychologische test kan zijn, hooguit een handige aanvulling:

1 Slechts een beperkt aantal vaardigheden kan op deze manier worden onderzocht. (Belangrijke zaken als mensen leiden, conflicten oplossen, vriendelijk met mensen omgaan, lenen zich hier niet toe. Hoe onderzoek je met deze methode of managers dagelijkse druk goed weerstaan?)

2 De methode is niet of nauwelijks te standaardiseren en er zijn bijna nooit objectieve normen beschikbaar, waardoor kandidaten eenvoudig met anderen zouden kunnen worden vergeleken.

3 De proef kan alleen geleerde vaardigheden (ervaring) meten – niet eventuele aanleg of talenten. Met andere woorden, er wordt onderzocht wat iemand op dit moment kan en niet wat hij zou kunnen leren.

8 *Assessment center-techniek* Er bestaat voor deze vrij nieuwe methode geen Nederlandse vertaling. (Assessment is vaststelling, bepaling, taxatie.) Wat houdt deze methode in? In eerste instantie bepaalt de opdrachtgever (samen met het testbureau) wat de belangrijkste taken en verantwoordelijkheden zijn van de desbetreffende functie. Hierna worden er meestal gedragsdimensies vastgelegd, waarop het gedrag van de kandidaat in kaart wordt gebracht. (Soms wordt ook aangegeven welke totale minimumscore kandidaten moeten behalen.)

Het gedrag van de sollicitanten wordt gemeten met behulp van uiteenlopende opdrachten als postbak (brieven 'sorteren'), rollenspellen, groepsdiscussie. Als beoordelaar fungeren selectiepsychologen en/of managers van opdrachtgeverszijde.

De methode komt in verschillende gedaanten voor en wordt hoofdzakelijk toegepast voor de selectie van managers.

*** Zie ook *Alles over management tests* en *Alles over assessment centers* ***

9 *Grafologie* of *handschriftkunde* wordt wel als alternatief voor de psychologische test gebruikt. Echter, het feit dat sommige selecteurs hierbij zweren betekent niet automatisch dat deze methode aan minimale kwaliteitseisen voldoet. In hoofdstuk 10 vellen we een hard oordeel over de grafologie.

Bij wijze van samenvatting: het lijkt er sterk op dat er (nog) geen echte zelfstandige alternatieven voor de psychologische test bestaan. De redenen? De meeste methoden maken al deel uit van een psychologische selectieprocedure. Een aantal methoden komt dan ook in de volgende hoofdstukken aan de orde.

De assessment center-techniek lijkt heel goede papieren te hebben als vervanger van de psychologische test. Maar gelet op de hogere kosten of de beperking dat de methode voornamelijk wordt gebruikt bij managementfuncties en verkoopfuncties (en potentieel onderzoek) is het de vraag of de assessment center-methode de psychologische test zal verdringen. Voorlopig wedden we op een toekomstige nek-aan-nekrace tussen de psychologische test en de ACM.

Mag je een psychologisch onderzoek weigeren?

Deze vraag is natuurlijk alleen aan de orde wanneer het testen niet op eigen verzoek gebeurt!

Wanneer u wordt uitgenodigd voor een test heeft u te allen tijde het recht om te bedanken voor de eer. Maar wat zijn de gevolgen hiervan?

Het betekent vrijwel altijd dat u zich moet terugtrekken uit de sollicitatieprocedure, meestal een nogal pijnlijke beslissing.

Het komt wel eens voor dat kandidaten weigeren getest te worden en toch in 'de race' blijven. Maar dat lukt slechts weinigen.

We zullen in hoofdstuk 16 ingaan op de rechten die de geteste persoon heeft (maar niet altijd krijgt). Maar dan hebben we het voornamelijk over wat er gebeurt nadat de psychologische tests zijn afgenomen.

HOOFDSTUK 3

Een dagje testen

Wanneer een werkgever kandidaten voor een functie wil laten testen – en daarvoor betaalt – wil hij ook dat het goed gebeurt. Er wordt daarom ook niet een enkele test afgenomen, maar een hele reeks. In vaktermen spreekt men van een *testbatterij*. En zoiets kost nogal wat tijd!

Sommigen vinden het prettig om getest te worden. Ze kunnen eindelijk de buitenwacht laten zien wat ze waard zijn. Begenadigde puzzelaars geloven dat een psychologische test eigenlijk niets anders is dan een puzzel. Anderen vragen zich af waarom een gesprek met een personeelsmanager of een psycholoog niet voldoende is. Waarom een dag van je leven verpesten? Weer anderen weten van zichzelf dat ze examenvrees en (dus) testangst hebben. Voor hen hoeft het allemaal niet zo nodig!

Het aardige van psychologische tests is dat zij in principe op *objectieve wijze mensen met elkaar kunnen vergelijken*. Dank zij de test is de kandidaat niet meer helemaal overgeleverd aan en afhankelijk van het (altijd gekleurde) oordeel van psycholoog of personeelsmanager. De test voorspelt hoe iemand bijvoorbeeld in de toekomst zal kunnen functioneren in een nieuwe werkkring. De invloed van de psycholoog op zo'n uitspraak is heel beperkt. Althans... zou het moeten zijn! Want wat is er aan de hand? Een persoonlijk gesprek met de psycholoog is nog steeds nodig. Testen is mensenwerk, en kan niet worden overgelaten aan formulieren, blokken en computers. En ook dit kost de nodige tijd.

Kortom, u mag erop rekenen een dag onder de pannen te zijn wanneer de vriendelijke uitnodiging van het testbureau op uw deurmat ploft.

We laten in dit korte hoofdstuk zien waarom u zich beslist niet hoeft op te winden of zenuwachtig moet worden voor de testdag. We nemen u mee met een gemiddelde kandidaat, zodat u kunt zien dat het testbureau eigenlijk een soort 'informatiekantoor' is. Verder melden we u welke mogelijkheden u heeft wanneer u het niet eens bent met de gang van zaken. We eindigen dit hoofdstuk met een kijkje naar de kosten van een dagje testen.

Laat de zenuwen thuis!

Veel mensen zijn doodzenuwachtig wanneer ze dan eindelijk die langverwachte uitnodiging thuis krijgen: op naar het psychologische onderzoek!

Natuurlijk heeft u voldoende redenen om zenuwachtig te zijn!

- Er staat veel op het spel. Dit is misschien wel de kans van uw leven eindelijk die (betere) baan te krijgen. Uw levensdroom kan in vervulling gaan. U ziet de grote doorbraak komen. Maar ook wanneer u voor andere doeleinden wordt getest gaat het vaak om zeer wezenlijke en belangrijke zaken.
  U bent nog nooit psychologisch getest en u heeft dan ook geen flauw idee wat er van u wordt verwacht, wat u aanstonds moet gaan doen.
- U heeft zoveel indianenverhalen gehoord over psychologische tests. Waar begint de waarheid over tests, zo vraagt u zich af, en wat zijn bakerpraatjes, sprookjes en oude legenden?
- U heeft van anderen begrepen dat er allerlei gemene trucjes zijn waarmee psychologen proberen u uit uw tent te lokken...
  U heeft van collega's gehoord wat er van u wordt verwacht op de testdag – en dat bevalt u helemaal niet! U bent al wat ouder en al die moeilijke algebrasommen en rekenkundige reeksen, ach dat is voor u al zo lang geleden... Voor jongeren is dat wat makkelijker, denkt u.
- Misschien heeft u iets te verbergen, of heeft u zich in de sollicitatieprocedure veel beter voorgedaan dan u in werkelijkheid bent? U zit nu al in de piepzak!
- U heeft begrepen dat psychologische selectie eigenlijk niets anders is dan een soort examen. Maar u lijdt nu eenmaal aan examenangst en weet dat u straks misschien als verlamd en verkrampt aan het eenzame tafeltje moet gaan zwoegen.
- U vindt van uzelf dat u veel geluk heeft gehad in uw huidige job, in de loop der jaren. U had misschien beter toch niet moeten solliciteren naar die nieuwe baan. Zal het ogenblik van de waarheid aanbreken?

Herkent u zich in één of meer van deze angstige mensen?

We willen hier duidelijk stellen dat u geen reden heeft om bang te zijn voor de tests. Tenzij u bijvoorbeeld heeft gesolliciteerd naar een baan waarvoor u de vereiste papieren/ervaringen/mentaliteit, enzovoort helemaal niet heeft. Het zweet op uw voorhoofd is dan een ingecalculeerd risico.

Talloze angsten van mensen zijn op niets gegrondvest. Neem nu iemand met hoogtevrees – waar overigens best mee te leven valt. Je staat met zo iemand op de bovenste verdieping van een wolkenkrabber, achter glas, en je kijkt naar beneden, naar de mieren die mensen zijn. Je zegt tegen de ander dat het helemaal niet nodig is bang te zijn. Wat kan er gebeuren? De ander geeft toe dat je gelijk hebt – maar de angst blijft!

Zo gaat het ook vaak bij examen- en testangst. We kunnen in dit boek blijven zeggen dat u niet bang hoeft te zijn. Veel lezers zullen dit advies aannemen, maar toch hun angst niet verliezen! Maar dat risico moeten we dan maar nemen.

Aan u de keuze: piekeren en tobben voor en op de testdag, of deze tijd goed besteden en u zelf terdege voorbereiden op de test. Wat spreekt u het meest aan?

U heeft vast wel eens gehoord dat elke toneelspeler of andere artiest, die voor het publiek moet optreden, plankenkoorts heeft. Ook dat is angst. Maar artiesten zullen u vertellen dat zij juist zo goed op dreef zijn met een *klein beetje* angst. Wat goed is voor acteurs is ook goed voor testkandidaten. Onderzoek heeft aangetoond dat een beetje testangst gunstig werkt op het eindresultaat van de testdag, maar te veel beslist averechts.

Hoe neemt het testbureau angsten weg?

Testbureaus zijn zich er natuurlijk goed van bewust dat doodzenuwachtige mensen niet goed testbaar zijn. *Testangst* is niet alleen vervelend voor de geteste, maar ook voor de aanstaande werkgever. Hij wil immers de beste kandidaat uit een groter aantal vissen. Het is niet gezegd dat een zenuwachtige testkandidaat een 'nerveus type' is of dat hij hierdoor zijn toekomstige job slecht zal vervullen. Het is dus belangrijk dat ook zenuwachtige mensen op hun gemak worden gesteld. Hoe wordt dit nu gedaan?

Enige tijd voor de testdag zult u een uitnodigingsbrief, met of zonder brochure, van het testbureau thuis gestuurd krijgen. Men zal u erop wijzen dat er helemaal niets is om zenuwachtig van te worden. Sommige bureaus 'informeren' kandidaten dat zij capaciteiten- en persoonlijkheidstests moeten afleggen en dat er een onderhoud met de psycholoog zal zijn. Bijzonderheden zullen niet worden verteld; u zult het dus met deze algemene opmerkingen moeten doen.

Op het testbureau aangekomen zal men u nogmaals verzekeren dat u zich niet druk hoeft te maken of op hoeft te winden over de testdag. U wordt alleen maar verzocht om enkele opdrachten en taakjes uit te voeren, waarmee onder andere uw geschiktheid voor deze baan wordt bepaald. Dat is alles. Dus waarom zenuwachtig worden?

Tijdens de test worden allerlei maatregelen getroffen om u op uw gemak te stellen. Maar in een aantal gevallen zal juist het tegengestelde gebeuren! Voor sommige functies wil men bijvoorbeeld vaststellen hoe goed u onder druk kunt werken en of u snel zenuwachtig wordt wanneer u tegen de klok moet werken.

Wanneer de psycholoog of testassistent u juist zenuwachtig wil maken, kunt u het volgende verwachten:

- Men zal met de stopwatch in de hand tegenover u zitten en af en toe melden dat u nog zoveel minuten of seconden heeft om de opdracht te volbrengen;
- Men zal over uw schouder meekijken, zodat u de druk wel heel sterk voelt;
- Men zal u zo nu en dan wat negatieve kritiek geven, om u te ontmoedigen.

Het zal duidelijk zijn dat dit soort praktijken niet gevolgd wordt wanneer men u juist op uw gemak wil stellen!

In de tests zelf wordt er ook veel aan gedaan uw eventuele angsten en onzekerheden weg te nemen. Zo beginnen veel tests met één of meer voorbeelden. Dit is een goede 'warming-up' voor u aan het 'echte werk' begint. U raakt alvast een beetje vertrouwd met het soort opdrachten, of de manier waarop de vragen worden gesteld. U zult ook merken dat veel tests heel, heel gemakkelijk beginnen en steeds moeilijker worden. Dit is goed voor uw zelfvertrouwen. Wanneer u overigens problemen voorziet in het maken van testopgaven, omdat u bijvoorbeeld nooit heeft geleerd *hoe* examens te maken, doet u er goed aan hoofdstuk 7 aandachtig door te nemen.

TIP: Veel selectiebureaus hebben de (voor u) vervelende gewoonte kandidaten pas enkele dagen voor de test uit te nodigen. Het doel hiervan is meestal voorbereiding op de procedure onmogelijk te maken. Stap niet met de oogkleppen op in deze valkuil. Stel de testdag uit naar het tijdstip dat *u* het het best uitkomt. U zult zien: dat lukt vast wel. Tenslotte bent u de klant... Zonder u zal er trouwens geen testdag zijn!

Het testbureau is een informatiekantoor

Ook testbureaus komen in grote en kleine maten voor. Het grootste Nederlandse testbureau is RPD Advies in Zoetermeer, de voormalige Rijks Psychologische Dienst. Hier worden veel toekomstige rijksambtenaren getest. Er zijn zo'n dertig psychologen aan dit bureau verbonden, die jaarlijks ongeveer 6000 mensen 'keuren'. Maar er zijn ook 'eenmansbureaus', waarbij een solo-psycholoog wordt bijgestaan door een deeltijd-assistent.

Het maakt natuurlijk voor u nogal wat uit of u in een groot kantoor wordt ontvangen, tegelijk met nog een aantal 'medeslachtoffers', of dat u de enige bent in het kleine kantoor van die zelfstandig opererende psycholoog. We vermoeden dat het grote kantoor u misschien meer angst inboezemt en zullen daarom een blik werpen op zo'n 'testfabriek'. We volgen een gemiddelde kandidaat op zijn testdag.

Misschien moest u erg vroeg opstaan om op tijd de trein te pakken en een bus of taxi te nemen naar het testbureau. U kent de stad niet en het kantoor is helemaal vreemd. U meldt zich bij de receptie. Een jonge vrouw, net van de MAVO af, vraagt uw naam. Ze knikt. U staat inderdaad op de lijst van mensen die vandaag 'behandeld' moeten worden. Ze wijst u de weg naar een kleine wachtkamer. 'U wordt zo meteen opgehaald,' zegt zij glimlachend. De wachtkamer is leeg. Zes stoelen, een klein tafeltje in het midden, met daarop een aantal 'onschuldige' tijdschriften als *Libelle*, *Autokampioen* en een hobbyblad dat u niet kent. Het zijn oudere nummers en nogal beduimeld. *De Telegraaf* en *de Volkskrant* liggen op een stoel. Zeker door een testgast achtergelaten, denkt u. U bladert wat door de *Autokampioen*, want u gunt u zelf de tijd niet een interessant artikel helemaal te lezen. Misschien is het uw beurt wel over een minuut of zo...

Eindelijk is het dan zover. Een vrouw stelt zich aan u voor en verzoekt u haar te volgen naar een testkamertje. U loopt braaf achter haar aan, terwijl zij vriendelijk naar uw reis informeert. In het kamertje aangekomen legt zij uit welke plannen er voor u bestaan op deze testdag. Zij zegt ook nog wat de formele procedure is, na de testdag. 'Is het u allemaal duidelijk?' U knikt, want zo moeilijk is het niet. De assistente stelt u een aantal vragen, heel gemakkelijke, over uw hobby's, uw huidige baan, waarom u daar graag weg wilt, hoe lang u getrouwd bent, of u kinderen heeft. Zij noteert een en ander en kijkt na een aantal minuten op haar horloge. Zij wil u nu meenemen naar weer een ander kamertje, waar de eerste 'echte' test wordt afgenomen. Niet door haar, maar door een (officiële) testassistent. U wordt voorgesteld aan de derde vrouw deze ochtend. In de kamer liggen pen en papier al keurig voor u klaar. U krijgt een korte instructie en de deur van het kamertje gaat achter u dicht, zodat u zich volledig kunt concentreren. 'Als u klaar bent drukt u maar op een zoemertje...' En dat doet u ook na het voltooien van de test. De volgende test wordt u meteen daarop aangeboden. Daarna wordt u naar een grotere ruimte geleid. Een soort examenlokaal, genaamd de testzaal [1], waar al een paar mensen zitten. U denkt terug aan de middelbare school. In ieder geval zet men je hier zo ver van de anderen af dat spieken tot de onmogelijkheden behoort. U werkt ingespannen aan deze groepstest. Dan wordt het eind van deze ochtend aangekondigd. De middagmaaltijd! Eindelijk even rust!

Maar na een uur lunchen en luchten moet u weer uw beste beentje voorzetten bij een aantal andere tests. Ten slotte wordt u naar de psycholoog gebracht, die u aan het eind van de dag nog graag persoonlijk wil spreken.

Uw 'persoonlijke assistente' leidt u naar het vertrek van de psycholoog, die een bureau vol paperassen heeft. Hij vraagt u belangstellend wat u zo van deze dag vindt. En daarna maakt hij opmerkingen, waaruit blijkt dat de eerste assistente van vandaag al uw antwoorden keurig heeft opgeschreven en aan de psycholoog heeft doorgespeeld. 'U heeft dus twee kinderen?' Het gesprek begint gemakkelijk! Maar na verloop van tijd worden de vragen venijniger, sommige zijn zelfs provocerend! Maar goed, denkt u, dat zal er wel bij horen.

Na een half uur is het gesprek ten einde. De psycholoog laat u weten dat de testresultaten over twee weken binnen zijn. U mag dan terugkomen (uw recht!) voor een kosteloze nabespreking, of opbellen, zodat u kennis kunt nemen van het rapport. U wordt op uw rechten gewezen (zoals de mogelijkheid zich alsnog terug te trekken uit de sollicitatieprocedure) en vervolgens uitgeleide gedaan door de psycholoog. Vermoeid komt u thuis aan. Het enige dat u nu nog kan doen is wachten op de testuitslag.

(N.B.: Sommige testbureaus bieden aan het eind van de dag een korte nabespreking en geven al indicaties over de inhoud van het nog te schrijven rapport.)

Een wat andere, algemene, werkwijze is dat aan het begin van de dag alle kandidaten in een grote zaal worden ontvangen. De testleider of psycholoog heet hen welkom en legt uit, onder het genot van een kop dam-

[1] Het komt een enkele keer voor dat één of meer concurrenten voor uw job in dezelfde zaal zullen blokken. Misschien herkent u iemand uit uw branche? Nette bureaus proberen deze ongewenste situaties te vermijden. De gedragsregels van de NVP (Nederlandse Vereniging van Personeelsfunctionarissen) 'verbieden' de confrontatie met de mededingers.

pende koffie, wat de bedoeling is van de testdag en welke procedures er worden gevolgd.

Misschien bent u onder de indruk gekomen van wat er zich allemaal op zo'n testbureau afspeelt. Onze raad: laat u niet imponeren. Probeer het testbureau te zien als een 'informatiekantoor' voor een betere baan. U verstrekt informatie, die het bureau volgens bepaalde technieken verwerkt.

> **TIP:** Woont u ver van het testbureau? Is de weg erheen meestal geplaveid met files? Breng de nacht ervoor dan door in een nabijgelegen hotel. U laat de verkeersstress achter en begint de volgende dag zo fris als een hoentje aan het Grote Werk.

U doet er goed aan om met een *positieve instelling* naar het testbureau te reizen. Bent u weinig gemotiveerd? Dat zult u dan ook uitstralen, ofwel uw non-verbale communicatie verraadt u. Met een positieve houding brengt u het er beter af op de testdag. (Dat betekent natuurlijk niet dat u al uw kritiek moet laten varen!)

Niet eens met de gang van zaken?

Het kan tijdens de hele sollicitatieprocedure voorkomen dat u het met bepaalde zaken helemaal niet eens bent. Dat is dan vervelend, want zoals u weet, hebben sollicitanten maar weinig rechten! We zullen eens kijken welke middelen u heeft om uw bezwaren rond psychologische tests kenbaar te maken. (De zaak ligt natuurlijk anders bij een meer vrijwillige test, voor beroepskeuze of loopbaan-counseling.)

1 Stel: u bent om bepaalde redenen tegen testgebruik. Hoe maakt u dit duidelijk en welke mogelijkheden zijn er?

Wanneer in de personeelsadvertentie wordt vermeld dat 'een psychologisch onderzoek tot de mogelijkheden behoort' kunt u natuurlijk meteen al afhaken. U kunt ook in uw sollicitatiebrief schrijven dat u zich niet laat testen, omdat... Maar het is natuurlijk beter om de toekomstige werkgever te melden waarom u juist zoveel belangstelling heeft voor de vacature! Misschien krijgt u een vriendelijke afwijzingsbrief terug. Misschien ook wordt u uitgenodigd voor een gesprek en een psychologisch onderzoek op een later tijdstip. U kunt dan alsnog vertellen waarom u niet getest wenst te worden.

Strijk hierbij uw gesprekspartner niet tegen de haren. Je kunt nooit weten: misschien was het wel zijn idee een testbureau in te schakelen! Tast daarom eerst voorzichtig af wat de achtergrond en reden is voor deze selectiemethode. Wanneer blijkt dat het hier om een standaardmethode gaat, waar absoluut niet van kan worden afgeweken, kunt u altijd nog bot afhaken. Maar is het niet handiger om gezamenlijk naar andere selectiemogelijkheden te zoeken? Misschien bent u precies de man of vrouw die het bedrijf zoekt – en willen ze u een heel eind tegemoet komen. Je weet maar nooit.

2 U bent uitgenodigd het testbureau met een bezoek te vereren en wat u ziet staat u niet aan. U wilt niet verder meewerken. Op dat moment heeft u òf een te vroeg òf te laat besluit genomen. Dat zal uw beoordeling niet ten goede komen, want u saboteert kennelijk de zaak. U kunt de sollicitatieprocedure dan wel als beëindigd zien.

3 U heeft al een aantal tests afgelegd op de testdag, totdat u er één of meerdere moet maken, die u 'niet ziet zitten'. U kunt dan een testmedewerker van het bureau verzoeken om naar vervangende mogelijkheden te zoeken. Soms zal dat meteen kunnen, maar soms ook kan dat pas na ruggespraak met de aanstaande werkgever. Bedenk dat u uw bezwaren en weigeringen goed moet kunnen onderbouwen!

4 U bent uitgenodigd voor de nabespreking over de test en wat u te horen krijgt – een profiel van uw persoonlijkheid, een beeld van uw vaardigheden, enzovoort – is niet precies wat u zich had voorgesteld. U bent nogal teleurgesteld in de uitkomst. Wat te doen?

U heeft het recht het testbureau te dicteren uw onderzoeksrapport *niet* naar de aanstaande werkgever te versturen. Men zal aan uw verzoek voldoen, maar u moet zich dan uit de sollicitatieprocedure terugtrekken. 'Voor wat, hoort wat'.

U kunt ook om een hertest vragen bij hetzelfde bureau. Maar dat lijkt nogal veel op een 'motie van wantrouwen', tenzij u natuurlijk duidelijk kunt maken dat u op de testdag volledig uit het lood was geslagen (sterfgeval in de familie, echtscheiding en andere dramatische gebeurtenissen). U kunt ook een hertestmogelijkheid, via de aanstaande werkgever, aanvragen bij een ander testbureau. U dient dan wel erg sterk in uw schoenen te staan om het ene testbureau te verwerpen (op welke gronden?) en de resultaten van het tweede bureau te aanvaarden.

Bedenk dat de sleutel voor het erkennen van uw klacht bij de werkgever ligt.

TIP: Heeft u problemen met de Nederlandse taal? Bent u van allochtone afkomst? Verzoek dan ruim te voren – en schriftelijk – in een andere taal te worden getest. Een andere mogelijkheid: vraag om aangepaste beoordelingsnormen.

Hoeveel kost een dagje testen?

Wanneer u op uitnodiging van een aspirant-werkgever getest gaat worden, zult u de rekening van het testbureau niet gepresenteerd krijgen. Dat geldt natuurlijk ook wanneer allerlei instanties (maatschappelijk werk, artsen, psychotherapeuten) aanbevelen u te laten testen. Verzekeringsmaatschappijen of ziekenfondsen dragen dan meestal de kosten. Toch willen we ingaan op de prijs van een dagje testen, omdat dit laat zien welk belang een toekomstig werkgever aan u (en uw concurrenten) hecht. Bij een loopbaan- of beroepskeuzeonderzoek zult u aan den lijve en in de portemonnee ervaren wat de kosten zijn van een psychologische 'doorlichting'.

Voor de aspirant-werkgever zijn de kosten van een selectie-psychologisch onderzoek een investering, of beter: een 'verzekeringspremie'. Naarmate het moeilijker is om ongeschikte medewerkers te ontslaan, zullen de rekeningen van de testbureaus met meer plezier worden betaald!

Laten we nu eens kijken naar alle kosten die zo'n psychologische procedure met zich meebrengt.

De aspirant-werkgever (de opdrachtgever dus) dient het testbureau een bedrag te betalen dat ten dele afhankelijk is van het niveau van de kandidaat en de tijd die de psycholoog zelf (in plaats van een goedkopere assistent) hieraan moet besteden. We praten hier dus over het aantal uren per kandidaat, dus personeelskosten.

Op een psychologische test rust, net zoals op een boek of cd, het auteursrecht. Dat betekent dat in principe elke keer dat de psycholoog een test afneemt hij de maker van de test een bepaald bedrag moet vergoeden. In de praktijk koopt hij voor veel geld de test met alle toebehoren en handboeken en betaalt hij een luttel bedrag voor alle formulieren, die hij steeds hiervoor nodig heeft. Dit zijn dus de materiaalkosten. Als voorbeeld nemen we de veelgebruikte NAT-test (Numerieke Aanleg Test), die uitvoerig in hoofdstuk 6 wordt besproken. Om u een idee te geven, dit zijn ongeveer de kosten die het testbureau moet betalen voor het gebruik van de (goedkope) NAT:

- Handleiding voor het gebruik van de test *f* 31,–
- 50 testboekjes (waar u op gaat schrijven) *f* 42,–
- Sleutel waarmee de psycholoog uw score berekent *f* 18,–

Even terzijde: het construeren van een (serieuze) psychologische test is een zeer kostbare zaak. Een 'test' met als titel 'liefhebbende echtgenote', zoals u die in bladen als *Libelle* kunt vinden, is gemakkelijk in elkaar te zetten. Een goede journalist is er een paar uur aan kwijt. Het ligt anders met tests die niet gericht zijn op vermaak. De researchkosten zijn in de regel bijzonder hoog. Zo zouden de kosten van de ontwikkeling van een gedegen psychologische test wel eens tussen de *f* 1,– en *f* 1,5 miljoen kunnen liggen en een periode van zo'n 5 jaar beslaan. Voor zover ons bekend is hier echter nooit (gepubliceerd) onderzoek naar verricht. Na lezing van hoofdstuk 17, dat u laat zien wat er allemaal komt kijken bij het samenstellen van een test, zult u begrijpen waarom een goede test wel duur *moet* zijn.

Tot slot zijn er nog allerlei grotere en kleinere algemene kosten, die tegenwoordig 'overhead'-kosten heten (kantoorhuur, afschrijving van computers, gebruik van receptioniste, enzovoort). En voorts dient de testkandidaat eventueel een lunch aangeboden te krijgen en af en toe een al dan niet opwekkend drankje. De opdrachtgever moet voor al deze kosten opdraaien.

Maar hij is natuurlijk nog veel meer geld kwijt. Zo krijgen kandidaten soms hun reis- en eventuele verblijfkosten vergoed. En de personeelsafdeling van de werkgever is ook een aantal uren bezig met de selectieprocedure (voorbereidende gesprekken met de psycholoog, doorlezen van de uiteindelijke rapporten, de overgebleven kandidaten uitnodigen voor een gesprek, enzovoort). Ook hier geldt de gouden regel: Tijd is geld!

De kosten die het testbureau in rekening brengt hangen af van twee zaken:

1 Vindt er een voorgesprek plaats met de opdrachtgever? Pas na zo'n gesprek kan het bureau zich goed inleven in de eisen die aan een nieuwe functionaris worden gesteld. De dames en heren testers kunnen dan ook goed de sfeer van de onderneming snuiven (formele organisatie of 'vriendenclub'? Strenge sociale controle en 'memocultuur', of loopt men altijd bij elkaar binnen? Wordt eigen initiatief op prijs gesteld of juist gesmoord?) De kosten van zo'n verkenning variëren natuurlijk sterk. Gaat u er maar van uit dat hier heel gauw minstens *f* 500 mee is gemoeid.

2 De kosten die de opdrachtgever per geteste kandidaat in rekening worden gebracht variëren ook. Als regel kan worden gesteld dat er meer moet worden betaald, naarmate het niveau van de functie hoger is. Goede klanten van het bureau genieten daarbij een 'kwantum-korting'. Laten we wat prijzen offreren. Voor een standaardonderzoek ('gemiddelde functionaris') zal het testbureau ongeveer *f* 1000,- in rekening brengen. Maar voor een hogere manager bij overheid of bedrijfsleven kunnen tarieven van *f* 1500,- tot *f* 2500,- worden berekend (exclusief eventuele voor- en nabesprekingen en BTW).

Is een testprocedure duur? Dat hangt ervan af wat er met de resultaten gaat gebeuren. Wanneer het rapport alleen maar stof verzamelt in een verborgen archief is er geld over de balk gesmeten. Wanneer het bedrijf dank zij het psychologisch onderzoek de juiste medewerkers selecteert – die misschien gemiddeld vijf jaar blijven – is het een goede investering.

HOOFDSTUK 4

Waarvoor je allemaal getest kunt worden...

1 Psychologen bestuderen menselijk gedrag.
2 Psychologen gebruiken tests als hulpmiddel bij onderzoek.

Dit zijn twee uitspraken die we graag met elkaar in verband willen brengen. Wat zien we dan?

Het werkterrein van de psycholoog is enorm groot, want wij mensen 'gedragen' ons altijd en overal. Kunt u zich een situatie of ogenblik voorstellen dat u geen gedrag vertoont? Nou, u misschien wel, maar psychologen niet. Want zij rekenen bijvoorbeeld lopen, boodschappen doen, schrijven en praten tot gedrag. Zelfs denken, slapen en dromen!

De psychologische test is een van de hulpmiddelen van de psycholoog om gedrag, uw gedrag, te bestuderen en te voorspellen. Hij kan dit meetinstrument loslaten op honderden situaties van menselijk gedrag, vaardigheden, eigenschappen, enzovoort.

We nemen u in dit hoofdstuk eerst mee naar de vele gebieden waar psychologische tests worden gebruikt. We zullen stilstaan bij een aantal menselijke eigenschappen en bekwaamheden, beroepen en functies, die te onderzoeken zijn met psychologische tests.

De veelzijdigheid van psychologische tests

Psychologische tests worden voornamelijk ingezet voor:
1 Psychodiagnostiek;
2 Wetenschappelijk onderzoek;
3 Gerechtelijke problemen;
4 School- en beroepskeuze;
5 Selectiedoeleinden.

U bent waarschijnlijk het meest geïnteresseerd in de laatste twee toepassingen. Toch willen we ook even stilstaan bij de andere gebruiksmogelijkheden.

1 Psychodiagnostiek Wat betekent deze fraaie term? Artsen doen aan diagnose, dat wil zeggen zij stellen de aard van een ziekte vast. Wanneer psychologen afwijkingen, ziekelijk of onaangepast gedrag vaststellen, spreken zij over *psycho*diagnostiek.

Er bestaan honderden psychologische tests, die kunnen vaststellen of iemand (en soms: welke) hersenbeschadigingen heeft, bijvoorbeeld door een verkeersongeval. Sommige mensen hebben problemen met lopen of denken of lezen. Misschien is dit een tijdelijke kwestie, omdat zij bijvoorbeeld nogal in de put zitten (depressief zijn), maar misschien ook zijn delen van de hersenen aangetast.

Veel medische (neurologische) tests zijn voor de patiënt nogal pijnlijk. Het is beslist geen aangename ervaring een vloeistof in de rug gespoten te krijgen. Het is ook geen pretje om kaalgeschoren te worden, omdat de schedel moet worden gelicht. Maar gelukkig bestaan er psychologische tests die dit soort drastische ingrepen soms kunnen vervangen. (Een psychologische 'inkijk-operatie'.)

Deze 'hersentests' zijn nooit waterdicht. Medische tests zijn altijd beter, betrouwbaarder. Maar zou u ook niet liever *eerst* wat 'tekeningen maken' (een psychologische test, waaruit bepaalde hersenbeschadigingen kunnen blijken) dan een nogal pijnlijke ingreep ondergaan?

Er zijn ook tests die allerlei milde vormen van geestesziekte en al dan niet ernstige angsten (neurosen en fobieën) kunnen vaststellen. Dit zijn pijnloze tests, waarbij de geteste persoon meestal een aantal schriftelijke vragen moet beantwoorden, moet zeggen wat hij in een aantal inktvlekken ziet, enzovoort. U kunt deze tests ook ontmoeten bij beroepskeuzeonderzoek of een selectieprocedure. Sommige van deze tests worden namelijk zowel voor 'normale' mensen gebruikt als voor personen bij wie men een bepaalde afwijking of ziekte vermoedt.

We zullen de 'ziekenboeg' verlaten en in dit boek niet verder ingaan op de zogenaamde klinische en hersenorganiciteits-tests, die allerlei ernstige gedragsafwijkingen en hersenziekten pogen vast te stellen.

2 Wetenschappelijk onderzoek Ook in allerlei wetenschappelijk onderzoek wordt gebruik gemaakt van psychologische tests. Soms worden deze speciaal voor dat ene onderzoek ontwikkeld, maar vaak ook maakt men gebruik van bestaande tests. De onderzoeker weet dan tenminste wat die waard zijn; één zorg minder.

Een voorbeeld. Een wetenschappelijk onderzoeker wil weten of intelligente mensen sneller Azerbeidzjaans, een Aziatische taal, leren dan minder intelligente (wetenschappers hebben soms vreemde interessen). Er wordt daarom een laboratoriumonderzoek opgezet, waarbij voor het gemak alleen woordjes moeten worden geleerd. De onderzoeker selecteert hiervoor nu met behulp van tests twee groepen mensen, de intelligenten en de minder intelligenten. In wetenschappelijk jargon: proefpersonen. De wetenschapper heeft tevoren al grenzen gelegd, zodat duidelijk is wie bij de ene en wie bij de andere wordt ingedeeld.

De onderzoeker maakt gebruik van een intelligentietest om de twee groepjes samen te stellen. Met behulp van een kennistoets (is eigenlijk ook een test) ontdekt hij waarschijnlijk dat de mensen die de meeste Azerbeidzjaanse woorden hebben geleerd het intelligentst zijn.

3 Gerechtelijke problemen Steeds vaker schakelen gerechtelijke autoriteiten psychiaters en psychologen in om ernstige wetsovertreders te testen.

Rechter en advocaat willen graag weten waarom een moordenaar zo genadeloos toesloeg. Is hij wel *toerekeningsvatbaar*? Zo niet, dan kan hij niet voor zijn daad worden veroordeeld. Hij beseft niet wat hij deed, aan welk vergrijp hij zich schuldig maakte.

Er zijn verschillende oorzaken voor iemands te lage toerekeningsvatbaarheid:

- Hij heeft een erg laag I.Q., ofwel hij is buitengewoon dom (intelligentietest afnemen);
- Hij heeft voortdurend last van bijvoorbeeld achtervolgingswanen (klinische tests en persoonlijkheidstests afnemen);
- Hij is ernstig geestesziek (op eventuele hersenbeschadigingen testen);
- Hij was tijdelijk volledig in de war, veroorzaakt door echtscheiding, dood van geliefde, drugs, alcohol, enzovoort (allerlei soorten tests moeten vaststellen dat deze persoon voor het overige 'normaal' is.)
- Hij is een psychopaat, ofwel zonder geweten.

De specialisten moeten dus uitzoeken welke stoornis mogelijk een rol heeft gespeeld. Maar daarnaast moeten ze ook nog voorspellen wat de kans is dat de dader nog eens zo'n misdrijf zal plegen.

4 School- en beroepskeuze Op bepaalde leeftijden moeten kinderen (en hun ouders) en volwassenen beslissingen nemen die de rest van hun leven belangrijk beïnvloeden. Voor sommigen is er misschien een tweede kans of een carrière 'switch' op latere leeftijd (piloot wordt hersenchirurg; banketbakker wordt voetbaltrainer), maar de meeste mensen zien hun keuzemogelijkheden met het jaar slinken. Een tragische zaak.

In een land als Japan betekent de 'verkeerde' kleuterschool kiezen dat het kind later als volwassene een topuniversiteit en een toppositie in het bedrijfsleven bij voorbaat wel kan vergeten. Maar zo erg is het bij ons gelukkig niet!

Het is in ieder geval wel zaak een school- en beroepsopleiding te kiezen die overeenkomt met zowel belangstelling als capaciteiten. Het is voor niemand een pretje om pakweg veertig jaar tegen zijn zin een bepaald beroep uit te oefenen.

Jaarlijks worden meer dan 100 000 kinderen die de basisschool gaan verlaten een Cito-toets afgenomen. De schoolleiding kan hiermee nagaan in hoeverre de schoolprestaties (het oordeel van de onderwijzer is altijd wat gekleurd) en de meer neutrale test in dezelfde richting wijzen. Moet het advies aan de ouders MAVO, HAVO, atheneum of een andere vervolgopleiding zijn? Ouders kunnen natuurlijk ook buiten de min of meer 'verplichte' Cito-toets hun kinderen op elk gewenst ogenblik laten testen. De kosten zijn dan wel voor hùn rekening.

Voor Cito-toets en schoolkeuzetests is een apart hoofdstuk gereserveerd. (Hoofdstuk 13, 'Kinderen en de test'.)

Psychologen en ouders noemen de woorden school- *en* beroepskeuze vaak in één adem. Dat heeft verschillende redenen.

Ten eerste gaat het vaak om een probleem (wat zijn mijn capaciteiten? wat wil ik worden?) waarvan de oplossing uit twee delen bestaat. Eerst een bepaalde opleiding volgen en vervolgens zorgen dat je in dat beroep terechtkomt, meestal via een speciale vervolgopleiding.

Ten tweede worden vaak dezelfde tests gebruikt voor adviezen voor schoolkeuze en beroepskeuze.

Ten derde, en dat zal u nu niet meer verbazen, zijn schoolkeuze- en beroepskeuzeadviseurs vaak (niet altijd!) een en dezelfde persoon.

Zoals al eerder gezegd worden er jaarlijks naar schatting 150 000 personen voor school- en beroepskeuze getest. Er is dan ook een aantal psychologische tests speciaal ontwikkeld voor het geven van inzicht in beroepsvoorkeuren en -capaciteiten. We zullen daarom beroepskeuze en de bijbehorende tests in een eigen hoofdstuk bespreken. (Hoofdstuk 11, 'Het beroepskeuzeadvies: voor de beslissing van uw leven'.)

5 Selectiedoeleinden Dit is vermoedelijk het meest voorkomende en bekende gebruik van psychologische tests. In ongelooflijk veel personeelsadvertenties wordt gemeld – vaak met kleine lettertjes – dat 'een psychologisch onderzoek tot de sollicitatieprocedure behoort'. Meer en meer bedrijven en instellingen zijn bang de verkeerde sollicitanten aan te nemen en maken zich graag sterk door experts, in dit geval selectiepsychologen, in te schakelen.

We willen even stilstaan bij het psychologisch testen van managers, een belangrijke groep in 'testland'. Er is een merkwaardig verschijnsel. Topmanagers in het bedrijfsleven en bij de overheid worden zelden psychologisch getest. Zij worden meestal op voorspraak benoemd, dat wil zeggen het voorwerk werd door hun (politieke) vrienden uitgevoerd. Dat ook hier de nodige (grote!) risico's aan zijn verbonden wordt onder meer bewezen door de ondergang van bekende organisaties door mismanagement.

Psychotechniek, een van de grootste particuliere testbureaus van het land, zegt het in een brochure aldus: 'Juist aan topfunctionarissen dienen en mogen de hoogste eisen worden gesteld. Hun functioneren wordt voor een groot deel bepaald door het vermogen om op grond van eigen inzicht goede initiatieven te nemen en deze acties succesvol af te ronden. Hierbij zijn eigenschappen vereist zoals analytisch vermogen, verbeeldingskracht, zin voor realiteit, het kunnen anticiperen en een zogenaamde helikopterblik, waarover juist in psychologisch onderzoek een oordeel gevormd kan worden.'

Middenmanagers daarentegen worden bijna altijd getest. Een nogal paradoxale situatie! Alleen het middenkader dat zich conformeert aan de normen van het bedrijf wordt een baan in het vooruitzicht gesteld. Kritische en creatieve managers, die sommige bedrijven juist het hardst nodig hebben, worden dan 'afgetest'. We komen later terug op deze 'grijze muizen selectie'.

Managers en verkopers zijn moeilijk te onderzoeken. Het is niet gemakkelijk om door een paar testvragen iemands leidinggevende of verkoopcapaciteiten bloot te leggen. Een Amerikaanse 'sales manager' (zeg maar verkoopleider) zei eens dat elke goede verkoper een 'factor x' eigenschap heeft. Hij wilde alleen dolgraag weten wat die geheimzinnige 'x' is en welke psychologische test 'x' kan opsporen. Deze vraag werd veertig jaar geleden gesteld. De goede man zal nog wel veertig jaar moeten wachten op het antwoord...

Unieke tests voor alle beroepen en functies?

Hoeveel beroepen bestaan er? Een eenvoudige vraag die uit vier woorden bestaat, maar niet gemakkelijk is te beantwoorden. Dat heeft eigenlijk drie oorzaken. Ten eerste moet een beroep goed worden omschreven, het moet als het ware worden gedefinieerd. Wat voor de één een duidelijk afgebakend beroep is, hoeft het voor de ander helemaal niet te zijn. Ten tweede is de scheiding tussen beroep en functie niet altijd zo klaar als een klontje. Neem bijvoorbeeld de manager. Is dat een beroep? Ja, want je kunt ervoor worden opgeleid. Of is het een functie? Ja, want elke organisatie kent deze rang, onder een veelheid van titels. Ten derde, hoe ver moet je gaan in het preciseren van beroepen? Zijn bijvoorbeeld de verkoper van herenmode (winkel) en de verkoper van computers (aan bedrijven) beiden onder het hoofd verkoper te plaatsen?

Hoe dan ook, we schatten dat er zo'n 10 000 beroepen bestaan. Binnen dit aantal zijn 4 à 500 beroepsgroepen te onderscheiden. Er is dus een grote keuze voor beroepenzoekers!

Hanteren selectiebureaus voor elk beroep en elke functie een aparte en unieke testprocedure? Vergeet dat maar. De verschillen zijn meestal klein, waar het om de afname van tests gaat. Het bijbehorende interview is een andere zaak. Daarin wordt wèl ingegaan op specifieke beroepzaken.

Eigenschappen en vaardigheden

Voordat een psycholoog, of iemand anders, zich over uw kansen in een bepaald beroep of voor een functie kan uitlaten, zal hij eerst twee dingen moeten doen. Hij zal het beroep of de functie moeten *analyseren*, nagaan uit welke activiteiten het beroep in de praktijk is opgebouwd. Daarna moet hij onderzoeken hoe belangrijk al deze activiteiten werkelijk zijn. Pas dan kan de vertaling worden gemaakt naar de vereiste vaardigheden, kennis, en type persoonlijkheid. Ten slotte moet worden vastgesteld of al uw eigenschappen overeenkomen met wat kennelijk hoort bij het beroep of de functie.

We zullen twee voorbeelden geven.

Voor het beroep van boekhouder is het uiterst belangrijk goed te kunnen rekenen (kennis en vaardigheid). Maar een boekhouder moet ook nauwkeurig kunnen werken (in belangrijke mate een persoonseigenschap). Van sommige 'betere' boekhouders en accountants worden nog wat aanvullende eigenschappen verwacht. Zo moeten zij in staat zijn tot creatieve oplossingen te komen voor hun klanten (persoonseigenschap, talent zo men wil), zij moeten kunnen onderhandelen, bijvoorbeeld met belastinginspecteurs (vaardigheid), misschien ook moeten zij over bepaalde 'contactuele eigenschappen' beschikken. Boekhouder en accountant moeten vanzelfsprekend de nodige kennis in huis hebben (verworven in opleiding).

Van een timmerman worden in het algemeen wat andere eigenschappen en vaardigheden verwacht. Hij zal een goede oog-hand coördinatie moeten hebben, anders zal zijn hamer te veel op zijn grote duim belanden! Hij zal over de nodige materiaalkennis moeten beschikken (kennis die wordt onderwezen). Misschien is een goede neus soms belangrijk (verschillende soorten lijm van elkaar kunnen onderscheiden). Zo'n zintuiglijke eigenschap is grotendeels aangeboren, maar kan met training worden vergroot (en met sigaretten roken worden verkleind). Het kan ook voorkomen dat een bedrijf een baan heeft voor een timmerman. Maar de directie is op zoek naar een timmerman die ook kan verkopen. Het is duidelijk dat deze vakman daarnaast dan over enkele andere (aanvullende) eigenschappen en vaardigheden moet beschikken.

Het zal uit beide (eenvoudige) voorbeelden duidelijk zijn dat een algemeen beroepsprofiel belangrijk is, maar ook dat werkgevers nog een aantal extra eisen kunnen stellen.

We hebben hieronder een klein lijstje gemaakt van enkele persoonskenmerken, vaardigheden en kennis die voor verschillende beroepen en functies van belang zijn. Er is opzettelijk telkens maar één vaardigheid en persoonseigenschap per beroep genoteerd. Het is geen uitputtende lijst, het gaat er alleen maar om te tonen hoe eisen voor beroep en functie uit elkaar lopen.

Beroep/functie	*Vaardigheid*	*Persoonlijkheids-eigenschap*	*Kennis*
Caissière in winkel	rekenen	stressbestendig	winkel-assortiment + prijzen
Typiste	vingervlugheid (oog-hand coördinatie)	concentratie-vermogen	bedrijf, branche
Klinisch psycholoog	sociale vaardigheden (omgaan met mensen)	kritisch denken	theorieën, namen, feiten
Beroepsofficier	leiding geven	standvastigheid	krijgskunde

Zoals eerder gemeld wordt er in de praktijk met profielen van beroepen en functies gewerkt. Voor elk beroep is altijd meer dan één enkele eigenschap of vaardigheid nodig. We zullen hier niet verder op ingaan, anders dwalen we te veel af van ons hoofdonderwerp: psychologische tests.

Psychologen hebben in de loop der tijden nogal wat tests ontwikkeld voor uiteenlopende vaardigheden, eigenschappen en dergelijke. De volgende willekeurige opsomming maakt dat duidelijk:

- Intelligentie;
- Management-vaardigheden / leiderschap;
- Waarneming (zien / horen / proeven / ruiken);
- Creativiteit;
- Verkoopcapaciteiten;
- Geestelijke gezondheid;
- Handvaardigheid;
- Concentratievermogen;
- Angst;
- Hersenbeschadigingen;
- Politieke overtuigingen;
- Kantoorvaardigheden;
- Wiskundekennis / -vorderingen;
- Onderdanigheid;
- Muzikaliteit;
- Eerlijkheid;
- Interessen;
- Stressbestendigheid (spanning verdragen);
- Kritisch / onafhankelijk denken.

Sommige van deze eigenschappen en vaardigheden kunnen betrouwbaar en valide worden gemeten. Maar jammer genoeg kan dat niet van elke test worden gezegd! (Zie hoofdstuk 6) Een Amerikaanse selectiepsycholoog heeft het aardig geformuleerd: 'Wanneer de kandidaat de test haalt – vergeet de test dan maar verder. Maar als hij wordt afgetest – vergeet de persoon dan maar...'

HOOFDSTUK 5

Hoe ziet een test eruit?

Voor velen heeft de psychologische test iets geheimzinnigs, iets mysterieus, voor sommigen zelfs iets angstaanjagends. Komt dat door het imponerende woord 'psychologisch'? Of omdat er mensen zijn, psychologen, die misschien wel over de gave beschikken 'je ziel', je diepste roerselen, te kunnen doorgronden? Of is het dat testpsychologen een advies afgeven dat zulke verstrekkende gevolgen heeft? Heb je nooit een test gezien, dan blijft het spannend.

Hoe ziet een test eruit, die iemands toekomstige prestaties en gedragingen wil voorspellen?

In dit hoofdstuk zullen we laten zien, zonder op allerlei bijzonderheden in te gaan, in welke vormen en gedaanten tests voorkomen. Het gaat hierbij om het uiterlijk van een test en niet zozeer om het doel. We zullen onder andere behandelen: tests die schriftelijk en mondeling worden afgenomen, gecomputeriseerde tests, observatietests, snelheids- en niveautests. Tot slot zullen we nog even stilstaan bij de naamgeving van tests en het feit dat goede tests steeds aangepast worden aan de tijd en nieuwe wetenschappelijke bevindingen. Althans, dat zou moeten gebeuren...

Overigens, in hoofdstuk 6 worden psychologische tests 'officieel' ingedeeld.

De testkit

Er bestaan verrassende overeenkomsten tussen psychologische tests en wijn. Om er een paar te noemen: in de regel worden de meeste wijnen beter met het klimmen der jaren. Dat gaat ook op voor psychologische tests. We komen hier nog op terug. Er bestaan eenvoudige, doch smakelijke tafelwijnen. Er zijn ook eenvoudige tests op de markt, die hun werk goed en zonder veel omhaal doen. Er zijn bekende wijnen, waarvan de smaak toch tegenvalt. We kennen ook tests met naam en faam, waarbij de relatie tussen roem en prestatie zoek is.

Sommige wijnen hebben een schitterend etiket en zijn prachtig in een houten doos verpakt. Ook dit verschijnsel is een aantal psychologische tests niet vreemd. We willen even bij de verpakking van de tests stilstaan.

Sommige tests bestaan uit niets anders dan een stuk blanco papier, een potlood en de opdracht 'teken een boom'. (We zullen hier niet ingaan op de vraag of dit de naam test verdient.) Het andere uiterste is de test in de vorm van een testkit, een gemakkelijk te vervoeren doos of koffer die alle testmateriaal bevat. Hierin kunnen onder andere worden opgeborgen:

- Alle hulpmaterialen die de geteste persoon voor de opdrachten nodig heeft (houten blokken, kaartjes, figuren, enzovoort);
- Antwoordformulieren waarop de juiste antwoorden moeten worden genoteerd;
- Scoringssleutels (mallen) waarmee de assistent snel de goede antwoorden opspoort;
- Testhandleiding voor de psycholoog;
- Normtabellen van de test en aanwijzingen voor de interpretatie van de testscores.

Afnameduur

We meldden dat zelden een enkele test wordt afgenomen. Meestal gaat het om een hele serie, een testbatterij, waarvan het doel is zoveel mogelijk te weten zien te komen over uw toekomstig functioneren in een organisatie (of hoe de opdracht aan het testbureau ook luidt). In een dag worden dan intelligentie, persoonlijkheidsfactoren, vaardigheden, enzovoort gemeten.

De duur van tests loopt sterk uiteen, dat zal u niet verbazen. Een intelligentietest, met zijn vele onderdelen, neemt nu eenmaal meer tijd in beslag dan een eenvoudige zinaanvullingstest, waarbij u een aantal korte zinnen moet formuleren. (Beide tests komen later uitgebreid ter sprake.) Tests variëren naar duur van 5 à 10 minuten tot ruim vier uur.

Testmakers zijn altijd op zoek naar de *optimale duur* van hun test. Een test die te lang is wordt vervelend voor de geteste persoon. Hij raakt misschien geïrriteerd en de motivatie neemt met elke minuut af. De kandidaat sukkelt ten slotte in slaap... Aan de andere kant, een te korte test is onbetrouwbaar. Zo'n test scheidt niet het kaf van het koren.

Schriftelijke tests: vooral multiple-choice

De 'papier-en-potlood'-test is de meest toegepaste vorm van psychologische test. Het gaat om, de naam zegt het al, schriftelijke opgaven. Dit type test lijkt dus erg veel op de schriftelijke schoolexamens, tentamens, proefwerken, enzovoort.

Schriftelijke tests worden ingedeeld in drie categorieën: multiple-choice of meervoudige-keuzevragentests (het juiste antwoord aankruisen), tests waarbij u moet schrijven, zinnen aanvullen, of opstellen maken (in plaats van 'dode' kruisjes zetten) en allerlei tekentests, waarbij u wordt verzocht een mens, een boom of wat ook te tekenen – zo lang dat maar uw 'ware' persoon(lijkheid) verraadt.

We beperken ons hier tot de meerkeuzetests. De andere schriftelijke tests zijn voer voor hoofdstuk 10.

*** Zie *Alles over management tests* *** voor opstelvragen, open vragen en schriftelijke opdrachten.

Er worden jaarlijks grote aantallen mensen getest en psychologen sturen soms forse rekeningen uit. Deze beide gegevens hebben in de loop der jaren geleid tot de sterke ontwikkeling van de meervoudige-keuzevragen, zoals velen die kennen van tentamens, Cito-toetsen en het theoretische deel van het autorij-examen. Deze testvorm heeft een paar belangrijke voordelen:

- U hoeft niet te schrijven, alleen maar een kruisje of cirkel te zetten. Dat gaat makkelijk en snel;
- De kans op schrijffouten is verdwenen, maar ook:
- Leesfouten, van degenen die uw antwoordformulier in handen krijgen, behoren tot het verleden;
- Deze tests kunnen door grote aantallen mensen tegelijkertijd in een 'examenlokaal' (testlokaal) gemaakt worden. Men spreekt dan ook over groepstests;
- Juist omdat uw prestaties, meningen, emoties, enzovoort, in cijfers kunnen worden uitgedrukt – we komen er dadelijk op terug – kan de computer alle antwoorden verwerken, een grote tijdbesparing. Tijd is geld!

Kortom, er pleit veel voor deze schriftelijke tests. Toch kent deze vorm ook zijn nadelen:

- Er is geen ruimte voor 'creatieve antwoorden';
- Het nodigt uit tot gokken (doen!);
- Personen die leesproblemen hebben, of die het Nederlands niet goed beheersen (etnische / culturele minderheden) zijn duidelijk in het nadeel;
- Hoog-intelligente kandidaten denken soms te diep na en geven dan een verkeerd antwoord. (Misschien zijn ze wel slimmer dan de maker van de test!)

Zoals u begrijpt is de efficiency van deze tests zo groot dat de nadelen in het niet vallen.

Het zou te ver voeren om hier aan te geven waarvoor schriftelijke tests ingezet kunnen worden: bijna alle onderwerpen waarin testpsychologen zijn geïnteresseerd. Of het nu gaat om technisch inzicht of muzikaliteit: het kan allemaal met schriftelijke tests worden onderzocht. Sommige onderwerpen worden bijna *altijd* schriftelijk getest:

- Verschillende onderdelen van een intelligentietest (bijvoorbeeld hoofdrekenen, analogieën);
- Persoonlijkheidstrekken (Men probeert uw persoonlijkheid te doorgronden door een hele reeks meestal korte vragen op u af te vuren. Bijvoorbeeld: 'Heeft u wel eens hoofdpijn?', u omcirkelt één van deze drie mogelijkheden: 'ja', 'nee', '?');
- Beroepsinteressen (U vult bijvoorbeeld steeds in welk beroep uit telkens een groep van vier beroepen u op het eerste gezicht het aantrekkelijkst vindt.);
- Technisch inzicht (Aan de hand van een 'technische' – eigenlijk toegepast natuurkundige – tekening moet u aangeven wat er gebeurt of zal gebeuren.);
- Algemene ontwikkeling / actualiteiten (Er wordt hier onderzocht hoe het met iemands algemene ontwikkeling is gesteld en of hij op de hoogte is van 'de toestand van de wereld'. Een vraag uit zo'n test kan luiden: 'Wat is de hoofdstad van Finland?' Er worden vier Europese hoofdsteden genoemd: de kandidaat moet 'Helsinki' aanstrepen.)

De meeste schriftelijke multiple-choice tests kunnen ook via het beeldscherm van de computer worden afgenomen. Computertests – en hoe hiermee om te gaan – worden in hoofdstuk 18 beschreven.

Mondelinge tests

Een mondelinge test is (juist ja...) een test waarbij u uw antwoord geeft aan de psycholoog of testassistent die tegenover u zit. U zult al begrepen hebben dat het aantal mondelinge tests in de loop der jaren steeds kleiner is geworden, met het toenemen van de kosten van een testdag. Ze zijn namelijk vrij tijdrovend vanwege de persoonlijke behandeling. Daarnaast is het verwerken van mondelinge antwoorden langzaam mensenwerk, in tegenstelling tot de schriftelijke tests, waarbij vaak dankbaar gebruik wordt gemaakt van de computer. En subjectieve inschatting komt om de hoek kijken.

In sommige gevallen wordt een schriftelijke test verbouwd tot een mondelinge. Bijvoorbeeld wanneer de kandidaat (erkende) leesproblemen heeft, zoals dyslexie, bij een hersenschudding, problemen met een (of juist zonder!) leesbril, en dergelijke.

TIP: Wanneer lezen op de testdag een probleem voor u wordt, verzoek dan, bij voorkeur *schriftelijk*, om mondeling onderzocht te worden. Achteraf zal uw aangevoerde excuus voor de slechte testprestatie niet serieus worden genomen...

Een bekende mondelinge test is de inktvlekkentest van Rorschach. U moet hierbij de testassistent melden wat u allemaal in deze dubbelgevouwen inktvlekken ziet. Hoofdstuk 10 vertelt u er alles over.

U zult vermoedelijk niet zoveel met mondelinge tests te maken krijgen. Vandaar dat we na een aanbeveling snel doorgaan naar de volgende testvorm.

TIP: Het komt bij mondelinge tests niet alleen aan op wat u zegt maar ook *hoe*. Ga dus uiterst voorzichtig te werk, want 'alles wat u zegt kan tegen u worden gebruikt!' Laat u bij deze tests vooral niet opjutten en neem de tijd uw antwoorden zorgvuldig af te wegen. Waarom zou u uw woorden niet op een goudschaaltje leggen?

Meer hierover weten? Lees de bespreking van de verschillende observatietests en het persoonlijk gesprek met de psycholoog (hoofdstuk 14).

Observatietests

Zoals gezegd is het bij dit type test belangrijk *hoe* u werkt (tijdens het onderzoek). U krijgt allerlei taken voorgelegd, waarbij u wordt bespied in uw werkzaamheden. Misschien zit de testassistent tegenover u, misschien ook zit u alleen te ploeteren en houdt men u in de gaten van achter een doorkijkspiegel. U weet niet beter dan dat de wand voor u een spiegel is. Maar de andere kant van de spiegel bestaat uit gewoon glas...

Bij welke taken en opdrachten kunt u 'spionage' verwachten? We zullen u enkele voorbeelden presenteren.

Heeft u technisch inzicht? De veelzijdige Wiggly-bloktest, die in hoofdstuk 8 wordt besproken, laat u een in negen stukken gezaagd blok weer in elkaar zetten. De manier waarop u het doet wordt geregistreerd door een observator. Een andere test voor technisch inzicht is de Draadbuigtest. Het gaat er dit keer om een stuk ijzerdraad in een bepaalde vorm te buigen, al dan niet met een tang, zodat deze zo veel mogelijk lijkt op de voorbeelddraad. Uw resultaat wordt gemeten, maar daarnaast wordt uw gedrag ook weer aandachtig bestudeerd. Begint u lukraak, of gaat u eerst rustig nadenken? Hoe herstelt u fouten? Hoe werken uw handen? Grof, fijn, soepel of stijf? (Men spreekt hier van motorisch gedrag.) Men kan u ook allerlei kleine blokken of kaartjes laten sorteren, waarbij u steeds andere opdrachten ontvangt.

TIP: Vraag u steeds af of u wordt geobserveerd en wat er van u wordt verwacht. Wanneer u in een 'spiegelkamer' te werk wordt gesteld weet u wel hoe laat het is. Maar wanneer de testassistent bij u komt zitten en aantekeningen maakt, gaat het niet om uw persoonlijke charme. U kunt bevroeden wat de bedoeling hiervan is...

Gesprek met de psycholoog

Dit is de vierde vorm van een psychologische test die voor u van belang is. De psycholoog is nu dus zijn eigen test. Hij of zij zal u een groot aantal vragen stellen. Gewone, gemakkelijk te beantwoorden vragen, maar ook strikvragen of waar u niet zo één-twee-drie een antwoord op kunt geven. Hoofdstuk 14, 'Het persoonlijke gesprek', is geheel gewijd aan deze 'menselijke' kant van de psychologische testprocedure.

Onze aanbeveling luidt alvast: pas op uw tellen voor dit onderhoud. De psycholoog zal misschien zeggen dat hij bij dit 'mondelinge gedeelte' op uw werkgeschiedenis wil ingaan. Dat klinkt heel aannemelijk en neutraal, maar de werkelijkheid zal toch wat anders kunnen uitpakken, omdat gespeurd wordt naar uw zwakke kanten en mogelijke (toekomstige) problemen...

*** Zie *Alles over selectiegesprekken* *** voor typische 'psychologenvragen' en de achtergronden hiervan.

Snelheids- en niveautests

Dit is een andere indeling die voor u van belang is. Sommige tests kennen een tijdgrens, andere niet. Bij een snelheidstest moet u bij het aantal aangegeven minuten klaar zijn. Bent u dat niet, dan wordt de test toch ingenomen. Uw werktempo speelt dus een doorslaggevende rol. Bijna alle intelligentietests gunnen u maar beperkte tijd. (Dat is natuurlijk niet zo verwonderlijk, want het verschil in intelligentie is vaak de tijd die mensen nodig hebben om een probleem op te lossen.)

Bij een niveautest mag u lang doorgaan – tot u klaar bent met alle opgaven of vragen. (Niet tot u er over in slaap valt, maar totdat de testassistent het wel mooi vindt geweest.) Dat is het geval bij de meeste persoonlijkheidstests. U hoeft zich hierbij dus niet te laten opjutten!

Hoe kunt u zien of het om een snelheids- of een niveautest gaat? Allereerst zal dat uit de instructie, die aan de test voorafgaat, kunnen blijken. (Wordt er een tijdlimiet opgegeven?)

Voor alle duidelijkheid: een schriftelijke test kan een snelheids- of een niveautest zijn, of een mengeling van beide.

De naamgeving van tests

De namen van de meeste tests bestaan uit samenstellingen van verschillende woorden. De officiële naam van menige test is dan ook een ware mondvol. Dat heeft ertoe geleid 'afkortingsnamen' in te voeren. Tegenwoordig zijn de meeste tests dan ook bekend onder (goed klinkende) afkortingen of acroniemen. Zo spreekt men bijvoorbeeld over de GIT, in plaats van de Groninger Intelligentie Test, de ABV, in plaats van de Amsterdamse Biografische Vragenlijst en de NAT, die voluit Numerieke Aanleg Test heet.

Tests worden meestal genoemd naar:

1 Het onderwerp of het gebruiksdoel (bijvoorbeeld intelligentie);
2 De oorspronkelijke testconstructeur (bijvoorbeeld David Wechsler in de WAIS: de Wechsler Adult Intelligence Scale);
3 De plaats waar de test werd ontwikkeld of het levenslicht aanschouwde (bijvoorbeeld de Groninger Intelligentie Test);
4 De manier waarop wordt gemeten, onderzocht (bijvoorbeeld 'vragenlijst', 'schaal', 'kaarten'. Zie de WAIS.);
5 De doelgroep, de personen voor wie de test is ontwikkeld (bijvoorbeeld kinderen – de AKIT, dat staat voor Amsterdamse Kinder Intelligentie Test).

Tests blijven niet constant

Eerder in dit hoofdstuk hebben we tests met wijn vergeleken. Goede wijn rijpt met het klimmen der jaren. Dat geldt ook voor vele tests. Hoe komt dat? Een nieuwe test wekt meestal nogal wat vraagtekens op. De sterke en zwakke plekken zijn niet of nauwelijks bekend, terwijl de scherpe kanten er nog niet van af zijn geslepen. Hoe langer een test in de praktijk wordt gebruikt, des te *meer onderzoek* ernaar is verricht. Testgebruikers (psychologen) wisselen wetenswaardigheden uit. Soms worden uit een test nieuwe deeltests ontwikkeld. Bijvoorbeeld een verkorte, snelle vorm, een speciale versie voor kinderen, aparte delen voor Vlaanderen en Nederland, enzovoort.

De veroudering van tests

De maatschappij is voortdurend in beweging. Het spreekt vanzelf dat veel tests mee moeten gaan met deze veranderingen. We zullen enkele voorbeelden geven.

Het beroep van computerprogrammeur is vrij nieuw. Een dertig jaar geleden ontwikkelde beroepskeuzetest meldt dit beroep niet. Omgekeerd geldt dat natuurlijk ook voor beroepen die nu bijna zijn uitgestorven (schilleboer, bodes, bioscoopportiers).

Tot in de jaren zeventig werd homoseksualiteit als een te genezen ziekte beschouwd. Tegenwoordig gaat het om een seksuele voorkeur van een ogenschijnlijk steeds groter wordende groep mensen. Testvragen over seksualiteit en de interpretatie van de antwoorden hiervan moeten dus aangepast worden aan de nieuwe werkelijkheid. Of niet meer worden gesteld – vooral wanneer met de antwoorden niets wordt gedaan...

Testnormen moeten worden aangepast wanneer blijkt dat zij niet meer in staat zijn 'de jongens van de mannen' te onderscheiden. De psycholoog Flynn (1987) deed de verrassende ontdekking dat het aantal geniale mannen in Nederland tegen de 600 000 gestegen was. (U vermoedt al iets...?) De verklaring: de gebruikte intelligentietest (de Raven Matrijzentest) werd door toenemende scholing en testervaring door steeds meer mensen als gemakkelijk gezien. Toch jammer om van zoveel genieën met één pennestreek afscheid te moeten nemen...

Modes komen en modes gaan. Toch blijft er altijd wel wat 'hangen', bijvoorbeeld het begrip hippie uit de jaren zestig of punk(er) uit de jaren tachtig. Dat geldt ook voor het taalgebruik in meer algemene zin. Een test heeft afgedaan wanneer de instructies en/of de vragen niet meer worden begrepen, nietszeggend zijn geworden of verkeerd worden geïnterpreteerd, omdat 'de taal' verouderd is. Soms gaat het om een kleine ingreep, maar het moet wel gebeuren!

De vrouwenemancipatie is een belangrijke maatschappelijke beweging. Vooral in Europa is zij nog lang niet uitgewoed. De consequentie voor vele psychologische tests is duidelijk, wanneer meer en meer vrouwen een baan buitenshuis zullen hebben en de top van het bedrijfsleven voor de helft uit vrouwen zal bestaan: veel tests, die zijn geschreven door mannen en voor mannen, zullen sekse-neutraal moeten worden herschreven en gehernormeerd! Zie verder hoofdstuk 19, waarin dieper wordt ingegaan op de relatie vrouwen-tests en waarin tips aan vrouwelijke testkandidaten worden verstrekt.

Een manuele vaardigheidstest, waarmee ook stress kan worden vastgesteld

HOOFDSTUK 6

De belangrijkste psychologische tests

Er zijn nogal wat psychologische tests in omloop. Het precieze aantal dat min of meer dagelijks in Nederland en België wordt gebruikt is niet te achterhalen. Want naast de gepubliceerde tests – door uitgevers op de markt gebracht – zijn er ook vele die door een bedrijf of testbureau zelf zijn ontwikkeld en altijd binnenshuis blijven.

Aantal zegt niets over kwaliteit. Onderzoek naar kwaliteit is (ook hier) moeilijk. Toch zijn er wel pogingen ondernomen. Het resultaat is niet altijd even bemoedigend, zoals we in dit hoofdstuk zullen zien, waarin we de volgende hoofdonderwerpen bespreken, die we kort zullen toelichten:

- Psychologische tests komen in vele gedaanten voor, terwijl ook de toepassingen talloos zijn. Een recent indelingsschema treft u op de volgende bladzijden aan;
- De kwaliteit van de psychologische tests wordt kritisch besproken. Te kritisch?
- We hebben een test top-twaalf van de meest gebruikte psychologische tests samengesteld. U krijgt een 'pre-view' aangeboden. Een uitgebreide toelichting leest u in de meeste gevallen elders in dit boek.

Enorme hoeveelheid tests

Een vraag die bij velen opkomt: hoeveel psychologische tests bestaan er? We kunnen deze vraag alleen maar beantwoorden met een vaag 'heel veel'. Het totale aantal (In de wereld? In Europa? In de Benelux? In Nederland?) is onbekend. Bovendien komen er dagelijks nieuwe tests bij. Er wordt wel eens, een beetje spottend, opgemerkt dat elke psycholoog minstens een test heeft ontwikkeld. Alleen de American Psychological Association (APA) 's werelds grootste beroepsvereniging voor psychologen, heeft al zo'n 60 000 leden. Hoeveelheid zegt weinig over kwaliteit. Het is op zich niet moeilijk een test te ontwikkelen. Het is iets anders een test op de markt te brengen die aan een aantal basiseisen voldoet. Er zijn er in feite maar weinig (ook gerenommeerde!) van een hoge kwaliteit. We hebben eerder psychologische tests met wijn vergeleken. Een test heeft tijd nodig om geperfectioneerd te worden, om te rijpen. Oude tests zijn dan ook vaak beter dan 'het nieuwste model'. Maar worden ze te oud, dan verzuren ze. (De vragen zijn dan niet meer van deze tijd, de normen ongeldig geworden.) Vandaar dat de showroom van de psycholoog u niet altijd het nieuwste van het nieuwste laat zien.

TIP: Er zijn maar weinig goed onderzochte en gestandaardiseerde tests. De kans is dus groot dat u bij verschillende testbureaus enkele identieke tests krijgt voorgelegd. Onthoud dat en doe uw voordeel daar mee!

Indelingen

In de loop der jaren zijn verschillende systemen ontworpen om psychologische tests in te delen. Een bekende driedeling is die in *gedrag* van de geteste persoon (iemands topprestatie wordt bijvoorbeeld gemeten), *instructie en afname* van de test (er wordt uitgelegd hoe u de test moet maken) en ten slotte die in de *soort testvragen* (bijvoorbeeld open vragen en meervoudige-keuzevragen). Deze driedeling kent nog allerlei fijnere onderverdelingen, waar we niet op in zullen gaan.

Enkele jaren geleden is een nieuwere indeling in zwang geraakt, die gebaseerd is op de zogenaamde *testpretentie*. Dat is het doel van de test, wat de test wil meten, vaststellen. Ook deze indeling, die we hier zullen volgen, is niet geheel perfect, maar wordt door de testspecialisten van het Nederlands Instituut van Psychologen (NIP) min of meer als standaard aangehouden.

Het schema laat maar liefst achtendertig typen tests zien! De belangrijkste zullen eerst kort worden toegelicht. Degene die een meer uitvoerige behandeling verdienen krijgen deze ook, òf in dit hoofdstuk òf in hun 'eigen' hoofdstuk.

Voor alle duidelijkheid: een aantal tests kan in twee of meer categorieën worden geplaatst. Er zijn bijvoorbeeld tests die zowel intelligentie als schoolvorderingen meten. Ook in dit boek zit er enige 'rek' in het onderbrengen van tests. Denk bijvoorbeeld aan tests die zowel voor sollicitatieprocedures worden gebruikt als bij beroepskeuzeonderzoek.

De (uitgebreide!) familie van psychologische tests ziet er als volgt uit:

INDELINGSSCHEMA VAN PSYCHOLOGISCHE TESTS

- Persoon-Situatietests
  - Persoon-Inrichting
  - Persoon-Arbeid
    - Vaardigheden
      - Cognitie
      - Aandacht
      - Perceptie
    - Andere structuurfactoren
      - Emotie
      - Conatie
  - Persoon-Opleiding
    - Vaardigheden
      - Cognitie
    - Andere structuurfactoren
      - Emotie
      - Conatie
  - Persoon-Ander
    - Vaardigheden
      - Cognitie
    - Andere structuurfactoren
      - Emotie
      - Conatie
  - Persoon-Lichaam
- Persoonlijkheidstests
  - Vaardigheden
    - Cognitie
      - Algemeen
      - Specifiek
    - Aandacht
    - Motoriek
    - Perceptie
  - Andere structuurfactoren
    - Emotie
    - Conatie
- Situatietests
  - Sociale, taakgeörienteerde en therapeutische groepen
  - Arbeid
  - Opleiding
  - Gezin

Bron: Documentatie van tests en testresearch in Nederland

TOELICHTING

Er zijn drie hoofdbegrippen in de indeling: persoon, situatie en de combinatie van beide, dus: de persoon en / in de situatie.

De persoon Bij dit type tests gaat het erom gegevens te krijgen over iemands persoonlijkheid. Dit zijn 'karaktereigenschappen', waarvan men aanneemt dat die vast en duurzaam zijn en los staan van de situatie waarin men zich bevindt. Tot deze categorie behoren alle intelligentietests en persoonlijkheidstests.

De situatie Bij deze tests gaat het ongeveer om het tegenovergestelde. Het is de bedoeling dat zij situaties beschrijven, onafhankelijk van de persoon. Tot deze groep van tests behoren onder andere die hersenbeschadigingen vaststellen, tests waarbij de persoon als 'meetinstrument' (observator en beoordelaar) optreedt en een groot aantal andere instrumenten die iets over de situatie en omgeving moeten blootleggen (zoals een thermometer iets over de temperatuur in huis of van het lichaam zegt).

Dit type test is voor ons weinig belangrijk. Behalve wanneer het doel is na te gaan hoe en hoezeer managers hun medewerkers beoordelen.

Combinatie persoon-situatie Dit is wel weer een belangrijke groep, omdat deze tests uitspraken doen over hoe iemand reageert op een situatie, erdoor wordt beïnvloed, enzovoort. Enkele voorbeelden van dit type tests: beroepsinteresse, werk- en schoolvorderingen die iemand maakt, de manier waarop iemand iets heeft geleerd van de geboden bedrijfstraining, enzovoort.

We zullen nu een duik nemen in de deelcategorieën en deze kort toelichten.

Persoon-inrichting Het doel van deze tests is het gedrag van mensen in zwakzinnigen-, psychiatrische en andere inrichtingen vast te stellen. We zullen hier niet verder bij stilstaan.

Persoon-arbeid Zoals de naam al aangeeft gaat het hier om het (toekomstig) functioneren op het werk, in het bedrijf. Er wordt een onderscheid gemaakt naar 'vaardigheden' en 'andere structuurfactoren'. Onder vaardigheden wordt verstaan: het kunnen *toepassen* van voor functie of beroep vereiste handelingen (rekenen, boekhouden, lassen, enz.). Het gaat dus niet om het bezit van kennis.

De vaardigheden worden verder uitgesplitst in *cognitie* (dat betekent kennis, *weten* hoe je bepaalde kennis in de praktijk moet toepassen), *aandacht* (je kunnen concentreren) en *perceptie* (dit betekent waarneming:

zien, horen, ruiken, proeven). Bij perceptiestests wordt onder andere uw reactiesnelheid onderzocht. Bijvoorbeeld, hoe snel herkent u een situatie (op een dia, die maar heel kort wordt vertoond)?

Tot de groep van 'andere structuurfactoren' behoren onder andere verschillende vragenlijsten om de werksituatie en de managers (chefs) te beoordelen.

Onder 'emotietests' verstaat men in dit schema tests die onder andere angstreacties van mensen in onderwijs- of arbeidssituaties vaststellen.

'Conatie' is een wat verouderde term voor actie of streven. In het grote schema verstaat men er allerlei soorten tests onder die tot doel hebben een aantal zaken rond beroepskeuze, beroepsvoorkeur en behoeften en verwachtingen van het werk boven water te brengen.

Persoon-opleiding Met behulp van deze tests worden allerlei begaafdheden en talenten vastgesteld, die met alle niveaus van onderwijs te maken hebben. Via deze tests hoopt men uitspraken te kunnen doen over schoolkeuze van de geteste persoon. Men maakt hier verder een onderscheid naar vaardigheden en cognitie. Vaardigheidstests toetsen hoe goed iemand een taak uitvoert, zoals bijvoorbeeld rekenen, lezen, schrijven. Cognitieve tests meten iemands kennis. Kunnen is nu eenmaal iets anders dan kennen! De Cito- en vergelijkbare toetsen en een aantal intelligentietests horen in deze categorie thuis.

Tot de 'andere structuurfactoren' behoren hier onder andere vragenlijsten voor het beleven van het onderwijs en beoordelingslijsten van het schoolgedrag van kinderen.

'Emotie' duidt hier weer op het meten van angsten, bijvoorbeeld voor en bij examens.

'Conatie' gaat hier nu over specifieke zaken rond beroepskeuze.

Persoon-ander Tests in deze categorie meten de manier waarop men met anderen omgaat. Zo zijn er lijsten die de relaties tussen ouders en kinderen, echtgenoot en echtgenote enzovoort proberen vast te stellen.

Onder 'cognitie' worden aspecten van wat men noemt 'sociale intelligentie' onderzocht, dit is het vermogen zich open te stellen voor situaties van het leven van alledag.

'Andere structuurfactoren' zijn hier onder meer schalen die een aantal waarden van een persoon bepalen. Waarde is het belang of gewicht dat iemand aan een meestal abstracte zaak hecht, bijvoorbeeld democratie, vaderlandsliefde, eerlijkheid, loyaliteit, en dergelijke.

De 'emotie'-tests duiden dit keer op 'sociale angsten', ofwel de angsten die mensen hebben in hun omgang met anderen.

'Conatie'-tests hebben ook in de categorie persoon-ander een 'nieuwe' betekenis. Men verstaat er hier bijvoorbeeld onder het beleven van aspecten van seksualiteit, het vertonen van sociaal-wenselijk gedrag, het verkrijgen van sociale erkenning.

Persoon-lichaam Deze categorie tests zullen we verder buiten beschouwing laten, omdat ze betrekking hebben op de beleving van het eigen lichaam van lichamelijk gehandicapten.

Persoonlijkheidstests Dit is een erg belangrijke categorie voor sollicitanten. Hier behoren tests van allerlei soorten pluimage thuis, zoals de inktvlekkentests (zie hoofdstuk 10) en andere 'beroemde' tests, die persoonlijkheidskenmerken ('karaktereigenschappen') bepalen. Onder 'cognitie' vallen hier een aantal bekende intelligentietests, die in hoofdstuk 8 worden besproken.

Aandachtstests onderzoeken – de naam zegt het al – aandacht of concentratievermogen. Deze tests proberen u op allerlei manieren af te leiden. (Zie hoofdstuk 10).

Motoriek-tests onderzoeken hoe mensen zich lichamelijk bewegen, articuleren en talloze andere zaken waarbij spieren gebruikt worden.

In de ondercategorie *perceptietests* zijn tests ondergebracht die onder andere onderzoeken: kleurenblindheid, het onderscheiden van figuren, algemene visuele waarneming (zien), testen van het gehoor.

In de restcategorie 'andere structuurfactoren' zijn de volgende soorten tests ondergebracht: veldafhankelijkheid (de omgeving van de geteste persoon wordt verstoord, zodat waarnemen erg moeilijk wordt), enkele persoonlijkheidskenmerken zoals rigiditeit, 'autoritaire trekjes', intro- en extraversie (heeft u een 'gesloten karakter' of bent u meer 'open'?) en dwangmatig gedrag.

De 'emotie'-tests van deze hoofdgroep onderzoeken de ziekelijke angsten van mensen, welbevinden, depressies en enkele andere zaken.

Onder 'conatie' komen we grotendeels dezelfde tests tegen die al eerder onder deze naam zijn genoemd.

Situatietests Op een enkele uitzondering na zijn de tests van deze laatste categorie voor ons niet van belang. We zullen ze daarom verder buiten beschouwing laten.

De Nederlandse test-top-twaalf

Hoeveel verschillende psychologische tests er jaarlijks in Nederland en België worden gebruikt is onbekend. Psychologen zijn niet zo erg geïnteresseerd in de populariteit van hun handelswaar.

Onderzoeken hiernaar zijn trouwens niet zo gemakkelijk uit te voeren. Het aantal testuitgevers is beperkt. Zouden zij hun verkoopgegevens aan de grote klok willen hangen, zodat hun concurrenten mee profiteren?

De grotere Nederlandse selectiepsychologische bureaus hanteren nogal eens eigen tests. Buiten het bureau weet niemand welke dit zijn en hoe het met de kwaliteit hiervan is gesteld.

Sommige grote organisaties, overheid en bedrijfsleven, beschikken ook over zelf-ontworpen tests. Buitenstaanders kunnen ook hier alleen maar raden naar soort en kwaliteit.

Ten slotte, in 'Testland' wonen weinig loslippigen. Bureaus vertellen de buitenwereld niet graag welke tests zij in huis hebben en hun kandidaten voorleggen.

Om heel praktische redenen hebben we geprobeerd een top-twaalf samen te stellen van de meest gebruikte psychologische tests. De praktische reden? *De kans is groot dat u één of meer van deze tests op het bureau onder ogen krijgt!*

Hieronder bieden wij u onze top-twaalf aan, die gebaseerd is op het continue onderzoek voor de databank van het bureau van de auteur, Psycom, in Amstelveen. Deze gegevens zijn tot stand gekomen door de informatie die werd verkregen van testkandidaten, die bij een veelheid van bureaus (en grote organisaties) zijn getest. Maar eerst enkele opmerkingen vooraf:

1 De volgorde is naar 'populariteit'. De meest gebruikte siert de top.
2 In de top-twaalf treft u eerst de afkortingsnaam aan. Zoals eerder besproken staan de meeste psychologische tests hieronder bekend. De volgende kolom toont de volledige naam. Hierna staat in sleutelwoorden vermeld wat de test meet, wat het doel van de test is, en in de laatste kolom staat waar nadere informatie over deze test wordt aangeboden.
3 Tests kennen soms allerlei typen, modellen en jaargangen, net zoals personenauto's. Dit soort bijzonderheden is hier weggelaten.
4 Enkele 'bijzondere' tests (klinische tests voor bijvoorbeeld hartpatiënten of kindertests voor bijvoorbeeld het meten van intelligentie) zijn niet in onze bestsellerlijst opgenomen, terwijl ze hier misschien wel thuis zouden horen.
5 Assessment-opdrachten en zelf-ontwikkelde tests van bureaus (die zij exclusief gebruiken) zijn evenmin opgenomen.
6 Sommige van de top-twaalf-tests bestaan uit meerdere onderdelen. Zo heeft de VAT er drie en de DAT maar liefst negen. In het schema worden de subtests niet genoemd.

7 De genoemde tests zijn alle in de handel en kunnen dus door elke bevoegde persoon worden gekocht en gebruikt.
8 Van een aantal tests bestaan naast elkaar Nederlandse en Vlaamse edities. We zullen niet op deze technische verschillen ingaan.
9 De kwaliteitsgegevens van deze toptests staat in een aparte tabel vermeld...

TIP: Lees zo veel mogelijk over de top-twaalf-tests, want ook u zult er waarschijnlijk één of meer van moeten afleggen!

DE TEST-TOP-TWAALF

Plaats	*Afkortingsnaam*	*Volledige naam*	*Doel test*	*Beschrijving in hoofdstuk*
1	NPV	Nederlandse Persoonlijkheids Vragenlijst	Persoonlijkheidskenmerken	9
2	VAT	Verbale Aanleg Test	Verbale aanleg (intelligentie)	8
3	DAT	Differentiële Aanleg Test	Capaciteitenniveau (intelligentie)	8
4	TNVA	Test voor Niet-Verbale Abstractie	'Figuratieve' intelligentie	8
5	NAT	Numerieke Aanleg test	Cijfermatige intelligentie	8
6	SIW/SPW	Schaal voor Interpersoonlijke (en Persoonlijke) Waarden	Waarden (persoonlijkheid)	9

7	ABV	Amsterdamse Biografische Vragenlijst	Persoonlijkheidskenmerken	9
8	PMT	Prestatie Motivatie Test	Persoonlijkheidskenmerken	9
9	GLTS	Guilford-LTP Temperament Survey	Persoonlijkheidskenmerken	9
10	GPP/GPI	Gordon Personal Profile/Inventory	Persoonlijkheidskenmerken	[1]
11	VCI	Vragenlijst voor Commercieel Inzicht	Commercieel inzicht	[2]
12	EPPS	Edwards Personal Preference Schedule	Persoonlijkheidskenmerken	9

U ziet het: de top-twaalf is nogal saai. Persoonlijkheids- en intelligentietests voeren de boventoon.

We mogen constateren dat Nederlandse psychologen in het algemeen werken met oude, vertrouwde tests. U weet inmiddels al waarom dit het geval is. Betekent dat ook dat deze tests degelijk zijn? Nee...

Nogmaals: de kans bestaat dat u wordt verzocht een top-twaalf-test af te leggen. We kunnen u natuurlijk niet melden welke tests u precies krijgt

[1] Deze persoonlijkheidstest wordt voornamelijk gebruikt voor de selectie van managers. Voor de beschrijving verwijzen we naar *Alles over management tests.*

[2] Dit is de meest gebruikte commerciële test van Nederland. De beschrijving staat in *Alles over management tests.*

aangeboden. Dat hangt onder meer af van: het testbureau; het beroep of de functie waarvoor u wordt getest; specifieke eisen van de opdrachtgever; het al dan niet bestaan van bepaalde tests (Zouden speciale tests zijn ontworpen voor beroepsvissers, autocoureurs of landbouwers? Wat denkt u?)

TIP: Wilt u weten welke selectiebureaus welke tests afnemen? Raadpleeg dan *Alles over management tests.* Hierin treft u telkens het actuele overzicht aan. U hoeft zich niet meer te laten verrassen!

De trieste kwaliteit van veel psychologische tests

Psychologische tests beloven veel. Maar kunnen ze het allemaal waarmaken?

Deskundigen van het eerder genoemde NIP (Nederlands Instituut van Psychologen) zijn sinds 1961 bezig de kwaliteit van een aantal Nederlandse en Vlaamse psychologische tests continu te onderzoeken. Men wilde tot een soort 'Michelingids' voor psychologische tests komen. De gegevens zijn dan ook openbaar en verkrijgbaar bij het NIP in Amsterdam (Documentatie van Tests en Testresearch). Deze Commissie Testaangelegenheden Nederland – COTAN laat de tests voortdurend op een vijftal punten beoordelen. We zullen enkele hoofdlijnen van dit belangrijke onderzoek volgen, zodat u een indruk krijgt van deze veel gebruikte tests zowel als de top-twaalf-tests. Een panel van testexperts beoordeelt psychologische tests op vijf kernpunten:

1 Uitgangspunten bij de testconstructie;
2 Uitvoering van het testmateriaal en de handleiding;
3 Normen;
4 Betrouwbaarheid;
5 Validiteit.

Deze vijf punten worden elk voorzien van de volgende kwalificaties:
- Goed;
- Voldoende;
- Onvoldoende (òf er zijn te weinig gegevens bekend om te beoordelen, òf de kwaliteit van de aanwezige gegevens is te licht);
- Niet van toepassing.

Voordat we de resultaten van het onderzoek ontvouwen, leggen we eerst uit wat de vijf bovenstaande punten inhouden.

1 *Uitgangspunten bij de testconstructie* Het gaat hier voornamelijk om de eerder genoemde meetpretentie van een test. Wordt aangegeven wat het doel van de test is, wat hij moet meten? Verder wordt de theoretische achtergrond van de test beoordeeld.
2 *Uitvoering van het testmateriaal en de handleiding* Zijn de testopgaven (de vragen), de scoring en de instructie gestandaardiseerd? Is het scoringssysteem objectief? (Geeft een neutrale computer de resultaten van de test, of een per definitie altijd subjectieve mens?)
3 *Normen* Geeft de test normen, zodat de kandidaat met zijn 'gelijken' kan worden vergeleken? (Een score op een test, een eindcijfer zegt niets, wanneer je niet weet hoeveel punten anderen op dezelfde test hebben behaald. Is 100 hoog of laag? Alleen met behulp van normen, die uit eerder onderzoek zijn verkregen, krijgt het cijfer betekenis.)
4 *Betrouwbaarheid* Onder betrouwbaarheid wordt verstaan dat de test stabiel blijft bij elke meting. Een score van 100 punten bij heer A moet dezelfde betekenis hebben als 100 punten bij heer B. Betrouwbaarheid zou ook moeten betekenen dat wanneer iemand twee maal met dezelfde test wordt onderzocht, hij beide keren hetzelfde resultaat moet behalen. Zoals we in de volgende hoofdstukken zullen zien is dat in de praktijk niet waar. Je leert namelijk de eerste keer soms zo veel, dat je het er de tweede keer altijd iets beter afbrengt. Gelukkig maar!
5 *Validiteit* Voorspelt de test wat hij moet voorspellen? Beantwoordt de test ook daadwerkelijk aan zijn doel? Meet de intelligentietest inderdaad intelligentie? (Zo niet, dan is hij waardeloos als intelligentietest!) Wanneer bijvoorbeeld kinderen uit een test als zeer intelligent naar voren komen, moeten de leraren op school dat ook ervaren – in de proefwerkcijfers.

In het onderzoek werden in totaal 296 veel gebruikte tests beoordeeld door 47 beoordelaars. De resultaten van hun noeste arbeid staan in de volgende tabel:

	Onvoldoende %	*Voldoende* %	*Goed* %	*N.v.t.* %
Uitgangspunten	18	22	60	–
Uitvoering	13	32	55	–
Normen	66	20	11	3
Betrouwbaarheid	38	41	21	–
Validiteit	50	42	9	–

N.B. Er is horizontaal gepercenteerd.

(Bron: *Documentatie van Tests en Testresearch in Nederland*, 1992)

Wat leert deze tabel ons?

We willen allereerst aannemen dat in dit onderzoek inderdaad de meest gebruikte tests voorkomen – en ook de beste die voorhanden zijn. Dat is geen rare veronderstelling, want allerlei gegevens wijzen hierop.

We mogen concluderen dat de experts een nogal somber beeld schetsen.

De uitgangspunten en de uitvoering van de tests voldoen in redelijke mate. Maar kijken we naar de normen, betrouwbaarheid en validiteit – er is eerder uitgelegd wat hieronder wordt verstaan – dan zien we dat deze belangrijke zaken, die de kwaliteit van een test bepalen, teleurstellend slecht zijn. Als de validiteit van een test in 50 procent van de beoordelingen als 'onvoldoende' wordt aangemerkt (een mild oordeel?) dan houdt dat in dat er grote twijfels bestaan aan de voorspellende waarde van zo'n test. We weten immers niet of de test inderdaad meet wat hij geacht wordt te meten. De helft van de tests uit dit onderzoek beantwoordt dus niet aan het gestelde doel!

Het is nog slechter gesteld met de normen, zo deze al bestaan. Zij zijn vaak heel grof (er worden geen specifieke groepen in onderscheiden) en zijn vaak gedateerd, gebaseerd op onderzoek uit de jaren zestig.

Het beeld is even verdrietig wanneer we naar de volgende cijfers kijken.

Er zijn 296 tests beoordeeld op vijf categorieën en met drie waardeoordelen. Dat levert in totaal 1472 beoordelingen op:

	%
Onvoldoende	37
Voldoende	32
Goed	32
	100

Conclusie: *ruim een op de drie beoordeelde categorieën krijgt een onvoldoende.*

De feitelijke situatie zal nog slechter zijn. Want het is redelijk te veronderstellen dat andere tests, die niet zijn aangeboden ter keuring van een mindere kwaliteit zijn... (Sijtsma, 1995).

We willen met het volgende besluiten. Wanneer voor een geneeskundige keuring lichaamslengte wordt gemeten weet iedereen dat 1,75 meter 175 centimeter is – en blijft. Maar wanneer u op een bepaalde psychologische test 175 punten behaalt, tasten we misschien in het duister over de betekenis van deze 175 punten. Bovendien is de kans groot dat uw 175 punten over drie weken, bij herkeuring, 195 is geworden. Psychologische tests hebben nog een lange weg te gaan... Enige bescheidenheid zou sieren...

Korte beschrijving van de top-twaalf-tests

We hebben gezien dat er letterlijk honderden psychologische tests in omloop zijn, die in maar liefst achtendertig typen zijn onder te brengen. In het hiervoor beschreven kwaliteitsonderzoek zijn 296 tests betrokken. Uit hun midden is een top-twaalf van de meest gebruikte tests naar voren gekomen. Dit blijken (toevallig?) de tests met de beste 'papieren' te zijn.

Het is ondoenlijk alle tests die worden gebruikt, of de 296 tests van het onderzoek, bij u in te leiden. Dit boek zou dan het formaat van een kleine bijbel krijgen. U zult door de bomen het bos niet meer zien! Gelukkig is het niet nodig zoveel tests te beschrijven. We kunnen hier volstaan met het geven van een inzicht in de meest 'populaire' tests. Dat zijn dus de tests waarmee u misschien in aanraking komt.

Veel tests werken volgens dezelfde principes of gaan uit van dezelfde theorieën. Wanneer u bij testafname het doel van de test (bijvoorbeeld bepalen van intelligentie) door heeft en weet hoe u de opgaven moet maken (bijvoorbeeld het oplossen van analogieën) verwerft u een grote voorsprong op uw 'concurrenten'!

We zullen ons hier beperken tot een korte beschrijving van de top-twaalf-tests. Zij worden uitgebreid behandeld in de volgende hoofdstukken.

1 NPV

Deze persoonlijkheidstest is bijna standaard in elke selectieprocedure. U krijgt 133 vragen voorgelegd. Uw arbeid bestaat uit omcirkelen van 'juist', '?' en 'onjuist'. Geloof het of niet, maar daarmee wordt uw persoonlijkheid op zeven kenmerken vereeuwigd.

2 VAT

De Verbale Aanleg Test is familie van de juist besproken TNVA en de NAT en bestaat uit drie subtests. De verbale analogieën is verreweg de meest gebruikte van de drie. De tweede subtest is Woordenschat, een synoniementest. De derde is Functies van woorden: een soort grammaticatest.

3 DAT

De DAT meet uw 'capaciteiten', lees: intelligentie. Dat doet zij met haar negen subtests, die in hoofdstuk 8 uitgebreid worden behandeld. De DAT test geldt als een gemakkelijker intelligentietest. In de praktijk worden meestal maar enkele DAT-onderdelen afgenomen. (De complete test duurt 255 minuten!)

4 TNVA

Deze figurentest staat bekend als lastig. In betrekkelijk korte tijd moet u eerst door hebben wat telkens vier figuren met elkaar gemeen hebben. Daarna moet u er twee uit een reeks van zes uitzoeken die hierbij passen. Daarmee is de gokkans in de kiem gesmoord!

5 NAT

Deze 'cijfertest' bestaat uit twee delen. Rekenvaardigheid wordt getoetst met behulp van tachtig erg gemakkelijke 'sommetjes'. U krijgt hier alleen veel te weinig tijd voor... Met de Cijferreeksen hebben veel kandidaten moeite, omdat het niveau zo hoog is. Dit onderdeel wordt veel vaker voorgelegd dan de rekenvaardige zuster.

> **TIP:** Er zijn allerlei handvatten voor het oplossen van cijferreeksen. (Zie hoofdstuk 8.) Maar wilt u echt 'scoren' op dit type tests? Oefen dan zo veel u kan. (Maak o.a. oefentest 1.)

6 SPW/SIW

Dit zijn twee waardentests – het legt bloot wat u belangrijk vindt in het leven – die meestal samen worden afgenomen. Het zijn eigenlijk persoonlijkheidstests, waarbij u telkens per groepje van vier uitspraken moet aangeven welke het meest en welke het minst belangrijk voor u zijn. Hoofdstuk 9 vertelt het complete verhaal.

7 ABV

Dit is misschien wel de meest eenvoudige en doorzichtige persoonlijkheidstest. Er zitten valkuilen in, maar deze zijn zo gemakkelijk te doorzien dat u zich hier niet al te veel zorgen over hoeft te maken. Hoofdstuk 9 wijst u de weg om de klippen heen.

8 PMT

U zou de PMT als een *stresstest* kunnen zien, want hij meet drie zaken die van belang zijn om een foto te nemen van uw stressbestendigheid: de wil hard te werken en negatieve en positieve faalangst. Ook deze eenvoudige test maakt het u niet al te moeilijk haar snel te doorgronden en daardoor de selecteur een gewenst plaatje aan te bieden.

9 GLTS

Deze persoonlijkheidstest lijkt qua structuur erg veel op twee eerdere tests van deze top-twaalf: de NPV en de ABV. Maar hij meet andere aspecten van uw persoonlijkheid...

10 GPP/GPI

Dit zijn twee persoonlijkheidstests, die meestal gezamenlijk worden afgenomen. Er worden tweemaal vier unieke kenmerken uit de persoon gepeurd. De structuur lijkt sprekend op die van de SPW/SIW. Aangezien deze test(s) voornamelijk voor managersselectie wordt toegepast is zij uitgebreid beschreven in *Alles over management tests.*

11 VCI

Deze meest gebruikte commerciële test in Nederland tracht via zevenentwintig vragen het commerciële inzicht van verkopers, marketing-functionarissen en andere die met 'de handel' te maken hebben vast te leggen in één eindscore. Deze test wordt uitgebreid besproken in *Alles over management tests.*

12 EPPS

Dit is een van de lastigste persoonlijkheidstests, want hij bestaat uit maar liefst 225 woordparen, die in totaal vijftien persoonlijke kenmerken blootleggen. De uitgebreide beschrijving wacht op u in hoofdstuk 9.

De kwaliteit van de top-twaalf-tests

U zult zich wellicht afvragen hoe het gesteld is met de kwaliteit van de bovenste plank van de tests. De onderstaande tabel geeft inzicht.

Test	*Uitgangspunten*	*Uitvoering*	*Normen*	*Betrouwbaarheid*	*Validiteit*
1 NPV	G	G	G	V	V
2 VAT	G	V	O	O	V
3 DAT	G	G	G	V	G
4 TNVA	G	G	O	V	V
5 NAT	V	G	O	V	V

6 SIW/SPW	O	G	O	V	V
7 ABV	G	G	V	G	V
8 PMT	G	G	V	V	V
9 GLTS	G	G	O	O	O
10 GPI/GPP	O	O	O	O	O
11 VCI	O	V	O	O	O
12 EPPS	V	G	G	V	V

G = goed
V = voldoende
O = onvoldoende

Het beeld oogt redelijk. Maar voordat het gejuich losbarst is het goed nog eens aan de betekenis te denken van enkele categorieën, die als onvoldoende in de tabel zijn genoteerd:

Normen: deze zijn niet aanwezig, of niet 'sterk' genoeg.

Betrouwbaarheid: de test is onbetrouwbaar, niet stabiel.

Validiteit: de test meet misschien niet wat hij geacht wordt te meten. Wat voorspelt hij dan?

Sommige top-twaalf-tests zijn mijnenvelden...

HOOFDSTUK 7

De testdag dóórhebben!

In de vorige hoofdstukken is een aantal soorten tests kort beschreven en is kennis gemaakt met de top-twaalf-tests. In dit hoofdstuk gaan we in op een aantal randvoorwaarden van de testprocedure. Zo zal worden uitgelegd waarom uw lichamelijke en geestelijke gesteldheid en uw uiterlijk op de testdag een belangrijke rol spelen in uw beoordeling. Er zal worden gewezen op enkele 'bespiedingstechnieken' en we zullen u helpen met het beantwoorden van meervoudige-keuze- en open vragen. Na lezing van dit hoofdstuk bent u geen tam lam meer. In de volgende hoofdstukken zult u specifieke details van tests en test-gebonden adviezen aantreffen.

De grote leugen!

Als u een testbureau belt met het verzoek uit te leggen hoe u zich doeltreffend op de te verwachten procedure kunt voorbereiden wordt het stil aan de andere kant. 'Doet u maar gewoon,' zal het antwoord luiden. 'U kunt zich niet voorbereiden,' wordt het gesprek beëindigd. Het bureau is gebaat bij naïeve (spontane?) kandidaten, want daarvoor zijn de tests bedoeld.

Voorbereiding werkt! Dat blijkt uit de trainingen die het bureau van de auteur dagelijks aan kandidaten biedt. Het wordt ook bewezen door wetenschappelijk onderzoek (Keen, 1992; Van der Molen, Te Nijenhuis & Keen, 1994). Het is bovendien een bekend feit dat mensen leren van het afleggen van een test: de prestaties nemen toe. Gelukkig bestaan er boeken en trainingen om u op het goede been te zetten.

Momentopname en nagebootste werkelijkheid

Een dagje testen is een momentopname, waarvoor de meeste mensen op hun tenen moeten lopen. Dat geldt voor de schriftelijke, mondelinge en 'doe'-tests, maar ook bij het (afsluitende) persoonlijk gesprek met de psycholoog. U moet dus in optimale conditie zijn. U krijgt waarschijnlijk geen tweede kans (althans voor deze job) om het over te doen. Het is hinderlijk last te hebben van de te stevige borrels van de vorige avond. Het is misschien nog vervelender examenvrees en testangst te hebben. Maar ja, de onderzoekmethode wijkt niet voor uw gesteldheid of wensen...

Een test is een stukje nagebootste werkelijkheid. Wat bedoelen we hiermee?

Uw toekomstige werkgever wil zekerheid verkrijgen dat u de juiste man of vrouw bent voor de vacature. Het beste zou natuurlijk zijn u een voorlopige baan aan te bieden, als test, van bijvoorbeeld twee maanden (de wettelijke proeftijd). Het ligt wat moeilijker wanneer er bijvoorbeeld na eerste selectie tien goede en serieuze kandidaten zijn overgebleven. Om dat aantal terug te brengen moet op een andere manier zekerheid worden verkregen.

Laten we aannemen dat een van de eisen die de aanstaande werkgever aan de kandidaat stelt stressbestendigheid is. U dient dus koelbloedig te blijven en geen angstzweet te vertonen wanneer er onverwacht dingen misgaan. De selectiepsycholoog krijgt dan de (moeilijke!) opdracht om een manier te bedenken om in heel korte tijd te bepalen of en hoezeer kandidaten druk kunnen doorstaan. Hij kan dit natuurlijk ook doen door het stellen van vragen in het persoonlijk gesprek. De volgende dialoog zou zich dan kunnen voordoen.

Psycholoog: 'Raakt u wel eens in paniek?'

Sollicitant: 'Nee, nooit. Ik ben erg koelbloedig.' (Deze sollicitant weet precies uit welke hoek de wind waait. De psycholoog heeft de tekst uit de personeelsadvertentie letterlijk vertaald.)

Psycholoog weer: 'Hoe is dat in uw huidige baan?'

Sollicitant: 'Er wordt in ons bedrijf regelmatig tegen de klok gewerkt. We hebben nogal eens problemen met toeleveranciers, die het op het laatste moment laten afweten. Terwijl wij onze klanten alles toch nog op tijd moeten leveren. Het is mijn taak ervoor te zorgen dat dat gebeurt.'

Psycholoog, nogal kritisch: 'Regelmatig zei u. Hoe vaak komt zoiets voor?'

De psycholoog zou ook een aantal hypothetische vragen kunnen stellen: 'Wat zou u doen als...?' 'Stel u bent... hoe zou u dat dan aanpakken?' 'Laten we eens aannemen dat... hoe zou u zich dan voelen?'

De uitgeslapen kandidaat weet al snel *welk antwoord de psycholoog wil horen* en biedt dat ook aan!

Naast deze vraaggesprekken zal de psycholoog nog een stuk werkelijkheid willen nabootsen. Dat geeft waarschijnlijk betrouwbaarder indicaties om iemands stressbestendigheid te voorspellen. Misschien zal hij de kandidaat een willekeurige test laten maken, waarbij het niet om de resultaten gaat. Nee, de psycholoog zet de kandidaat eerst onder tijddruk. Zo moet hij de test in tien minuten maken, terwijl dat volstrekt onmogelijk is. Maar bovendien laat de psycholoog de kandidaat, die geen minuut kan verliezen, afleiden door zijn testassistent.

De psycholoog neemt aan dat zo'n methode een aardige afspiegeling vormt van de toekomstige werksituatie van de kandidaat. Meer dan een veronderstelling is het niet, omdat dit soort zaken vaak niet op een wetenschappelijke wijze is onderzocht. Dit geldt ook voor de meest slimme 'trucjes' die psychologen in de loop der jaren hebben bedacht. (Zie de in hoofdstuk 6 besproken validiteitsproblemen van de meeste tests.)

Enkele algemene tips

U heeft in de praktijk natuurlijk niet zoveel aan de zojuist genoemde wijsheid. We zullen u daarom alvast drie algemene tips geven:

1 Welke eisen worden aan u als toekomstig medewerker gesteld? Weest u hiervan voortdurend bewust bij het beantwoorden van vragen. De meeste grote organisaties zoeken medewerkers die loyaal zijn, dat wil zeggen mensen op wie ze lang kunnen vertrouwen. Ze willen ook graag mensen aantrekken die qua persoonlijkheid 'passen' in de onderneming. De nieuwe man of vrouw moet dus lijken op het bestaande personeel. (Dat het soms goed is 'vers bloed' of 'nieuwe bezems' aan te trekken is een andere zaak. Daar zullen we hier verder niet op ingaan). Het zou daarom veel helpen als u toevallig iemand kent die al voor het bedrijf werkt waar u solliciteert. Ga eens met hem praten. Kortom, probeer in de huid van de organisatie te kruipen.

2 Probeer vóór de testafname erachter te komen in welke persoonlijke eigenschappen men is geïnteresseerd. Misschien maakt de advertentie waarop u heeft gereageerd u wijzer. Is er een functieprofiel beschikbaar? Heeft u goede aantekeningen gemaakt tijdens het (eerste) sollicitatiegesprek? Denk dan ook steeds goed na voordat u met een (spontaan) antwoord komt. Laat u niet verleiden met verzoeken 'om uw eerste indruk of reactie' te geven: naïeve testkandidaten sneuvelen snel!

3 Geef steeds die antwoorden waarvan u denkt dat men deze graag uit uw mond wil horen. Zie het eerder genoemde voorbeeld over stressbestendigheid. Soms kom je in dit leven met ondoordachtzaamheid en pure eerlijkheid niet zo ver...

In een al wat ouder Amerikaans boekje over managers in grote organisaties worden onder de titel 'hoe persoonlijkheidstests beet te nemen' enkele regels gegeven, die nog steeds opgaan. Houd deze bij persoonlijkheidstests en het gesprek met de psycholoog voor ogen:

a Ik houd van mijn vader en mijn moeder – maar iets meer van mijn vader (zeggen mannen);
b Ik ben min of meer tevreden over hoe de dingen in het algemeen gaan;
c Ik maak mij nooit te veel zorgen over allerlei zaken;
d Ik geef niet zoveel om muziek of boeken (wel een beetje);
e Ik houd van mijn vrouw (mijn man) en mijn kinderen (wanneer u die dus heeft!);
f Maar zij staan mijn werk *nooit* in de weg (heel belangrijk!).

U ziet het: deze persoon is heel rustig en stabiel, geen wereldverbeteraar of revolutionair en zal waarschijnlijk wel 'hart voor de zaak' hebben.

In hoofdstuk 9 leert u in detail hoe u uw persoonlijkheid 'in een test moet leggen'.

Uitstel

Het is logisch dat u met spanning wacht op het bericht van het testbureau. U zit in de sollicitatieprocedure en 'leeft toe' naar de dag die uw loopbaan een flinke zet voorwaarts kan geven. Het briefje komt en er wordt een datum in genoemd. Voor de meeste sollicitanten blijkt deze datum heilig te zijn – hoe slecht het hen ook uitkomt. Men wil niet graag afzeggen. Ons advies is dit echter wel te doen, wanneer deze *voorgestelde* datum u niet schikt. Misschien heeft u meer tijd nodig om u op de testdag voor te bereiden. Zeg dan de afspraak met het testbureau gerust af. Te druk, een overvolle agenda, een buitenlandse reis, er zijn voldoende plausibele redenen om een nieuwe datum voor te stellen. In noodgevallen kunt u zich altijd nog ziek melden...

Lichamelijke en geestelijke fitheid

Dat we u aanraden lichamelijk en geestelijk fit te zijn, zal u niet verbazen. Toch komt het maar al te vaak voor dat mensen niet uitgeslapen (letterlijk en figuurlijk!) op de Grote Dag verschijnen. We geven daarom enkele adviezen die een goede basis garanderen voor de testdag:

1 Ga de avond tevoren vroeg naar bed. Hoe vroeg, hangt af van wat u gewend bent. De een heeft nu eenmaal meer slaap nodig dan de ander. Te vroeg gaan slapen, dat bestaat niet.
2 Sta de volgende ochtend tijdig op. Haast u niet. Vermijd tijddruk vóórdat u wordt getest! U heeft nog genoeg tijd om zenuwachtig te worden! (Eraan gedacht de nacht tevoor in een nabijgelegen hotel te logeren?)

3 Drink de avond tevoren geen sterke drank. Misschien dat een enkel glaasje u weinig doet. Maar als de testdag echt zo belangrijk voor u is, loop dan geen enkel risico dat een drankje 'verkeerd valt'.

4 Ontspan u tevoren op een manier die u prettig vindt: een boek lezen, televisie kijken, naar de bioscoop gaan, of misschien wel sport bedrijven.

5 Probeer u te ontspannen wanneer u aan de volgende dag denkt of op weg bent naar het testbureau. U heeft zich goed voorbereid – onder andere met behulp van dit boek – en u weet wat u zo ongeveer kunt verwachten.

Wanneer u de tests onverhoopt minder goed heeft gemaakt betekent dat niet automatisch dat het bedrijf u afwijst. U weet immers niet hoe uw 'concurrenten' het gedaan hebben. En zelfs wanneer het op uw tests gebaseerde advies aan het bedrijf negatief voor u uitvalt is dat nog niet uw einde. Er worden nieuwe banen aangeboden, waarvan sommige u misschien aanstaan...

> **TIP:** Het testrapport is een *advies* aan de opdrachtgever. Het is geen onherroepelijk vonnis. Soms leggen werkgevers het advies naast zich neer...

'Impression management', ofwel kleding en verzorging

U wordt geobserveerd door mensen, die over u rapporteren. U krijgt een interview met de psycholoog, die beslist uw eventueel toekomstige baas schrijft welke indruk u op hem maakte. En hij zal zeker enkele regels wijden aan uw uiterlijk. Hoe moet u eruitzien op de testdag?

1 Kleed u in overeenstemming met de functie waarnaar u hebt gesolliciteerd. Gaat het om een zeer representatieve functie, waarbij u voornamelijk in aanraking komt met klanten of het publiek (verkoper, stewardess) dan zal uw uiterlijk belangrijker zijn (althans voor die functie!) dan wanneer u een 'binnenbaan' hebt. Zelfs binnen dezelfde functies in een organisatie kunt u grote verschillen aantreffen. Zo zal men bijvoorbeeld aan de inkoper van kleding andere kledingeisen stellen dan aan de speelgoedinkoper, terwijl beiden misschien de halve wereld rondreizen en in dezelfde hotels overnachten.

TIP: Heeft u geen idee hoe bepaalde functionarissen gekleed gaan? Ga dan eens praten met mensen uit het vak. Of lees eens een aantal (geïllustreerde) vakbladen door. Er bestaan ook kleding- en image-adviseurs!

Om de zaak nog moeilijker te maken: in sommige organisaties kleedt men zich anders dan de concurrentie. Zo zal in de ene onderneming voor heren gelden: grijs of blauw kostuum met donkere das. In een andere organisatie 'mag' de das rood zijn. Maar trekt u zich hier voorlopig niets van aan. Daar komt u wel achter als u de baan eenmaal heeft! Het zal helpen wanneer u al een paar medewerkers van het bedrijf kent. Vraag hen dan onder meer naar de 'kledingcultuur'.

2 Het zal inmiddels duidelijk zijn dat u wat kleding betreft het best de middenweg kunt bewandelen. Degelijk, misschien een tikje modern – maar wel voor iedereen aanvaardbaar. (Voor kunstzinnige functies mag u er iets gewaagder uitzien!)

3 U zorgt er natuurlijk voor dat uw kleding brandschoon is. U wilt toch niet dat wordt gerapporteerd dat u slordig bent vanwege onder andere dat kleine vlekje op uw rok of jasje. Terwijl u dacht dat geen mens die vlek zou opmerken!

4 Een bezoek aan de kapper kan ook een bijdrage leveren aan een goede indruk. (Ga voordat u uw komst bij het testbureau aanmeldt naar garderobe of toilet om uw haar te kammen en kleding te schikken.)

Dames doen er veelal goed aan make-up niet te schuwen (maar afhankelijk van de functie: niet te veel) en heren zullen geschoren aan de test deelnemen. O, u heeft een baard? Trim hem dan, zodat u niet als verwilderd wordt beschreven in het rapport.

5 Het strekt ook tot aanbeveling op de testdag niet naar knoflook of ui te ruiken. Dat kan vooral van belang zijn bij het persoonlijk gesprek met de testpsycholoog, wanneer u misschien te dicht bij deze functionaris komt te zitten...

6 Uw gezicht en haardracht kunnen u 'verraden'. Maar er wordt ook op handen en nagels gelet. Tuinieren is een ontspannen hobby voor een hardwerkende manager. Maar dat betekent niet dat hij of zij met zwartgerande nagels de psycholoog moet vertellen wat zo interessant is aan de nieuwe functie. Dit geldt natuurlijk ook voor de motorliefhebber. Wees

ervan overtuigd dat er geen spatje smeer op uw handen achtergebleven is. De toestand van handen en nagels is waarschijnlijk voor de vrouwelijke sollicitant nog belangrijker.

Kortom, onderschat uw handen en nagels niet. Zij zeggen iets over uw persoonlijkheid – en we doelen niet op het lezen van uw handlijnen, want dat is flauwekul! (Zie hoofdstuk 10.)

> **TIP:** Besteed ook aandacht aan allerlei accessoires. Hoe is de conditie van uw koffer of handtas? Hebben uw schrijfblok en agenda betere tijden gekend?

Blijf dezelfde persoon!

Uw doelstelling voor de testdag is de eerste steen te leggen voor de baan. En om dat te bereiken is het soms goed u een persoonlijkheid 'aan te meten', die nauw overeenkomt met wat de toekomstige werkgever kennelijk wil. (We nemen aan dat u aan 'technische eisen' voor de functie voldoet.)

Nu zou het niet verstandig zijn als u zich heel anders zou gedragen voor die baan dan u in werkelijkheid bent. U doet uw persoonlijkheid dan te veel geweld aan. U valt dan later, als u de baan heeft, door de mand. En dat is niet prettig. Voor u niet en voor het bedrijf niet.

Maar daarom kunt u zich nog wel béter voordoen dan u bent! We hebben al gesteld dat u zich moet inleven in de functionaris die men zoekt. We hebben in ruime termen geschreven wat voor 'persoon' u moet zijn. (We komen er later meer in detail op terug.)

Wanneer u inderdaad van mening bent dat het goed is u van uw beste zijde te laten zien moet u wel volledig in de huid kruipen van de persoon die u graag wilt zijn. U bent een acteur die zich inleeft in de rol die hij straks in de schouwburg moet spelen. De gouden regel hierbij is: *wees steeds dezelfde persoon*! Laten we een voorbeeld noemen. Wanneer u het ene moment zegt of schrijft dat u een feestvarken bent, of niets liever doet dan u in bars ontspannen met de nodige vloeistof, dan moet u voortdurend een *extraverte* ('open') persoon spelen. U kunt het zich dan niet veroorloven een half uur later te vermelden dat u zo graag boeken leest, eenzame boswandelingen maakt, of thuis uren naar klassieke muziek kunt luisteren. Heerlijk alleen...

De samenstellers van (met name persoonlijkheids) tests zijn niet overmatig bezorgd voor het feit dat u een test wilt 'neppen'. (Dat zouden ze wel moeten zijn!) Ze hebben maar enkele voorzorgsmaatregelen genomen! Een voorbeeld. Sommige persoonlijkheidstests bezitten, wat men noemt, een leugenschaal. Hiermee wordt vastgesteld of de kandidaat een 'gunstige indruk' wil achterlaten. (Dat klinkt prettiger dan 'liegen'!) Zo'n vraag kan luiden: 'Ik kom altijd op tijd voor elke afspraak.' Iemand die dit bevestigt wordt juist niet geloofd. Een hoge score op zo'n leugenschaal betekent dat de hele test in twijfel wordt getrokken, maar laat ook sporen na op andere persoonlijkheidstests en het onderhoud met de psycholoog. Pas dus op voor deze rode waarschuwingslichten!

Voor alle duidelijkheid: leugenschalen hebben niets te maken met een leugendetector. Dit is een machine, die via elektroden op uw huid lichamelijke (fysiologische) reacties registreert. Liegen is voor veel mensen emotioneel. De leugendetector meet deze emoties: een wijzer slaat uit. Geen enkele psychologische test kan tegen goed en consequent liegen op, ondanks de beweringen van orthodoxe psychologen.

Doorkijkspiegel of video?

Psychologen observeren graag. Wat we bedoelen is dat zij u een taak geven – soms gemakkelijk, soms moeilijk – die alleen maar tot doel heeft u te kunnen gadeslaan. Men wil bijvoorbeeld weten of u systematisch een probleem aanpakt, of dat u lukraak te werk gaat. Gaat u eerst diep nadenken, voordat u ook maar een vinger uitsteekt, of stort u zich meteen in het ongewisse?

In enkele gevallen zal men observeren van achter een doorkijkspiegel. U wordt in een kamer gezet waar een (deel van een) muur uit spiegelglas bestaat. Maar aan de andere zijde van de spiegel kan men u beloeren, omdat die uit doorkijkglas bestaat.

Soms zal het geheim van de doorkijkspiegel worden verklapt. Dat is natuurlijk fatsoenlijk. Vaak ook laat men u in de waan over de spiegel. Wanneer u in een spiegelkamer zit, wees er dan van overtuigd dat u wordt bespied.

Meer en meer bureaus willen met u een (standaard)rollenspel spelen, zonder een assessment center aan te bieden. Een goed idee om uw gedrag vast te stellen. Zij nemen uw spel echter (ten behoeve van hun opdrachtgever) op video op. Een geruststellend idee? Als u toestemming verleent voor video-opnamen (hoe kunt u weigeren?), maak dan duidelijke afspraken over het leven van de videoband. Waar komt deze zoal terecht? Wanneer wordt de band gewist? De bescherming van uw privacy komt overigens aan de orde in hoofdstuk 16.

⚠ Test-assistenten kunnen uw gedrag doorbrieven aan de psycholoog die u onder zijn hoede heeft genomen. Gedraagt u zich opvallend, maakt u onophoudelijk geintjes, stelt u de assistente steeds weer vragen (u bent dan onzelfstandig) dan moet het u niet verbazen enkele van deze observaties terug te vinden in uw rapport...

Meervoudige-keuzevragen

Steeds meer tests worden zodanig geconstrueerd (of 'omgebouwd') dat zij geschikt zijn voor groepsafname. Het schrijfwerk van de kandidaat wordt beperkt tot het zetten van kruisjes en het omcirkelen van getallen en woorden. Het grote voordeel: de computerverwerking. We hoeven niet uit te leggen welke kosten- en tijdbesparing dat met zich meebrengt. U zult op de testdag dan ook versteld staan van de vele 'eenvoudige' tests die u moet invullen. Het is dan ook belangrijk dat u goed beslagen ten ijs verschijnt en niet schrikt van de 'kruistochten', omdat u hier weinig of geen ervaring mee heeft.

Ook in de testpsychologie geldt 'time is money'. En bovendien, u wilt zelf toch ook zo snel mogelijk de resultaten van de testdag weten!

Het zijn vooral de intelligentietests en geschiktheidstests die gebruikmaken van meervoudige-keuzevragen. (We praten hier alleen over vragen waarbij een gegeven antwoord juist is of niet. Het ligt anders bij persoonlijkheidstests, waar in principe geen juiste of onjuiste antwoorden bestaan.) Voor velen is deze manier van vragen stellen bekend, onder andere van schoolexamens en tentamens. Toch willen we ook hier een aantal adviezen geven, waardoor u uw prestaties kunt verbeteren.

Bij de meervoudige-keuzevraag hoeft u slechts het juiste antwoord te kiezen uit de al gegeven antwoorden. Het grote voordeel is dat u 'alleen maar' het correcte antwoord hoeft te *herkennen*. En dat is altijd makkelijker dan een antwoord te bedenken en te formuleren.

ENKELE SOORTEN

Type 1 De uitkiezingstest

U krijgt meestal vier antwoordmogelijkheden, waarvan er één de juiste is. Voorbeeld:

'Welk woord hoort *niet* in de onderstaande reeks?'

a Ford b Vis c Plant d Kind

Type 2 Rangschikkingstest
Het wordt nu iets moeilijker, want u moet de antwoorden in de juiste volgorde zetten!

'Geef de juiste volgorde (van groot naar klein) aan van de landoppervlakten van de volgende landen:'

a China
b Japan
c Griekenland
d Groenland
e Verenigd Koninkrijk
f Mexico

Type 3 Toeschrijvingstest
Het wordt nog moeilijker! U moet nu de juiste combinaties maken tussen de woorden van de linker- en de rechterkolom:

1	Haarlem	a	Friesland
2	Maastricht	b	Noord-Holland
3	Den Bosch	c	Limburg
4	Leeuwarden	d	Noord-Brabant

Andere typen
Naast deze bekende hoofdtypen zijn er ook nog andere, minder vaak voorkomende soorten testvragen. Zo kunt u de vraag tegenkomen, die uit twee aparte uitspraken bestaat. U moet dan aangeven of beide uitspraken juist zijn, beide uitspraken onjuist zijn, uitspraak 1 juist is maar uitspraak 2 niet, of uitspraak 1 onjuist maar uitspraak 2 juist.

Meervoudige-keuzevragen zijn soms hersenbrekers!

Oplossingstips

U doet er goed aan de volgende tips ter harte te nemen voor het beantwoorden van meervoudige-keuzevragen. (U kunt ze natuurlijk ook gebruiken bij allerlei examens, waar men u ermee 'lastig valt'.)

1 Laat u niet overdonderen door het soms grote aantal vragen. U weet niet altijd hoeveel vragen u beslist binnen de aangegeven tijd moet beantwoorden om een mooie prestatie neer te zetten. Probeer als het kan uw tijd te 'budgetteren'. (Bijvoorbeeld, voor de eerste tien vragen van de test: tien minuten; voor de volgende tien: 12 minuten, enzovoorts.)

2 Lees elke vraag *nauwkeurig*. Let op woorden als *'niet'*, of *'geen'*: u moet hier dus tegengesteld te werk gaan, zoeken naar de uitzondering. Wees ook alert op woorden als 'altijd', 'soms', 'wel eens'. Lees er niet overheen! Heus, ze hebben een functie!

3 Indien u een vraag niet helemaal begrijpt lees hem dan nog eens rustig door. Misschien lukt het nu wel!

4 Probeer eerst zelf een antwoord te geven op de vraag en kijk of dit antwoord inderdaad bij de antwoordmogelijkheden voorkomt. Dit is vooral bij rekenvragen van belang. Staat uw antwoord erbij dan is de kans groot dat het juist is.

5 Raak niet in paniek wanneer u een vraag niet kunt beantwoorden. *Sla die vraag over* en ga rustig naar de volgende. Als het kan, zet dan een opvallend pijltje in de kantlijn of gebruik een marker, zodat u deze vraag later gemakkelijk kunt terugvinden. Mocht u ook dit antwoord schuldig blijven, dan is er nog geen man overboord. U laat zich toch niet van de wijs brengen?! Als u deze tip opvolgt zult u uw zelfvertrouwen niet verliezen – dat is heel belangrijk. Kortom, maak eerst alle gemakkelijke vragen! Aangezien de meeste intelligentietests een opklimmende moeilijkheidsgraad hebben, is het te verwachten dat de eerste vragen van de test het gemakkelijkst zijn en de laatste het moeilijkst. (U verdient wel met elke juist beantwoorde vraag evenveel punten, of die nu als 'gemakkelijk' of 'moeilijk' is geboekstaafd.)

6 Wanneer u tijd over heeft ga dan terug naar de voorlopig overgeslagen en gemarkeerde antwoorden. Misschien lukt het deze keer wel!

7 Heeft u ook de overgeslagen vragen ingevuld en nog tijd over? Dan kunt u nog antwoorden controleren waarvan u toch niet helemaal zeker was. Of u bent gewoon klaar met deze test!

8 Wanneer u een antwoord niet weet bij intelligentietests moet u altijd *gokken*. Dat loont! Want een fout antwoord is even slecht als een overgeslagen vraag: 0 punten. Twee opmerkingen. Wanneer u iets weet van de vraag, hoe weinig ook, heeft u een redelijke kans het juiste antwoord te raden. In het Engels spreekt men van een 'educated guess'. Streep de antwoordmogelijkheden die *zeker* verkeerd zijn door. Zet een '?' voor de overgebleven (twee) mogelijkheden en kies daar dan uit.

Dus misschien wordt u beloond voor uw giswerk. (Tenslotte hebben we allemaal geluk in ons leven nodig!) Daarnaast wordt soms rekening gehouden met kandidaten die gokken. Er wordt hiervoor dan een aantal punten afgetrokken. Wanneer bijvoorbeeld een rekentest uit twintig opgaven bestaat, met steeds vier antwoordmogelijkheden waarvan er één juist is, heeft u bij elke vraag 25 procent kans het juiste antwoord goed te raden. Bij 'blinde' invulling heeft u dus automatisch vijf van de twintig goed. Veel bureaus trekken géén punten af, omdat ze anders de niet-gokkers zouden straffen! (Er wordt ook indirect rekening gehouden met gokgedrag. De normen zijn wat opgehoogd.)

9 Omcirkel het juiste antwoord, als u klaar bent met de vraag! Logisch, zult u zeggen. De praktijk leert dat door haast en onachtzaamheid kandidaten nogal eens het verkeerde hokje aankruisen... Zorg dat zo'n onnodige slordigheid u niet overkomt.

10 Gebruik kladpapier om aantekeningen te maken en te 'spelen' met wat ideeën. (U hoort snel genoeg als dat niet mag.)

11 Controleer of alle vragen zijn ingevuld. Kandidaten zijn ook hierin soms slordig.

TIP: Als u vlak voor tijd besluit de overgebleven vragen gokgewijze van een antwoord te voorzien doe dat dan onopvallend. Anders loopt u de kans dat over dit 'afwijkende' gedrag wordt gerapporteerd.

Heeft u *veel* tijd over? U heeft dan waarschijnlijk iets fundamenteel verkeerd gedaan... Probeer daar snel achter te komen.

Wanneer u te maken krijgt met een test die bestaat uit een aantal zogenaamde *vijfpuntsschalen* (zie onderstaand voorbeeld) doet u er goed aan op de volgende twee punten te letten:

a Wees zuinig met extreme antwoorden, d.w.z. antwoorden die in het meest linkse of rechtse vakje worden geplaatst. Wanneer u de kruisjes namelijk redelijk verdeelt over de vijf vakjes komt u (in de regel) als gebalanceerd over.

b Vermijd het gebruik van de middencategorie (hokje 3), de 'vluchtheuvel'. Dit kan erop duiden dat u onzeker bent, u niet wilt blootgeven, een 'het kan vriezen, kan dooien'-mentaliteit bezit, geen mening heeft, enzovoort. U mag best een paar maal een kruisje zetten in het middelste 'weet niet'-hokje. Maar doe het spaarzaam!

Voorbeeld van een vijfpuntsschaal:

'HOE BESCHRIJFT U UZELF?'

	1	2	3	4	5	
Geduldig						Ongeduldig
Onbetrouwbaar						Betrouwbaar
Ambitieus						Niet-ambitieus
Pessimistisch						Optimistisch

Open vragen

Sommige tests verlangen dat u antwoorden voluit opschrijft, dat is dus meer werk dan het zetten van kruisjes. Het gaat dan om zogenaamde opstelvragen, zoals u die op school kreeg.

Een aantal van de juist genoemde adviezen is ook geldig bij deze open vragen. Bovendien kunt u gebruikmaken van de volgende tien tips.

1 Zal men een *'creatief'* of een min of meer standaardantwoord willen zien? Als er een beroep op uw scheppende vermogens wordt gedaan, neem er dan de tijd voor. Ook hier geldt: lees de vraag aandachtig door, voordat u in uw ijver begint te schrijven. Moet u iets bediscussiëren of beschrijven? Of moet u een verklaring geven? Dat zijn alle verschillende opdrachten.

2 Scheid de hoofd- van de bijzaken en werk systematisch.

3 Besteed aandacht aan uw formulering. Druk u duidelijk uit. (Dit is vooral belangrijk wanneer u veel moet rapporteren in uw toekomstige werkkring.) Breng structuur aan en wees kernachtig.

4 Let op uw spelling en vermijd grammaticale fouten.

5 Schrijf netjes en goed leesbaar. Ook hiermee kunt u een goede indruk achterlaten.

6 Behandel het schrijfpapier zachtaardig en zorgvuldig. Houd het vrij van brand-, as-, en koffievlekken. Verfomfaai het niet.

7 Maak, indien mogelijk, gebruik van kladpapier. U voorkomt hiermee dat u kliederwerk inlevert. Dat zou wel eens iets negatiefs over uw werkwijze en persoonlijkheid kunnen verraden, namelijk onsystematisch werken en slordigheid.

8 Ga steeds na of u uw eigen antwoord echt begrijpt. Als het u niet lukt, zal een ander daar zeker moeite mee hebben.

9 Deel uw tijd goed in. Blijf niet te lang bij een enkele vraag of een detail staan (omdat u daar toevallig zoveel van weet).

10 Probeer wat tijd te reserveren voor het nalopen van de antwoorden. Misschien kunt u hier en daar nog wat verbeteringen aanbrengen.

Er bestaat een kleine kans dat uw handschrift grafologisch wordt geanalyseerd. Dit onderwerp wordt in hoofdstuk 10 besproken.

Zie ook *Alles over assessment centers* Hoofdstuk 7

Het leereffect

Het is een bekend gegeven dat hoe vaker iemand een psychologische test aflegt, des te beter zijn resultaten - maar niet onbeperkt. Neem nu voetballen. U moet over een groot aantal vaardigheden beschikken om topvoetballer te worden, als u die ambitie zou hebben. U moet hard kunnen lopen (voornamelijk sprinten), de bal bij u kunnen houden, hard schieten, spelinzicht hebben, enzovoort. Dat zijn allemaal vaardigheden die zijn te leren. Het is een kwestie van trainen, veel trainen. Toch, zo weet iedereen uit ervaring, trainen sommige mensen vele jaren, dag in dag uit, zonder ooit topvoetballer te worden. Hoe komt dat? Dat komt door het gebrek aan talent, aanleg, geschiktheid, capaciteit, enzovoort. Wat dat precies inhoudt weten we niet, maar het gaat om een aangeboren gave – die sommigen wel hebben (geërfd van hun ouders) en anderen niet. Dit talent bepaalt eigenlijk uw plafond – de bovengrens van uw kunnen en kennen.

Wat voor voetballen geldt, geldt ook voor het afleggen van een psychologische test. Je kunt tot op zekere hoogte resultaten verbeteren – soms erg sterk – *door veel te oefenen*!

Wanneer u voor het eerst een psychologische test aflegt is alles vreemd en onwennig. Die onwennigheid verdwijnt als u zich voorbereidt en houdt aan de voorschriften en adviezen van dit boek.

Bent u serieus bezig om (misschien wel op een wat langere termijn) een werkkring te krijgen, waarvoor u vast en zeker getest zal worden? Dan is hier een aanbeveling van één woord:

OEFEN (ZO VEEL MOGELIJK)

We raden het volgende aan:

1 Solliciteer naar een baan die, al is het maar een beetje, tot uw toekomstige werksfeer zou kunnen behoren. Het gaat niet om de baan, daar bent u niet in geïnteresseerd, maar om een uitnodiging voor een psychologisch onderzoek. (Als dat niet wordt aangeboden in de advertentie of het gesprek, haak dan af!) Probeer zoveel mogelijk te weten te komen tijdens zo'n testdag. Juist omdat er nu niets op het spel staat is er geen enkele reden zenuwachtig te zijn! En wanneer het later wel 'echt' is, hoeft u ook niet onnodig nerveus te zijn. Want u kent dan al het klappen van de zweep! Zo'n investering in tijd is beslist de moeite waard. Dat een werkgever zo'n 'training' minder kan waarderen is natuurlijk een andere zaak!

2 Wanneer u hier tegen opziet, wat best is voor te stellen, is er een goed alternatief. Stel u in verbinding met een bureau voor loopbaanplanning of beroepskeuze. Hun tests komen (gedeeltelijk) overeen met die welke selectiebureaus in huis hebben. Ook nu komt u in aanraking met psychologische tests in een omgeving die u geen enkele angst hoeft in te boezemen. Het enige nadeel ten opzichte van de vorige methode: u moet nu zelf opdraaien voor de kosten van het onderzoek! (Zie hoofdstuk 11 voor het kostenplaatje.) Trouwens, zo'n onderzoek is natuurlijk nooit weg. Het geeft u inzicht in beroepen en functies die u misschien aanspreken en die u ook qua opleiding en capaciteit aan zou kunnen. Slechter wordt u nooit van zo'n onderzoek en het bijbehorende advies!

3 In sommige tijdschriften staan regelmatig allerlei tests afgedrukt. Het zijn meestal 'flauwekulletjes', die met een serieuze psychologische test niets te maken hebben. Maar soms zitten er aardige uitzonderingen bij (bijvoorbeeld voor management-vaardigheden). Het invullen van zo'n testje kost maar luttele minuten. Dus waarom niet even tijd hiervoor vrijmaken? Het is natuurlijk geen geweldige voorbereiding, maar alle kleine beetjes helpen... Goede puzzelaars hebben bij sommige tests al een voorsprong. Zij hebben misschien ervaring in het oplossen van allerlei problemen, die ook in psychologische tests voorkomen.

4 Achter in dit boek en de zusterpublicatie *Alles over management tests* treft u oefentests aan. Er bestaan ook andere oefenboekjes en enkele cdroms, die het oefenen mogelijk maken.

5 Als u bent afgetest voor een baan probeer dan de positieve kanten hiervan in te zien. Misschien is het bij nader inzien de beste oplossing voor u en de voormalig toekomstige werkgever. Dat is een ander leereffect...

Wat kunt u zoal doen als u wordt afgewezen? Probeer een analyse te maken van de sterke en zwakke kanten die het testbureau heeft gevonden. Welke punten komen voor verbetering in aanmerking en in hoeverre kunt u hier wat aan doen voor de volgende 'testronde'? Misschien wordt het leed ook lichter wanneer u weet dat de meeste kandidaten zijn afgewezen. (Dat moet het geval zijn wanneer bijvoorbeeld vijf kandidaten voor een vacature worden getest.) Zie de testdag vooral als een voorbereiding op de volgende keer!

Motivatie

We zijn er tot nog toe van uitgegaan dat u gemotiveerd, gedreven bent om met succes aan een selectietest deel te nemen. Deze gedrevenheid is heel belangrijk. Mensen die net even meer geven dan anderen, of het nu gaat om sport, bediening in de winkel, of het leiden van mensen op kantoor, hebben meer succes. Dat kleine beetje meer inzet kan wonderen verrichten. (Sommigen spreken van het 'plus-x-effect'.) Motiveer uzelf voortdurend bij uw voorbereidingen op de testdag, maar ook tijdens de dag zelf. Als u het zelf niet doet...

Test Training®

Een van de meest doeltreffende manieren om u op de psychologische testdag voor te bereiden is deel te nemen aan de Test-Trainingen van Psycom (Parlevinker 5, 1186 ZA Amstelveen. Tel. 020-6450292 / 6451073). Bij dit bureau worden testkandidaten zowel in de vorm van seminars (groepjes van maximaal vijf personen) als individueel getraind in het omgaan met tests. Naast uitvoerige informatie worden hier *concrete oefeningen* gedaan met de meest voorkomende psychologische tests. Psycom beschikt namelijk over een *uitgebreide en actuele* databank van testbureaus, met daarin gegevens als welke bureaus welke tests gebruiken. Daarnaast wordt uitvoerig aandacht besteed aan zaken als simulatie van het gesprek dat de testpsycholoog met u heeft, zelfpresentatie (hoe komt u eigenlijk over op anderen, zoals de testpsycholoog, PZ-manager, toekomstige 'baas', cliënten, enzovoort) en het verminderen van uw eventuele testangst. Het bureau geeft behalve deze en assessment trainingen ook andere adviezen aan testkandidaten en sollicitanten, zoals het schrijven van een effectieve sollicitatiebrief en een CV (curriculum vitae), onderhandelen over salarissen en arbeidsvoorwaarden, hoe te zoeken naar de verborgen banenmarkt, en zelf-analyse (bepalen van de eigen sterke en zwakke kanten).

HOOFDSTUK 8

Intelligentie en I.Q.-tests

Geen sterveling op deze planeet heeft ooit intelligentie gezien, gehoord, gevoeld, geroken, geproefd. Intelligentie is niet tastbaar. Toch wordt dagelijks het intelligentieniveau van enkele honderden mensen vastgesteld. Wat is intelligentie?

Nathalie was trots op haar kersverse drs-titel en had er goede hoop op snel een baan als bedrijfskundige te krijgen. Haar eerste sollicitatiepoging was raak. De gesprekken liepen gesmeerd. Nu nog het psychologisch onderzoek, dat deel uitmaakt van de procedure. 'We willen alleen nog een bevestiging,' had de personeelsmanager haar gemeld.

Het rapport was vernietigend. Met een gemeten intelligentie op onderkant MAVO-niveau werd zij afgewezen. De kater van de sollicitatie werd versterkt door het grote ongeloof: onderkant MAVO met een universitair diploma?

Gerard was achttien jaar, had het diploma van een middelbare school op zak en wist niet wat hij met de rest van zijn leven moest doen. Studeren? Een baan zoeken? Druiven gaan plukken in Frankrijk? Hij wist het niet. Zijn vader raadde hem aan naar een beroepskeuzeadviseur te gaan. Misschien zou er iets aardigs uit de bus komen voor Gerard? Het nam een dag in beslag, maar dat was gauw vergeten. Enkele weken later toog hij naar de bespreking op het testbureau. Er werd hem zoveel verteld... Toen hij thuis was gekomen en zijn ouders en broers hem naar de resultaten vroegen, kon hij zich eigenlijk alleen nog maar het I.Q. van 130 herinneren, en dat hij zich hier geen zorgen over hoefde te maken...

Intelligentie en I.Q. zijn niet meer weg te denken uit onze maatschappij. Is dat een goede zaak? Ten dele. In de twee voorbeelden zien we hoe mensen 'omgaan' met de resultaten van een intelligentietest – niet altijd op de juiste manier.

Feit: intelligentie vormt een van de hoofdzaken van het psychologisch selectie-onderzoek. Er werden en worden nog steeds veel discussies over gevoerd, niet alleen op wetenschappelijk gebied, maar ook op sociaal, politiek en onderwijskundig terrein. Steeds weer raken de gemoederen verhit wanneer sommige experts de oude theorie oprakelen dat intelligentie (voor 80 procent) erfelijk bepaald is. De betekenis is duidelijk: je bent met een bepaald niveau behept en daar moet je het de rest van je leven maar mee zien te doen. De tegenstanders zijn van mening dat intelligentie juist geleerd wordt... Er gloort dus hoop voor u, als u uw testscore op de intelligentietest wilt verbeteren!

We zullen ons in dit hoofdstuk niet inlaten met de zojuist genoemde kwestie. (Belangstellenden verwijzen we naar de publikatie *Intelligentie, erven of verwerven*, een discussie tussen de psychologen Eysenck en Kamin.) We zullen wel uitgebreid aandacht besteden aan de interessante achtergronden van intelligentie, voordat de meest gangbare intelligentietests, de steeds minder vaak toegepaste 'complete' en populaire 'gespecialiseerde' (waarvan de top-twaalf-tests al zijn genoemd) worden gepresenteerd. Dit hoofdstuk wordt afgesloten met een aantal tips, waarmee u uw I.Q. kunt opvoeren.

Een beetje geschiedenis

Al in de grijze oudheid was bekend dat mensen van elkaar verschillen. Sommigen zijn langer dan anderen, hebben een scherpere neus, lopen sneller, kunnen beter rekenen, enzovoort. De oude Grieken wisten al dat er mensen met een goed verstand bestonden, maar ook mensen die minder goed konden denken. Eigenlijk tot aan het begin van deze eeuw kon alleen worden gesteld dat 'Piet slimmer is dan Jan', een vrij onnauwkeurige constatering.

Toch wilde men meer harde informatie hebben over intelligentie. (We zullen straks dit begrip omschrijven.) 'Ik vind dat Piet slimmer is dan Jan,' zegt de een. Maar de ander is het daar niet mee eens. 'Nee, Jan is slimmer.' Vooral wanneer het er bijvoorbeeld om gaat een schaarse plaats in het onderwijs weg te geven, of een baan, wil men graag wat meer zekerheid over de vermeende slimheid van Jan of Piet.

Het duurde tot 1905 voordat de Fransman Alfred Binet de eerste intelligentietest (voor Parijse schoolkinderen) ontwierp. Men kreeg toen voor het eerst via een neutrale en objectieve schriftelijke test 'bewijzen' in handen dat Jan slimmer was dan Piet – en wel zoveel punten. Dat maakte dus een eind aan een hoop onzekerheid. Pas in 1912 werden, dank zij de Duitser Wilhelm Stern, de resultaten van een intelligentietest in een gestandaardiseerd cijfer (het I.Q.) uitgedrukt.

Zoals misschien al uit de vorige hoofdstukken is gebleken is de psychologische test met name in de Verenigde Staten tot grote bloei gekomen.

Men wilde daar graag nieuwe immigranten 'leren kennen', om ze zodoende een passend beroep te geven of een functie in het leger, tijdens de beide wereldoorlogen. Nog steeds speelt Amerika de toonaangevende rol bij de ontwikkeling van tests. Dat komt onder andere doordat het maken van een goede test een langdurige en dus kostbare zaak is. Het maakt dan veel uit of een test verkocht kan worden aan duizend (Amerikaanse) testbureaus of aan slechts tien (Nederlandse en Belgische). Er bestaan in de Verenigde Staten naar schatting zo'n tweehonderd intelligentietests...

Het heilige geloof in intelligentie

Het geloof in en de waardering voor intelligentietests loopt nogal uiteen. Sommigen spreken over waardeloze puzzels, anderen hebben er een hoge pet van op. Een hoge ambtenaar van het Amerikaanse ministerie van Defensie stelde enige jaren geleden in alle ernst voor dat alle burgers een identificatieplaatje om hun nek zouden moeten hangen, met daarop gegraveerd hun I.Q. Alleen personen met een hoog I.Q. zouden toegelaten mogen worden in de (weinige) atoomschuilkelders, voor wanneer het moment is aangebroken. Deze overheidsdienaar gaf overigens niet aan wat nu precies een hoog I.Q. is...

Voor zover bekend is Venezuela het enige land ter wereld dat er een heus 'ministerie ter Bevordering van Intelligentie' op na heeft gehouden. Enkele jaren geleden moest dit ministerie wegens geldgebrek worden opgeheven. Werd intelligentie minder belangrijk voor de Venezolanen...?

Een Canadese minister van Landbouw veroorzaakte de nodige opschudding. Hij verklaarde namelijk dat Afrikanen een laag I.Q. hebben omdat zij zonder hoeden in de brandende zon werken. Hij voegde daaraan toe dat "s zomers je hersenen worden geroosterd wanneer je geen hoed draagt.'

Het is te hopen dat deze minister beter gefundeerde uitspraken over het Canadese landbouwbeleid deed...

Intelligentieonderzoeken worden nog steeds gebruikt om iemands succes in het leven te voorspellen. Het is gebleken dat de welvaart van de ouders een betere indicatie is dan intelligentie... zo al zoiets vaags als succes in de maatschappij kan worden voorspeld!

Wat is intelligentie nu eigenlijk?

Het woord intelligentie komt van het Latijn en betekent zoveel als begrijpen, informatie, kennis, inzicht, verstandelijk vermogen, schranderheid. Vervang je nu intelligentie door schranderheid, dan weet je nog niet wat intelligentie is!

We willen u een paar omschrijvingen geven:

- Intelligentie is het vermogen om problemen op te lossen.
- Het vermogen om kennis / gegevens te formuleren en toe te passen.
- De capaciteit om via leren zich aan de omgeving aan te passen.
- Rationeel (logisch) denken.

Veel psychologen geven ruiterlijk toe dat ze met al die omschrijvingen behoorlijk in hun maag zitten. Ze geven dan de voorkeur aan de volgende definitie: intelligentie is datgene wat een intelligentietest meet!

Met andere woorden, iemand noemt een psychologische test intelligentietest. En wat meet de test? Juist ja, intelligentie!

Het beeld is natuurlijk iets minder somber dan dat, want intelligentie houdt verband met een aantal zaken die niets met de test heeft te maken. Zo moet een intelligentietest kunnen voorspellen welke leerlingen tot de bovenste twintig (procent) behoren qua schoolprestaties en welke tot de onderste twintig. Deze *voorspellingen* moeten in principe nauw overeenkomen met de beoordelingen van de leraren van die school. Wanneer er geen of nauwelijks verband zou bestaan tussen (hoog) I.Q. en (goede) schoolprestatie was de intelligentietest allang van het toneel verdwenen!

Het is voor u belangrijk te weten dat in de (selectie)praktijk intelligentie wordt gemeten, omdat:

- het iemands intellectuele niveau bepaalt (Denkt de kandidaat met een afgesloten HBO-opleiding wel op dit niveau?);

- het iets zegt over de snelheid van leren en probleemoplossen; intelligentietests hebben een tijdlimiet (Kan de kandidaat zich snel de steeds nieuwe informatie in de organisatie eigen maken?);

- het iemands potentieel (doorgroeien in de organisatie) kan voorspellen, althans dat is de claim...

Zie *Alles over management tests* voor uitvoerige kritiek op de intelligentietest.

Er zijn ook andere (moderner) opvattingen over intelligentie, die meer uitgaan van alledaagse, praktische manieren om problemen op te lossen. Maar aan die kennis heeft u niet zo veel, als u rapido cijferreeksen op het testbureau moet oplossen...

Intelligentie bestaat uit delen

De beroemde Amerikaanse psycholoog Thurstone zag in de jaren dertig al dat het begrip intelligentie 'besmet' was. Hij deed daarom twee dingen. Hij nam afstand van het begrip en ging spreken van 'primaire mentale (geestelijke) aanleg / capaciteiten'. Hij dacht ook dat intelligentie is opgebouwd uit een aantal nogal onafhankelijke delen. Zo zou iemands 'verstand' volgens Thurstone bestaan uit de volgende onderdelen:

1 Woordenschat;
2 Rekenvaardigheid;
3 Ruimtelijk inzicht;
4 Taalsnelheid;
5 Geheugen;
6 Redeneren.

Thurstone openbaarde in 1938 zijn test aan de wereld. Deze test wordt ook nu nog bij ons gebruikt om intelligentie en schoolvorderingen van kinderen vast te stellen. Natuurlijk zijn er in de loop der jaren de nodige aanpassingen gemaakt en is de test in een modern jasje gestoken.

Het intelligentieprofiel

Thurstone had nogal wat navolgers die allemaal intelligentie in deeltjes opsplitsten. Maar uit hoeveel onderdelen zou intelligentie bestaan? Iedereen had en heeft daar een andere mening over. De Amerikaanse psycholoog Guilford hield het op maar liefst 120 stuks, waarvan hij en anderen (voorlopig?) nog maar een beperkt aantal hebben kunnen opsporen.

Dit betekende dat intelligentie in profielen uitgedrukt kon worden. Bij een intelligentietest zegt het algemene cijfer dus niet zo veel. Het gaat om uw profiel, waaruit blijkt waar uw sterke en zwakke punten zijn. Wanneer uw intelligentieresultaten worden besproken, zal men u zeggen hoe uw intelligentie precies is opgebouwd. Bijvoorbeeld uw rekenvaardigheid is zwak, ten opzichte van ruimtelijk inzicht, maar ook hoe uw 'mentale capaciteiten' worden ingeschat ten opzichte van vergelijkbare groepen mensen (vergelijkbaar qua leeftijd, beroep, opleiding, enzovoort).

TIP: Sommige testbureaus hebben tegenwoordig een hekel aan het besmette woord 'intelligentietest' en spreken liever over het neutrale 'capaciteitentest'. Laat u hierdoor niet van de wijs brengen! Een andere naam betekent nog niet een andere test...

Er is een onderscheid te maken tussen 'complete' en 'gespecialiseerde' intelligentietests. In de eerste categorie vallen de tijdrovende tests die uit vele onderdelen bestaan en gezamenlijk de test vormen (zoals de juist genoemde test van Thurstone of de aanstonds te bespreken DAT). Hier horen ook 'snelle tests' thuis, die van alles wat meten in heel beperkte tijd (zoals de G-test, die hierna ook wordt beschreven). De tweede categorie bestaat uit tests die maar één of enkele intelligentiedelen meten, zoals de TNVA figurentest, die in de top-twaalf prijkt. Om het onduidelijker te maken: testbureaus kunnen uit de 'complete' tests een of twee van deze subtests afnemen, die dan als 'specialiteiten' kunnen worden gezien...

I.Q.

I.Q. is een al lange tijd geleden ingeburgerde afkorting voor intelligentiequotiënt. Quotiënt duidt op de uitkomst van een deling van twee getallen – en dat is het ook.

We brengen in herinnering dat intelligentietests oorspronkelijk voor het bepalen van de 'slimheid' van Franse schoolkinderen waren bestemd. Het eindresultaat van zo'n (oude) intelligentietest was een getal dat de mentale of geestelijke leeftijd van een kind aangaf. Maar men was niet alleen geïnteresseerd in de absolute uitkomst van de test van elk kind. Men wilde ook weten welke kinderen 'voor' liepen op hun leeftijdgenoten en welke 'achterop' waren geraakt. Om dit te berekenen moest men de werkelijke leeftijd van het kind weten (in vaktermen: chronologische leeftijd). Om nu van breuken en 'cijfers achter de komma' af te komen werd besloten het resultaat van de deling van testleeftijd en werkelijke leeftijd (het quotiënt dus) met 100 te vermenigvuldigen.

Voorbeeld 1 De ouders van een zoontje van negen jaar horen dat hun kind een I.Q. van 130 heeft. (Men zal het in werkelijkheid iets anders meedelen, namelijk de marge erbij noemen.) Wanneer zij nu 130 gedeeld door 100 vermenigvuldigen met negen (9 jaar), weten zij de mentale leeftijd van hun kind: bijna twaalf jaar. Met andere woorden, dit kind loopt ruim voor op zijn leeftijdgenoten. Dat zou best eens problemen in de klas kunnen geven!

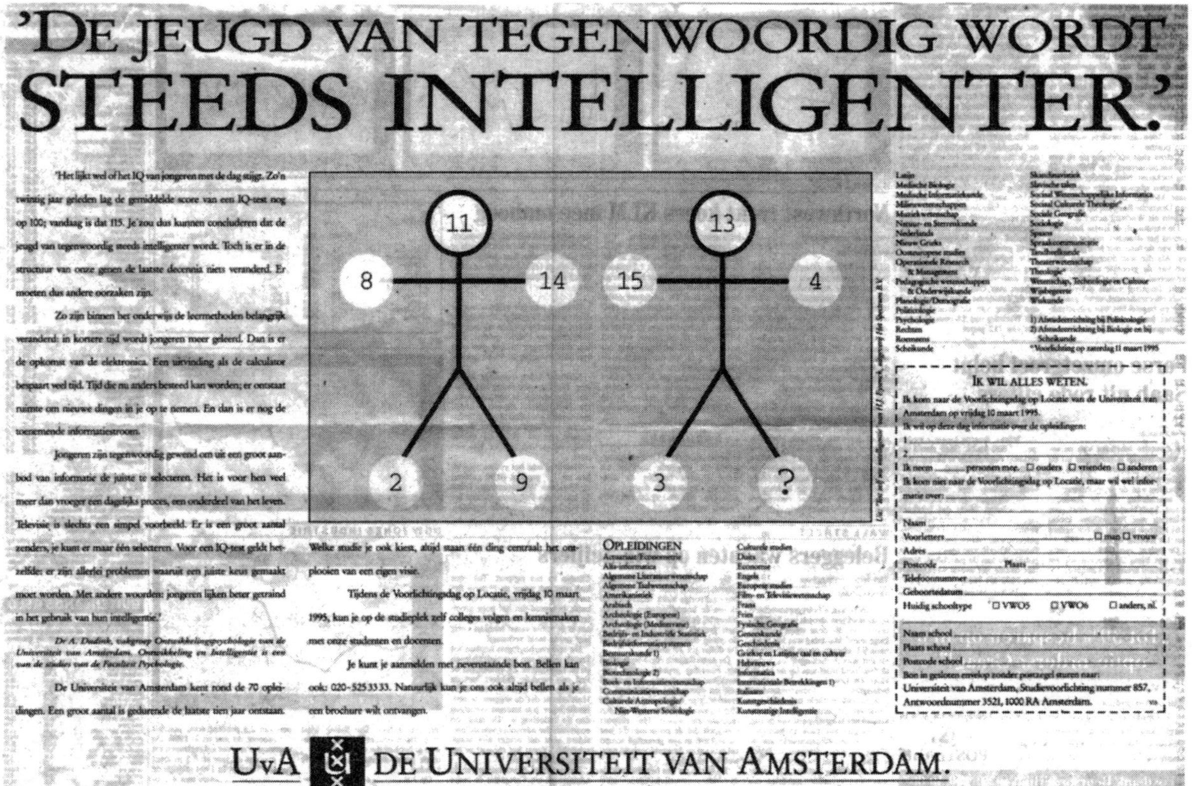
'DE JEUGD VAN TEGENWOORDIG WORDT STEEDS INTELLIGENTER.'
'Het lijkt wel of het IQ van jongeren met de dag stijgt. Zo'n twintig jaar geleden lag de gemiddelde score van een IQ-test nog op 100; vandaag is dat 115. Je zou dus kunnen concluderen dat de jeugd van tegenwoordig steeds intelligenter wordt. Toch is er in de structuur van onze genen de laatste decennia niets veranderd. Er moeten dus andere oorzaken zijn.
Zo zijn binnen het onderwijs de leermethoden belangrijk veranderd: in kortere tijd wordt jongeren meer geleerd. Dan is er de opkomst van de elektronica. Een uitvinding als de calculator bespaart veel tijd. Tijd die nu anders besteed kan worden; er ontstaat ruimte om nieuwe dingen in je op te nemen. En dan is er nog de toenemende informatiestroom.
Jongeren zijn tegenwoordig gewend om uit een groot aanbod van informatie de juiste te selecteren. Het is voor hen veel meer dan vroeger een dagelijks proces, een onderdeel van het leven. Televisie is slechts een simpel voorbeeld. Er is een groot aantal zenders, je kunt er maar één selecteren. Voor een IQ-test geldt hetzelfde: er zijn allerlei problemen waaruit een juiste keus gemaakt moet worden. Met andere woorden: jongeren lijken beter getraind in het gebruik van hun intelligentie.'
Dr A. Dudink, vakgroep Ontwikkelingspsychologie van de Universiteit van Amsterdam. Ontwikkeling en Intelligentie is een van de studies van de Faculteit Psychologie.
De Universiteit van Amsterdam kent rond de 70 opleidingen. Een groot aantal is gedurende de laatste tien jaar ontstaan. Welke studie je ook kiest, altijd staan één ding centraal: het ontplooien van een eigen visie.
Tijdens de Voorlichtingsdag op Locatie, vrijdag 10 maart 1995, kun je op de studieplek zelf colleges volgen en kennismaken met onze studenten en docenten.
Je kunt je aanmelden met nevenstaande bon. Bellen kan ook: 020-525 33 33. Natuurlijk kun je ons ook altijd bellen als je een brochure wilt ontvangen.
11
8
14
2
9
13
15
4
3
?
Uit: 'Test zelf uw intelligentie' van H.J. Eysenck, uitgeverij Het Spectrum B.V.
OPLEIDINGEN
Actuariaat/Econometrie
Alfa-informatica
Algemene Literatuurwetenschap
Algemene Taalwetenschap
Amerikanistiek
Arabisch
Archeologie (Europese)
Archeologie (Mediterrane)
Bedrijfs- en Industriële Statistiek
Bedrijfsinformatiesystemen
Bestuurskunde 1)
Biologie
Biotechnologie 2)
Boek- en Informatiewetenschap
Communicatiewetenschap
Culturele Antropologie/
Niet-Westerse Sociologie
Culturele studies
Duits
Economie
Engels
Europese studies
Film- en Televisiewetenschap
Frans
Fries
Fysische Geografie
Geneeskunde
Geschiedenis
Griekse en Latijnse taal en cultuur
Hebreeuws
Informatica
Internationale Betrekkingen 1)
Italiaans
Kunstgeschiedenis
Kunstmatige Intelligentie
Latijn
Medische Biologie
Medische Informatiekunde
Milieuwetenschappen
Muziekwetenschap
Natuur- en Sterrenkunde
Nederlands
Nieuw Grieks
Oosteuropese studies
Operationele Research
& Management
Pedagogische wetenschappen
& Onderwijskunde
Planologie/Demografie
Politicologie
Psychologie
Rechten
Roemeens
Scheikunde
Skandinavistiek
Slavische talen
Sociaal Wetenschappelijke Informatica
Sociaal Culturele Theologie*
Sociale Geografie
Sociologie
Spaans
Spraakcommunicatie
Tandheelkunde
Theaterwetenschap
Theologie*
Wetenschap, Technologie en Cultuur
Wijsbegeerte
Wiskunde
1) Afstudeerrichting bij Politicologie
2) Afstudeerrichting bij Biologie en bij Scheikunde
*Voorlichting op zaterdag 11 maart 1995
IK WIL ALLES WETEN.
Ik kom naar de Voorlichtingsdag op Locatie van de Universiteit van Amsterdam op vrijdag 10 maart 1995.
Ik wil op deze dag informatie over de opleidingen:
1 ________
2 ________
Ik neem ____ personen mee. ☐ ouders ☐ vrienden ☐ anderen
Ik kom niet naar de Voorlichtingsdag op Locatie, maar wil wel informatie over: ________
Naam ________
Voorletters ________ ☐ man ☐ vrouw
Adres ________
Postcode ________ Plaats ________
Telefoonnummer ________
Geboortedatum ________
Huidig schooltype ☐ VWO5 ☐ VWO6 ☐ anders, nl.
Naam school ________
Plaats school ________
Postcode school ________
Bon in gesloten envelop zonder postzegel sturen naar:
Universiteit van Amsterdam, Studievoorlichting nummer 857,
Antwoordnummer 3521, 1000 RA Amsterdam.
UvA DE UNIVERSITEIT VAN AMSTERDAM.

Voorbeeld 2 Janine blijkt een mentale leeftijd van zes jaar te hebben, wordt de ouders verteld. Moeten de ouders zich ongerust maken? Wanneer het meisje acht jaar is misschien wel, want haar I.Q. is dan 6/8 X 100 = 75. Misschien moet Janine naar een andere school, extra hulp krijgen – of nog eens onderzocht worden.

Bij ouderen heeft het geen zin te spreken van werkelijke en mentale leeftijd. Het is moeilijk voor te stellen dat een zevenendertigjarige man 'voorloopt' op een leeftijdgenoot. (Is het een race? Waar is de finish?)

Toch heeft men het I.Q. willen houden, omdat het zo aardig is mensen te vergelijken via getallen!

Praktische psychologen hebben al lange tijd geleden ingezien dat het gemakkelijk is om het gemiddelde van een intelligentietest op 100 te stellen. Dat is voor iedereen begrijpelijk. De meeste 'I.Q.-tests' hebben een gemiddelde van 100 voor de gehele bevolking. 130 is dus hoog, ten opzichte van de rest van de bevolking. Of nauwkeuriger: 30 I.Q.-punten beter dan de totale Nederlandse bevolking.

Stel dat u advocaat bent en heeft gesolliciteerd naar een baan als bedrijfsjurist. U weet dat u '30 I.Q.-punten beter' bent dan de bevolking. Maar daar zal uw toekomstige werkgever niet zo in zijn geïnteresseerd. Hij wil weten of u intelligenter bent dan andere (bedrijfs)juristen!

Wanneer u bekend is dat de gemiddelde jurist op *deze* test een score behaalt van 135 punten, dan behoort u dus tot de minder intelligente juristen. Maar wanneer het gemiddelde bij 120 ligt heeft u natuurlijk betere papieren! U ziet nu waarom testnormen zo belangrijk zijn. (Zie ook hoofdstuk 17.)

We wijzen erop dat het gevaarlijk is intelligentie in een enkel getal uit te drukken. Het zou betekenen dat we precies weten wat het is en hoe het feilloos gemeten kan worden. Helaas is dat allebei niet waar.

Moderne selectiebureaus hanteren meestal deeltests en geven geen I.Q.'s meer af maar indicaties in vergelijking tot een (vaak niet met name genoemde) normgroep. U ziet dan of u ondergemiddeld heeft gepresteerd of juist sterk bovengemiddeld.

Marges

Een testbureau dat wel met I.Q.'s werkt zal nooit zeggen 'uw I.Q. is precies 120'. Dat kan niet omdat er altijd sprake is van een bepaalde marge. Meestal is er een speelruimte van 15 punten naar boven en naar beneden. Het I.Q. van 120 ligt dus eigenlijk tussen de 105 en de 135. Er wordt een *schatting* gemaakt van uw intelligentieniveau.

Waarom kan men niet *precies* zeggen welk I.Q. u heeft? De intelligentietest is een nogal grof instrument. Het is te zien als een steekproef uit alle mogelijke opgaven, daardoor treedt een steekproeffout op, vergelijkbaar aan enquêtes. Wanneer de keuringsarts uw lichaamslengte meet weet u dat 1,70 meter 1,70 meter is. Geen centimeter meer, geen centimeter minder. Een psycholoog zou uw lengte schatten tussen de 1,55 en de 1,85. Dat maakt nogal wat uit! Een testafname is een momentopname. Misschien zou u een andere keer (niet gekweld door hoofdpijn, in een goede stemming, ontspannen) het er veel beter afbrengen... Maar wanneer krijgt u een herkansing?

Hoe intelligent is de (Nederlandse of Belgische) bevolking?

Wanneer is iemand geniaal? Hoeveel mensen mogen zich met deze 'titel' tooien? Welk I.Q. moet je minstens hebben om met succes een HAVO te kunnen doorlopen? Het onderstaande schema beantwoordt enkele brandende vragen.

Omschrijving	*Hoogte van het I.Q.*	*% van de bevolking*
Idioten	0-20	
Imbecielen	20-50	
Moronen / debielen	50-70	
(Zwakbegaafden / zwakzinnigen)		2,5
'Grensgevallen' (Minder dan zes klassen basisonderwijs)	70-90	25
Basisonderwijs voltooid	81-111	60
Basisonderwijs + lager beroepsonderwijs	95-120	50
Gemiddeld niveau	100	50
Begaafd	120	7
Genialiteit	180 en hoger	0,05

Niveau nodig voor het volgen van onderstaande opleidingen		
MAVO	100-130 (gemiddeld 115)	<50
HAVO / Atheneum / Gymnasium	105-135 (gemiddeld 120)	15
Universitaire opleiding	113-143 (gemiddeld 128)	6,5

(Bron: Holzhauer, F.F.O. en Van Minden, J.J.R. *Psychologie, theorie en praktijk*. Stenfert Kroese. Leiden 1993, 4de druk)

We wijzen er met klem op dat de bovenstaande gegevens schattingen zijn. Het gaat er alleen om u enig idee te geven welk verband er bestaat tussen opleiding en I.Q. en welk percentage van de bevolking een bepaald intelligentieniveau heeft.

Werkelijke (werk-, school-) prestaties hangen natuurlijk niet alleen af van het intelligentieniveau. Ook zaken als belangstelling, energieniveau, motivatie en opvoeding spelen een belangrijke rol. De wereld kent voldoende intelligente, maar luie mensen. Zij zullen misschien minder goed in de maatschappij functioneren dan actieve mensen met een wat lager I.Q.

Tot slot hebben we voor uw informatie nog de volgende tabel, waarmee kan worden afgelezen met welk percentage van de bevolking u uw I.Q. moet delen.

I.Q. -score	*Percentage van de bevolking*
minder dan 55	0,13
55 – 70	2,14
70 – 85	13,59
85 – 100	34,13
100 – 115	34,13
115 – 130	13,59
130 – 145	2,14
meer dan 145	0,13

De meerderheid van de bevolking, om precies te zijn 68,26 %, heeft dus een I.Q. dat ligt tussen de 85 en de 115.

Hoe stabiel is het I.Q.?

Van iemand die op tweeëntwintigjarige leeftijd wordt getest, wordt een I.Q. vastgesteld van 118 punten (met de eerder beschreven marge). Houdt hij dit I.Q. voor de rest van zijn leven, of zit er nog 'groei' in?

En hoe is het met een kind van twaalf jaar? Mogen zijn ouders erop vertrouwen dat zijn I.Q hoger zal worden, omdat hij nog zoveel heeft bij te leren?

We hebben opzettelijk vragen over het I.Q. van een volwassene en een 'kinder-I.Q.' gesteld, want er is een groot verschil tussen beide. Laten we eens kijken naar het I.Q. van een kind.

Jonge kinderen zijn 'dommer' dan oudere kinderen die op hun beurt weer 'dommer' zijn dan volwassenen. Logisch, omdat bijvoorbeeld zaken die de meeste psychologische tests meten, rekenvaardigheid, woordkennis, technisch inzicht, enzovoort nog niet bij kinderen ontwikkeld zijn. Het kind heeft doodgewoon *geen tijd gehad om te leren*! Naarmate het kind ouder wordt komt het meer te weten en zal het het op een intelligentietest beter doen.

Men neemt aan dat de intelligentie van kinderen door blijft groeien tot het vijftiende à zeventiende jaar. Bij sommigen gaat de groei nog iets langer door (hoogbegaafden), bij anderen is het al eerder gestopt (zwakbegaafden).

Kortom, het is dus altijd belangrijk de leeftijd van de geteste persoon te kennen (en enkele omstandigheden: juist gescheiden ouders? dood van een van de ouders? emotionele verhuizing?), omdat dit iets zegt over de kracht en de beperking van de voorspelling van het I.Q.

Nadat het I.Q. aanvankelijk klimt gaat het op latere leeftijd weer zakken. Bij sommigen gebeurt dat wat eerder dan bij anderen. Deskundigen nemen aan dat de top rond het dertigste levensjaar wordt bereikt, waarna de daling begint. Een en ander zou erg afhangen van opleiding, maar ook van beroep en belangstelling. Zo zouden mensen die doorgaan zichzelf te ontwikkelen ('education permanente') weinig last van dit verval hebben. Maar andere deskundigen – zoals dat gaat met deskundigen – spreken dit tegen. Zij denken dat het intelligentieniveau niet vermindert. De daling moet worden toegeschreven aan meetfouten en slecht wetenschappelijk onderzoek...

Het I.Q. van de volwassene

Het is natuurlijk belangrijk (en ook leuk!) te weten hoe intelligent u bent. Maar laten we vooropstellen dat dat ene getal over uw 'slimheid' niet zo heel veel betekent. Het zegt iets over uw (aangeboren) aanleg, opleiding en levenservaringen. Andere tests vertellen u welke bijzondere talenten u al dan niet heeft: creativiteit, muzikaliteit, kunstzinnigheid, aanleg voor boekhouden, enzovoort. De intelligentietest geeft dus een *algemene* aanwijzing. Iemands I.Q. zegt niets over bijvoorbeeld zijn kansen om een goed helikopterpiloot te worden, hartchirurg, automonteur, huisschilder, winkelverkoper of boekbinder. In dit opzicht is zijn waarde dus vrij beperkt. (Natuurlijk is een hoog I.Q. vereist om hartchirurg te worden, maar even belangrijk zijn uithoudingsvermogen en de motivatie, de wil, om de strijd tegen de vele en moeilijke studieboeken aan te gaan.)

Oefenen met tests maakt u niet intelligenter – het is wel slim om te doen! Het verhoogt uw (I.Q.-)score, zodat u (nog) intelligenter lijkt.

Enkele veel toegepaste intelligentietests

We hebben het belangrijke begrip intelligentie en het magische I.Q.-getal uiteengezet. We geven u nu inzicht in de tests, die u misschien bij het testbureau in handen krijgt. Sommigen zullen een intelligentietest als een plezierige hersengymnastiek ervaren, anderen als een frustrerende serie merkwaardige puzzels, waar veel van afhangt.

Hieronder zullen we eerst enkele 'complete' intelligentietests bespreken, gevolgd door de 'specialiteiten'. (Enkele kinderintelligentietests komen in hoofdstuk 13 aan de orde.) Dit hoofdstuk eindigt met tips om uw I.Q. op te vijzelen.

A. 'complete' tests

DAT

De Differentiële Aanleg Test, een soort mix tussen een intelligentietest en een schoolvorderingentest, staat op de derde plaats van onze top-twaalf. Deze test is van oorsprong Amerikaans en vond zijn eerste begin in 1940. De Nederlandse uitvoering kwam in 1960 beschikbaar.

We zouden eigenlijk van tests in meervoud moeten spreken, want de DAT heeft negen zogenaamde subtests (min of meer zelfstandige tests binnen een groter verband) en de afname duurt alles bij elkaar vier uur en een kwartier. In de selectiepraktijk krijgt de kandidaat meestal maar enkele DAT-onderdelen voorgeschoteld.

De DAT wordt afgenomen aan personen vanaf twaalf jaar, ongeacht hun opleidingsniveau. Deze test stelt uw 'plafond' vast, de toppen van uw vermogen. In vaktermen spreekt men van een maximale-prestatietest.

Men kan u de DAT tegelijkertijd met andere 'klanten' laten uitvoeren, maar dat hoeft niet per se. De resultaten van de DAT worden in een profiel vastgelegd. Dat betekent dat u per subtest (per onderdeel) kunt zien hoe u het er af hebt gebracht en hoe vergelijkbare groepen mensen (qua opleiding en/of beroepsniveau) het gemiddeld doen. De DAT wordt meestal *niet* voor de hoogste opleidingsniveaus (universiteit, hbo) gebruikt. Hij wordt bij deze groepen als vrij gemakkelijk ervaren.

We zullen nu de negen subtests van de DAT aan een nader onderzoek onderwerpen.

1 *Woordenlijst* U krijgt in hoofdletters een woord te lezen, en u moet aangeven welke van de vijf woorden in kleine letters ongeveer dezelfde betekenis heeft als het hoofdwoord. Voor 75 van deze probleempjes bent u 20 minuten van uw leven kwijt. Voorbeeld:
JALOERS a. kwaad b. kinderachtig c. afgunstig d. gemeen e. gierig
Op het antwoordformulier omcirkelt u c: het juiste antwoord.

2 *Woordbeeld* U krijgt honderd korte en eenvoudige zinnen voorgeschoteld. In elke zin is een woord onderstreept. Uw taak is om aan te geven of dat woord goed of fout is gespeld (20 minuten). Voorbeeld:
'De lezing was allesbehalve *interesant*.'
Op het antwoordformulier geeft u een F voor fout, want in 'interesant' ontbreekt een 's'.

3 *Zinnen* U krijgt hier te maken met zestig zinnen die in vier mootjes zijn gehakt (A t/m D). In veel van die zinnen staat een fout (grammatica of spelling). U geeft aan in welk deel van elke zin een fout voorkomt. Voorbeeld:
'Schaam je niet/ dat je hem/ zo hebt/beledigd?'
A B C D
Uw antwoord: A. Want het werkwoord is: 'zich schamen.' Boven A zou moeten staan: 'Schaam je je niet.' Beschikbare tijd: 25 minuten.

4 *Analogieën* Een analogie is een overeenkomst, bijvoorbeeld tussen woorden. Bij analogietests (er bestaan ook zelfstandige, los van de DAT) moet u telkens één of meer woorden invullen, die op een of andere wijze verband houden met de andere woorden van de vraag. Bijvoorbeeld

‘tafel staat tot stoel, als kop staat tot...’ Op de puntjes dient u ‘schotel’ in te vullen. Deze subtest bestaat uit zogenaamde dubbele analogieën, die echter aanmerkelijk makkelijker zijn dan die van de VAT. Een DAT-voorbeeld:
‘...staat tot trein als haven staat tot...’
U mag hierbij kiezen uit de volgende *woordparen*, waarvan het eerste woord op de linkerpuntjes en het tweede woord op de rechterpuntjes komt te staan:

A. Locomotief-schip / B. Rijden-varen / C. Station-schip / D. Station-kust / E. Rails-oceaan
Ziet u waarom u C moet aanstrepen?

De DAT kent vijftig van deze analogieën, die u in 20 minuten moet oplossen. Wij raden u aan via logisch redeneren tot het juiste antwoord te komen. Lukt dat niet, neem dan een gokje. U heeft 20 procent kans – en voor gokken worden geen punten in mindering gebracht.

(Analogieën komen ook aan de orde bij de in dit hoofdstuk te bespreken VAT test.)

Wilt u meer weten over analogieën? In *Alles over management tests* wordt er een hoofdstuk aan gewijd. Wilt u erop oefenen? Ga dan door naar oefentest 2.

5 Figurenreeksen De oorspronkelijke Amerikaanse subtest noemt dit abstract redeneren. En daar gaat het ook om. U krijgt een reeks van vier eenvoudige figuren, die een logisch geheel vormen. U moet aangeven hoe het vijfde plaatje eruit zal zien. Een kwestie van logisch redeneren.

Opgave *Antwoorden*

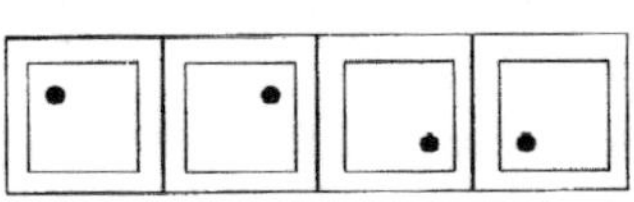

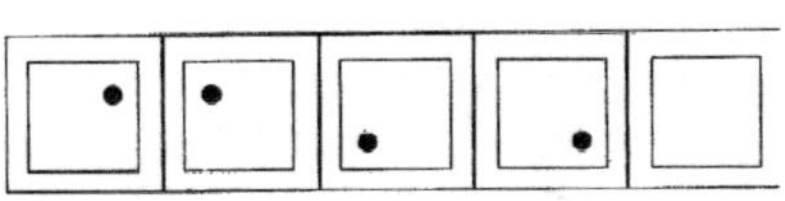

A B C D E

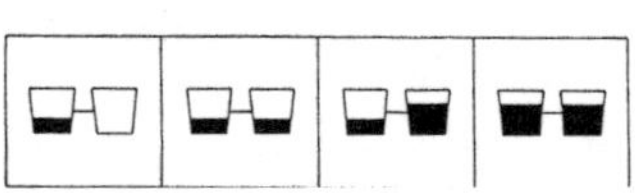

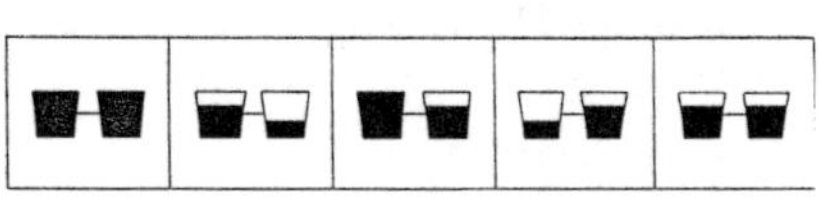

A B C D E

(De juiste antwoorden zijn bij de eerste figurenreeks B en bij de tweede C.)

TIP: Een veel voorkomend principe in deze subtest is het toenemend aantal elementen van figuur tot figuur. Een kwestie van eenvoudig tellen. Een ander principe is een constante, die om en om in elke figuur aanwezig is.

6 *Ruimtelijk inzicht* Een bekend caféspelletje met lucifers is het volgende. Hoeveel driehoeken kun je maken met zes luciferhoutjes? Je bent gauw geneigd om twee driehoeken te maken, op. Maar iemand met ruimtelijk inzicht zal een *driedimensionale* driehoek maken en laat dan vier driehoeken zien. De spelwinnaar! De ruimtelijk-inzichttest van de DAT werkt net zo. Men zet geen voorwerpen op tafel; het gaat om driedimensionale tekeningen. U moet zich nu *voorstellen* hoe bepaalde figuren gevouwen moeten worden, of eruit zullen zien als u er bepaalde handelingen mee heeft verricht. Deze als moeilijk ervaren test bestaat uit zestig 'vouwproblemen' die u in 25 minuten moet oplossen. Bent u goed in exacte vakken, techniek, ontwerpen en architectuur? Dan vallen deze problemen mee, zoals de figuren hiernaast laten zien…

Ook wanneer het minder goed is gesteld met uw ruimtelijk inzicht, zult u door te oefenen ook hier uw score aanmerkelijk kunnen opkrikken.

7 *Technisch inzicht* Bij deze test gaat men na of u enige technische begaafdheden bezit. Er worden 65 eenvoudige schetsen aangeboden. U ziet bijvoorbeeld twee mensen die een zwaar voorwerp, dat op een plank ligt, moeten dragen. Het zware voorwerp ligt niet in het midden. De een moet dus meer tillen dan de ander. Aan u de keuze welke persoon dat is. Soortgelijke vragen krijgt u over twee gewichten op een weegschaal. U moet gebruikmaken van de informatie op de tekening om tot het juiste antwoord te komen.

Het niveau van deze test is 'basis-natuurkunde'.

8 *Rekenvaardigheid* Men kan in 25 minuten vaststellen of u goed bent in rekenen. De veertig problemen bestaan uit optel- en aftreksommen, vermenigvuldigingen, reeksen e.d. Het niveau van deze vraagstukken is laag: einde basisschool. U moet steeds het juiste antwoord kiezen uit vijf mogelijkheden. Heel vervelend voor u: een van deze mogelijkheden is 'geen van deze'. Gokken wordt zo een waagstuk. U mag wel kladpapier gebruiken voor uw berekeningen, maar een digitaal rekenwonder mag niet op tafel.

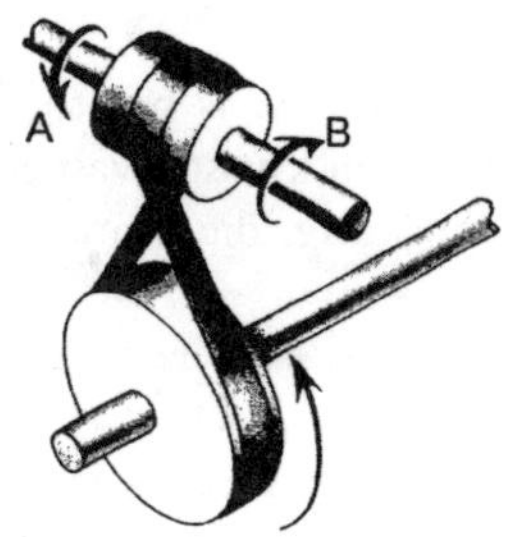

1
Als het onderste wiel in de aangegeven richting draait, naar welke kant draait dan het bovenste wiel?
(Indien beide mogelijk, C aanstrepen)

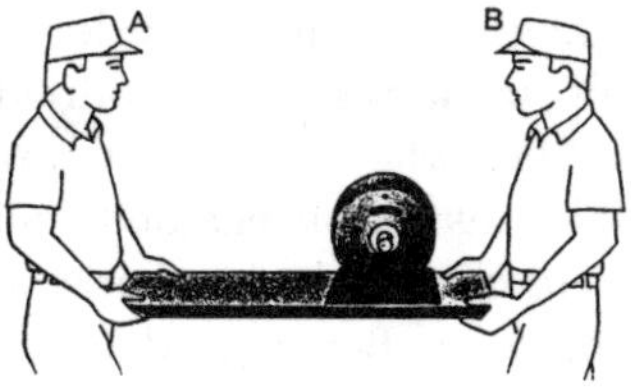

2
Welke man moet het zwaartste tillen?
(indien geen verschil, C aanstrepen)

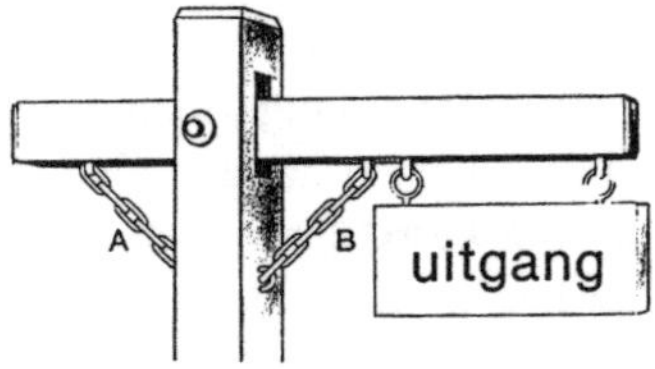

3
Welke ketting is alléén al voldoende om dit bord in de goede stand te houden?
(indien geen verschil, C aanstrepen)

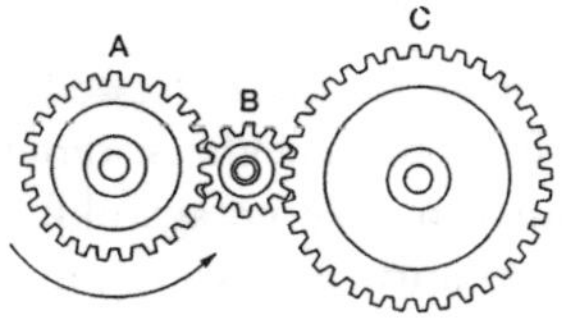

4
Welk van de drie tandwielen maakt de minste omwentelingen per minuut?

Juiste antwoorden: 1=B 2=B 3=A 4=C

Een (moeilijk) voorbeeld van een rekenopgave:

'Welk getal moet op de plaats van beide vraagtekens staan?'

$$\frac{1}{?} = \frac{?}{64}$$

A. 64 / B. 32 / C. 16 / D. 8 / E. Geen van deze

(Het juiste antwoord : D)

Wilt u uzelf nog wat bekwamen in rekenvaardigheid? Oefentest 4 reikt u de helpende hand.

9 *Snelheid en nauwkeurigheid* In de oorspronkelijke Amerikaanse subtest sprak men over administratieve of kantoorvaardigheden. Dit wordt bepaald met de volgende opgave: 'Elke opgave bestaat uit vijf combinaties van twee letters en/of cijfers. Op het antwoordformulier staan onder hetzelfde cijfer als van de opgave ook vijf combinaties. U moet op het antwoordformulier *die* combinatie aanstrepen die *niet* in de opgave voorkomt.' Deze test is wat verwarrend, omdat u altijd eerst op het antwoordformulier moet kijken.

	Codes op antwoordformulier					*Codes op vraagformulier*				
1.	AC	AE	AF	AB	AD	BA	AC	AD	AE	AF
2.	BA	Ba	Bb	aA	aB	aA	aB	BA	Ba	bB
3.	QO	QC	OC	OQ	CQ	OQ	CO	QC	QO	OC
4.	nn	zz	zn	mn	nz	zn	zz	nm	nn	mn
5.	L1	1L	L7	7L	17	L7	71	17	1L	7L

(De juiste antwoorden zijn: 1: AB (komt niet op het vraagformulier voor), 2: Bb, 3: CQ, 4: nz, 5: L1)

U ziet het: een kwestie van aandacht, van concentratie, het hoofd erbij houden.

Voorbereiding op de meeste subtests is mogelijk door het verwerven van oefenstof of training. Bovendien kunt u via *time management* en het hanteren van bepaalde technieken voor het oplossen van meervoudige-keuzevragen een eind komen. Daarnaast kan het geen kwaad om oude rekenboekjes van school af te stoffen om weer wat 'vingervlugheid' te krijgen. (Welke rekenprincipes zijn er? Hoe zitten reeksen ook weer in elkaar?)

De GATB is te zien als een zusje van de DAT. De naam betekent in het Engels voluit 'General Aptitude Test Battery', te vertalen als 'Algemene Aanleg Test Batterij' (de term batterij duidt erop dat de test een aantal subtests beslaat). De GATB, een kwalitatief goede test, die acht schriftelijke onderdelen omvat, die ook groepsgewijs kunnen worden afgenomen. De testduur bedraagt zo'n tweeënhalf uur, waarmee het een snelle test is in zijn soort.

Wat meet deze test?

1 Algemene intelligentie;
2 Verbaal vermogen (ofwel taal- en woordenkennis);
3 Rekenvaardigheid;
4 Ruimtelijk inzicht;
5 De manier waarop u vormen waarneemt;
6 De manier waarop u administratief materiaal waarneemt;
7 Motorische coördinatie ('samenwerking' tussen uw ogen en handen).

GIT

De GIT staat voor Groninger Intelligentie Test en is dus Nederlands fabrikaat. Deze veel toegepaste test is omstreeks 1962 aan de Groningse universiteit ontwikkeld door de psychologen Snijders en Verhage.

De GIT wordt afgenomen aan personen van 12 tot 76 jaar en men kan u verzoeken deze test in een groep of alleen af te leggen.

De test neemt zo'n anderhalf uur[1] in beslag en bestaat uit tien subtests:

1 Woordenlijst;
2 Legkaart;
3 Vaaropdrachten;
4 Sorteren;
5 Figuur ontdekken;
6 Cijfers;
7 Draaikaart;
8 Matrijzen;
9 Woord opnoemen (1 en 2).

We zullen alle subtests kort bespreken, zodat u hopelijk met de nodige rust aan deze test kunt beginnen wanneer het ogenblik is aangebroken.

1 Woordenlijst U krijgt in oplopende moeilijkheid twintig woorden voorgelegd en moet bij elk woord de betekenis zeggen. U zult ervaren dat de eerste woorden heel gemakkelijk zijn, maar op een gegeven moment moet u wel weten wat weinig voorkomende Nederlandse woorden als (voorbeelden) mustie, nataliteit, prohibitief of trepaan betekenen. (Voor elk goed woord krijgt u een punt.)

[1] De verkorte versie duurt minder dan een half uur en bestaat uit de onderdelen: legkaart, matrijzen en cijfers.

Mensen met een hogere opleiding, die veel lezen en studeren of een brede belangstelling hebben zullen weinig moeite ondervinden met deze subtest.

2 *Legkaart* Ook nu weer krijgt u twintig opdrachten, zoals bij bijna alle onderdelen van de GIT, waarbij dit keer uw ruimtelijk voorstellingsvermogen wordt gemeten. Deze subtest is een legpuzzel, waarbij uw opdracht is een meetkundige figuur samen te stellen uit een aantal losse onderdelen. U moet steeds aanwijzen welke elementen u nodig denkt te hebben om zo'n figuur te maken.

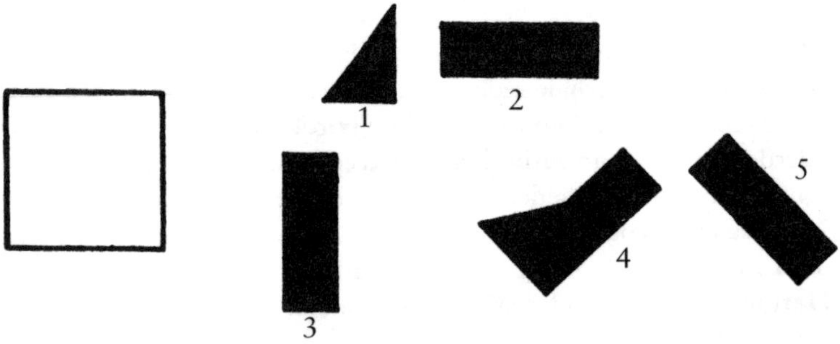

3 *Vaaropdracht* Met behulp van deze twintig oefeningen wordt nagegaan hoe u met getallen kunt redeneren. U krijgt steeds een opdracht van het ene punt naar het andere te 'varen', waarbij u onder andere rekening moet houden met winden en stromingen, die uw snelheid kunnen beïnvloeden. U dient steeds de tijd te berekenen om van de ene plaats naar de andere te varen, via de aangegeven 'kanalen'.

4 *Sorteren* Nadat men u, zoals bij voorgaande subtests, weer drie voorbeelden heeft gegeven, wil men uw redeneerkunst met figuren ontdekken. De twintig opdrachten bestaan uit telkens acht kaartjes met figuren, waarbij u steeds twee groepjes van vier kaarten moet neerleggen, die op een of andere manier bij elkaar horen.

5 *Figuren ontdekken* Ook deze subtest bestaat uit twintig opdrachten. Dit keer ziet u onvolledige afbeeldingen van bekende objecten en dieren. Aan u de taak te ontdekken wat de plaatjes voorstellen.

6 *Cijfers* Dit deel bestaat uit veertig optelsommen, die u binnen de minuut (sneller mag ook!) moet maken. Alle sommen bestaan uit drie ge-

tallen onder elkaar. Enkele voorbeelden: 63 + 99 + 5 = ...; 25 + 47 + 17 = ...; 65 + 58 + 34 = ... (Het wordt niet moeilijker dan deze voorbeelden.)

7 *Draaikaart* Deze subtest stelt uw ruimtelijke oriëntatie vast. De test loopt in grote lijnen als volgt. U krijgt een L-vormige figuur aangeboden, die naar alle kanten is te draaien. U krijgt daarnaast een kaart in handen waarop een andere figuur staat afgebeeld. Ook krijgt u vijf 'alternatieven' te zien van dat andere figuur, alle gedraaid. U dient nu aan te geven welke van deze alternatieven net zo gedraaid is als de grote L-vormige figuur. Dank zij de vele mogelijke wentelingen kunnen heel moeilijke opdrachten worden gegeven.

8 *Matrijzen* De matrijzen-subtest probeert te bepalen hoe goed u bent in het zogenaamde verbale redeneren. U krijgt 2 x twee woordparen aangeboden. Er is een verband tussen de woorden per paar. Er is ook nog een derde paar en daar ontbreekt het tweede woord van. Dat moet u kiezen uit de vijf mogelijkheden. Een voorbeeld ter verduidelijking:
• Nachtegaal... vogel
• Tor... insekt
• Haring... ?
1.Beest / 2.Vis / 3.Lekkernij / 4.Voedsel / 5. Dier
(Het juiste antwoord is 2)

9 *Woord opnoemen* Het zijn eigenlijk twee subtests, die allebei tot doel hebben uw woordassociatie te onderzoeken. (De oorspronkelijke Engelse naam geeft beter aan waar het om gaat: 'word fluency'.) Voor de eerste subtest moet u in één minuut zoveel mogelijk dierennamen noemen. De tweede subtest loopt net zo, alleen dient u nu in één minuut zoveel mogelijk verschillende beroepen te noemen. Zoals u vermoedt kunt u zich op dit gedeelte van de GIT heel goed voorbereiden in de huiskamer, door te oefenen en steeds uw score te verbeteren.

De onderdelen van deze test lijken erg veel op die van andere intelligentietests. Ze willen namelijk allemaal weten hoe (goed) u rekent, hoe het met uw taalvaardigheid staat, of u ruimtelijk en technisch inzicht heeft, enzovoort.

WAIS

De WAIS is misschien wel een van de bekendste en meest gebruikte intelligentietests ter wereld. WAIS is een afkorting van Wechsler Adult Intelligence Scale. Deze 'intelligentieschaal voor Volwassenen' werd omstreeks de jaren vijftig ontwikkeld door de bekende Amerikaanse psycholoog David Wechsler. Hij gaf ook zijn naam aan enkele andere intelligentietests, zoals de WISC (kinderintelligentie).

In 1969 kwam 'de Wechsler' met een Nederlandse saus beschikbaar. De test meet de algemene intelligentie van 15 tot 64-jarigen; hiervoor is één à anderhalf uur nodig. Daarnaast wordt ook nog een 'verbaal I.Q.' (taal) en een niet-verbaal I.Q. berekend. Wanneer u deze tests moet afleggen krijgt u de volledige aandacht, want een testassistent geeft u steeds opdrachten en 'werkt' nauw met u samen. Deze test wordt dus niet in groepen afgenomen.

De WAIS bestaat uit elf onderdelen:

1 Algemene ontwikkeling;
2 Gezond verstand;
3 Cijfers nazeggen;
4 Rekenen;
5 Overeenkomsten;
6 Woordenlijst;

Uit de bovenstaande zes tests wordt uw verbale I.Q. berekend.

7 Plaatjes rangschikken;
8 Plaatjes aanvullen;
9 Blokpatronen;
10 Legkaarten;
11 Cijfersymbolen.

Uit de nummers 7-11 wordt uw niet-verbale I.Q. berekend.

We zullen nu een blik werpen op de elf onderdelen van de test.
1 Algemene ontwikkeling Deze subtest bestaat uit tweeëntwintig vragen die een groot aantal onderwerpen bestrijken, waarvan volwassenen iets moeten weten. (Men zal u niets vragen over allerlei bijzondere, technische of wetenschappelijke zaken.)

Enkele voorbeelden van algemene-ontwikkelingsvragen: Waar komt goud vandaan? Hoeveel mensen wonen er in Nederland c.q. België? Wie staat aan het hoofd van de Nederlandse c.q. Belgische regering? Hoeveel weken heeft een jaar?

Wanneer u zes achtereenvolgende vragen verkeerd beantwoordt, wordt deze subtest afgebroken.

2 Gezond verstand De veertien opdrachten van dit testonderdeel vragen wat u zou doen onder bepaalde omstandigheden, waarom er bepaalde praktijken en gewoonten zijn, de betekenis van een paar gezegden en spreekwoorden, enzovoort. U moet een aantal praktische oordelen geven en uw gezonde verstand gebruiken.

Enkele voorbeelden: 'Wat betekent het gezegde "oost, west, thuis best"?' 'Waarom worden kleren gewassen?' 'Waarom moeten we slecht gezelschap vermijden'?

De kwaliteit van uw antwoord wordt beoordeeld, waarbij 0, 1 of 2 punten zijn te verdienen. Hoe nauwkeuriger (gedetailleerder) uw antwoord, des te meer punten u krijgt. Let daarom goed op *hoe* u uw antwoord formuleert!

3 Cijfers nazeggen Men diagnosticeert hoe snel en goed uw zogenaamde korte-termijngeheugen werkt. De testassistent leest getallen voor die uit drie tot negen cijfers bestaan. U moet deze steeds zo snel mogelijk – en in de juiste volgorde – nazeggen. Als u deze job hebt geklaard leest de assistent een tweede lijst met getallen voor. Dit keer moet u de getallen (twee tot acht cijfers per getal) *in omgekeerde volgorde* opnoemen.

Is het getal bijvoorbeeld 538759, dan is uw antwoord 957835. (Het is gebleken dat sommige geesteszieke patiënten buitengewoon goed zijn in het nazeggen van getallen – ook in omgekeerde volgorde!) U krijgt in totaal tweemaal twaalf reeksen cijfers aangeboden. Wanneer u een reeks mist mag u toch doorgaan met de volgende. Bij twee achtereenvolgende missers is dit testonderdeel voor u afgelopen. Alleen wanneer u alle cijfers van een reeks – in de goede volgorde – heeft nagezegd, krijgt u hier een punt voor. Er zijn bij deze test verschillende mogelijkheden uw score op te voeren, dus (een element van) uw I.Q. op te vijzelen:

1 Oefen thuis met dit soort 'spelletjes'. U vindt vast wel een hulpvaardige huisgenoot.

2 Probeer tijdens deze test steeds cijfers in 'blokken' in te delen. Dit maakt het onthouden gemakkelijker. Wanneer een cijferreeks bijvoorbeeld 1, 2, 8, 4, 9, 0, 4, 2 luidt, ga deze serie dan hergroeperen in bijvoorbeeld twaalf-vierentachtig-negentig-tweeënveertig', of 'honderdachtentwintig-vierhonderdnegentig-tweeënveertig', of welke indeling u het makkelijkst vindt. Misschien kunt u soms ook historische jaartallen, bekende telefoonnummers of geboortedata als *geheugensteun* ('ezelsbruggetje') gebruiken.

Sommige kandidaten proberen te spieken van het formulier van de testassistent, waarop de getallen staan...

4 Rekenen U krijgt veertien rekensommen op basisschoolniveau. Elk probleempje wordt voorgelezen en u moet uit het hoofd het antwoord berekenen.

Twee voorbeelden van zo'n rekenopgave: 'Hoeveel appels kunt u kopen voor *f* 5,50 wanneer een appel per stuk veertig cent kost?' 'Iemand verdient *f* 100 per week en moet hierover 10 procent belasting betalen. Hoeveel geld houdt hij over?' Voor elke goede oplossing ontvangt u een punt. Na drie 'missers' wordt u verzocht uw noeste rekenarbeid te verlaten. (Soms zal men vragen hoe u tot een bepaald antwoord bent gekomen. Dit is geen goed teken. Men wil hiermee achterhalen of u fouten maakt door zenuwachtigheid of een aantal rekenprincipes niet begrijpt.)

5 *Overeenkomsten* U krijgt dertien opgaven en moet zeggen welke twee dingen gelijk zijn of iets gemeenschappelijks hebben.

Twee voorbeelden ter verduidelijking: 'Wat is de overeenkomst tussen een banaan en een sinaasappel?' 'Wat hebben een gedicht en een schilderij gemeen?' Ook dit keer wordt de *kwaliteit* van uw antwoord gewaardeerd (0,1 of 2 punten). Na vier 'missers' wordt u uit de race genomen.

6 *Woordenlijst* Het gaat er nu om dat u van veertig woorden – in opklimmende moeilijkheid – de betekenis beschrijft. De woorden worden u voorgelezen, maar u krijgt ook een lijstje met gedrukte woorden. Ook hier kunt u weer 1, 2 of geen punten verdienen, al naargelang de nauwkeurigheid van uw antwoord. U mag vier keer een vraag overslaan of onjuist beantwoorden. Bij de vijfde keer valt het doek...

7 *Plaatjes rangschikken* U krijgt steeds een serie plaatjes (3, 4, 5 of 6 stuks) te zien, die u in een bepaalde volgorde moet leggen, zodat ze een logisch verhaal vertellen.

De drie volgende plaatjes zijn een voorbeeld van zo'n serie:

Ook hier kunt u weer 0,1 of 2 punten verdienen, terwijl men u maar drie achtereenvolgende mislukkingen toestaat. Bij eventuele problemen kan de testassistent u verzoeken het bijpassende verhaal in uw eigen woorden te vertellen.

8 Plaatjes aanvullen De testassistent geeft u eenentwintig kaartjes van mensen of dingen, waarop steeds iets ontbreekt. U moet van elk kaartje zeggen wat. Een scherp oog voor details helpt. Soms zal op een kaartje een deel van een gezicht zijn weggelaten, of u ontdekt misschien op een ander kaartje dat de zon schijnt, maar de schaduw ontbreekt. Na vijf fouten is de strijd gestreden.

Wanneer u regelmatig meedoet aan puzzels waarbij u twee bijna gelijke plaatjes met elkaar moet vergelijken ('zoek de verschillen'), zult u een niet al te moeilijke klus hebben.

9 Blokpatronen In deze subtest mag u met blokjes 'spelen'. Waar gaat het om? U krijgt drie soorten blokjes die rood, wit of rood/wit zijn. De blokjes zijn allemaal even groot, maar elke zijde is anders gekleurd. Het gaat erom de voorbeelden op papier na te bouwen, naar vorm en kleur. Enkele voorbeelden gaan aan de test vooraf. Voor elke opgave heeft u tussen de vier en zestien blokjes nodig (let dus goed op!) en de opdrachten worden steeds moeilijker. De beschikbare tijd varieert per taak. De test wordt gestopt wanneer u drie keer achter elkaar faalt.

Het is mogelijk dat uw werkzaamheden scherp worden gadegeslagen. (Bent u ontspannen bezig? Gaat u systematisch te werk?)

TIP: Denk eerst na, voordat u gaat 'bouwen'. Een goede manier om de getekende patronen te doorgronden is de opbouw te analyseren, laag voor laag. Schuif de 'lagen' denkbeeldig op. Een stukje papier helpt hierbij, maar dat zal u niet worden toegestaan...

10 Legkaarten Deze opdrachten bestaan uit het maken van figuren uit losse onderdelen. U krijgt bijvoorbeeld houten voeten, benen, handen, armen, een hoofd, enzovoort. Het gaat er dan om dat u, net zoals in een legpuzzel, een mens uit al deze figuren legt. Men zal u voorts andere fi-

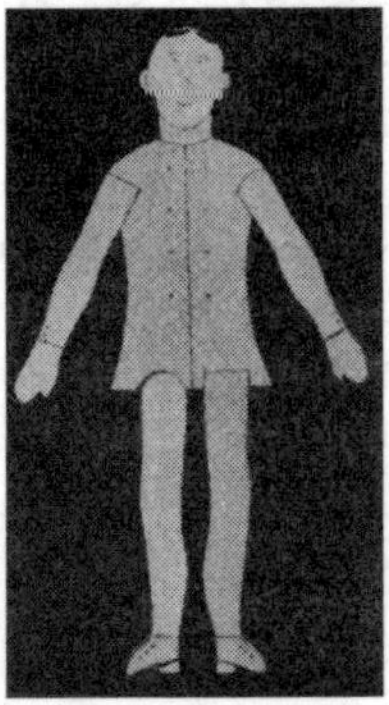

Voorbeeld van een legkaart

guren geven waarmee u een giraffe, een olifant, een vliegtuig, een hand en een gezicht moet kunnen opbouwen. Ook hier wordt natuurlijk weer begonnen met de gemakkelijkste opdrachten en wordt het u steeds moeilijker gemaakt! U wordt niet in uw werkzaamheden gestoord; u mag doorgaan tot de tijdlimiet van deze subtest is bereikt. U moet wel proberen zo snel mogelijk te werken. Bij problemen kan de testassistent u vragen wat er aan de hand is, wat voor moeilijkheden u heeft.

11 Cijfersymbolen Deze subtest komt op het volgende neer. U krijgt negen symbolen aangeboden, die u aan negen cijfers moet verbinden. Men geeft u hiervoor anderhalve minuut de tijd. U mag eerst even oefenen op enkele voorbeelden. U krijgt een punt per goed antwoord.

Een voorbeeld:

1	2	3	4	5	6	7	8	9
—	T	⊐	L	⊔	○	∧	×	=

2	1	3	1	2	4	3	5	3	1	2	1	3	2	1	4	2	3	5	2	3	1	4	6	3

1	5	4	2	7	6	3	5	7	2	8	5	4	6	3	7	2	8	1	9	5	8	4	7	3

6	2	5	1	9	2	8	3	7	4	6	5	9	4	8	3	7	2	6	1	5	4	6	3	7

> **TIP:** Meestal worden slechts enkele onderdelen van deze test gebruikt. Dat is dus geen reden tot bezorgdheid.

G-TEST

Deze 'complete' en snelle intelligentietest is oorspronkelijk ontwikkeld voor en door het bureau Berenschot. Zij bestaat uit veertig 'opdrachtjes', waarvoor u in totaal veertig minuten krijgt toegewezen. (U kunt dus makkelijk nagaan of u nog 'op schema' zit.) De test bestaat uit drie delen: verbaal-analytisch vermogen (analytisch redeneervermogen), rekenkundig vermogen en ruimtelijk inzicht. De vragen beginnen altijd eenvoudig en worden steeds moeilijker. Houd er dus rekening mee dat uw snelheid alras terugloopt... Hieronder enkele kenmerkende vragen uit deze test. Welk antwoord kiest u?

Proclamatie betekent:

a Veroordeling
b Proces
c Afkondiging
d Voorspelling
e Uitroep

Sommige radicalen zijn politici / Alle radicalen zijn progressief.
Stel dat deze uitspraken waar zijn, dan mogen we concluderen dat:

a Sommige politici niet radicaal zijn
b Alle progressieven politici zijn
c Sommige politici progressief zijn
d Alle progressieven radicalen zijn
e Sommige radicalen niet progressief zijn

Dit is een voorbeeld van een *syllogisme.*

*** Zie *Alles over management tests**** hoofdstuk 7 en de oefentest in dat boek.

Als men van een stuk ijzerdraad van 1,5 m lengte, 7/10 m afknipt, hoeveel meter ijzerdraad houdt men dan over?

a 6/10
b 2/5
c 7/10
d 4/5
e 3/10

Als 1 januari op een woensdag valt, op welke dag valt dan 9 februari van dat jaar?

a zondag
b woensdag
c vrijdag
d maandag
e donderdag

B. 'Gespecialiseerde' tests

NAT

NAT staat voor Numerieke Aanleg Test en is aan de Amsterdamse Vrije Universiteit in 1970 ontwikkeld. Deze test behoort te zamen met de twee zusjes VAT en TNVA (ook top-twaalf-tests) tot de testserie voor de hogere intelligentieniveaus. Deze trits is dan ook bestemd voor mensen op minstens havo-peil. Numerieke aanleg betekent niets anders dan kunnen rekenen. De test bestaat uit twee delen:

- Rekenvaardigheid wordt getoetst met behulp van tachtig 'sommetjes', waarbij steeds vier antwoorden worden gegeven. Aan u hieruit het juiste antwoord te kiezen.
- Cijferreeksen bestaande uit zesentwintig rijen of reeksen, waarbij u steeds vijf antwoordmogelijkheden hebt. Ook nu moet u weer het enige goede antwoord omcirkelen.

In de regel zal men u, al dan niet in groepsverband, een klein uur gunnen voor deze test. De twee subtests worden ook wel afzonderlijk gebruikt.

TIP: Begin cijferreeksen altijd met zo eenvoudig mogelijke oplossingsmethoden. Ga er bijvoorbeeld vanuit dat er een enkelvoudig verband bestaat tussen twee opeenvolgende getallen. Blijkt dit idee niet uit te komen, bedenk dan dat in liefde, oorlog en cijferreeksen alles is toegestaan! Wees dus creatief en ga een gevaarlijk leven tegemoet. Probeer bijvoorbeeld eens of die 'onoplosbare' reeks bestaat uit twee door elkaar lopende reeksen.

Wilt u vertrouwd raken met deze tests? Oefentests 1 en 3 bedienen u op uw wenken!

Een variant van de cijferreeksen vormen de **cijferrijen**. Sommige versies worden in het algemeen als moeilijker ervaren dan de 'traditionele' cijferreeksen, andere juist als gemakkelijker...

Waarom zet u uw tanden niet in de onderstaande reeksen, dan kunt u voor u zelf oordelen?

A 2------6
5------9
3------7
7------?

B 4------8
2------4
6-----12
7------?

C 16----4
64----8
9------3
81----?

D 3-----10
6-----19
4-----13
2------?

E 3-----4
10---18
5------8
7-----?

(Dit zouden uw goede antwoorden moeten zijn:
A: 11; B: 14; C: 9; D: 7; E:12)

VAT

De VAT die in 1969 beschikbaar kwam, wordt meestal in groepjes afgenomen en duurt zo'n zeven kwartier – als alle onderdelen hiervan worden ingezet.

De VAT bestaat uit drie subtests en ziet er als volgt uit:

- Verbale analogieën: er zijn veertig opgaven, waarbij u steeds relaties tussen twee woordparen moet opsporen. Oefentest 2 helpt u alvast op weg!
- Woordenschat: in deze synoniementest krijgt u vierenzestig woorden gepresenteerd met daarbij steeds vijf antwoordmogelijkheden. Aan u de taak om het synoniem aan te wijzen.

Drie voorbeelden:
A TOPOGRAFIE 1 stamboomonderzoek 2 volkstelling 3 ruilverkaveling 4 heemkunde 5 plaatsenbeschrijving

B KADASTER 1 register 2 omheining 3 antiek meubelstuk 4 dierenlijk 5 zeilschip

C HEREMIET 1 insect 2 gevangene 3 geestelijke 4 grootgrondbezitter 5 kluizenaar

(De juiste antwoorden zijn: A: 5; B: 1; C: 5)

- Functies van woorden: de veertig opdrachten bestaan uit telkens twee zinnen, waarvan in de eerste zin (de hoofdzin) een woord onderstreept is. Uit de tweede zin (bijzin) moet u nu uit vijf mogelijkheden het woord kiezen dat dezelfde grammaticale betekenis heeft als het eerste, onderstreepte woord.

Twee voorbeelden:

Hoofdzin: 'Geld maakt niet altijd gelukkig'.
Bijzin: Nog niet zo lang geleden werd Jan voor de derde maal ontslagen'.
Welk onderstreepte woord uit de bijzin komt grammaticaal overeen met het onderstreepte woord uit de hoofdzin? (Uw keuze moest zijn: 'Jan', net zo als 'geld' in de hoofdzin het onderwerp.)

Probeert u deze ook eens op te lossen:

Hoofdzin: 'Ik ga een auto kopen wanneer ik geld heb'.
Bijzin: 'Nadat je vorige week vertrok, besloten de meeste studenten tot vrijdag te blijven'
P.S. Ziet u wat in het tweede voorbeeld de overeenkomst is tussen 'wanneer' en 'nadat'?

TIP: Veel bijzinnen in deze test zijn nodeloos lang – om het u moeilijk te maken. Snij daarom irrelevante stukken eruit, zodat u één zin overhoudt die grotendeels overeenkomt met de hoofdzin. Dan houdt u één of twee onderstreepte woorden over. Zo wordt het leven wel erg gemakkelijk...

Enkele handigheidjes om uw prestatie op de (VAT) analogieën op te voeren:

1 U moet per vraag twee antwoorden geven. En die moeten allebei goed zijn. Met één antwoord zit u 'goed fout'.

2 U komt een aantal 'grondcategorieën tegen, waarvan we er enkele noemen en tussen haakjes voorzien van een voorbeeld:
tegenstelling (warm-koud)
deel van een geheel (arm-lichaam)
werktuig/gebruiker (hamer-timmerman)
oorzaak/gevolg (besmetting-ziekte)

3 Het woord 'zoals' kan wonderen verrichten. Logisch, want een analogie drukt een woord uit in een vergelijkbare categorie. Zo is het vel van de mens vergelijkbaar aan de schil van een sinaasappel, of de vacht van een beer. Het zijn alle drie buitenkanten of beschermende lagen. Ofwel: 'Zoals de mens een vel heeft, heeft een beer een vacht'. U kunt het woord 'zoals' ook gebruiken om een analogie op juistheid te controleren. Dit trucje gaat vaak op.

4 Als u een analogie in cijfers kunt uitdrukken moet u dat vooral doen! U kunt dan tot een precieze oplossing komen. Bedenk bijvoorbeeld dat een gulden uit vier kwartjes bestaat (1 : 4), of uit tien dubbeltjes (1 : 10).

5 Ziet u waarom deze analogie niet kan? 'Tand : arts = huis : arts'. En in de volgende klopt de volgorde niet. Ziet u dat ook? 'Maarschalk : leger = marine : admiraal'. (De woorden 'marine' en 'admiraal' zijn verwisseld.)

6 Testpsychologen vertellen dat gokken niet mag. Maar dat kan natuurlijk nooit worden verboden. Gok, maar doe het onopvallend voor het blote oog van de testassistent of 'zaalwacht'.

Gaat u nu maar aan de slag met oefentest 2.

Zie ook *Alles over management tests* Hoofdstuk 7.

Antoniemen. 'Welk woord is het meest zuivere tegengestelde van...' Zo begint een antoniementest, ofwel een methode die uw kennis van tegengestelden op proef stelt. (Zo'n test is voor veel kandidaten moeilijker dan een synoniementest.) Een goed woordbegrip en gevoel voor taal is hierbij erg handig. In oefentest 7 komt u ruimschoots aan uw trekken!

Een andere test die uw taalkundige vermogens op de proef stelt is die van de *dooreengeworpen zinnen.* Alle woorden in deze zinnen zijn door elkaar gehusseld. U heeft één houvast: het *cursief* gedrukte woord moet altijd aan het begin van de zin komen te staan. U hoeft alleen het laatste woord van elke zin (uw keuze dus) te omcirkelen. Deze test is niet moeilijk, maar.... (er is altijd een maar) u moet in een erg hoog tempo werken.

Enkele voorbeelden:
1 zorgen schoenen moet zijn *je* het waterdicht regent je ervoor dat iets
2 nog is degelijk naar geluiden *ondanks* wel sombere vraag de opleidingen er

3 ik ken maar zinnen Engels veel voor gesprek simpele kan me ik het woorden echt weinig *met* redden wel te een

4 helft dat overtuigd bevolking de is dat paranormale *meer* van dat verschijnselen de bestaan

5 zusje leken poppetjes klein op *de* oliebollen die tekende meer mijn

> **TIP:** Er zijn soms meer goede antwoorden mogelijk. Het Nederlands is hiervoor flexibel genoeg. Werkwoord en hulpwerkwoord mogen nu eenmaal van plaats wisselen. 'Gehad hebben', heeft dezelfde betekenis als 'hebben gehad'. Laat u hierdoor niet afleiden.

Voor sommige functies en beroepen is het belangrijk goed uit al deze *verbale* tests te voorschijn te komen. Denk aan banen waarvoor veel moet worden geschreven (rapporten samenstellen, gebruiksaanwijzingen schrijven, 'politiek'-getinte stukken opstellen of lezen, enzovoort).

TNVA

Deze 'stand-alone' top-twaalf-test (een afkorting van Test voor Niet-Verbale Abstractie) is aan de Amsterdamse Vrije Universiteit ontwikkeld door prof. Drenth en zijn medewerkers in het begin van de jaren zestig. Zij pretendeert iemands niet-verbale intelligentieniveau te meten. Testers willen niet alleen weten hoe u met bepaalde figuren omgaat, maar ook wat voor figuur u zelf bent! (Maar dan komen we bij de persoonlijkheidstests terecht.)

> **TIP:** Probeer steeds eerst uit de serie figuren links te bedenken wat hen 'bindt', wat zij gemeenschappelijk hebben (zoals bij de TNVA), of welke logische volgorde er in de serie steekt (zoals bijvoorbeeld in de DAT serie). Doe dan een voorspelling en ga na of de voorspelling uitkomt. Dat wil zeggen, controleer of het voorspelde figuur bij de keuze-antwoorden zit. Is dat het geval dan is uw voorspelling waarschijnlijk juist. Komt u uw voorspelling niet tegen, struin dan de antwoordmogelijkheden af en maak uw keuze.

De TNVA wordt individueel of in groepjes afgenomen, duurt maar twintig minuten en komt op het volgende neer. U krijgt in totaal vijfenveertig opdrachten, waarbij u steeds uit zes figuren twee figuren moet kiezen die aan een bepaald principe moeten voldoen. Dat principe moet u dan al eerder hebben ontdekt uit vier andere figuren, die men u heeft gegeven.

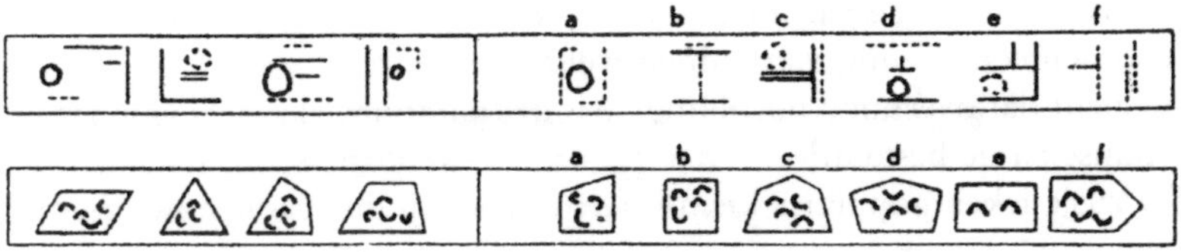

U kiest dus twee figuren uit een zestal, die al zijn gegeven. U krijgt pas een punt, wanneer *beide* antwoorden goed zijn. Dat is opzettelijk gedaan om de kans op 'gokken' te verminderen. (Die kans is ook klein: 1 op de 30.)

Vanzelfsprekend worden de opdrachten steeds moeilijker!

TIP: Vooral bij het verstrijken van de uren, wanneer de ogen, de hersenen en het bloed vermoeid raken, maken kandidaten nogal eens slordigheidsfouten. Ze lezen over belangrijke onderdelen heen, of kiezen de verkeerde antwoordmogelijkheid, waar dat niet nodig is. Er is een eenvoudige en doeltreffende methode jezelf te beschermen tegen dit soort ongelukken. Een of twee A-viertjes bieden de helpende hand. Bedek de volgende (en vorige) regels met cijfersreeksen, zodat de ogen zich kunnen concentreren op die ene reeks. Schuif het hulpblaadje langzaam naar beneden. (Helaas lukt dat niet met computertests.)
Misschien protesteert het testbureau tegen deze ingenieuze vondst. Vraag dan waarom u problemen niet creatief mag aanpakken...

WIGGLY-BLOKTEST

Het Engelse woord *wiggly* betekent ongeveer 'vervormd', 'gekronkeld' en dat geeft goed aan waar het in deze test om gaat. Het doel van de Wigglybloktest is om uw 'praktisch-technische intelligentie' vast te stellen.

U krijgt een houten kubus te zien, die de testassistent vervolgens uit elkaar haalt. U heeft dan negen blokken, die op verschillende, nogal kronkelige, golvende manieren uit elkaar zijn gezaagd. (Het blok is tweemaal in drieën gezaagd.) Uw taak: het blok opbouwen, zodat er weer een kubus op tafel staat. Deze test, die stamt uit 1927 (!), werd door de experts van hoofdstuk 6 op alle fronten als onvoldoende bestempeld. Toch wordt zij nog steeds afgenomen.

Het consult:

1 In de instructie wordt niets verteld over snelheid van werken. Toch speelt tijd een rol. Maak deze test zo snel mogelijk! Bent u na een kwar-

tier nog niet klaar, dan wordt u uw werkstuk ruw ontnomen. (Sommigen kunnen de taak in ruim één minuut volbrengen.)

2 U wordt geobserveerd, omdat de test ook iets zegt over uw persoonlijkheid, aanpak en gedrag. Men let nauwkeurig op de *manier waarop u werkt*: systematisch of lukraak? Neemt u de tijd om goed na te denken, of duikt u meteen in het diepe? Hoe wilt u 'overkomen' bij het testbureau?

3 De test is gemakkelijker dan de 'Rubic Cube', waarbij alle kanten van de kubus dezelfde kleur moeten krijgen. Maar ook bij het Wiggly-blok moet u durven. Laat u niet afleiden door de vreemde vormen van sommige blokken!

4 U mag de blokken op elke manier neerzetten. Wees niet bevreesd ze te wentelen, te keren of om te draaien. Het mag allemaal. U mag een liggende of staande kubus opbouwen. (Staand is gemakkelijker, omdat u dan een beter overzicht heeft.)

WETENSNAPPEN

De legpuzzel van de intelligentie

Iedereen heeft ze gemaakt: de intelligentietests van school- en beroepskeuze-onderzoek of bij sollicitaties. De een vindt het oplossen van de puzzeltjes amusant, de ander wil zo snel mogelijk buiten spelen.

MONIQUE DOPPERT

Een van de meest gebruikte methoden om de intelligentie te meten is bedacht en uitgewerkt door de Engelsman John C. Raven. De test van Raven is eenvoudig. Iedereen, van China tot Amerika, begrijpt in één oogopslag wat de bedoeling is: zoek het bijpassende plaatje. De uitslag van de test wordt uitgedrukt in het intelligentiequotiënt, het IQ. Deze maatstaf deelt de verstandsleeftijd door de wer-

TEST VAN RAVEN IS TOE AAN HERZIENING

uit: *Folia*, april 1994.

MATRIJZENTESTS

Deze tests werden ontwikkeld vlak voor en na de Tweede Wereldoorlog door de Engelsman Raven. Hij wilde intelligentie meten zonder hierbij een beroep te hoeven doen op iemands taalkennis. Deze tests noemt men dan ook wel *'cultuurvrij'*, dat wil zeggen ze kunnen in elk land, ongeacht taal, onderwijs en gewoonten worden toegepast. Ze kunnen dus ook worden gebruikt voor allerlei minderheidsgroepen in de maatschappij, die de hoofdtaal niet helemaal machtig zijn.

Een matrijzentest neemt 20 à 45 minuten in beslag en wordt meestal groepsgewijs afgenomen. De kandidaat krijgt een groot aantal abstracte figuren (matrijzen) voorgelegd, waarvan het plaatje hieronder een voorbeeld is. Bij elke opgave ontbreekt een deel van een figuur. U moet nu uit zes of acht mogelijkheden het ontbrekende deel aanwijzen, zodat het figuur compleet wordt. De totale test bestaat uit een aantal series, in oplopende moeilijkheid.

Wat hierbij eigenlijk getest wordt is het leggen van *logische relaties*.

> **TIP:** Verander eens van denkwijze, wanneer u bij een plaat vastloopt. Of sluit de ogen (niet te lang!) en begin opnieuw. Misschien ziet u nu iets opvallends? Een streep, een cirkel, een hoek? – die u leidt naar de juiste oplossing.

Een ander voorbeeld van een cultuurvrije intelligentietest is de IPAT. (De naamgeving is verwarrend, want IPAT staat voor het Amerikaanse Institute for Personality and Ability Testing. De officiële naam van deze test uit 1950 luidt: 'Test of 'g': culture fair'.) De test komt in verschillende versies voor, die alle uit vier subtests bestaan. Voor de in totaal zesenveertig of vijftig 'opdrachtjes' is in totaal twaalf en een halve minuut beschikbaar. Dus gemiddeld ongeveer drie minuten per subtest. Hieronder twee voorbeelden uit deze multiple-choicetest.

A5

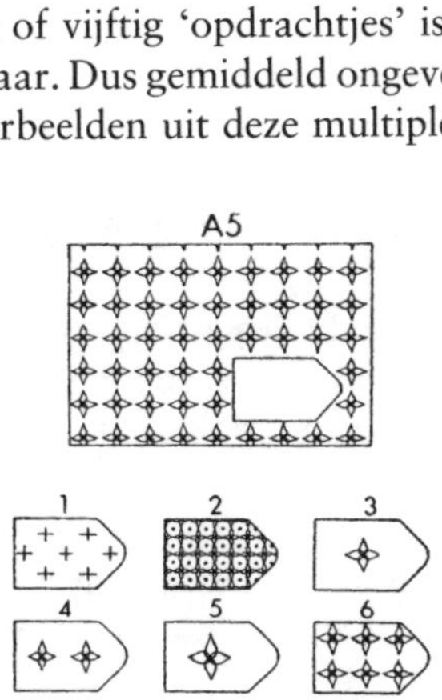

E1

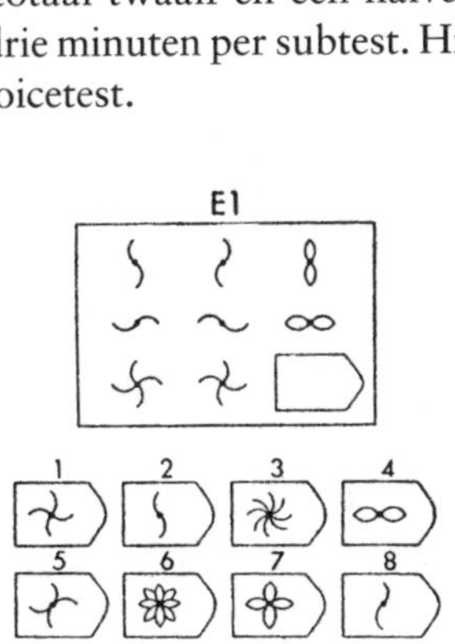

LETTERREKENEN

Deze test is een buitenbeentje, zoals u zult zien. Zij werd oorspronkelijk ontwikkeld voor de selectie van computer programmeurs, maar heeft ook in grotere kring aftrek gevonden. U krijgt 64 opgaven, alle vermenigvuldigingen. U moet echter letters, in plaats van cijfers met elkaar vermenigvuldigen – en ook nog zo snel als u kunt.

Om het iets gemakkelijker te maken:

u hoeft alleen een kruisje te zetten in de 'goed' of 'fout' kolom. U heeft dus een 50% gokkans.

er wordt een kleine verklarende tabel bij gegeven, die meldt dat voor deze test A = 1, B = 2, C = 3, enzovoorts.

de opgaven gaan tot en met de letter K. Hogere waarden zult u dus in deze test niet aantreffen.

Enkele voorbeelden ter verduidelijking. (Bereken zelf de drie laatste opgaven.)

Opgave	Goed?	Fout?
D x B = H	X	
C x F = AE		X
B x J = AD		
AK x AK = BKK		
J x AA = JJ		

REDENEERTESTS

Verschillende tests doen een beroep op uw redeneervermogen, kritisch en logisch denken en abstractievermogen. (Eigenlijk doen de meeste intelligentietests dat.)

De Syllogismen worden uitgebreid in *Alles over management tests* besproken. We zullen deze dan ook verder buiten beschouwing laten. We informeren u hier over de Stroomdiagrammen.

STROOMDIAGRAMMEN

Een intelligentietest, of niet? Een lastige test is het wèl, volgens velen. Zij bestaat uit, zoals de naam helder aangeeft, stroomdiagrammen, ook wel 'flow charts' genaamd. De 'loonbelastingverklaring', die elke Nederlandse

PROBLEEMSTELLING

A. In een fabriek worden de produkten gekontroleerd en geklassificeerd in partijen van 100 stuks.
B. De produkten in een partij van 100 stuks moeten elk afzonderlijk worden ingedeeld in één van de volgende gewichtsklassen:

klasse K - 4,5 kg of meer
klasse L - 3,5 tot 4,4 kg
klasse M - minder dan 3,5 kg

Keuzemogelijkheden

Cel 1.
A. Gewicht minder dan 3,5 kg?
B. Weeg een produkt.
C. Gewicht 3,5 tot 4,4 kg?
D. Indelen in klasse M.
E. Indelen in klasse L.

Cel 2.
A. Indelen in klasse K.
B. Gehele partij geklassificeerd.
C. Weeg een produkt.
D. Indelen in klasse M.
E. Indelen in klasse L.

Cel 3.
A. Weeg een produkt.
B. Gehele partij geklassificeerd.
C. Indelen in klasse K.
D. Indelen in klasse L.
E. Indelen in klasse M.

DIAGRAM

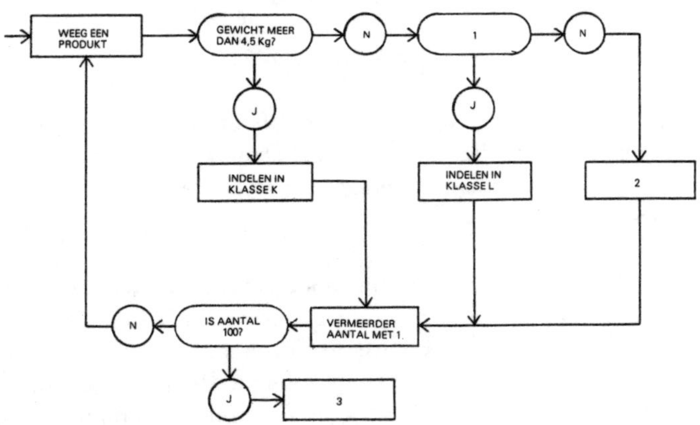

werknemer voor de Belastingdienst in moet vullen is zo'n stroomdiagram. (Hiermee kunt u zelf bepalen in welke belastingtariefgroep u thuishoort.) In de 'testhel' gaat het erom dat de kandidaat in een korte tijd (25 minuten – voor velen te kort) een systematisch proces dat al in kaart is gebracht, (zie de voorgaande illustratie) stap voor stap volgt via de richtinggevende pijlen. De test is als volgt opgebouwd: het begint met een korte uitleg, gevolgd door de vragen, in dit geval 'cellen'. Deze zijn niet altijd volledig – en daar heeft de kandidaat 'last' van. Want hij moet nu per cel aangeven wat de juiste vraag of opdracht zal zijn. Elke 'cel' heeft vijf antwoordmogelijkheden. U moet de juiste eruit vissen, of beter nog: beredeneren. Stroomdiagrammen kunnen een eindig of oneindig (continu) proces voorstellen. Maar dat maakt voor het kiezen van de oplossingen niets uit.

(De juiste antwoorden zijn: Cel 1: C; Cel 2: D; Cel 3: B)

TIP: Als u een probleem heeft bij het volgen van het proces is het soms handig om in omgekeerde richting te werken. U begint dan bij het eindresultaat van het proces.

Hoe je I.Q. te verhogen?

U wilt dus uw intelligentiescore verhogen! Is dat oneerlijk tegenover het testbureau en de medesollicitanten? Nee, helemaal niet! Iedereen heeft het recht zich voor te bereiden. En waarom zou u niet slimmer mogen zijn dan een ander?

U kunt uw I.Q.-score verhogen door onderstaande adviezen op te volgen en te *oefenen*, veel te oefenen! U wordt hiervan niet intelligenter, maar er zullen betere resultaten op uw rapport prijken. Heus, het trainen helpt. De Rijksuniversiteit Groningen (Sectie persoonlijkheids- en ontwikkelingspsychologie) onderzocht de effecten van testvoorbereiding en noemt deze opmerkelijk. 'Het trainingsprogramma leidde tot een scorewinst van ongeveer 20 traditionele I.Q.-punten bij de cijferreeksen. (...) Voor de verbale analogieën was het resultaat minder, maar de training had niettemin een scorewinst van ongeveer 7 I.Q.-punten tot gevolg.' (Keen, 1992)

1 Geestelijk bezig zijn is vaak heel vermoeiend. Herinnert u zich nog het eindexamen van de middelbare school, of afgelegde tentamens?

In hoofdstuk 7 is al een aantal tips verstrekt over uw lichamelijke en geestelijke fitheid voor de testdag. Heus, het helpt om met een wakker hoofd getest te worden. Het zou natuurlijk ook jammer zijn wanneer u zo vermoeid bent dat halverwege de test uw ogen lucifers nodig hebben om ondersteund te worden...

2 *Time management* is heel belangrijk. Wanneer u voor een test van veertig opgaven 40 minuten krijgt, heeft u 1 minuut per opgave. Maar u moet ook weten dat in vrijwel elke intelligentietest een *opklimmende moeilijkheid* zit. De eerste vraag is het gemakkelijkst (of zou dit ook voor u moeten zijn...), de laatste het moeilijkst. Het is dan ook een goede *strategie* om bijvoorbeeld de eerste tien vragen in 8 minuten te doen, zodat u wat tijd overhoudt voor de lastiger hersenkrakers. Neem een horloge (met ingebouwde stopwatch!) mee naar het testbureau. U zult daar veel plezier aan beleven.

3 Cijferreeksen, analogieën en reken- (en redactie-)sommen maken nogal eens deel uit van een intelligentietest. De drie oefensets, aan het eind van dit boek, zijn uitermate geschikt om uzelf op deze onderdelen te trainen.

4 Voor de meeste testonderdelen kunt u zich goed voorbereiden. (Of u hier tijd aan wilt besteden is natuurlijk een andere zaak.) Verschillende I.Q.-tests hebben een 'woordenlijst'. Er wordt begonnen met heel gemakkelijke woorden, oplopend tot woorden die maar heel zelden in de Nederlandse taal worden gebruikt en die dan ook bijna niemand kent! Als voorbereiding op zo'n test zou het handig zijn om een 'moeilijke-woorden-boek' aan te schaffen, zoals het handzame Prisma Handwoordenboek vreemde woorden.

5 Als u 'droog' wilt oefenen, kunt u hiervoor boekjes aanschaffen, of een CD-rom. Voor het oefenen met de 'beruchte' cijferreeksen kan oefentest 1 goede diensten bewijzen.

6 De meeste intelligentietests zijn zo samengesteld dat ze in groepen kunnen worden afgenomen en met de computer kunnen worden verwerkt. Een grote tijdbesparing! Psychologische testerij is massaproductie geworden. Dat betekent dat deze tests overwegend uit meervoudige-keuzevragen bestaan. Raadpleeg hoofdstuk 7 nog eens.

7 Wanneer u het juiste antwoord beslist niet weet moet u altijd gokken. Misschien heeft u geluk – en gokt u goed!

Maar zo eenvoudig maakt men het u ook weer niet... Aan de ene kant heeft u soms een kleine kans een antwoord goed te gokken. (Zie bijvoorbeeld de TNVA-test, waar uw kans 1 op de 30 bedraagt.) Aan de andere kant wordt u soms automatisch 'gestraft' voor gokken. Maar gok er op dat dat niet gebeurt!

8 Een algemeen advies: lees de instructies van elke test goed door en blijf kalm. Alle tests beginnen altijd met één of meer voorbeelden of een demonstratie. Stel gerust vragen als u de instructie niet begrijpt. Lees ook de vragen altijd *nauwkeurig* door. Een heel belangrijk woord dat sommigen nogal eens over het hoofd zien is 'niet'. Bijvoorbeeld: 'Welk woord hoort niet in deze reeks woorden (symbolen, getallen) thuis?' Het gaat dus om die ene uitzondering. Let daar goed op!

9 Wees nauwkeurig. Sommigen lossen een testprobleem goed op, maar kruisen het verkeerde antwoord aan. Een onnodige fout. (Is de druk te groot? Of duidt het op algemene slordigheid?)

10 Neem contact op met Psycom in Amstelveen (tel. 020 – 6450292), waar u *getraind* kunt worden in het afleggen van intelligentietests.

U heeft in dit lange hoofdstuk inzicht gekregen in intelligentie en I.Q. U heeft kennis gemaakt met de belangrijkste en enkele minder voorkomende intelligentietests en een voorproefje gehad in de vorm van beschrijvingen en voorbeelden (plaatjes). Tot slot bent u een aantal tips rijker geworden, zodat u zonder angst (maar met een beetje spanning!) naar het testbureau kunt gaan en sommige testonderdelen beter zult maken omdat u de tijd en moeite heeft genomen voor voorbereidingen.

P.S. *Vergeet niet de oefentests aan het eind van dit boek te maken!* U wordt niet intelligenter van het oefenen met tests, wèl behaalt u meer punten op de intelligentietests, zodat u intelligenter *lijkt*. En dat is slim. Oefening baart kunst.

HOOFDSTUK 9

Persoonlijkheid en 'moderne' persoonlijkheidstests

We hebben allemaal twee armen, twee benen, een romp, een hoofd. Maar toch zijn we allemaal anders, uniek. Iemand heeft eens geprobeerd uit te rekenen hoeveel verschillende gezichten er op aarde kunnen zijn. Zijn theoretische studie liet zien dat het aantal mogelijkheden bijna onuitputtelijk is (grote oren, kleine oren; lange neus, dikke neus, kroeshaar, kaal, enzovoort). Maar ook onze persoonlijkheden verschillen. We hebben allen een eigen karakter, waardoor we anders zijn dan anderen – niet per se beter. Hoe zijn onze karakters anders dan die van anderen? 'Hoeveel' zijn we anders? Hoe kan dat worden vastgesteld? Welke tests worden hiervoor gebruikt? En hoe zien die eruit?

Toekomstige werkgevers hebben meestal niet al te veel moeite sollicitanten te selecteren op vakbekwaamheden. Het wordt soms al in een gewoon gesprek duidelijk of de sollicitant die beweert boekhouder te zijn inderdaad een nauwkeurig cijferaar is. Wanneer hij zich niet meer zo goed kan herinneren wat het verschil is tussen debet en credit is het spel uit en de volgende stap, het psychologisch onderzoek, overbodig. Het ligt anders wanneer er een aantal kandidaten voor een functie is overgebleven – allen met dezelfde vakbekwaamheden (en dezelfde salariseisen). De toekomstige werkgever wil dan graag die kandidaat de job aanbieden die qua persoonlijkheid past in het bedrijf. Informatie over de persoonlijkheid betekent voor de werkgever ook: welke 'verborgen gebreken' heeft een kandidaat, die misschien tot een overmatig ziekteverzuim zullen leiden. En andere indicatoren die op stabiliteit – of het tegengestelde: labiliteit – duiden.

Soms wordt een en ander in een eenvoudig gesprek al snel duidelijk wie de juiste mentaliteit en instelling heeft. Is dat niet het geval dan wordt besloten de hulp van een deskundige in te roepen, die onder andere uitspraken moet doen over iemands persoonlijkheid.

Persoonlijkheidstests hebben bij het grote publiek nog steeds veel krediet. Er klinkt soms enige bewondering door, dat een handvol schriftelijke vragen zoveel over iemands innerlijk te weten kan komen. Onkritische selecteurs prijzen deze tests ook. Bovendien is voor hen het bewijs van de kracht van deze tests de cijfers die eruit rollen. Deze precisie is echter volledige schijn(zekerheid).

Persoonlijkheid wordt in twee hoofdstukken besproken. In dit hoofdstuk laten we u zien hoe verschillende 'experts' meestal tot hun oordeel komen via zogenaamde objectieve persoonlijkheidstests. (En hoe u de mening van zo'n deskundige kunt 'sturen'.) Het volgende hoofdstuk is ingeruimd voor de zweverige en ouderwetse persoonlijkheidstest, genaamd projectieve tests, die nog steeds worden afgenomen! Deze zijn op andere principes gebaseerd. Zo werkt de Rorschachtest met inktvlekken, andere tests met plaatjes of tekeningen.

Diepste geheimen ontfutselen?

Sommige mensen hebben nauwelijks een goed woord over voor dit deel van de testpsychologie. Ze spreken over het 'inbreken in de persoonlijkheid', het 'ontfutselen van intieme geheimen', 'slaapkamerspionage' en 'ongewenste intimiteiten'. U zult aan het eind van dit hoofdstuk zelf kunnen uitmaken of u een weerloos slachtoffer van deze psychologische gluurders zult worden.

De 'ui-theorie'

Een van de grote problemen met het meten van de persoonlijkheid is dat de algemene en fundamentele kennis hiervan grotendeels ontbreekt. We staan hiermee in de kinderschoenen en ontwikkelingen op dit gebied gaan met kleuterpasjes. (Dat heeft testontwikkelaars er niet van weerhouden persoonlijkheidstests op de markt te brengen.) Het feit dat er theorieën bestaan over de menselijke persoonlijkheid (hebben dieren ook een persoonlijkheid? Huisdierbezitters menen van wel) betekent nog niet dat je dit ook feilloos kunt meten...

Een aardige persoonlijkheidstheorie is de 'ui-theorie'. (Die is niet zo genoemd omdat de bedenker volgens sommigen een ui is.) De theorie stelt dat de persoonlijkheid van elke mens als een ui is: schil voor schil, laag voor laag blijf je (de selecteur bijvoorbeeld) pellen om bij de kern te komen, het ware ik. Er ligt voorlopig voldoende pelwerk bij wetenschappers. Maar misschien blijkt de kern van de persoonlijkheid wel een 'zwart gat' te zijn...

'Grijze muizen'-selectie

Organisaties zoeken bij voorkeur 'ons soort mensen'. Personen die net zo als wij denken en voelen, zich zoals ons kleden, dezelfde (politieke) ideeën hebben, enzovoorts. Andersoortige kandidaten vallen af. Gebruik van persoonlijkheidstests kan hier een bijdrage aan leveren. Dat is jammer, want de test is dan de doder van creatievelingen. Dat is slecht voor de persoon – en voor de organisatie. Verspild talent. Aan jaknikkers is menig bedrijf ten onder gegaan...

Persoonlijkheidstrekken in tests

Het idee achter dit type test is als volgt. Mensen beschikken over stabiele karaktertrekken. Dat moet wel, anders zouden ze steeds 'andere' personen zijn. Deze trekken moeten nu worden vastgesteld. In dit 'wereldbeeld' stappen veel psychologen voor het gemak maar heen over enkele feiten: mensen passen zich meestal aan aan de situatie (thuis anders zijn dan op het werk) en het invullen van een vragenlijst gebeurt niet in een 'normale' situatie, maar onder druk en met een bepaald doel voor ogen. Dat maakt de voorspellende waarde van deze tests, en daar gaat het tenslotte om, heel beperkt...

De moderne persoonlijkheidstest meet een aantal van deze dimensies of karaktertrekken (bijvoorbeeld de straks te bespreken NPV zeven, de EPPS vijftien). Elke vraag draagt bij aan de desbetreffende karaktertrek. Wat bedoelen we hiermee? Stel dat een van de trekken in een test 'extraversie' is (een trek die in veel persoonlijkheidstests voorkomt, onder deze naam of een andere en betekent op de buitenwereld gericht zijn, een 'sociaal dier' zijn). De testmaker heeft een groot aantal vragen bedacht die alle met 'extraversie' te maken hebben. Dat zijn bijvoorbeeld cafébezoek, van feestjes houden, graag recepties bezoeken, van moppen tappen houden en nog vele andere sociale activiteiten en situaties. Er zijn ook vragen die op het tegengestelde duiden: de stilste treincoupé opzoeken, eenzame boswandelingen maken, enzovoorts. U krijgt nu voor elk 'ja-antwoord' een punt. Zo worden alle 'extraversiepunten' opgeteld en rolt er een eindscore uit. Zo gaat de test alle trekken af. En ten slotte worden de scores van alle trekken vergeleken met de normgroep. U hoort dan of u een gemiddeld persoon bent, of opvalt door hoge of juist lage scores.

Om het iets moeilijker te maken: de scores kunnen afzonderlijk worden geïnterpreteerd (dat is meestal het geval), maar ook – en dat is logischer – in hun onderlinge samenhang. En dan ontstaan grote problemen...

We nemen als voorbeeld de NPV, de meest toegepaste persoonlijkheidstest, die zeven dimensies telt. Stel een kandidaat kan op elke dimensie 'zeer hoog', 'hoog', 'gemiddeld', 'laag' of 'zeer laag' scoren. (In werkelijkheid zijn er veel meer mogelijkheden, want het gaat om grote verschillen in punten, niet om afrondingen als 'hoog'.) Het aantal combinatiemogelijkheden is 5x5x5x5x5x5x5 = 78.125, om precies te zijn. Stel nu dat aan elke combinatie vijf tekstregels gewijd worden. Dat brengt de totale tekst op 390.625 regels. Stel het maximale aantal regels per pagina in een boek op veertig. We komen uit op 9.765 kantjes. Wanneer we dit door twee delen krijgen we 4.882 pagina's. Dit boek heeft een omvang van ongeveer 300 bladzijden. Het complete NPV testrapport beslaat dan maar liefst ruim 16 boeken! En dan spreken we over één test... (Bij de EPPS, met vijftien karaktertrekken wordt de bibliotheek ongeveer 2000 x zo groot...)

Zelfs als de computer zulke rapporten kan aanmaken wordt dit (theoretische?) probleem nog niet opgelost.

TIP: Persoonlijkheidstests meten alleen de trekken die zij kunnen meten. Niets meer dan dat. Het gaat dan ook eigenlijk niet om de vraag zelf, maar wat deze meet. Wanneer u dus weet welke trekken de test meet, weet u ook in welke termen uw persoonlijkheid beschreven zal worden.

Hoe moet u nu al deze vragenlijsten beantwoorden? Wat moet u doen om een goed figuur te slaan?

Allereerst moet u drie dingen vermijden:

1 U moet zorgen niet uit de test te komen als een ziekelijke, klagende, ontevreden (met uzelf, met uw omgeving) persoon.

2 De psychologen die deze tests hebben ontwikkeld, weten dat het gemakkelijk is om oneerlijke antwoorden te geven. Maar ze zijn zo slim om hier rekening mee te houden! Zo kunt u in elke test een aantal vragen verwachten die heel veel op elkaar lijken. Het doel hiervan is na te gaan of u liegt. Het is dus de kunst dat als u niet de waarheid wilt spreken – daar zult u dan wel redenen voor hebben – *goed* te liegen. U moet zich inleven in de persoon die u wilt zijn, of die uw toekomstige werkgever graag wil zien, en antwoorden geven die prima in dit beeld passen. Houd dus rekening met controlevragen!

3 Probeer niet uzelf als de meest nobele mens op aarde af te schilderen. U heeft nog nooit iets gestolen? U heeft nog nooit geprobeerd belasting

te ontduiken? U heeft als schoolkind nooit gespiekt? Ook als u inderdaad zo'n brave borst bent is het oppassen geblazen! Er zijn namelijk maar weinig mensen, die zo eerlijk zijn... U zult dus opvallen door uw eerlijkheid, maar in ongunstige zin. Of misschien denkt het testbureau wel dat u opzettelijk iets probeert te verbergen, of per ongeluk al uw oneerlijkheden bent 'vergeten'.

Zou een bedrijf iemand willen aannemen die zichzelf zo slecht kent, of 'te goed' is voor deze wereld? Wees dus nooit te eerlijk.

Persoonlijke competenties

De term persoonlijke competentie is in zwang. Het is de verzameling van kennis, vaardigheden, gedragingen, neigingen, geschiktheden die ten grondslag liggen aan de uitvoering van taken op het werk. Competenties verwijzen veel directer naar vereisten voor een baan dan meer algemene persoonlijkheidstrekken. Banen kunnen worden uitgelegd in de soorten competenties die hiervoor nodig zijn. Een voorbeeld. De interpersoonlijke competentie bevat de vaardigheid mensen te kunnen overtuigen, assertiviteit en sensitiviteit (gevoelig zijn voor anderen) en mondelinge communicatie. We komen hiermee eigenlijk terecht op het assessment center. De grenzen van eenvoudige persoonlijkheidstrekken worden overschreden. Wanneer u wordt geconfronteerd met competenties bedenk dan dat dit verder gaat dan persoonlijkheidstrekken, zoals die in de navolgende tests worden gemeten.

Persoonlijkheidstests beschreven

1 De NPV (Nederlandse Persoonlijkheids Vragenlijst) voert onze toptwaalf met ruime voorsprong aan. Zoals de naam al aangeeft gaat het om een test van eigen bodem, die de eerder genoemde testexperts een goede kwaliteit toeschrijven.

De test wordt gebruikt voor personen van vijftien jaar en ouder, duurt in de regel 20 à 30 minuten en wordt al dan niet in groepjes afgenomen.

Zij bestaat uit een lijst waarop 133 vragen prijken. U dient steeds per vraag één van deze antwoordmogelijkheden aan te kruisen: 'juist', '?' (weet niet), 'onjuist'.

U wordt vastgepind op de volgende karaktertrekjes:

- Inadequatie (Bent u een 'aangepaste' persoon? Kunt u zich gemakkelijk aanpassen? Angsten en lichamelijke klachten enzovoort worden opgespoord.)

- Sociale inadequatie (Zich ongelukkig voelen in sociale contacten en deze proberen te vermijden.)
- Rigiditeit (Onveranderlijkheid, starheid, stijfkoppigheid, vaste gewoonten, het hanteren van principes.)
- Verongelijktheid (Voelt u zich snel onrechtvaardig behandeld? Wantrouwt u mensen snel?)
- Zelfgenoegzaamheid (Heeft u het goed met uzelf getroffen? Bent u tevreden met uzelf?)
- Dominantie (Overheerst u graag anderen? Speelt u graag de baas? Neemt u vaak het initiatief?)
- Zelfwaardering (Hoe is uw werkinstelling? Kunt u snel op situaties inspelen?)

Wees niet te royaal met het '?' Ze gelden in deze test als een punt.

2 De GLTS, die op de negende plaats staat van onze top-twaalf, lijkt veel op de NPV. De volledige naam van deze al in 1947 ontwikkelde Amerikaanse persoonlijkheidstest is Guilford-LTP Temperament Survey. De test duurt zo'n twintig minuten, waarin u alleen of in groepjes 120 vragen van een vragenlijst moet beantwoorden.

U wordt bericht over de volgende kanten van uw persoonlijkheid:

- Sociale extraversie (Veel vrienden hebben; sociale contacten zoeken; graag op de voorgrond willen treden.)
- Gevoelsmatigheid / emotionele labiliteit (Grote schommelingen in stemmingen; bedaardheid; pessimisme; dagdromen; schuldig voelen; eenzaamheid; slechte gezondheid.)
- Reagibiliteit / temperament (Impulsief; van opwinding / spanning houden; zorgeloos zijn.)
- Autoritair gedrag / geldingsdrang (Bezit van leiderschapskenmerken; in openbaar durven spreken; kunnen bluffen.)
- Onbezorgdheid / optimisme / oppervlakkigheid ('Een dikke huid hebben'.)
- Masculiniteit (Voor mannen: belangstelling voor typisch mannelijke activiteiten; emoties kunnen onderdrukken; weinig belangstelling voor kleding en stijl. Voor vrouwen geldt min of meer het tegenovergestelde.)[1]

1 Met de informatie over deze karaktertrek wordt tegenwoordig niet zo veel meer gedaan. Vroeger was dit het geheime wapen om achter iemands verborgen gehouden homoseksualiteit te komen.

N.B. Tussen haakjes is steeds een persoonlijkheidstrek omschreven met behulp van enkele steekwoorden. Het tegengestelde van de hier gebruikte woorden geldt natuurlijk ook. Dus lees bijvoorbeeld voor 'slechte gezondheid' 'goede gezondheid'.

De GLTS kent geen vragen, zoals de soortgenoten, maar uitspraken. Men heeft hiervoor gekozen omdat u dat wel eens prettiger, minder angstaanjagend zou kunnen vinden.

Enkele voorbeelden van GLTS uitspraken:

	Ja	?	Nee
'U begint een nieuw project met veel enthousiasme.'			
'U bent vaak in een slechte bui.'			
'De meeste mensen doen zich beleefd voor om echt harde concurrentie te verdoezelen.'			
'U ergert zich als u iemand in gezelschap zijn nagels ziet schoonmaken.'			
'U heeft maar een paar vrienden waarmee u echt gezellig kunt omgaan.'			
'Er zijn dagen waarop alles u tegen schijnt te zitten.'			

TIP: Persoonlijkheidstests hebben geen tijdlimiet. U hoeft u dus niet nodeloos op te laten jutten. U heeft voldoende tijd om na te denken over de antwoorden. U heeft geen onbeperkte tijd... als u te lang bezig bent wordt dat gemeld.

ABV

ABV staat voor Amsterdamse Biografische Vragenlijst. Deze top-twaalftest is in 1963 ontwikkeld aan de universiteit van Amsterdam. Maker is de psycholoog G.J.S. Wilde, die later naar Canada emigreerde. (Naar het Wilde Westen?)

Deze test kan individueel worden afgenomen, maar ook tegelijkertijd met 'medeslachtoffers'. Dat gaat gemakkelijk, want u hoeft alleen maar met een pen antwoorden te omcirkelen. U heeft geen hulpmiddelen nodig en u wordt niet bespied. Er is geen tijdlimiet, maar u wordt geacht in 15 à 20 minuten klaar te zijn.

De ABV bestaat uit 107 korte vragen, die met 'ja', 'nee' of '?' (weet niet) moeten worden beantwoord. Door uw antwoorden geeft u een beschrijving van uw persoonlijkheid. U wilt weten welke karaktertrekken?

1 De 'neurotische labiliteit'. Er wordt vastgesteld in hoeverre u een 'stabiele' persoon bent en welke *geestelijke* neurotische 'klachten' u heeft.

(Neurose is een niet-kwaadaardige, milde vorm van geestesziekte, waarbij de kans op genezing gunstig is. Angst staat centraal in bijna alle neurosen.)

2 Daarnaast meet men uw neurotische labiliteit, voor zover het de uiting van *lichamelijke* klachten betreft.

3 De ABV bepaalt of u een introverte, dan wel een extraverte persoon bent. (Introverte mensen zijn naar binnen gekeerd, hebben meer aandacht voor zichzelf dan voor de wereld om hen heen. Men noemt ze in de spreektaal 'gesloten'. Extraverte mensen zijn de tegenhangers. Ze zijn graag in gezelschap van anderen. Ze zijn 'open'.)

4 Er wordt ook onderzocht of u de test eerlijk maakt. Dat wil zeggen consequente antwoorden geeft. Er zijn hiervoor controlevragen opgenomen. Dat zijn vragen die nogal op elkaar lijken, maar niet helemaal gelijk zijn aan elkaar. Opletten!

Bovendien is er een leugenschaal in opgenomen: vragen waarmee u zich als een ongeloofwaardig (eerlijk) iemand afschildert. ("Bent u altijd beleefd tegen iedereen"? Als uw antwoord 'ja' luidt, wordt u niet geloofd. Terecht, natuurlijk!) We hebben het over de zogenaamde 'sociaalwenselijke' antwoorden. Geeft u eerlijke, welgemeende antwoorden? Of bent u iemand die bepaalde reacties geeft omdat dat 'nu eenmaal zo hoort', of omdat u uzelf graag zo ziet, terwijl u in werkelijkheid heel anders bent?

5 De test kan ook nagaan hoezeer uw persoonlijkheid 'mannelijk' dan wel 'vrouwelijk' is. (Dit is overigens niet een van de krachtigste schalen van de test. En bovendien worden de resultaten hiervan niet gebruikt.)

Wat voor soort vragen kunt u nu verwachten bij de kwaliteitstest ABV? We hebben enkele willekeurige vragen geselecteerd, zodat u een idee krijgt wat er precies van u wordt verwacht en wat u zelf kunt verwachten!

• 'Heeft u wel eens hoofdpijn?'	Ja	?	Nee
• 'Heeft u veel vrienden?'	Ja	?	Nee
• 'Heeft u wel eens last van maagpijn?'	Ja	?	Nee
• 'Voelt u zich meestal gelukkig?'	Ja	?	Nee
• 'Zweet u meestal snel?'	Ja	?	Nee

Het is niet de bedoeling dat u lange tijd stilstaat bij elke vraag en elk woord op een goudschaal legt. Daar heeft u de tijd niet voor! (gemiddeld tien seconden per vraag). Dus vraag u niet steeds af: wat is 'veel', wat is 'weinig', wat is 'wel eens', wat is 'meestal'.

Bedenk dat iedereen 'wel eens' last heeft van hoofdpijn, maagpijn en noem maar op. Het 'rode licht' gaat pas branden bij de psycholoog wanneer u invult *altijd* last van deze kwalen te hebben – of nooit! Want dat laatste is natuurlijk erg onwaarschijnlijk.

Natuurlijk zult u hier en daar een vraagteken omcirkelen. Dat hindert niet. Maar u moet wel oppassen niet zelf een vraagteken te worden. Want dat zal wel eens kunnen betekenen dat u uzelf niet kent, niets over uzelf wilt vertellen of een grote twijfelaar bent. (Wat heeft u te verbergen?) Wilt u zo uit de bus komen?

De kans is groot dat u de ABV-test moet afleggen. U weet nu in grote lijnen wat er van u wordt verwacht en wat u beter kunt vermijden. Daarnaast beschikken enkele selectiebureaus over zelf ontwikkelde biografische vragenlijsten, die op de ABV lijken. Misschien krijgt u geen vragen voorgelegd, maar *uitspraken* die u met 'juist' of 'onjuist' moet beantwoorden. (Kruisje zetten, omcirkelen.) Bijvoorbeeld:

- 'Er moet heel wat gebeuren voordat ik verlegen word.' juist onjuist
- 'Ik slaap meestal rustig en ongestoord.' juist onjuist

Het zal u duidelijk zijn dat zo'n test heel dicht bij de ABV ligt.

TIP: Kandidaten moeten meestal meerdere persoonlijkheidstest afleggen. Samen met het interview verraden ze een en ander over uw persoonlijkheid!

Een andere test van dit type is de oorspronkelijk in de Verenigde Staten ontwikkelde MMPI. (Dit staat voor Minnesota Multiphasic Personality Inventory, een test die in 1943 aan de universiteit van Minnesota werd ontwikkeld door Hathaway en McKinley en in 1963 voor het eerst in Nederlandstalige aanpassing werd gebruikt.) Zij is een paar jaar geleden herzien, want o.a. de normen waren sterk verouderd...

De MMPI komt in twee vormen voor. Een lijst, eigenlijk een klein boekje, met 550 (of meer) uitspraken. De tweede vorm bestaat uit 567 (of meer) kaartjes met dezelfde uitspraken. De kaartjes moeten worden gerangschikt in drie categorieën: 'waar', 'niet waar' of 'ik weet niet'.

De uitspraken van de MMPI zijn in het algemeen wat langer dan die van de hierboven genoemde tests. Enkele voorbeelden:

- 'Meestal zou ik maar liefst zitten dromen in plaats van iets anders te doen.'
- 'Het leven dat ik geleid heb is niet wat het had moeten zijn.'
- 'Ik word gemakkelijk overtroefd in een discussie.'
- 'Ik ben bang als ik vanaf een hoog punt naar beneden kijk.'

De MMPI meet voornamelijk de volgende vormen van geestesziekte:

- Hypochondrie (ziekelijke bezorgdheid met de eigen gezondheid);
- Depressie (ziekelijke neerslachtigheid);
- Hysterie (emotionele instabiliteit);
- Psychopathie (geestesziekte gekenmerkt door gebrek aan – normale – angst en door anti-sociaal gedrag);
- Paranoia (achtervolgingswanen, grootheidswanen);
- Schizofrenie (ernstige geestesziekte, gekenmerkt door hallucinaties, wanen en zich terugtrekken uit de wereld);
- Hypomanie (opwinding, rusteloosheid, over-activiteit);
- Introversie ('gesloten' persoonlijkheid);
- Mannelijke / vrouwelijke eigenschappen.

De MMPI wordt voornamelijk afgenomen voor de diagnose van mogelijk geesteszieke mensen, officieel: psychische stoornissen en persoonlijkheidsproblemen. Maar zolang sommige aspirant-werkgevers het risico willen vermijden (mogelijk aanstaande) geesteszieken aan te stellen gebruikt men de MMPI ook in de selectiepraktijk. Als u deze test krijgt voorgelegd is dat op te vatten als een motie van wantrouwen tegen uw geestelijke gezondheid... (Of die van de werkgever.)

EPPS

De EPPS, de hekkesluiter van onze top-twaalf, is een oorspronkelijk Amerikaanse test die uw persoonlijkheid in kaart brengt. De naam is een afkorting van 'Edwards Personal Preference Schedule', werd in 1954 door de psycholoog Edwards ontworpen en in 1973 voor Nederland geschikt gemaakt. Als aardige bijzonderheid willen we noemen dat het Nederlandse normeringsonderzoek (voor het vaststellen van de normen van de testresultaten) met belastinggeld werd gefinancierd. De Stichting voor Zuiver Wetenschappelijk Onderzoek (ZWO) verschafte de nodige gelden. 'Personal Preference Schedule' is het best te vertalen als 'lijst met persoonlijke voorkeuren'.

Wat meet de EPPS precies – en hoe gebeurt dat?

Zij brengt de volgende vijftien dimensies (of karaktertrekken) van de persoonlijkheid in beeld:

- Zelf-geringachting (de schuld op zich kunnen nemen, wanneer zaken misgaan; zich snel verlegen of minderwaardig voelen);
- Ambitie (je best willen doen; je inspannen om iets belangrijks te bereiken. Toekomstige werkgevers zullen dit belangrijk vinden!);
- Vriendschap (vrienden trouw kunnen blijven; een bijdrage leveren aan vriendelijk gezinde groepen; met vrienden kunnen samenwerken);
- Agressie (andere gezichtspunten kunnen aanvallen, in een discussie bijvoorbeeld; kwaad worden; de waarheid durven spreken);
- Autonomie (onafhankelijk van anderen, dus zelfstandig, beslissingen willen nemen; verplichtingen en verantwoordelijkheden vermijden; belangrijke eigenschappen voor managers!);
- Variatie (in staat zijn steeds nieuwe en andere dingen te doen, 'nieuwe' mensen te ontmoeten; mee te kunnen doen aan nieuwe modes of trends);
- Respect (anderen beslissingen voor je laten nemen; handelen naar wat er van je wordt verwacht);
- Dominantie (in staat zijn anderen te beïnvloeden en overtuigen; als leider gezien kunnen worden en mensen leiden);
- Volharding (net zo lang met een taak doorgaan tot het klaar is; je niet laten storen wanneer je hard aan het werk bent);
- Zelfvertoon (centrum van de aandacht willen zijn; graag praten over eigen prestaties);
- Heteroseksualiteit (uit durven gaan met, verliefd worden op leden van het andere geslacht; moppen met een seksuele ondertoon kunnen vertellen of ernaar luisteren);
- Inleving (in staat zijn eigen beweegredenen en gevoelens bloot te leggen; de gevoelens van anderen inzien en begrijpen);
- Liefderijke zorg (vrienden of anderen die in moeilijkheden verkeren helpen; vergevingsgezind en vrijgevig zijn);
- Ordening (op gezette tijden bepaalde dingen doen; dingen netjes houden en goed organiseren);
- Steun zoeken (hulp en genegenheid van anderen ontvangen; anderen sympathiek en vol begrip laten zijn).

U merkt wel dat deze test zelfs de donkerste hoekjes van uw persoonlijkheid bloot wil leggen!

De test onderzoekt ook nogal wat eigenschappen die *managers* moeten bezitten.

De schriftelijke EPPS duurt ongeveer vijftig minuten en kan groepsgewijs worden afgenomen. Het eindresultaat wordt weergegeven in een profiel, waarbij uw 'verrichtingen' op de eerder genoemde vijftien kenmerken steeds worden vergeleken met anderen – dat wil zeggen eerder verkregen normen. U krijgt dus te horen hoe anders u bent dan de 'gemiddelde' persoon, manager of wie dan ook.

Uw taak is op zich eenvoudig. Uit een lijst met 225 paren van uitspraken in de ik-vorm moet u aangeven (antwoord omcirkelen) welke van de twee uitspraken het meest op u slaat. U geeft dus steeds uw voorkeur aan – vandaar de naam van de test. Wilt u echter goed scoren dan is de test moeilijk omdat er zoveel mogelijkheden zijn. Alleen al om de juist genoemde vijftien dimensies te onthouden moet u over een goed geheugen beschikken!

Enkele voorbeelden van het soort zinnen, waaruit u moet kiezen.
a 'Ik wil graag werken onder mensen waar ik bewondering voor heb.'
b 'Ik denk graag na over het karakter van mijn vrienden en kennissen.'

a 'Ik wil de dingen graag beter kunnen dan andere mensen.'
b 'In een groep vind ik het leuk te beslissen wat we zullen gaan doen.'

a 'Ik houd ervan mijn werk altijd van tevoren goed in te delen.'
b 'Ik houd van reizen en trekken.'

a 'Ik wil het in een groep graag voor het zeggen hebben.'
b 'Als ik in moeilijkheden zit heb ik behoefte aan hulp en steun van anderen.'

a 'Ik amuseer andere mensen graag met avonturen en vreemde dingen die ik beleefd heb.'
b 'Ik zoek graag het gezelschap van aantrekkelijke personen van het andere geslacht.'

16 PF

PF staat voor 'Personality Factor'; dit is een oude Amerikaanse persoonlijkheidstest uit 1957, die ook bij ons hier en daar wordt toegepast. In uw strijd tegen onbekende rivalen krijgt u 187 vragen voorgelegd, met telkens drie antwoordmogelijkheden. (Heel vreemd: deze test bevat ook een aantal vragen die uw intelligentie via cijferreeksen en analogieën vaststellen. Dat is de factor 'Abstractie') Deze niet-valide en onbetrouwbare test duurt 35 – 45 minuten (maar er is geen tijdlimiet) en levert een profiel op in zestien primaire trekken of factoren – maar zo'n vermoeden had u waarschijnlijk al... en een aantal andere factoren. Enkele hoofdfactoren zijn (met tussen haakjes hun tegengestelde):

- Extraversie (gereserveerdheid)
- Emotionele stabiliteit (beïnvloed door gevoelens)
- Assertiviteit (nederigheid)
- Avontuurlijkheid (schuchterheid)
- Verbeeldingsrijk (praktisch)
- Gespannen (ontspannen)

TIP: Succesvolle leidinggevenden blijken hoog te scoren op Extraversie en onder andere assertief, ondernemend en overtuigd van zichzelf te zijn. Met een kleine moeite vist u de vragen eruit die hierop slaan.

Voorbeeldvragen:

1 Ik zou het liefst een huis hebben:
a in een gezellige woonwijk
b tussenin
c alleen in een diep bos

2 Ik maak scherpe, sarcastische opmerkingen tegen mensen als ik vind dat ze dat verdienen.
a vaak
b soms
c nooit

3 Als ik twee buurjongetjes zou zien vechten, dan zou ik:
a het hen zelf laten oplossen
b onzeker zijn
c met hen gaan praten

4 Het zou goed zijn voor iedereen, als de vakanties langer waren en iedereen *verplicht* was ze op te nemen.
a eens
b onzeker
c oneens

PRESTATIE-MOTIVATIE TEST

Deze top-twaalf-test, beter bekend onder zijn afkortingsnaam PMT, is ontwikkeld door de Nederlandse psycholoog Hermans. Het is een van de beste Nederlandse tests, volgens het panel van experts dat we in hoofdstuk 6 aan het woord hebben gelaten. De PMT bepaalt iemands prestatiegerichtheid (PM) en zijn of haar negatieve en positieve faalangst.

(Faalangst is de vrees zich in bepaalde situaties niet waar te kunnen maken, 'af te gaan'. Dit heeft een negatieve uitwerking op de te leveren prestaties.) Een beetje angst hebben is niet slecht, denk bijvoorbeeld aan artiesten die altijd met wat plankenkoorts (=angst) aan hun optreden beginnen. Het is gunstig voor het optreden! (Dat heet positieve faalangst.) Maar veel angst, daarentegen, is schadelijk. Het remt sterk af. (Dat is negatieve faalangst.) De PMT meet dus of u bepaalde prestaties *wilt en durft* leveren. We concluderen dat de PMT kan meten hoe stressgevoelig iemand is.

De PMT kan in groepen worden afgenomen, maar ook weer op een persoonlijke basis. De test is een vragenlijst met negentig meervoudige-keuzeantwoorden, waarvoor u steeds zo'n twintig à dertig minuten de tijd krijgt. U kunt kiezen tussen drie of vier gegeven antwoorden. Welk antwoord op de in ik- of mij-vorm gestelde vraag past het best bij u? Welk antwoord kenmerkt uw persoonlijkheid op de punten van prestaties en faalangst?

We zullen nu drie vragen met de antwoordmogelijkheden geven en elk van een korte toelichting voorzien.

1 'Ik heb de ervaring dat als ik lichte angstgevoelens heb, mijn reactievermogen';

- Vooruitgaat;
- Hetzelfde blijft;
- Achteruitgaat.

Toelichting: voor sollicitanten zal 'vooruitgaan' het beste antwoord zijn. Zij worden dan in positieve zin door de spanning geprikkeld en krijgen een punt op positieve faalangst.

2 'Meer presteren dan anderen vind ik':

- Zeer belangrijk;
- Belangrijk;
- Nogal belangrijk;
- Niet zo belangrijk.

Toelichting: als u bij een commercieel gerichte werkgever heeft gesolliciteerd, zal hij graag van het testbureau horen dat u 'meer wilt presteren dan anderen'. Het antwoord 'zeer belangrijk' levert één punt op op de factor PM.

3 'Verder komen in de maatschappij is iets':

- Waarvan de waarde wordt overdreven;
- Wat in onze samenleving een belangrijke plaats inneemt;
- Wat waard is om na te streven.

Toelichting: als 'presteerder' kiest u het derde antwoord, dat persoonlijk is. U krijgt er weer één punt bij op PM.

SCHAAL VOOR INTERPERSOONLIJKE WAARDEN

De SIW, zoals deze test in de wandeling heet, is oorspronkelijk in Amerika ontwikkeld. U krijgt twintig minuten om haar tot een goed einde te brengen.

De SIW is eigenlijk een waardentest. De naam van de test (die trouwens voluit op het testformulier staat) 'verraadt' al haar doel: hoe gaat u met andere mensen om? Zakelijk, vriendschappelijk, heeft u iets voor anderen over? Bent u iemand die zich altijd aan voorschriften en beleefdheidsregels houdt?

De SIW onderscheidt zes waarden in de omgang met anderen en wil weten hoe belangrijk deze voor u zijn. Het gaat om:

1 sociale steun (Hoe belangrijk is het voor u begrip en aanmoediging van anderen te ontvangen en goed door anderen behandeld te worden?);
2 erkenning (Wilt u graag worden bewonderd en erkend en de nodige aandacht krijgen?);
3 altruïsme (Helpt u graag anderen? Bent u vrijgevig of een 'opofferaar'?);
4 conformiteit (Vindt u het erg belangrijk of juist onbelangrijk om allerlei regels en voorschriften (nauwkeurig) te volgen? En om 'correct' en 'fatsoenlijk' te leven?);
5 onafhankelijkheid (Bent u iemand die graag zelf bepaalt wat u wilt doen? Houdt u van uw vrijheid?);
6 leiderschap (Is het voor u belangrijk anderen te leiden, gezag te hebben over anderen of macht uit te oefenen?).

U zult vast willen weten hoe de test werkt! De test bestaat uit dertig series van steeds drie uitspraken over zaken die mensen belangrijk vinden in hun leven. Er moeten telkens twee van de drie uitspraken worden gekozen: de belangrijkste en de minst belangrijke. U zet een streepje achter twee uitspraken, terwijl de derde dus altijd open blijft. Drie voorbeelden:

Uitspraken:	*Belangrijkheid* *Meest*	*Minst*
– Een belangrijke baan of functie hebben		
– Een ieder met uiterste vriendelijkheid behandelen		
– Doen wat behoort en algemeen geaccepteerd is		
– Een strikte gedragslijn volgen		
– In een positie zijn, waarin ik gezag kan uitoefenen		
– Mensen om mij heen hebben, die mij aanmoedigen		
– Altijd doen wat moreel juist is		
– Er iets voor over hebben anderen te helpen		
– Mensen hebben die bereid zijn mij de helpende hand te bieden		

Lees de laatste uitspraken nog eens door. 'Altijd doen wat moreel juist is'. Als dat voor u de meest belangrijke uitspraak van de drie is, dan zult u ingedeeld worden als een conformist: iemand die zich altijd aan de regels houdt. Maar is voor u het belangrijkste 'er iets voor over te hebben anderen te helpen', dan behoort u tot de groep mensen die men altruistisch noemt. Is de belangrijkste uitspraak voor u 'mensen hebben die bereid zijn mij de helpende hand te bieden', dan toont u leiderschapscapaciteiten. U bent nu waarschijnlijk wel voldoende wegwijs gemaakt in de SIW.

Voor alle duidelijkheid: u wordt nooit 'in een hokje gestopt' door één enkel antwoord.

'Big five'

We zijn het hoofdstuk begonnen met enkele korte opmerkingen over de achterliggende theorie van de persoonlijkheid. We pakken de draad weer op.

Als u goed heeft gelezen en onthouden wat de persoonlijkheidsdimensies van de veelgebruikte persoonlijkheidstests zijn heeft u misschien ontdekt dat er enige overlap tussen is. Dat hebben onderzoekers ook gevonden (via ingewikkelde statistische technieken.) Zij hebben geconstateerd dat in veel persoonlijkheidstests vijf kenmerken zitten; ook deze komen onder verschillende namen voor! Deze Grote Vijf zijn (met tussen haakjes hun tegenpool):

- Extraversie (introversie)
- Gewetensvolheid (onverschilligheid)

- Vriendelijkheid (vijandigheid)
- Emotionaliteit (stabiliteit)
- Ontwikkeling/activiteit (geremdheid)

TIP: Gebruik deze vijf karaktertrekken als hulpmiddel. Enkele hiervan zullen waarschijnlijk ook voorkomen in een van de tests waarop u wordt onthaald.

De verwachting is dat persoonlijkheidstests die alleen de Grote Vijf meten op de markt zullen komen. U bent alvast gewaarschuwd.

Moderne persoonlijkheidsmetingen voor de manager

Er zijn drie richtingen, die het gebruik van persoonlijkheidstests overbodig maken. We zullen hier kort op ingaan, waarbij we speciale aandacht besteden aan persoonlijkheidsonderzoek bij de manager.

1 Vrij algemene persoonlijkheids- en aanpalende tests, die voor managers zijn ontwikkeld en/of daar vrijwel uitsluitend voor worden gebruikt. We doelen op een top-twaalf-test als de GPI/GPP, de WIMAS of de OPQ.

*** Zie *Alles over management tests****, waarin deze tests worden beschreven.

2 Er zijn verschillende persoonlijkheidstests voor managers, leidinggevenden, ontwikkeld, veelal geschreven door particuliere testbureaus ten behoeve van hun eigen opdrachtgevers. Deze tests zijn meestal van het 'schaaltype', waarbij de manager gevraagd wordt hoe vaak hij bepaalde dingen doet, of hoe hij over een aantal zaken denkt. Een voorbeeld is de SvL van bureau Berenschot. De instructie van een test luidt als volgt: 'De onderstaande vragen gaan in op bepaalde aspecten van leiderschap. Geeft u op iedere vraag het antwoord dat u op uzelf van toepassing acht als u leiding geeft aan een werkeenheid, werkgroep, afdeling, enzovoort. Omcirkel per vraag steeds een van de volgende antwoordcategorieën':

A = altijd V = vaak S = soms Z = zelden N = nooit

'Als ik de leiding heb van een groep...':

• Zal ik zeer waarschijnlijk ook als zegsman van die groep optreden	A	V	S	Z	N
• Zal ik de mensen aansporen tot meer inspanning	A	V	S	Z	N
• Zal ik het werktempo hooghouden	A	V	S	Z	N
• Zullen de zaken meestal zo uitkomen als ik voorspelde	A	V	S	Z	N
• Zal ik handelen zonder de groep te raadplegen	A	V	S	Z	N

Deze en soortgelijke tests stellen de manager vrij rechtstreeks een aantal vragen, dat met het werk, het leiden van mensen, te maken heeft.

Een van de taken van managers is het beïnvloeden van medewerkers. Zij moeten ervan worden overtuigd bepaalde handelingen te verrichten, om bijvoorbeeld het werk op tijd klaar te krijgen. Het anderen kunnen overtuigen is dan ook een kwaliteit, een vaardigheid, die leidinggevenden zouden moeten bezitten.

We willen dit hoofdstuk besluiten met enkele testvragen, die deze eigenschap bij managers proberen vast te stellen. De test bestaat uit een aantal uitspraken waarbij de manager steeds drie tot vijf keuzemogelijkheden heeft. De instructie van deze test luidt: 'Hieronder volgt een aantal vragen over de manier waarop u andere mensen probeert te overreden, overtuigen. Kruis bij elke vraag het antwoord aan dat het meest accuraat beschrijft wat u normaal gesproken doet. Het kan zijn dat geen van de omschrijvingen bij een bepaalde vraag precies aangeeft wat u normaal doet. Kies dan die omschrijving die er het dichtstbij komt. Sla vooral geen vragen over.' Drie voorbeelden van vragen uit deze test:

1 'Als iemand een voorstel of idee van mij accepteert':

a Gebruik ik dat moment om betere betrekkingen met hem aan te knopen;
b Bedank ik hem en ga vervolgens snel weg;
c Spreek ik met hem af wat de volgende stap zal zijn.

2 'Als ik probeer een bezwaar tegen een idee of voorstel van mij te weerleggen':

a Vraag ik waarom men bezwaren heeft;
b Neutraliseer ik het bezwaar door de positieve kanten van het voorstel nog eens te benadrukken;
c Ga ik door met een ander punt dat meer kans van slagen heeft.

3 'Wanneer ik te doen heb met mensen die mijn ideeën moeilijk accepteren, dan zal ik meestal':

a Extra druk uitoefenen om mijn ideeën erdoor te krijgen;
b Tegenwerpingen aan de oppervlakte proberen te krijgen;
c De aard van de tegenwerpingen proberen vast te stellen;
d Vragen om verduidelijking aanmoedigen;
e Nieuw bewijsmateriaal aandragen.

3 Een van de nieuwste methoden om sollicitanten te keuren is de *assessment center-techniek*. (Er bestaat nog geen goede Nederlandse vertaling voor.) Het Engelse woord assessment betekent vaststelling, bepaling. Men stelt bij deze methode het gedrag en de (management)*vaardigheden* van de kandidaat vast. Er wordt hierbij eigenlijk voorbijgegaan aan de persoonlijkheid van de sollicitant.

Zie *Alles over assessment centers*

Tot slot van dit hoofdstuk bieden we de aanstaande manager enkele tips aan. Wanneer u naar een leidinggevende positie heeft gesolliciteerd doet u er goed aan op de volgende punten te letten:

1 U bent een stabiel persoon, die niet snel uit het lood wordt geslagen, ondanks de grote druk die soms op u wordt uitgeoefend.
2 U kunt het in de regel goed met mensen (medewerkers) vinden.
3 Het kost u meestal weinig moeite overwicht op mensen te hebben.
4 U bent energiek en actief – maar niet op een ziekelijke manier. (U bent geen werkverslaafde.)
5 U bent een tikkeltje dominant, maar nooit te bazig. (U geeft medewerkers de ruimte.)
6 U bent politiek aan de conservatieve kant, maar u bent zeker niet uiterst rechts.
7 U houdt van eerlijkheid, u geeft uw medewerkers altijd een faire kans.

Zie *Alles over management tests*

HOOFDSTUK 10

Inktvlekken, plaatjes, bomen en handschriften

Ze komen nog steeds voor, maar gelukkig niet zo veel meer: de plaatjes waarmee de psycholoog vroeger nog zo mooi kon imponeren. Het vorige hoofdstuk beschreef objectieve persoonlijkheidstests. Nu gaan we naar de zweverige en hopeloos ouderwetse kant van de studie van de persoonlijkheid: subjectieve of projectieve persoonlijkheidstests.

Het centrale idee achter al deze tests is dat iemands uitingen, reacties, net zo uniek zijn als vingerafdrukken. Dat is een terechte constatering. Twee kritische vragen hierbij zijn: bestaat er een verband tussen zo'n uiting en iemands persoonlijkheid? En is dat verband betekenisvol en stevig? Volgens sommige psychologen wel...

We beginnen dit hoofdstuk met de Rorschachtest. U moet in deze projectieve (of projectie) test reageren op inktvlekken. Hiermee 'projecteert' u uw persoonlijkheid op het materiaal, legt als het ware uw persoonlijkheid in de inktvlekken. U openbaart iets over u zelf. Waarom zou de één een vlinder in een inktvlek zien en de ander een appel? Dat moet toch ergens op wijzen? Of niet soms? Uw antwoorden zijn typerend voor u.

Er bestaan tientallen projectieve tests, die vaak veel op elkaar lijken. We bespreken er enkele van. (Wat vindt u van de volgende bizarre 'test'? Schrijf een opstel onder de titel 'wat ik zou doen als ik een dag paard ben'. Het beste wat *u* kunt doen is zo'n test terzijde schuiven onder de mededeling dat u alleen maar aan serieuze tests mee wilt werken!) We besluiten dit hoofdstuk met de grafologie, het interpreteren van uw handschrift. Ook hier zijn we niet bepaald een warm voorstander van...

Inktvlekken

De Zwitserse psychiater Hermann Rorschach bedacht in 1921 een eenvoudige manier om iemands persoonlijkheid vast te stellen. Hij stierf vrij snel na zijn uitvinding en het is niet bekend of hij ook met koffie- en andere vlekken heeft geëxperimenteerd. Rorschach heeft waarschijnlijk nooit vermoed dat zijn test zou uitgroeien tot wat een kruissleutel voor de automonteur of de stethoscoop voor een arts is: hèt gereedschap van de psycholoog.

Rorschach heeft de razend succesvolle wereldtournee van zijn test niet mogen meemaken. Hij overleed ongeveer een jaar na publicatie van zijn test, op achtendertigjarige leeftijd.

De Rorschachtest bestaat uit tien platen, sommige in zwart/grijs, andere in kleur, die gemaakt zijn door inkt te druppelen op een vel papier en dit daarna dubbel te vouwen. De twee helften vormen dan elkaars spiegelbeeld, ze zijn symmetrisch. Wanneer u dit wenst kunt u thuis zelf de proef op de som nemen en uw eigen inktvlekkentest maken. (Maar pas op voor knoeien!)

Het idee achter de test is dat hoe minder concreet tekeningen of vormen zijn, des te meer iemand zich kan ontplooien, zich vrij kan uiten. U wordt dus niet gedwongen in een bepaalde richting te antwoorden. De eigen creativiteit geeft de grenzen aan.

De Rorschachtest kan op bijna iedereen worden losgelaten (dat wil zeggen vanaf vierjarige kinderen) en neemt zo'n drie kwartier in beslag. Deze al oude test, die experts op alle fronten als onvoldoende in kwaliteit afwijzen, wordt nog steeds toegepast om een aantal kanten van de persoonlijkheid te belichten. De belangstelling voor deze klassieke test laait hier en daar weer op (Warnaar, 1987).

U krijgt een heel eenvoudige opdracht bij deze test, die u alleen met de testassistent maakt. De 'instructeur' zal eerst uitleggen hoe de kaarten gemaakt zijn (dubbel gevouwen inktvlekken) en vervolgen met bijvoorbeeld: 'De mensen zien allerlei soorten dingen in deze afbeeldingen; vertelt u mij eens wat u er in ziet, waar het volgens u op lijkt, waar het u aan doet denken?' Soms zal er nog bij gezegd worden dat de kaarten in alle richtingen mogen worden gedraaid. Sommige testers vragen door: 'Ziet u nog meer?' Kortom: u krijgt heel vage platen te zien, waarover vage vragen worden gesteld!

De Rorschachtest kent geen goede of foute antwoorden – wel gunstige of ongunstige. Hoe kan zij uitspraken doen over uw persoonlijkheid, gebaseerd op uw lukraak gekozen antwoorden?

Stel dat de ene persoon in alle platen mensen ziet en de ander overal voorwerpen (auto's, boeken, lampen). De conclusie dat de een meer op mensen (sociale contacten, sfeer, gezelligheid, enzovoort) is gericht en de ander koel, onpersoonlijk, misschien mensenschuw zou kunnen zijn, ligt dan voor de hand. Op zich is dit niet zo'n gekke gedachtengang.

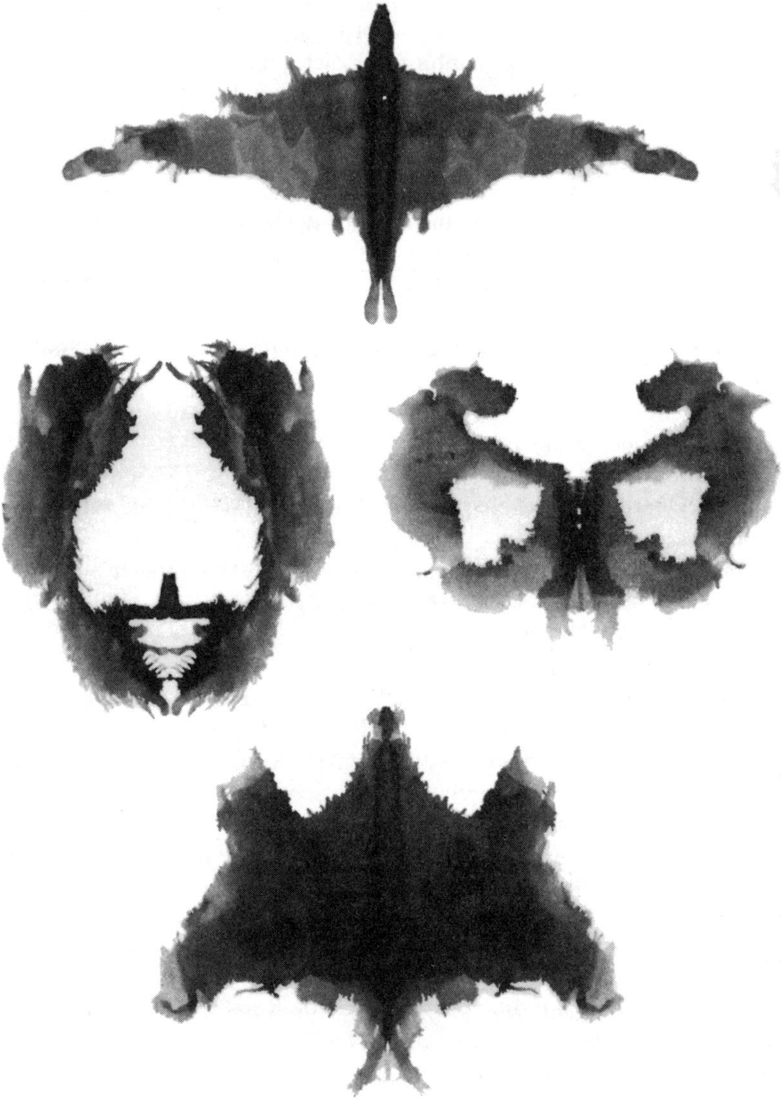

Vier van de tien (zwart-wit) platen van Rorschachtest. Schrijf eens op wat u allemaal in deze platen ziet!

De Rorschachtest heeft een slim systeem van codering van de antwoorden. Zo houdt men er rekening mee of u iets zegt over de gehele plaat of alleen maar praat over een klein detail. Bevatten uw antwoorden kleur, of 'denkt' u zwart-wit? Ziet u veel voorkomende dieren (aap, hond, paard) of heel bizarre monsters? Ziet u dingen in de platen die bijna niemand ziet, of geeft u de meest voorkomende antwoorden?

We geven u enkele voorbeelden van veel voorkomende ('populaire') antwoorden.

In de eerste plaat zien veel mensen een gevleugeld dier, zoals een vlinder of vleermuis.

In de tweede plaat is een veel genoemd antwoord de kop van een dier, bijvoorbeeld een hond, beer of stier.

Een veel voorkomend antwoord op de laatste plaat is een veelpotig dier: inktvis, krab, spin.

Hoe komt men tot uitspraken over uw persoonlijkheid? Uw reacties op alle platen worden verzameld en vergeleken met die van anderen (de normgroep). Daarna gaat de psycholoog over tot *interpretatie* van de antwoorden, waarvan we u enkele voorbeelden geven.

Gaat u in op de totale vlek, in plaats van een enkel detail, dan wordt dit in verband gebracht met uw vermogen om te kunnen analyseren en abstract denken. Uw belangstelling voor alledaagse zaken en gezond verstand worden hier ook uit afgeleid.

Uit uw vorm-antwoorden leidt men af of u bepaalde remmingen heeft, spontaan bent, gebrek aan zelfkritiek heeft en nog een aantal andere zaken. Kleurenantwoorden worden in verband gebracht met uw emoties en gevoelens (impulsief, spontaniteit).

'Bewegende antwoorden' kunnen onder andere duiden op intelligentieniveau, aangepastheid, stabiliteit, volwassenheid.

In de inhoud van uw antwoorden vindt de psycholoog aanwijzingen over de breedte van uw belangstellingsgebied.

Originele antwoorden wijzen op creativiteit en fantasie.

U heeft hiermee een indruk gekregen van de Rorschachtest en wat er gebeurt met uw reacties. U zult er overigens versteld van staan hoe deze worden geïnterpreteerd! Voer voor gelovigen...

Waar moet u op letten?

We geven enkele tips, zodat u goed beslagen ten ijs komt bij het afleggen van de Rorschachtest. Sommige zijn ook geldig voor soortgelijke tests die hierna worden besproken.

1 Wanneer de testassistent vraagt wat u in een plaat ziet, en u zegt 'een inktvlek', of 'niets', komt u niet veel verder. Men zal aandringen om toch antwoorden te geven. Als u volhardt krijgt u het stempel dat u iets heeft te verbergen, bang bent of een totaal gebrek aan fantasie heeft. Wilt u dat?

2 U mag de aangeboden plaat oppakken en in alle richtingen draaien. De kaart hoeft dus niet op tafel te blijven liggen. Neem de kaart in handen en geef enkele antwoorden. Draai haar daarna en geef nog wat aanvullende opmerkingen. Het draaien kan samenhangen met uw durf en creativiteit. De 'rijkdom' aan antwoorden wordt als positief geïnterpreteerd. Het duidt er ook op dat u dingen kunt uitdiepen en niet aan de oppervlakte blijft!

3 Zoals eerder gezegd duiden originele antwoorden op oorspronkelijkheid, creativiteit en fantasie. Voor sommige (artistieke) beroepen zijn dat noodzakelijke eigenschappen. Geef altijd een paar oorspronkelijke antwoorden. Niet te veel, want dan zou u wel eens als bizar kunnen worden beschreven, of als mild geestesziek. Dat is het laatste dat u wilt!

Hoe weet u nu wat een creatief en wat een populair, veel voorkomend antwoord is? We hebben u al een paar voorbeelden gegeven. Maar u heeft een eenvoudig houvast. Wanneer u vluchtig naar een plaat kijkt ziet u meestal hetzelfde als wat de meeste mensen zien. Maar wanneer u langer kijkt, de plaat draait, uw fantasie inschakelt, ziet u veel meer.

U doet er goed aan minstens drie 'gewone' antwoorden te geven in de gehele test en daarnaast een aantal fantasievolle.

4 Tijd speelt bij deze test een weinig belangrijke rol, ondanks het feit dat de testafnemer een stopwatch in de hand heeft. U hoeft zich daar niets van aan te trekken. U mag zo'n drie kwartier over de test doen. Dat komt neer op vier minuten per plaat. U heeft dus ruim voldoende tijd om goede antwoorden te formuleren.

5 Werk systematisch plaat voor plaat af. (Systematisch werken is op zich al een goede eigenschap!) Bekijk eerst de plaat als *geheel*, en geef daar uw reactie op. Bestudeer daarna een aantal *details*. (Te veel is meestal niet goed. U bent dan een haarklover.) Ga vervolgens in op de *kleuren* of de zwart / grijs-gradaties. Kunt u hier nog iets uithalen? Denk er wel aan dat als u overwegend één kleur noemt, rood bijvoorbeeld, daar ook de nodige interpretaties aan worden verbonden. (Rood: bloed / gevaar / emoties / angst!) Ten slotte zou u nog iets kunnen bedenken over de *structuur* van de inktvlekken (fijn, grof, in elkaar, over elkaar).

6 Mensen en voorwerpen. Wilt u als sociaal mens, extraverte persoon uit de test komen, of als een gesloten karakter? Hoe vaker u mensen 'ziet' in de platen, des te eerder u wordt beschreven als iemand die graag / veel / goed met mensen omgaat. Wanneer u zich de 'contactuele eigenschappen' van de advertentie herinnert is het goed om de nodige 'mens-antwoorden' te geven en het aantal 'ding-antwoorden' te beperken.

7 Bewegingsantwoorden zijn in het algemeen positief. Zoals gezegd duiden zij onder andere op intelligentie en fantasie en het vermogen zich in anderen in te leven. Het is maar dat u het weet.

8 Dieren. Dier-antwoorden komen veel voor. Noem niet te veel bizarre, uitgestorven dieren. Laat een paar dieren bewegen. (Zie punt 7.)

Variëteiten

TAT

TAT staat voor Thematische Apperceptie Test, een zogenaamde interpretatietest, die omstreeks 1935 is ontwikkeld door de Amerikaan Murray.

De test is voor velen misschien wat 'gemakkelijker' dan de Rorschach. U krijgt waarschijnlijk een twintigtal platen aangeboden, in twee series van tien, waarin allerlei situaties zijn afgebeeld. Nu zijn deze schetsen (opzettelijk!) nogal vaag getekend. Dat betekent dat iedereen er iets anders in kan zien, en dat is juist de bedoeling! Bij elke plaat van deze test, die één tot twee uur kan duren, vraagt de testassistent u een bijbehorend verhaal te vertellen. Er zijn aparte sets platen voor mannen en vrouwen (en jongens en meisjes vanaf veertien jaar).

Om praktische redenen wordt de testduur vaak teruggebracht tot voor beide partijen meer aanvaardbare lengte. Tijd is tenslotte geld... U krijgt vijf minuten voor elke plaat, dus u hoeft zich niet te haasten. Overigens, de platen doen nogal ouderwets aan. Laat u zich hierdoor niet van de wijs brengen.

De TAT kan schriftelijk of mondeling worden afgenomen. De mondelinge test is iets moeilijker, want u moet er nu ook goed op letten *hoe* u dingen zegt. Er wordt namelijk geobserveerd hoe u op de platen reageert (zelfverzekerd of verlegen. Aarzelend, hakkelend, of komen de woorden vloeiend uit uw mond. Moet u steeds lang nadenken of heeft u de dingen snel door).

Misschien moet u nog meer op uw hoede zijn dan bij de Rorschachtest! U wordt namelijk gauw verleid om een verhaaltje te vertellen bij wat onduidelijke tekeningen...

Op een van de platen ziet u een jonge man met gesloten ogen op bed zitten. Een oude man is over hem heengebogen en houdt een hand boven diens gezicht. Wat gebeurt hier? Wat stelt de situatie voor?

Een mogelijk antwoord: een vader troost zijn zoon (kind). Een andere mogelijkheid: een dokter behandelt (hypnotiseert) zijn patiënt.

Een derde antwoord: een jongere (homoseksuele) man wordt verleid door een oudere man. (Hierin was testmaker Murray vooral geïnteresseerd: langs deze – 'wetenschappelijke' weg homoseksuelen te diagnosticeren.)

Een andere plaat toont een jongen, die op de drempel van een houten hut zit. Wat is er aan de hand?

Sommigen zullen worden getroffen door zijn eenzaamheid. Heeft hij straf gehad? Of zit hij te (dag)dromen? Is hij misschien weggelopen van huis of spijbelt hij?

Anderen zien misschien een zonniger prentje: de jongen is op vakantie, samen met zijn familie, die boodschappen is gaan doen.

U ziet het: er zijn talloze antwoordmogelijkheden. Houd er rekening mee dat de TAT geen goede of foute antwoorden kent, net zoals de Rorschachtest, maar ook weer hier: gunstige en ongunstige... Het gaat om de psychologische interpretatie. De gegeven voorbeeld-antwoorden verschillen nogal, zoals u heeft gezien. Het zal de psycholoog dan ook duidelijk kunnen worden dat de persoon die een homoseksuele verleiding ziet, homoseksuele geneigdheid bezit of misschien homoseksueel is. (De psycholoog zal overigens niet afgaan op een enkel antwoord van een plaat, maar het geheel in ogenschouw nemen.)

Belangrijke elementen in de interpretatie – dus hoe uw persoonlijkheid uit de bus komt – zijn onder andere:

- Wie is de held van de test? Bent u dat zelf of is dat steeds een ander? (Stelt u zichzelf op de voorgrond, of bent u iemand die zich wegcijfert?)
- Met welk geslacht vereenzelvigt u zich? (Zie de bovenstaande antwoorden.)
- Bent u gericht op prestatie, werk?
- Bent u agressief?
- Hebt u bepaalde (verborgen) angsten?
- Heeft u aandacht voor uw omgeving, uw naasten? (Bent u een sociaal mens?)
- Hoe verdraagt u kritiek uit uw omgeving?
- Overheerst u graag anderen, of wordt u liever geleid?
- Ziet u meestal de sombere kant van de dingen of bent u een optimist?

Wat ook van belang is:

- Zit er een hoofdthema in het verhaal en hoe werkt u dit uit? (In een gedetailleerd antwoord gaat u onder andere in op geslacht van de persoon, leeftijd, beroep, hobby's en andere kenmerken.)
- Hoe lang zijn uw verhalen?
- Beperkt u zich tot enkele hoofdlijnen, of gaat u op allerlei (belangrijke, onbelangrijke) details in?
- Geeft u 'populaire' antwoorden, of meer bizarre, vreemde of creatieve?
- Noemt u de dingen bij hun naam, of draait u er maar omheen (angst, schaamte, ontkenning van de werkelijkheid, enzovoort)?

VPT

De Vier Platen Test is een wat 'modernere' versie van de TAT. Hij is ontwikkeld door de Nederlander Van Lennep, die de test in 1948 op de markt bracht.

De test kan schriftelijk of mondeling worden afgenomen. Ook hier wordt er een beroep gedaan op uw fantasie of verbeelding, want u krijgt vier vage, gekleurde platen aangeboden. Het gaat er nu om een verhaal te vertellen waarin deze vier tekeningen alle voorkomen. U ziet twee alleenstaande figuren en twee 'sociale' platen. In een plaat staat iemand tegen een lantaarnpaal geleund. Is het avond of nacht? Wat doet de persoon (man? vrouw?) daar? U bent vrij in de volgorde van de platen en in wat u wel en niet in het verhaal kwijt wilt.

Ook hier is het oppassen geblazen om niet verleid te worden iets te vertellen waarvan u later misschien spijt krijgt. De interpretatie is vergelijkbaar met die bij de TAT. U doet er meestal goed aan een beetje aan de oppervlakte te blijven en niet alle registers open te trekken. De VPT neemt overigens tussen de vijftien en zeventig minuten in beslag en is dus veel sneller dan de TAT.

BOOMTESTS (VERSCHILLENDE VORMEN)

De Boomtest is eigenlijk kinderspel. U krijgt het verzoek om in zo'n tien minuten een vruchtboom te tekenen. U moet dus niet bomen over bomen, maar er een schetsen. Deze test, door de Zwitser Koch in 1949 wereldkundig gemaakt, lijkt een beetje op grafologie. Want ook hier gaat men ervan uit dat de manier waarop u zo'n vruchtboom tekent helemaal uniek is, typisch voor u. Deze test mag zeker niet als 'sterk' worden bestempeld. Lees ons commentaar op de grafologie er op na.

Moet u op de testdag een vruchtboom (of andere boom) tekenen, let dan op de volgende zaken:

- De stam: maakt u die dik en stevig (solide persoonlijkheid!) of juist dun en iel? (Dat laatste kan duiden op onzekerheid, verlegenheid.);
- Takken: dik of dun? Veel takken of weinig?
- Vruchten: veel / weinig? Gedetailleerd of vaag?
- Grof / gedetailleerd: voor bijvoorbeeld een boekhouder of technicus is het goed aan details te denken, nauwkeurig te werken. Voor een artistiek beroep – u raadt het antwoord al – moet er met de nodige creativiteit en fantasie getekend worden (een bizarre boom mag best!). Voor een manager is het vaak goed om niet afgeleid te worden door details, maar om de hoofdlijn te blijven volgen. Let er in ieder geval op dat u 'volwassen' (wel doordacht) tekent en al te speelse en wereldvreemde vormen vermijdt.

DRIE BOMEN-TEST

Deze verfijning van de Boomtest gaat iets verder. Er wordt op aangedrongen dat u drie verschillende bomen tekent: een vruchtboom, een droomboom en een fantasieboom. Ouderwets? Deze methode wordt onder andere toegepast voor de selectie van piloten...

Hier heel dichtbij liggen de tests waarvoor u mensen moet tekenen. We zullen daar niet op ingaan.

WARTEGG

Er zijn testbureaus die nog steeds gebruik maken van deze ook hopeloos invalide en onbetrouwbare test. Een korte beschrijving. De kandidaat krijgt een vel papier toegeschoven waarop acht vierkanten staan. (Eigenlijk mini-bladzijden, een onbedoelde milieuvriendelijke aanpak.) In elk van deze vierkanten staat een, steeds ander, 'teken', wat het begin van een tekening moet worden. De tekening die u moet maken. Het gaan om bijvoorbeeld een punt, twee lijntjes, een cirkeltje. Uw taak: beginnend bij bijvoorbeeld de punt de tekening afmaken. U bent vrij in de volgorde van de acht schetsen. Misschien wordt gevraagd uw productie toe te lichten.

Gebruik en interpretatie van deze test zijn nogal omstreden. Wat is van belang te weten?

1 Hoekige en rechte lijnen en symmetrie duiden op nuchterheid en zakelijkheid.

2 Fijne lijnen en vormen duiden op introversie, in zichzelf gekeerd zijn.

3 De afbeeldingen worden geïnterpreteerd: mensen of dieren? Mensen of objecten? (Zie de Rorschachtest.)

4 Zijn uw tekeningen (redelijk) uitgewerkt of vage krabbels? (Oog voor detail of bent u iemand van de grote lijn – letterlijk?)

TIP: Moet u minder dan acht tekeningen produceren? Geen zorg. Ook dat komt voor.

MOZAÏEKTEST

De Mozaïektest die in 1930 in het leven werd geroepen, is iets anders van opzet dan de tot nog toe beschreven tests.

U krijgt zo'n twintig minuten de tijd om een figuur te maken uit maar liefst 456 houten blokjes die in allerlei vormen (vierkant, driehoek, enzovoort) en kleuren voorkomen.

Uw werkzaamheid wordt geobserveerd. Eerst denken en dan doen? Of stort u zich meteen in het avontuur? Welke rol speelt kleur bij u? Let u op de grote lijn, of zijn details voor u belangrijk? Zit er een bepaald evenwicht in het figuur dat u gaat bouwen? Imiteert u (bijvoorbeeld) een bekend bouwwerk of schept u uw eigen wereld?

Denkt u er wel om dat men ook bij deze test uw persoonlijkheid wil blootleggen? Het is geen ontspannen 'spelen met blokken'.

ZAT

Bent u al deze tests zat, of leest u verder? ZAT is een afkorting voor Zin Aanvullings Test en is kinderlijk eenvoudig. Op een vel papier staan een, twee of meer woorden, die het begin van een zin moeten vormen. De kandidaat moet deze zinnen voltooien. Er bestaan van deze tests, die in alle opzichten als kwalitatief slecht wordt beoordeeld, vele versies. Lange en korte en om de 'ego-ontwikkeling' van de persoon te meten. Hiermee kan dan onder andere worden achterhaald hoe het staat met uw impulsiviteit, conformisme en gewetensvolheid.

Hoe zou u deze zin aanvullen? 'Mijn moeder is...' Wanneer u zou schrijven 'een onbetrouwbaar monster' gaat er bij de psycholoog een rood lichtje branden. 'Ah,' denkt hij dan, 'een moeilijke jeugd gehad – dat zal wel op veel problemen wijzen.'

'Ik houd heel veel van...' Wanneer u invult: 'boeken lezen', of 'zeldzame vogels in het wild observeren', zal men u algauw het etiket 'teruggetrokken', 'gesloten persoonlijkheid', of 'eenzelvig' meegeven. Is dat wat u wilt?

Zou de zinaanvulling luiden: 'mensen om mij heen', 'feestjes bezoeken', 'uitgaan' of iets dergelijks, dan wordt u een levendig, open, sociaal mens, althans in de ogen van de psycholoog. En zo'n beschrijving heeft u nodig voor de meeste functies.

Enkele andere voorbeelden van aan te vullen zinnen luiden:
'Ik voel mij...'
'Wat mij zo ergert...'
'Als ik het voor het zeggen had...'
'Vrouwen / mannen...'

Men deelt uw antwoorden vaak in drie categorieën in, die hier van voorbeelden zijn voorzien.

1 Conflictantwoorden. Met zo'n antwoord toont u onaangepastheid of afwijkende gedachten. Enkele voorbeelden zijn: pessimisme, zelfmoordwensen, ongelukkige ervaringen, aanpassingsmoeilijkheden.

2 Positieve antwoorden. U laat een 'gezonde' indruk achter en toont aan dat u de wereld positief tegemoet treedt, aan kunt. Enkele voorbeelden: humoristische antwoorden, gebruik van woorden als prettig, fijn, gelukkig. Of: zinnen die dwingen tot een negatieve wending, zoals in het antwoord... 'dat de dag zo gauw voorbij is'.

3 Neutrale antwoorden. Dit is vaak een 'vuilnisvat', omdat zij niet als positief of negatief kunnen worden geïnterpreteerd. Bijvoorbeeld ontwijkende antwoorden: 'meisjes zijn...' ... 'jonge vrouwen'. Maar ook (nietszeggende) spreekwoorden en gezegden.

TIP: Wilt u gunstig uit de bus komen?
1 Gebruik zoveel mogelijk optimistische, positieve woorden.
2 Maak gebruik van humor, leg menselijke warmte in uw antwoorden.
3 Geef nu en dan een neutraal, kleurloos antwoord.
4 Vermijd negatieve antwoorden, zoals eerder omschreven.
5 Wees wat behoudend in uw aanvullingen. Laat politieke of maatschappelijke antwoorden achterwege.

Lees de volgende voorbeelden. Voor de puntjes (...) staat de zin die u moet aanvullen. Na de puntjes het positieve antwoord. Brengen ze u op ideeën?

- 'Ik...' vind school heel leuk / mijn werk heel prettig.
- 'Ik houd van...' sport / voetballen / mensen om mij heen / mijn vrouw of man.
- 'De meeste mensen zijn...' aardig voor mij / interessant / prettig om mee om te gaan.

- 'Het beste is...' echte vriendschap / liefde / mensen die om je geven.
- 'De toekomst is...' heel spannend / belangrijk voor mij / zonnig.
- 'Mijn moeder is...' het mooiste dat ik heb / een prima mens / mijn beste vriendin.
- 'Ik voel mij...' uitstekend / geweldig / prima / ontspannen.
- 'De meeste vrouwen...' (voor mannen) zijn prettig / lief / leuk.
- 'Thuis...' heb ik heerlijke kinderen / een geweldige vrouw (man).
- 'De gelukkigste tijd van mijn leven...' zal nog komen / mijn aanstaande huwelijk / mijn nieuwe baan.
- 'Getrouwd zijn is...' heerlijk / geweldig / leuk.
- 'Ik haat...' cola zonder prik / een vliesje op gekookte melk.

We hebben al eerder gewezen op populaire / veel voorkomende antwoorden en zeldzame / bizarre. Houdt u dit onderscheid hier ook goed in de gaten?

Men zou u ook mondeling allerlei antwoorden kunnen ontlokken. De testassistent vraagt u zo snel mogelijk te antwoorden op de korte vragen of steekwoorden. Wat antwoordt u op 'stoel'? 'Tafel' is het antwoord dat bijna iedereen geeft. En op 'rood'? 'Blauw' of 'zwart' zijn veel voorkomende antwoorden. Als uw reactie 'bloed', 'lijk' of 'dood' zou zijn, is dat dan goed voor u?

Natuurlijk is het goed mogelijk dit type tests te bedriegen. Pas toch op.

1 Het doel van de test is u in de regel niet bekend – al hopen we toch in dit boek een en ander te hebben verduidelijkt! Zo zal men bij de instructie van de TAT zeggen dat het om uw fantasie gaat – geen woord over uw persoonlijkheid!
2 Dit geldt ook voor het vastleggen van uw antwoorden en de interpretatie. Maar ook hier hebben wij een tip van de sluier opgelicht. (Zie met name de opmerkingen over de Rorschachtest.)
3 U gaat misschien snel 'op' in de test en vergeet waarom het gaat: uw persoonlijkheid in kaart te brengen. Blijf op uw hoede, hoe vermoeiend dat ook is!

VZM

Een andersoortige persoonlijkheidstest is de VZM, een afkorting van de Vrije Zelfbeschrijvingsmethode. Deze betrekkelijk nieuwe test is het resultaat van innige samenwerking tussen het Belgische leger en het Leuvense Laboratorium voor Persoonlijkheidsonderzoek. (De vragenlijst staat ook bekend onder de naam SPOLAP, een samentrekking van de beginletters van beide partijen.)

Wanneer men u in Nederland of in België met deze test om de oren slaat, merkt u dat het om maar één 'A4-tje' gaat, waarop slechts één vraag, eigenlijk gebod, staat: 'Denk even na over jezelf en schrijf dan hieronder tien bijvoeglijke naamwoorden op die volgens jou je persoonlijkheid (karakter) omschrijven.' (Alsof u dat uit de losse pols schudt!) De rest van het papier bestaat uit tien stippellijntjes voor uw bijvoeglijke naamwoorden. U weet toch nog wel wat dat zijn?

Maar wat u niet weet is dat deze eenvoudige vraag zeven karaktertrekken bij u denkt te meten: extraversie, vriendelijkheid, gewetensvolheid, neuroticiteit, ontwikkeling, leiderschap en creativiteit. U bent de termen al eerder in dit boek tegengekomen, dus u weet min of meer wat men hieronder verstaat.

De sociale wenselijkheid van uw antwoorden wordt ook vastgesteld. Behaalt u hierop veel punten dan betekent dat: u wilt zich beter voordoen dan u in werkelijkheid bent... De testmakers zeggen hierover: 'Het gaat slechts om een vermoeden, aangezien er geen rechtstreeks empirische evidentie beschikbaar is.' Dat is mooi gezegd. Er staat: wij kunnen helaas niet bewijzen dat u liegt, maar we twijfelen aan uw 'eerlijkheid'...

In het uitgebreide vooronderzoek naar deze test is een groot aantal reacties verzameld van de woorden die mensen (in dit geval Nederlanders en Belgen) gebruiken om hun eigen karakter te beschrijven. Tien tegen een dat ook de termen die u gebruikt om uzelf te typeren op de standaarduitdrukkingenlijst voorkomen. Uw antwoorden worden vergeleken met deze (uitgebreide) lijst.

Enkele woorden van kritiek

De inktvlekkentest van Rorschach en de andere zogenaamde projectieve tests behoren nog steeds tot het vaste gereedschap van sommige psychologische testers. Trouwens, veel mensen brengen psychologisch onderzoek meteen in verband met dit soort tests. Dat is niet terecht, zoals we zagen.

De inktvlekkken- en soortgelijke tests spreken nogal tot de verbeelding. De geteste persoon vindt het interessant (en geheimzinnig...), maar de psycholoog vindt het zelf ook een boeiende manier om iemands persoonlijkheid vast te stellen. De sfeer van mystiek, culten en sekten hangt erover. We spreken over een 'ik-zie-ik-zie-wat-jij-niet-ziet-psychologie'.

Maar niet iedereen is even gelukkig met deze tests. Er bestaan nogal wat kritiekpunten, die we in vogelvlucht noemen.

1 De geteste persoon wordt sterk misleid. Er wordt niet verteld wat het precieze doel van de test is. Er wordt opzettelijk verkeerde informatie verstrekt. U kunt zich niet of moeilijk verdedigen of weerbaar opstellen. (Lezing van deze bladzijden helpt een stuk!)

2 Er wordt inbreuk gemaakt op de privacy. Er worden u een aantal persoonlijkheidskenmerken toegeschreven, waarvan u niet wist dat u die bezit.... Het is de eerder genoemde 'slaapkamerspionage' en gluurderij. U kunt zich hiertegen niet verdedigen want het resultaat – de interpretatie van de deskundige – is per definitie 'waar'.

Deze twee bezwaren gaan op voor heel veel psychologische tests, niet alleen de projectieve. De volgende twee bezwaren gelden hoofdzakelijk voor de 'inktvlekachtige' tests.

3 Deze tests zijn zeer subjectief, dat wil zeggen afhankelijk van de psycholoog die de testresultaten interpreteert. Er wordt een groot beroep gedaan op diens kennis, ervaring en stemming van dat moment. Dat is aan de ene kant gevaarlijk, aan de andere kant betekent dat ook dat twee psychologen soms iemand twee heel verschillende persoonlijkheden kunnen 'aanmeten'. (Dit probleem wordt besproken in hoofdstuk 15.)

4 Wetenschappelijk onderzoek zet grote vraagtekens achter de *voorspellende* waarde van deze tests. Vaak is de testinterpretatie eerder een favoriete theorie van de psycholoog dan een persoonlijkheidsschets. Het gebruik van projectieve tests is dan ook sterk teruggelopen.

5 Het is moeilijk mensen met elkaar te vergelijken omdat er geen of nauwelijks getallen worden verbonden aan de testresultaten. (Normen en standaards. Vergelijk dit bijvoorbeeld met de I.Q.-scores, waar dat wel het geval is.)

Leken, maar ook psychologen, hebben bezwaren tegen projectieve tests. Warnaar (1987) spreekt over 'een leuke en niet onzinnige hobby', en vraagt zich af 'wat een vlekkenmethode meer biedt dan andere, minder arbeidsintensieve wijzen van dataverzameling'. Spottend wordt wel opgemerkt dat rapporten van projectieve tests meer zeggen over de persoonlijkheid van de desbetreffende psycholoog dan over de kandidaat...

Handschriften en aanverwante zaken

Voor u verder leest: handschriftkunde vinden wij een kwalijke zaak! U heeft het goed gelezen. U kent nu onze mening.

Aantallen zijn ons niet bekend, maar een speurtocht naar personeelsadvertenties maakt algauw duidelijk dat er (helaas) nog steeds vrij veel bedrijven zijn die de 'hulp' van een grafoloog, een handschriftkundige, inroepen. Hoe zou dat komen?

TIP: De handgeschreven brief waar de werkgever om verzoekt, belandt op het bureau van de grafoloog. Een getypte/geprinte brief is toch veel prettiger en sneller te lezen? Denk daaraan, voordat u de computer uitschakelt.

Elk mens is uniek – en dat geldt ook voor zijn handschrift. Dat is boven elke twijfel verheven. Bovendien is gebleken dat handschriften door de jaren heen nauwelijks veranderen. Uw schrift blijft stabiel. Het is dus niet zo vreemd dat men handschriften is gaan bestuderen, om hierdoor uitspraken over de persoonlijkheid van de schrijver te kunnen doen. Het vervelende is nu dat wetenschappelijk onderzoek keer op keer werkelijk vernietigende oordelen heeft uitgesproken over handschriftkunde. We komen hier nog op terug. Het is dan ook in belangrijke mate bedrog en levert net zulke 'interessante' gegevens op als een uitvoerige studie van uw navel of grote teen...

Grafologen maken gebruik van een analysemethode, die rekening houdt met onder andere de volgende kenmerken van uw schrift:

- Groot of klein;
- Wijd of smal;
- Snel of langzaam;
- Vol of mager;
- Sterke of zwakke druk;
- Scherp of onscherp;
- Letterafstand;
- Regelmatigheid;
- Steilheid;
- Eenvoud of versiersels;
- Voorkomen van strepen;
- Voorkomen van 'halen'.

Waarom wordt grafologie nog steeds toegepast, zult u zich misschien afvragen. Daar zijn verschillende redenen voor. Ten eerste krijgt de opdrachtgever *snel en goedkoop* een rapport in huis. (Vaak wordt minder dan *f* 100,- in rekening gebracht voor een korte analyse.)

Ten tweede beloven grafologen nogal wat. Het Amsterdamse Instituut voor Wetenschappelijk Grafologisch Onderzoek biedt volgens haar rondschrijven het volgende aan: 'Bij het samenstellen van de grafologische rapporten richten wij ons specifiek op de door u gestelde functie-eisen. Tevens komen de volgende punten scherp naar voren:

- Persoonlijkheids- en intelligentieniveau;
- Houding ten opzichte van de werkzaamheden: zelfstandigheid, activiteit, energie, initiatief, doorzettingsvermogen, organisatievermogen, improvisatievermogen, commercieel, administratief en technisch inzicht, incasseringsvermogen, verantwoordelijkheidsgevoel, pioniersgeest, enzovoort;
- Houding tegenover anderen: contactuele eigenschappen, overtuigingskracht, overwicht, inlevingsvermogen, aanpassingsvermogen, teamgeest en dergelijke;
- Leidinggevende capaciteiten.

Voor slechts *f* 75,- heeft de opdrachtgever het rapport in twee dagen in huis. Daar kan geen enkel serieus psychologisch testbureau tegen op! Het is dan ook jammer dat het leven iets ingewikkelder is dan het grafologisch onderzoekinstituut ons doet geloven...

Ten derde klinkt de beschrijving van de onderzochte persoon (brief) vaak erg goed. Er gaat een bepaalde aantrekkingskracht uit van de wat prozaïsche persoonlijkheidsbeschrijving in een grafologisch rapport.

Ten vierde is grafologie een eeuwenoude 'bezigheid', en die verdwijnt niet zo maar van de aardbodem. Dit geldt ook voor de astrologische rubriek die in veel damesbladen en kranten een vaste plaats heeft.

Ten vijfde hebben sommige grafologen indruk gemaakt met het beschrijven van de karakters van lang overleden beroemdheden. Bijvoorbeeld Rembrandt, Da Vinci, Disraeli en anderen. Met serieuze beschrijvingen of voorspellingen van de persoonlijkheid heeft dat natuurlijk niets te maken. De grafoloog leest een levensbeschrijving van de beroemdheid en 'herkent' karaktertrekken in bepaalde hanepoten.

Dit boek gaat niet over hoe u moet solliciteren. Maar we willen hier wel bespreken wat uw handgeschreven brief allemaal over uw persoonlijkheid en levensstijl kan prijsgeven. Dat is geen hocus-pocus, maar dat zijn conclusies die u zelf ook kunt trekken. Maar dat heeft natuurlijk niets met gewichtigdoenerij van grafologen te maken.

Briefpapier Schrijft u uw sollicitatie op briefpapier met uw eigen (gedrukte) briefhoofd? Dat staat altijd zeer netjes, zeer volwassen. Het maakt op de lezer (personeelsfunctionaris, afdelingsmanager, directeur) een goede, zakelijke indruk. (Als u geen eigen briefpapier heeft, laat het dan drukken! Het kost minder dan u denkt. Of maak het zelf aan via 'desk-top-publishing' en een goede printer.)

Heeft u uw sollicitatie geschreven op een stuk kladpapier of goedkoop kringlooppapier? Is het briefpapier schoon of zitten er bijvoorbeeld vetvlekken of wijnvlekken op?

De conclusies die men trekt zijn duidelijk. 'Deze sollicitant is slordig, misschien lui en is eigenlijk niet zo geïnteresseerd in de aangeboden baan.' Bewijs maar eens het tegendeel!

Handschrift Allereerst: getypte brieven zijn beter te lezen dan handgeschreven en ze maken een meer professionele indruk op de ontvanger. Type uw sollicitatiebrief – of besteed het uit!

'Maar,' zult u vragen, 'hoe kan de grafoloog dan mijn karakter peilen, als hij mijn handschrift niet ziet?' Daar heeft u volkomen gelijk in. We komen hier nog op terug.

Taalgebruik Taalgebruik zegt veel over iemands persoonlijkheid, opleiding en afkomst. (Een leek kan hier niet uit afleiden of de briefschrijver een 'sterke moederbinding' heeft, muzikaal is of oneerlijk. Zouden 'experts' dat wel kunnen? Dat is buitengewoon twijfelachtig.)

Spelling Staan er spellingfouten in de sollicitatiebrief? Volgt u de nieuwste spellingsvoorschriften? De spellingchecker van uw tekstverwerker helpt u een end op weg.

TIP: Het 'Groene Boekje', officieel de *Woordenlijst van de Nederlandse Taal* en uitgegeven door SDU in Den Haag, geeft voor elk woord de juiste spelling. Het is ook op diskette verkrijgbaar.

Formulering Zijn de zinnen in de brief lang, of juist kort en afgebeten? Wordt er logisch geformuleerd? Worden er veel 'moeilijke' woorden gebruikt? Maakt de formulering een volwassen indruk?

Opbouw / lengte Schrijft de sollicitant een verhaal dat logisch in elkaar zit, goed is opgebouwd? Is de briefschrijver puntig of heeft hij vele kantjes nodig om zijn hele levensgeschiedenis (waar de lezer beslist niet in is geïnteresseerd!) te beschrijven?

Wanneer u als secretaresse naar een baan solliciteert en uw brief zit stikvol spellingfouten en uw stijl is bovendien nog matig, dan wordt uw brief al snel terzijde geschoven. Gemeen? Misschien wel. Maar men zoekt nu eenmaal een secretaresse die geen moeite heeft met spelling en daar op haar werk niet te veel tijd kwijt mee zal zijn. Solliciteert u naar een managerspositie, waarin u veel rapporten moet schrijven? Wanneer de opbouw van uw sollicitatiebrief onlogisch is en u gebruikt moeilijke woorden die niemand kent, dan zal men zich toch nog eens bedenken voordat de uitnodiging voor een persoonlijk gesprek naar u gaat. Onterecht? Misschien wel. Maar zou u anders reageren als u de kandidaten voor zo'n baan moet selecteren?

Kortom, je hoeft geen grafoloog te zijn om waardevolle informatie uit een sollicitatiebrief te halen. Je moet als beoordelaar je ogen goed de kost geven en je kunt al een grove selectie maken uit het grote aantal brieven.

'Wij wachten uw handgeschreven brief af'

We hebben u zojuist aangeraden een sollicitatiebrief te typen. Maar wat als de advertentie waarop u wilt reageren heel duidelijk om een handgeschreven brief vraagt?

U kunt ervan op aan dat uw brief dan direct naar een grafoloog wordt doorgestuurd. U kunt hier bezwaar tegen maken en wel op de volgende gronden:

1 U heeft geen enkel vertrouwen in de grafologie. U vindt het flauwekul. (U kunt zich op honderden publikaties beroepen, die de grafologie, na gedegen wetenschappelijk onderzoek, krachtig afwijzen.)
2 Er wordt inbreuk op uw privacy gemaakt. De grafoloog probeert uw 'zieleroerselen' te achterhalen. Psychologische tests doen dat ook, maar langs wetenschappelijke weg en via allerlei beroepsvoorschriften (zie onder andere hoofdstuk 16) wordt u beschermd en kunt u zich verweren. Heeft u toestemming gegeven uw persoonlijke brief door te zenden aan een handschriftkundige?
3 U heeft geen enkel vertrouwen in de uitspraken die de grafoloog over uw persoonlijkheid doet. Alle informatie die hij aan de werkgever verstrekt is per definitie onjuist.

Wat nu? De beste weg is de aanstaande werkgever te bellen en uw bezwaren over grafologie kenbaar te maken. (Wees niet bang. Geen enkele werkgever zal u uw telefoontje voor verdere inlichtingen kwalijk nemen!) Misschien heeft men begrip voor uw standpunt en mag u uw sollicitatiebrief typen. Of is de eis keihard? De keuze is aan u! Wilt u erg graag in aanmerking komen voor deze baan? Of voelt u er weinig voor om te werken voor een bedrijf dat zich met grafologie inlaat – en wie weet met wat voor andere merkwaardige, ouderwetse zaken?

Harde wetenschappelijke kritiek

De Nederlandse psycholoog dr. A. Jansen heeft in zijn boek *Ethiek en praktijk van de personeelsselectie* (1979) een vernietigend oordeel geveld over de grafologie. Zijn belangrijkste opmerkingen, die zijn gebaseerd op de analyse van vijfendertig wetenschappelijke studies over grafologie, nemen we graag over.

1 'Grafologische oordelen bezitten een lage validiteit, de correlaties met diverse criteria zijn veelal positief en deels ook significant, maar komen niet boven lage waarden uit; of simpel uitgedrukt: men kan er weinig staat op maken dat grafologische uitspraken juist zijn.
2 Grafologische oordelen bezitten een lage betrouwbaarheid; zowel de herhaal-betrouwbaarheid met het eigen oordeel als de intersubjectieve overeenstemming tussen verschillende grafologen is bedenkelijk laag en blijft ver beneden het niveau van betrouwbare tests; of anders gezegd: grafologen stemmen onderling slechts in beperkte mate overeen bij uitspraken over een zelfde manuscript.
3 Grafologen onderscheiden zich in hun (experimentele) beoordelingsresultaten niet of nauwelijks van leken, die een zelfde manuscript grafologisch beoordelen.
4 De beoordeling van de tekstuele inhoud van geschreven stukken lijkt betere resultaten op te leveren voor selectiediagnostiek dan een grafologische beoordeling.'

Jansens uitspraken laten niets aan duidelijkheid te wensen over, ondanks het gebruik van moeilijke woorden. Twee andere punten waarvoor hij aandacht vraagt:

- 'En wat de privacy aangaat is het bekend, dat grafologische rapporten dikwijls uitspraken bevatten over karakterologische, diep in de persoonlijkheid gewortelde trekken. (...) Nu is echter herhaaldelijk vastgesteld dat dit soort uitspraken – van psychologen zo goed als van grafologen – weinig of geen verband houdt met de geschiktheid voor functies. Dat betekent dat er in onderzoek en rapportage onnodig diep wordt ingegaan op uiterst persoonlijke zaken, dat op ontoelaatbare wijze de privé-wereld wordt binnengedrongen.'
- 'Een bijkomend bezwaar is nog, dat dit type uitspraken meestal niet te verifiëren valt en wat nog ernstiger is: niet te weerleggen. Neem – als authentiek voorbeeld – eens een uitspraak als "de onderzochte heeft een sterke ouderbinding, die van invloed kan zijn op zijn relaties met anderen". Wat dit ook moge betekenen, gunstig lijkt het niet. Maar hoe kan de onderzochte zich ooit verdedigen tegen negatieve sugges-

ties, die door een dergelijke passage worden opgeroepen? Hij krijgt wel een stempel opgedrukt, maar te bewijzen of te weerleggen valt er niets, waarmee de kans bestaat dat hem een niet gering onrecht wordt aangedaan.'

We sluiten dit deel over grafologie af met dr. Jansens conclusies: 'Om al deze redenen bijeen acht ik het noch wetenschappelijk, noch ethisch verantwoord van grafologie gebruik te maken voor beslissingen of beslissingsadviezen ten aanzien van sollicitanten. Naar mijn mening zouden sollicitanten het recht moeten hebben een grafologisch onderzoek te weigeren, zonder dat dit hun kans op aanstelling schaadt.' (Een zelfde bezwaar koestert Jansen overigens tegen het gebruik van projectieve persoonlijkheidstests.)

We willen hier nog het volgende aan toevoegen. Dat handschriften uniek zijn betekent niet automatisch dat er een verband met de persoonlijkheid bestaat (dat geldt voor vingerafdrukken toch ook niet?). We hebben eerder gezien dat de kwaliteit van tests op vijf criteria kan worden afgelezen. Waarom zouden grafologische tests niet tegen dit licht worden gehouden? De uitkomst laat zich raden... Grafologen beroepen zich nogal eens op de populariteit van hun methode. Als dat al waar zou zijn, is dat toch geen kwaliteitsbewijs? Tot slot, van tests mag in het algemeen worden verwacht dat zij eerlijk zijn, nauwkeurig, efficiënt en dat de resultaten controleerbaar (dus onderzoekbaar) zijn. Efficiënt is de grafologie zeker, maar verder...?

U heeft voldoende munitie in handen om uit de handen van grafologen te blijven!

HOOFDSTUK 11

Het beroepskeuzeadvies: voor de beslissing van uw leven

Sommige kinderen weten al op heel jonge leeftijd wat ze later willen 'worden'. Arts, brandweerman, kunstschilder. Enkelen blijven hun jeugdige idealen trouw, maar de meesten belanden toch op een andere plek. Misschien hebben ze de verkeerde keuze gemaakt... Advocaat geworden – omdat vader en grootvader dat ook zijn. Tandarts – omdat 'ze zeiden' dat het zo goed verdient. Beroepsmusicus – omdat dat zo aardig leek?

Volwassenen 'komen zichzelf vaak tegen'. Sommigen hebben het gevoel op een dood spoor te zijn aangekomen. Anderen zijn niet echt gelukkig met hun werk en willen, voordat het te laat is, graag een ander beroep kiezen. Het komt tegenwoordig meer en meer voor dat met name mannen zo rond hun veertigste jaar een drastische beslissing nemen. Het begrip 'mid-life crisis' raakt ingeburgerd. De loopbaanspecialist verleent hulp bij het gezamenlijk uitzetten van een verdere loopbaan.

We mogen gerust stellen dat hoe moeilijker de beroepsbeslissing, des te eerder men zal praten met een deskundige. Wie is beter op de hoogte van de mogelijkheden van en de moeilijkheden bij de duizenden beroepen die we tegenwoordig kennen dan de beroepskeuzeadviseur en -psycholoog? Deze specialist wordt dan ook meestal ingeschakeld op kritische ogenblikken in iemands leven. Vooral in deze turbulente tijden van fusies en faillissementen.

Het is voor de beroepszoeker niet zo moeilijk te achterhalen wat bijvoorbeeld de formele toelatingseisen zijn van bepaalde beroepen. Denk aan verplichte opleidingen, diploma's, vergunningen. Een groot aantal overheidsinstanties zal behulpzaam willen zijn en stuurt u op verzoek haar talloze gratis boekjes en brochures toe. Maar wat weet u dan? U wilt graag antwoord hebben op onder andere de volgende vragen:

- Waaruit bestaan de beroepswerkzaamheden *precies*?
- Hoe is het milieu in het algemeen (artistiek, zakelijk, ambtelijk, formeel, jongeren / ouderen)?
- Welke lichamelijke en geestelijke eisen worden er gesteld?
- Wat kan ik voor salaris en andere vergoedingen verwachten?

- Is het een bedrijfstak met toekomst?
- Kan ik 'doorgroeien' in zo'n beroep?

Welk kennis/vaardigheidsgat zit er tussen mij en de functie – en hoe kan ik dat via gerichte training overbruggen?

De loopbaanspecialist heeft eigenlijk twee taken: een algemeen informerende en een onderzoekende. Hij zal u veel over allerlei beroepen kunnen vertellen, zodat u zich een beeld kunt vormen. Daarbij horen natuurlijk ook allerlei gegevens over de arbeidsmarkt (welke kansen heeft u om een baan te vinden?) en toelatingseisen (diploma's, vergunningen, enzovoort). Daarnaast kan hij uw capaciteiten en ambities vaststellen, zodat gezamenlijk wordt bepaald welke beroepen geschikt zijn voor u. Wanneer het gewenste beroep niet goed aansluit bij uw opleiding zal er ook een studieadvies gegeven kunnen worden.

We beginnen dit hoofdstuk met enkele wetenswaardigheden, waarna de waarde van een beroepskeuzeadvies wordt besproken en uitgelegd welke wegen u het beste kunt bewandelen om een beroepskeuzeadvies aan te vragen. En wat ook belangrijk is: hoeveel geld kost zo'n advies? Tot slot zullen we een aantal tests bespreken, die uitsluitend of voornamelijk door beroepskeuzepsychologen wordt gebruikt.

Ter verduidelijking: hebben we in de vorige hoofdstukken tientallen adviezen en tips gegeven om gunstiger naar voren te komen, nu gaat het erom een zo getrouw mogelijk beeld van uzelf te geven. Een beroepskeuzeadvies is als een winterjas. Hij moet lekker zitten, niet te ruim maar ook niet te strak. Wanneer u de kleermaker of de verkoper verkeerde informatie geeft, krijgt u een minder goed zittende jas. Dat geldt ook voor het beroepskeuzeadvies. Als u zich anders opstelt dan u in werkelijkheid bent ontvangt u een 'slecht zittend' advies.

Wetenswaardigheden over beroepen en beroepskeuze

Hoeveel beroepen zijn er? Een eenvoudige vraag, maar niet gemakkelijk te beantwoorden. Dat heeft eigenlijk drie oorzaken. Ten eerste moet een beroep goed worden omschreven, gedefinieerd. Wat voor de een misschien een beroep is, hoeft het voor de ander niet te zijn. Ten tweede is de scheiding tussen beroep en functie niet altijd klaar als een klontje. Ten derde, hoe diep moet men gaan in het preciseren van beroepen? Het aantal verschillende beroepen kan op zo'n 10 000 worden geschat. Hieruit zijn 4 à 500 beroepsgroepen te onderscheiden. De onbevangen en open beroepszoeker wordt voor een gigantische keuze gesteld!

Beroepskeuzeadviezen worden uitgebracht door beroepskeuzeadviseurs en -psychologen. Er bestaan een paar verschillen tussen beiden. Beroepskeuzeadviseurs zijn personen die aan een instelling voor Hoger Beroepsonderwijs (HBO) voor dit beroep hebben gestudeerd. De beroepskeuzepsychologen hebben daarentegen een universitaire opleiding achter de rug. Dat betekent dat psychologen zich in het algemeen met meer ingewikkelde problemen bezighouden. Daarnaast ontwikkelen zij specifieke beroepskeuzetests, die later door de adviseurs worden toegepast. Loopbaanadviseurs (een moderne benaming) hebben uiteenlopende achtergronden.

Wat voor vragen krijgen beroepskeuzespecialisten voorgelegd? We bekijken er enkele. Misschien herkent u een situatie.

- Een vijfenveertigjarige manager van een klein effectenkantoor wordt overbodig nu zijn bedrijf is overgenomen door een grote bank. Er is hem een andere baan aangeboden bij de bank, maar hij vindt de wereld van geld niet meer aantrekkelijk. Hij wil iets totaal anders gaan doen. Maar wat kan hij? En waar heeft hij, met zijn leeftijd, nog redelijke kansen op een baan?
- Een huisvrouw heeft vier kinderen grootgebracht. Ze zijn allen het huis uit en zij zit eenzaam in het 'lege nest'. Ze wil dolgraag 'herintreden'. Wat zijn haar kansen, nadat ze zo'n dertig jaar niet heeft 'gewerkt'? Van haar man en kinderen hoeft ze niet zo nodig. Wat moet ze doen?
- Een WAO'er met rugklachten voelt zich veel te jong om de hele dag thuis te zitten om de buren te 'bespioneren'. Hij wil liever zelf geld verdienen dan zijn hand ophouden en weer 'onder de mensen' komen. Wie kan hem advies geven?
- Een beroepspiloot ziet zijn pensionering op zich afkomen, maar ook zijn jeugddroom om arts te worden. Is hij niet te oud hiervoor? Jaagt hij niet een belegen ideaal na? Zijn anderen hem voorgegaan bij zo'n rare loopbaankronkel? Wie wil hem onpartijdig en eerlijk helpen bij zo'n belangrijke beslissing?

Er wordt wel eens beweerd dat mensen met een lagere opleiding een baan zoeken, maar de hoger opgeleiden een loopbaan. Wat hier wordt bedoeld is dat eerstgenoemden eigenlijk werk zoeken. Het gaat om een korte-termijnbeslissing. De hoger opgeleiden daarentegen nemen vaker beslissingen voor een veel langere termijn, misschien wel voor de rest van hun leven. Deze mensen zullen dan ook in de regel eerder contact zoeken met een beroepskeuzeadviseur en ook meer aan de verstrekte raad hebben.

De beroepskeuzeadviseur krijgt nogal eens vragen voorgelegd van mensen die zich breed aan het oriënteren zijn. Maar wat blijkt? De klant heeft bijvoorbeeld allerlei relatieproblemen, is 'op zoek naar zichzelf', lijdt misschien aan waanideeën, enzovoort. Sommige beroepskeuzepsychologen (*niet* adviseurs!) hebben zich ook toegelegd op dit meer klinisch werk. Zij kunnen klanten licht therapeutisch behandelen, of ze weten naar welke specialist zij het beste kunnen verwijzen.

De waarde van een beroepskeuzeadvies

Welke waarde moet u hechten aan een beroepskeuzeadvies? Is het de tijd, het geld en de moeite (we komen daar nog op terug) allemaal wel waard? Het zijn vragen waarop geen rechtstreeks en algemeen geldend antwoord kan worden gegeven. Naarmate u meer behoefte aan informatie heeft over de arbeidsmarkt en de eigen capaciteiten, zal het advies waardevoller worden. Wanneer u vrij zeker van uw zaak bent, maar toch nog een en ander bevestigd wilt zien door een deskundige, zult u misschien minder overtuigd zijn van het nut. Wij willen u er graag op wijzen dat een adviseur maar één ding doet: adviseren. U zelf neemt altijd de beslissing. U kunt de beroepskeuzeadviseur er dus nooit van beschuldigen een verkeerde beslissing te hebben genomen.

De beroepskeuzeadviseur heeft de beschikking over een grote batterij psychologische tests die helaas niet alle even valide zijn, dat wil zeggen dat het niet altijd geheel duidelijk is wat de tests precies meten. (Zie ook hoofdstuk 6.) Daarnaast probeert de adviseur veel informatie te krijgen door u te laten praten. Vaak omdat er geen (deugdelijke) test beschikbaar is. Hoe dan ook, op een gegeven ogenblik ligt uw rapport klaar en de adviseur gaat dit met u doornemen. In de moderne aanpak zal men u alle gegevens op zo'n manier aanbieden, dat de conclusies aan u worden overgelaten. Een voorbeeld: u wordt onderworpen aan een test die leiderschapscapaciteiten meet. Uw testscore blijkt ondermaats. Betekent dat nu dat u ongeschikt bent om te solliciteren naar een leidinggevende baan? De adviseur wil die conclusie graag aan u overlaten. Misschien heeft u wel andere goede eigenschappen, die al dan niet uit de tests naar voren komen, die een paar zwakke leidinggevende capaciteiten ruimschoots kunnen compenseren!

U moet niet het idee krijgen dat de beroepskeuzeadviseur u met een kluitje in het riet stuurt. Hij kan alleen geen 'bindend advies' geven. U krijgt eigenlijk bouwstenen aangeboden om uzelf te adviseren!

Waar te krijgen?

Bij welke instanties en bureaus kunt u als volwassene aankloppen voor een beroepskeuzeadvies? Er zijn in Nederland zes soorten bureaus waar u terecht kunt. (In België is dit iets anders geregeld.)

1 school- en beroepskeuzebureaus;
2 adviesbureaus voor opleiding en beroep;
3 gemeentelijke diensten en instellingen van gezondheidszorg;
4 afdelingen personeelszaken van grote bedrijven;
5 particuliere praktijken (zelfstandig gevestigde adviseurs);
6 outplacementbureaus.

We zullen kort de bovenstaande instanties beschrijven. In bijlage 1 vindt u een adreslijst met bureaus en instellingen voor beroepskeuze.

1 School- en beroepskeuzebureaus Nederland kent ongeveer zestig van deze bureaus, verspreid over het hele land. De belangrijkste 'klanten' van deze in meerderheid gesubsidieerde stichtingen bestaan uit jongeren tot ongeveer achttien jaar. Ongeveer de helft van deze bureaus werkt op 'neutrale' basis, terwijl van de rest een aantal van rooms-katholieke of protestants-christelijke huize is. De meeste bureaus beschikken over meerdere vestigingen in het land. U zult er meer beroepskeuzeadviseurs dan -psychologen aantreffen. Er bestaan ook op commerciële leest geschoeide bureaus. Deze school- en beroepskeuzebureaus doen zo'n 80 procent van de 150 000 jaarlijkse onderzoeken. Zij combineren beroepskeuzeadviezen met loopbaanontwikkelingsadviezen, selectiewerk en organisatiepsychologisch werk. De kosten voor beroepskeuzeadviezen zullen we straks bespreken.

2 Adviesbureaus voor opleiding en beroep Deze nieuwe AOB's zoals ze in de wandeling worden genoemd, verrichten het beroepskeuzeonderzoekswerk voor de RBA's, de voormalige gewestelijke arbeidsbureaus. Deze regionaal werkende instellingen dragen namen als AOB, COMPAZ, DOBA, Geldergroep, Octant, RDS, SKOA. De geheel gedecentraliseerde RBA's kunnen u naar een van de juist genoemde instellingen verwijzen, of naar andere. Enkele RBA's laten werkzoekenden kosteloos een beroepskeuzeadvies verkrijgen. De meeste brengen kosten in rekening, soms gebaseerd op het eigen (bruto)inkomen. Meestal gaat het om vaste tarieven (van *f* 125,– tot *f* 750,–). Een telefoontje naar het dichtstbijzijnde RBA verschaft u de gewenste informatie.

3 Gemeentelijke diensten en instellingen van gezondheidszorg Een aantal grotere gemeenten beschikt over een team beroepskeuzeadviseurs of -psychologen, die aan een bepaalde dienst zijn verbonden. Dit geldt ook voor grotere ziekenhuizen, sanatoria, revalidatie-instellingen, gevangenissen en andere inrichtingen. Ook hier wordt niet voor het beroepskeuzerapport betaald. In België worden beroepskeuzeadviezen kosteloos door de (semi)overheid verstrekt. Dit gebeurt door het landelijk net van Psycho Medisch-sociale Centra (PMC's). Er zijn 131 PMC's met rooms-katholieke strekking. Onder het ministerie van Onderwijs vallen de overige PMC's die als volgt zijn onderverdeeld:

- Rijks: 51;
- Provinciaal: 2;
- Gemeentelijk: 9;
- Neutraal: 3.

De adreslijst is in bijlage 2 opgenomen.

4 *Afdelingen personeelszaken van grote bedrijven* Een aantal grote bedrijven heeft de beschikking over een beroepskeuzeadviseur of -psycholoog. Deze functie wordt soms gecombineerd met aanpalende werkzaamheden. Het is ook hier niet altijd duidelijk wie de opdrachtgever tot het beroepskeuzeadvies is. Is de medewerker actief op zoek naar ander werk in het bedrijf, of dwingt de organisatie hem of haar een test te laten ondergaan? De adviezen zijn in ieder geval kosteloos.

5 *Particuliere praktijken* Een klein aantal beroepskeuzepsychologen heeft zich zelfstandig gevestigd. Zoals uit het bovenstaande is gebleken worden vele adviezen gratis verstrekt. De markt voor zelfstandigen is dan ook niet groot. Bovendien staan hun tarieven onder druk, omdat zij tegen door subsidies bevoorrechte concurrenten moeten vechten. Dat is vaak de reden waarom zij daarnaast selectiewerk verrichten of psychotherapie bedrijven. Ook in België zijn er particuliere instellingen die zich, voor kleinere aantallen, bezighouden met beroepskeuzeadviezen.

6 *Outplacementbureaus* Deze bureaus werken in de regel voor grotere organisaties, die op vriendelijke wijze medewerkers willen lozen. Zij sporen onder andere de sterke en zwakke kanten van hun kandidaten op en geven desgevraagd een loopbaanadvies, dat moet leiden tot een nieuwe baan.

Voor verdere informatie over beroepskeuze (onderzoek) kunt u terecht bij:

1 De in bijlage 1 en 2 genoemde Nederlandse en Belgische bureaus;
2 De Vereniging van Beroepskeuzeadviseurs, Nieuwe Vaart 14, 3451 AJ Vleuten;

3 Gemeenschappelijk Bureau voor Opleiding en Beroep (GBOB) / De Nederlandse Vereniging van AOB's, Postbus 345, 3990 GC Houten;
4 Centrale van Studie- en Beroepsoriënteringen en Psycho Medisch-sociale Centra, M. Lemonnierlaan 129, 1000 Brussel;
5 Ministerie van Onderwijs. Dienst Beroepsoriëntering, Koningstraat 138, 1000 Brussel.

Hoeveel kost dat?

De kosten van een beroepskeuzeadvies lopen uiteen van enkele honderden tot enkele duizenden guldens, afhankelijk van de vraagstelling en het gekozen bureau.

In samenhang met het kostenplaatje willen we twee veelgestelde vragen beantwoorden.

- Is een beroepskeuzeadvies duur?
- Hoe lang is zo'n advies geldig?

Stel dat u geïnteresseerd raakt in het geadviseerde beroep en u vindt daar werk dat u voor de rest van uw leven met veel plezier blijft doen. Is zo'n advies dan duur geweest? Waarschijnlijk niet! Vaak is men zich niet bewust van een ander voordeel van een beroepskeuzeadvies. Stel het is altijd uw stille wens geweest een technisch beroep uit te oefenen. Het is er alleen nooit van gekomen. Door toevallige omstandigheden bestaat die mogelijkheid nu wel, maar het lijkt u toch veilig om eens over uw capaciteiten te gaan praten met een deskundige. Het is tenslotte een grote stap... De beroepskeuzepsycholoog toont aan dat uw technisch inzicht nogal beperkt is. Wanneer u het standpunt van de psycholoog deelt – waarschijnlijk met bloedend hart – wordt u misschien wel een regelrechte ramp bespaard. Is u dat niet veel waard?

De vraag naar de geldigheidsduur is niet in enkele zinnen van een antwoord te voorzien. Het zit namelijk zo. Hoe jonger u bent, des te meer u kunt veranderen. Uw ideeën, inzichten, capaciteiten blijven niet gelijk. Maar met het klimmen der jaren zullen de veranderingen steeds kleiner worden. Sommige zaken die voor een beroepskeuze worden onderzocht blijven nogal stabiel, zoals: intelligentie, vaardigheden, persoonlijkheidskenmerken, creativiteit. Andere zullen met de jaren veranderen: ambitie, interessen, 'zicht op de wereld', enzovoort. We gaan ervan uit dat een beroepskeuzeadvies meerdere jaren mee moet kunnen gaan. Veel mensen leren zichzelf beter kennen (hun mogelijkheden, maar ook beperkingen) bij het ouder worden.

Wie is de opdrachtgever?

Zoals u misschien heeft begrepen zijn er drie opdrachtgevers voor een beroepskeuzeonderzoek te onderscheiden:

1 de te testen persoon zelf;
2 een verwijzende instantie;
3 de persoon zelf, te zamen met de verwijzende instantie.

We willen hier graag even bij stilstaan, omdat uw testdag in sterke mate zal afhangen van wie de opdracht tot het onderzoek heeft verstrekt.

Opdrachtgever: de te testen persoon zelf Wanneer u zelf contact zoekt met een (bijvoorbeeld commercieel / particulier) testbureau, wilt u in de regel precies weten wat uw sterke en zwakke kanten zijn en waar uw beroepsvoorkeuren liggen. U zult dan ook openhartig zijn bij de gesprekken en de tests eerlijk behandelen. Het is tenslotte volledig in uw belang. Het rapport komt alleen bij u terecht en u alleen maakt uit of en hoe u de adviezen gebruikt.

Opdrachtgever: een verwijzende instantie Het ligt anders wanneer een verwijzende instantie in het spel komt. U weet bijvoorbeeld niet welke 'plannen' het Regionaal Bureau Arbeidszaken (RBA) met u heeft. Misschien wil men u een functie / beroep aanpraten, omdat daar een grote plaatsingskans is. Enige voorzichtigheid is hier dan ook soms op zijn plaats. Omdat u niet de opdrachtgever bent van het onderzoek kunt u niet te veel eisen.

Opdrachtgever: de persoon zelf, te zamen met de verwijzende instantie U werkt bij een groot bedrijf en uw afdeling wordt gereorganiseerd. De personeelsafdeling raadt aan u te laten onderwerpen aan een beroepskeuzetest, voordat u een andere baan binnen de organisatie krijgt aangeboden. Op zich is dat een prima service. Maar er kunnen wel een paar fikse adders onder het gras zitten! Bijvoorbeeld dat er bij de personeelsafdeling informatie over u terechtkomt, die u liever voor u houdt. Personeelsfunctionarissen, psychologen en beroepskeuzeadviseurs kennen een eigen beroepscode. (Zie ook hoofdstuk 16.) Maar bedenk dat deze medewerkers twee petten op hebben, en loyaal moeten zijn naar de organisatie (hun broodheer) en naar hun beroepsvoorschriften. Soms loopt er maar een heel dunne scheidslijn tussen beide. We willen hier niet beweren dat personeelsfunctionarissen onbetrouwbaar zouden zijn. We waarschuwen alleen voor mogelijke problemen. Sommige bedrijven zijn nu eenmaal netter, ethischer, dan andere. Wat kan de personeelsafdeling nu met uw gegevens doen? Het is niet ondenkbeeldig dat uw adviesrapport capaciteiten aanwijst die helaas binnen het bedrijf niet te gebruiken zijn.

Kortom, wees voorzichtig met het vriendelijke aanbod van uw werkgever...

De gang van zaken

Hoe verloopt een beroepskeuzeonderzoek? We volgen hier een algemene lijn, zonder veel aandacht te besteden aan verschillen tussen instanties en bureaus.

Het onderzoek begint altijd na schriftelijke of telefonische aanmelding van de klant of uitnodiging van een instantie. De tweede stap is vaak het beantwoorden van een aantal schriftelijke vragen (vragenlijst). Naast een aantal personalia-gegevens, zoals naam, leeftijd, beroep en dergelijke verzoekt het bureau u een vraagstelling te formuleren. Wat is de reden voor het aanvragen van een beroepskeuzeadvies? U krijgt hierna een uitnodiging om op het testbureau te verschijnen, waar u diverse gesprekken zult voeren met de adviseur of psycholoog en aan verschillende tests wordt onderworpen. Het komt voor dat men u een opdracht geeft een klusje uit te voeren, zoals dat ook in werkelijkheid plaatsvindt. Beroepskeuzeadviseurs geven soms ook 'huiswerkopdrachten' mee, zoals personeelsadvertenties uit de krant verzamelen. (Wat hebben deze advertenties gemeen in termen van bijvoorbeeld vereiste vaardigheden of kennis?) Een andere opdracht: een of meer personen die uw voorkeursberoep uitoefenen te interviewen. Wat ook voorkomt: thuis opschrijven wat voor soort mensen een bepaald beroep uitoefenen. Wij rekenen deze en andere 'huiswerkopdrachten' niet tot de psychologische tests. Ze zullen dan ook verder niet aan de orde komen.

Vaak zal het adviesrapport zo'n twee weken na de (laatste) bijeenkomst klaar zijn. Tussen aanmelding en rapport zitten (afhankelijk van aantal gevoerde gesprekken (zittingen), moeilijkheid van het onderzoek en drukte van het bureau) meestal ongeveer vier weken. Alle conclusies worden weergegeven in het adviesrapport, dat meestal uitvoerig wordt toegelicht. Tegenwoordig probeert de beroepskeuzeadviseur steeds meer de feiten zo neutraal mogelijk aan te bieden. Men hecht er waarde aan de conclusies zo zacht mogelijk neer te zetten, zodat u zo min mogelijk in een bepaalde richting wordt gedwongen.

Voor de gang van zaken tijdens het testen zelf verwijzen we naar hoofdstuk 3. Het maakt in principe niet zoveel uit waarvoor u wordt getest. De werkwijze blijft gelijk.

Soms worden in selectieprocedures beroepskeuzetests afgenomen. Hiermee hoopt de testpsycholoog achter uw 'ware' (diep verborgen) motivatie te komen. Oppassen geblazen!

Beroepskeuze- en loopbaantests

In de praktijk van de beroepskeuze- en loopbaanspecialist wordt gebruik gemaakt van speciale beroepskeuzetests, maar ook van meer algemene tests, waarvan sommige in de voorgaande hoofdstukken zijn besproken. We bespreken hier alleen typische beroepskeuze- en -interessetests.

1 Beroepen Interesse Test Deze oorspronkelijk Amerikaanse beroepsbelangstellingstest werd in 1959 voor Nederland bedrijfsklaar gemaakt door de Amsterdamse hoogleraar in de beroepskeuzepsychologie Wiegersma, en is hiermee de oudste in zijn soort. De één uur durende BIT kan in groepjes worden afgenomen, maar ook individueel.

De kandidaat krijgt 162 beroepsactiviteiten in een groot schema aangeboden, die elk vier maal worden genoemd. Men krijgt nu steeds groepjes van vier beroepsinteressen, waarvan er één moet worden aangestreept. Het onderstaande plaatje is afkomstig uit de test. Het is de bedoeling dat op het testformulier van links naar rechts en van boven naar beneden alle activiteiten worden doorgelezen en aangegeven wordt naar welke activiteiten de meeste voorkeur uitgaat. (Het is eigenlijk iets ingewikkelder, vandaar de hokjes, pijlen en cijfers, maar dat is hier verder niet van belang.)

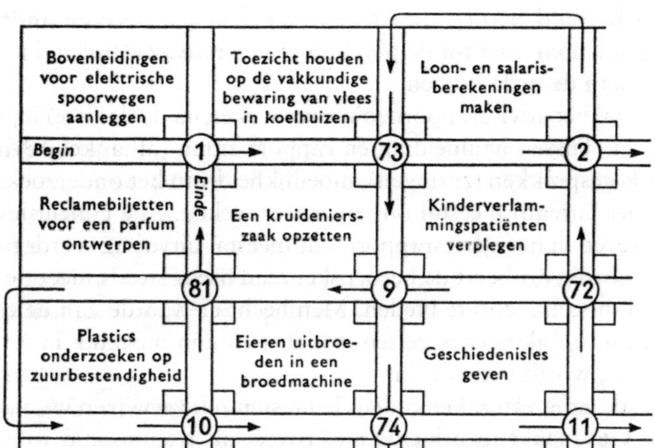

De BIT *ontleedt uw beroepsbelangstelling in negen gebieden*

Er worden negen belangstellingsgebieden blootgelegd:

- Technische handarbeid;
- Ambachtelijke vormgeving;
- Techniek en natuurwetenschap;
- Voedselbereiding;
- Agrarische arbeid;
- Handel;
- Administratie;
- Literatuur en geesteswetenschap;
- Sociaal werk en opvoeding.

Daarnaast wordt nog een onderscheid gemaakt in twee niveaus: lager en middelbaar.

2 *Beroepskeuze Zelf-Onderzoek* Dit is een unieke beroepskeuzetest, omdat u die thuis kunt invullen! Zij wordt gebruikt voor/door jongeren, schoolverlaters en ouderen. De test kost tussen de 30 en 45 minuten en u kunt zelf scoren, zodat u er de deur niet voor uit hoeft om erachter te komen naar welke (typen) beroepen uw voorkeur zoal uitgaat.

Hoe zit de test in elkaar? De BZO-test gaat ervan uit dat mensen in zes typen zijn onder te verdelen die de volgende namen hebben meegekregen:

- Realistisch;
- Intellectueel;
- Artistiek;
- Sociaal;
- Ondernemend;
- Conventioneel.

We zullen twee van deze typen nader beschrijven. 'Het ondernemende menstype houdt van werkzaamheden in de handel, de politiek of het bestuur. Hij kan goed leiding geven en organiseren. Ook weet hij anderen gemakkelijk van iets te overtuigen. Zijn optreden is actief, zelfverzekerd en overheersend. In de volgende beroepen komen we het ondernemende menstype vaak tegen: verkoper, bedrijfsleider, tv-programmaleider, bankdirecteur.'

'Het conventionele menstype is het liefst met administratieve werkzaamheden bezig. Hij weet graag waar hij aan toe is en houdt van regelmaat. Hij bezit kantoorvaardigheden, kan zeer nauwkeurig werken en kent de regels. Zijn gedrag is correct en betrouwbaar. Het conventionele menstype vinden we in beroepen zoals: boekhouder, secretaresse, belastingdeskundige, bankemployé, calculator.' (Uit: Hogerheijde, 1995.)

De test bestaat uit vier delen. In het eerste deel worden vragen gesteld naar beroepskeuze-ideeën. (U maakt zelf een lijstje met uw voorkeuren.) Het tweede deel vraagt naar activiteiten, vaardigheden en beroepen. Voor het derde deel, zelfbeoordelingen, dient u twaalf eigen begaafdheden zelf te beoordelen (bijvoorbeeld artistieke aanleg, nauwkeurigheid, contactuele vaardigheid). Het laatste deel is de zogenaamde beroepszoeker. Na scoring van de antwoorden (dat doet u dus zelf!) kunt u in een lijst van 609 beroepen, ingedeeld in een aantal categorieën, opzoeken waar u zou kunnen 'thuishoren'.

Ten slotte geven we een voorbeeld van een lijstje met activiteiten, waarvan u steeds met een 'ja' of 'nee' moet zeggen of u deze activiteiten prettig vindt om te doen of wel eens zou willen proberen:

- Anderen van iets overtuigen;
- Een cursus leiding geven volgen;
- Een eigen bedrijf leiden;
- Een training spreken-in-het-openbaar volgen;
- Vergaderingen en conferenties bijwonen;
- Lezingen houden;
- Bestuurslid van een vereniging zijn;
- Toezicht houden op het werk van anderen;
- Lid zijn van de gemeenteraad;
- Belangrijke mensen ontmoeten;
- Een nieuw produkt op de markt brengen;
- Bij een internationale instelling werken.

Heeft u al enig idee wat voor iemand veel ja-antwoorden zal geven?

TIP: Belangstelling voor de BZO-test? Deze is te bestellen bij: Swets & Zeitlinger, Heereweg 347, 2161 CA Lisse.

3 Kuder Beroepsvoorkeur Onderzoek Deze oorspronkelijk Amerikaanse test van de psycholoog Kuder kent drie delen, waarvan er maar één in het Nederlands is vertaald. Deze ongeveer vijfendertig minuten durende groepstest bepaalt uw beroepsinteressen als volgt. U krijgt 132 groepen van steeds drie bezigheden voorgelegd. U dient er hieruit steeds twee te kiezen: welke doet u het liefst en welke het minst graag? Uw beroepsinteressen worden nu in kaart gebracht op de volgende tien gebieden, met tussen haakjes een voorbeeld van een bezigheid binnen elk gebied:

- werk in de buitenlucht (slachtvee fokken);
- technisch werk (schepen bouwen);
- wiskundig werk, rekenwerk, cijferwerk (verkoopcijfers statistisch bewerken);
- (natuur-)wetenschappelijk werk (laboratoriumproeven doen);
- propagandistisch en commercieel werk (advertentiewerving voor een weekblad);
- creatieve en reproduktieve beeldende kunst (behangselpatronen ontwerpen);
- literair werk (toneelstuk schrijven);
- muziek (componeren);
- maatschappelijk werk (een zieke verplegen);
- administratief werk (brieven typen).

Wat voor zinnetjes (activiteiten) kunt u verwachten? Voorbeelden van bezigheden, waarvan u er dus telkens twee van de drie moet kiezen:

- Een bureau voor marktanalyse bezoeken;
- De samenstelling van verven en lakken scheikundig controleren;
- Werken op een opvoedkundig adviesbureau.
- Fins aardewerk importeren;
- Filmkritieken schrijven;
- De administratie van orderbrieven bij een groothandel leveren.

Er ontstaat ten slotte een beroepsprofiel, dat wordt afgezet tegen de testnormen.

4 Amsterdamse Beroepen Interessen Vragenlijst De naam van de test doet vermoeden dat het om een puur Nederlands produkt gaat. Dit is eigenlijk niet waar, want deze in 1979 verschenen en in 1992 herziene test is een verbeterde uitgave van de 'oeroude' beroepsinteressetest van de Amerikaan Strong. Zijn test zag in 1927 het licht en is tot op de dag van vandaag nog steeds een van de meest gebruikte beroepsvoorkeurtests in de Verenigde Staten.

De ABIV kan zowel klassikaal als individueel worden afgenomen (aan personen vanaf zestien jaar, die minstens HAVO-niveau hebben). Er staat zo'n half uur om de test te volbrengen, maar velen doen het sneller.

Er worden achttien interessegebieden onderscheiden:

- Exact-wetenschappelijk;
- Techniek;
- Literair;
- Artistiek;
- Muziek;
- Alfa-wetenschappelijk;
- Commercieel;
- Sociaal;
- Sociaal-wetenschappelijk;
- Religieus;
- Buitenwerk;
- Sport;
- Bestuurlijk;
- Administratief;
- Cijferwerk;
- Leidinggeven;
- Avontuur;
- Medisch.

Deze als kwalitatief goed bekend staande top-twaalf-test biedt u 342 vragen aan. U kunt steeds uit drie antwoorden kiezen: 'onplezierig', 'neutraal' en 'plezierig'. Alle vragen zijn ondergebracht in vijf grote groepen:
Groep 1 Hieronder staan beroepen vermeld, waarbij u steeds meldt of zo'n beroep u 'plezierig' of juist 'onplezierig' lijkt. Of heeft u er geen mening over? In dat geval vult u 'neutraal' in. Alle beroepen zijn sekse-neutraal beschreven.
Groep 2 Het gaat nu om bekende schoolvakken (plantkunde, gymnastiek, enzovoort), waarvan u steeds weer moet zeggen of dit plezierige of onplezierige vakken voor u zijn.
Groep 3 Het gaat dit keer over vrijetijdsbesteding. U krijgt zevenentwintig tijdsbestedingen onder ogen (kerkbezoek, paardrijden, piano spelen, enzovoort). Hoe plezierig vindt u een en ander?
Groep 4 gaat over andere, nogal uiteenlopende bezigheden, zoals aan motoren sleutelen en decors ontwerpen.
Groep 5 Hierin vindt u menstypen waarover u uitspraken moet doen (beroemde koks, militairen, atleten, enzovoort).

De ABIV wordt nogal eens in de selectieprocedures gebruikt om achter de ware motieven van de kandidaat te komen. Stemt het profiel van deze test overeen met dat wat van de functie mag worden verwacht? Bijvoorbeeld, scoort de kandidaat voor een commerciële functie hoog op 'Commercieel' in de test?

5 Thurstone Beroepen Test De beroemde en veelzijdige Amerikaanse psycholoog Thurstone liet deze test in 1947 verschijnen. Een Nederlandse uitgave zag het daglicht in 1974. Deze korte test – hij duurt maar tien à vijftien minuten – kan klassikaal of individueel worden afgenomen.

Deze test lijkt veel op enkele andere die we in dit hoofdstuk hebben besproken. U krijgt een blad met daarop honderd paren beroepen. Deze zijn netjes ingedeeld in tien kolommen en tien rijen (10 x 10). U krijgt de keuze om van elk paar het beroep te kiezen dat u het meest aantrekkelijk lijkt. Sommige beroepen komen in meerdere paren voor. U kiest dus honderd maal achter elkaar en uit al deze keuzen rolt ten slotte een patroon. Dit unieke patroon – tenslotte is elk mens uniek – kent tien zogenaamde interessefactoren en dat zijn:

- Natuurwetenschappelijk-technisch-constructief;
- Biologisch-medisch;
- Administratief-economisch;
- Commercieel-ondernemend;
- Bestuurlijk-representatief;
- Overtuigend-overredend;
- Verbaal-literair;
- Humanitair-sociaal werk;
- Artistiek-beeldende kunst;
- Muzikaal.

```
BEROEPEN VRAGENLIJST (HAVO-VWO)
INGEVULD DOOR:
-+---+---1   2   3   4   5   6   7   8   9  10  11  12  13  14  15  16  17  18
-+---+---+---+---+---+---+---+---+---+---+---+---+---+---+---+---+---+---+---+
NATW :******************
BIOL :**************************************
ADMI :**************************************
COMM :******************************
BEST :**************************************************
OVER :**************************************************************
VERB :******************************************************
HUMA :**************
ARTI :**********************************
MUSI :******************************************
-+---+---+---+---+---+---+---+---+---+---+---+---+---+---+---+---+---+---+---+
```

Hoe meer sterretjes (**) hoe groter uw belangstelling
Deze test zegt niets over uw geschiktheid

Beroepskeuzetests verouderen...

Beroepskeuzetests moeten eigenlijk voortdurend worden aangepast aan de nieuwe tijd, want beroepen komen en beroepen gaan. Zou u warmlopen voor de volgende beroepen (althans in een test): ponskaarttypist, indoloog, wagenmaker, valkenier, of bode? En wie had dertig jaar geleden van deze beroepen en functies gehoord: rack jobber, hoogleraar vrouwenstudies, franchisenemer, Internet designer of personal finance manager?

HOOFDSTUK 12

Andere tests

U heeft inmiddels met veel uiteenlopende tests kennis gemaakt. (En u bent daar nog niet van verlost!) In dit hoofdstuk worden wat andersoortige tests besproken die ook in selectieonderzoek hun plaats hebben. We maken u hier eerst attent op eerlijkheid (waar werkgevers steeds meer van af willen weten) en hoe dit gemeten wordt. We spreken over de papieren 'integriteitstests'. Daarna vragen we uw aandacht (en concentratie) voor een aandachtstest: de stippeltest. We besluiten dit hoofdstuk met commerciële en creativiteitstests.

Eerlijkheid

Elke organisatie is op zoek naar kundige, gemotiveerde en eerlijke (aanstaande) managers en medewerkers, die goed bij hun cultuur passen. (Waarom eigenlijk, eerlijke mensen?) Zij zullen niet stelen, bedriegen, een gering werkverzuim hebben ('tijddiefstal') en dergelijke. Dat 'dergelijke' kan in de Verenigde Staten betekenen alcohol- en drugverslaving, sabotage en zelfs het uitmoorden van collega's op het werk... Niet de meest plezierige trend.

Testers zijn in dit onderwerp geïnteresseerd omdat zij graag betrouwbare resultaten uit hun onderzoek krijgen. Als een sollicitant onwaarheid spreekt of schrijft tijdens een procedure, bestaat er twijfel aan bijvoorbeeld zijn gemeten 'ware' persoonlijkheid en capaciteiten.

Natuurlijk zijn niet alle sollicitanten altijd even eerlijk. Ze hebben misschien iets te verbergen:

- ontslag/ werkloos zijn/ op non-actief zijn gesteld of worden;
- bepaalde diploma's niet bezitten;
- een alcoholprobleem;
- een emotionele echtscheiding;
- verpleegd zijn geweest in een psychiatrische inrichting;
- gevangenisstraf hebben uitgezeten;
- ernstig ziek (geweest) zijn (aids).

'Integriteitstests'

In de Verenigde Staten bestaat een toenemende belangstelling voor schriftelijke (en andere) eerlijkheidstests. De belangrijkste redenen hiervoor zijn het toenemend alcohol- en druggebruik en stijgende **derving,** in onder andere het winkelbedrijf. Tijdige opsporing spaart vanzelfsprekend veel geld. Twee belangrijke uitgangspunten bij het gebruik van deze 'integriteitstests' (dat klinkt prettiger dan eerlijkheids- of leugentests) zijn:

1 Ze hebben een hoge validiteit en betrouwbaarheid.

2 De sollicitant kan zich hierop *niet* voorbereiden, noch de test doorgronden; het zijn dus robuuste instrumenten.

De werkelijkheid legt de zwakheden van deze tests bloot...

Schriftelijke tests

De schriftelijke integriteitstests zijn gemakkelijk af te nemen. Ze zijn gebaseerd op enkele *aannamen*, die er duidelijk in zijn terug te vinden:

Minder eerlijke personen:

1 rapporteren een grotere mate van oneerlijk gedrag
2 zijn geneigd eerder oneerlijk gedrag te verontschuldigen
3 zijn geneigd meer excuses of redenen voor diefstal aan te voeren
4 denken vaker over diefstal
5 zien vaker oneerlijk gedrag als acceptabel
6 zijn vaker impulsief
7 zijn geneigd zichzelf en anderen zwaarder te straffen

Enkele typische vragen uit zo'n test:

'Wetsovertreders zouden harder aangepakt moeten worden'
'Ik moet er niet aan denken dat ik genoeg geld zou hebben om uit te geven'
'Het is begrijpelijk dat er gestolen wordt als er geen risico is'
'Vrijwel iedereen is erop uit om te stelen'

> **TIP:** Dit type vragenlijsten melden koelbloedig dat zij kunnen ontdekken wanneer u een misleidend antwoord geeft of de zaak bedondert. U weet langzamerhand dat geen enkele test zo'n claim waar kan maken, zelfs niet een die gespecialiseerd is in het opsporen van bedriegers.

Er zijn ook andere manieren om (on)eerlijkheid te meten, zoals de leugendetector en een methode die de spanning in de stem meet. Zij zijn echter nogal ongebruikelijk en schrikken sollicitanten af. (Het is een motie van wantrouwen – veel meer dan een papieren test.)

Voorspellingen doen over iemands (toekomstige) eerlijkheid blijft een hachelijke zaak. Hoe valide, betrouwbaar en nauwkeurig moet een voorspelling zijn? De voorspelling dat kandidaat Pietersen over 3 jaar fl. 17,50 zal stelen van zijn brandnieuwe werkgever is onzinnig – en onmogelijk. Misschien gaat hij *tijd stelen* – een belangrijk gegeven. Maar deze vorm van diefstal zal misschien een aanpassing zijn aan de *normen en gebruiken* van de werkgroep of de organisatiecultuur. Een kwestie van de gelegenheid maakt de dief. Of maakt de dief de gelegenheid?

En wat dan nog...

'(On)eerlijkheid' is dus moeilijk vast te stellen of te voorspellen. Maar als dat wel het geval is, dringt zich een lastige vraag op: is het ongunstig of juist gunstig voor de organisatie een goed leugenaar een dienstverband aan te bieden? Want iemand die voor zichzelf kan liegen kan dat ook doen voor de werkgever! Denk bijvoorbeeld aan het voeren van onderhandelingen, of in andere omstandigheden gewiekst gebruik maken van de kansen voor informatievoorziening, een betere omschrijving van spieken. Is de hoop gevestigd op de genetisch gemanipuleerde eerlijke sollicitant?

Aandacht en concentratie

U heeft eerder kennis gemaakt met zo'n test. We doelen op het DAT-onderdeel (zie hoofdstuk 8) Snelheid en Nauwkeurigheid. Geheel anders in deze categorie is de *Bourdon-Vos Test*, uit 1902 (!) en ontworpen door de Fransman Bourdon om aandacht en concentratievermogen op een snelle en eenvoudige manier te meten. En snel is de test zeker! Hij duurt ongeveer tien minuten en wordt per persoon afgenomen. De Stippen-Bourdon Test, zoals hij ook wel wordt genoemd, bestaat uit een testblad van 50 regels met op elke regel 25 groepjes van 3, 4, of 5 stippen in willekeurige volgorde. Zie het voorbeeld. Een kwestie van concentreren! (Er bestaat ook een variant van, met andersoortige stippen.)

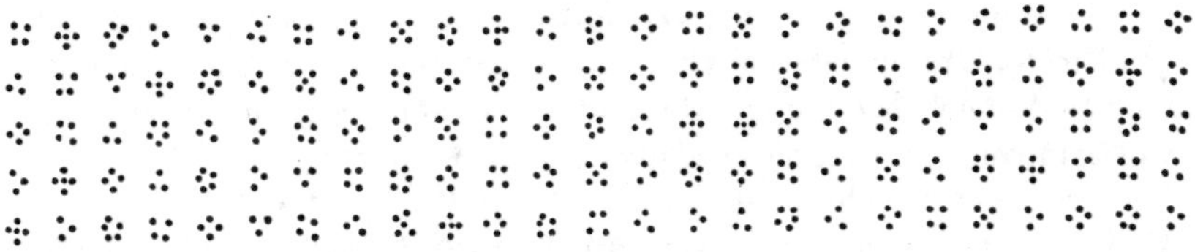

Op elke regel vindt u acht groepen van de vierstippigen. Het gaat er nu om dat u een potloodstreep geeft door alle groepjes van vier stippen. U moet zo snel mogelijk werken, want u wordt scherp bekoekeloerd door een testassistent met stopwatch!
Wat wordt er nu gemeten?

1 De weglatingen, dat wil zeggen groepjes van vier die u heeft overgeslagen.
2 Fouten, dat wil zeggen verkeerde groepjes (drie of vijf stippen), die u ten onrechte heeft doorgestreept. (U mag overigens best een fout herstellen, als u het maar zo snel mogelijk doet!)
3 Herstellingen, dat wil zeggen correcties op fouten en weglatingen.
4 De tijd per regel en de totale tijd.

TIP: Als u een normale, gemiddelde prestatie wilt behalen dient u op het volgende te letten:

- Per regel moet u niet meer dan tien seconden 'investeren';
- U zult uw tijd zo gelijk mogelijk over de regels moeten verdelen. (U krijgt een of twee voorbeeldregels op de test aangeboden, dus voor het 'echte werk' begint.);
- Het aantal weglatingen bedraagt gemiddeld vijftien stuks, dus minder dan één per regel;
- Gemiddeld worden er niet meer dan twee fouten gemaakt.

Er bestaat geen reden om zenuwachtig te worden voor deze test. U kunt zich toch wel tien minuten of zelfs iets minder concentreren op een lijst met stippen?

Deze test wordt ook toegepast in psychiatrische instellingen. Vermoedde u dat al?

De Grünbaum Test werd ontwikkeld door de Russische psycholoog A. Grünbaum die o.a. hoogleraar aan de Universiteit van Utrecht is geweest.

Deze test aanschouwde het levenslicht in 1925 en wordt buiten het Nederlandstalige gebied weinig gebruikt. Het is een aandachttest die bestaat uit een bord of wandkaart waarop de getallen 11 t/m 64 in groot lettertype prijken, die geheel willekeurig over negen rijen en zes kolommen zijn verdeeld. Onder alle getallen staan, in klein lettertype, de getallen 1 t/m 54 gedrukt, maar deze zijn in volgorde gezet. Zie onderstaande illustratie.

63	**39**	**15**	**28**	**45**	**18**
1	2	3	4	5	6
36	**25**	**33**	**64**	**51**	**40**
7	8	9	10	11	12
50	**54**	**42**	**60**	**12**	**30**
13	14	15	16	17	18
57	**62**	**24**	**48**	**37**	**21**
19	20	21	22	23	24
35	**19**	**55**	**17**	**59**	**14**
25	26	27	28	29	30

Een deel van de Gruenbaum Test

Wat moet de kandidaat nu doen? In dit serieuze 'zoekspel' wordt van u verwacht dat u de groot gedrukte getallen (die dus in willekeurige volgorde over het bord zijn verspreid) opzoekt. U begint bij 11, dan zoekt u 12 op, vervolgens 13 enzovoort. U roept hierbij steeds het bijbehorende klein gedrukte getal op van de lijst 1 t/m 54. (U hoeft dus niet te schrijven.) De test wordt altijd begonnen met vier 'warming-up'-getallen, om u vertrouwd te maken met de procedure.

Deze snelle test duurt in de regel zo'n vijf minuten. (Snelle mensen doen er drie minuten over, langzame personen meestal zes.) Het is aardig u te waarschuwen waarop de testassistent, die uw antwoorden hondentrouw noteert, zoal let. Het gaat achtereenvolgens om:

- De tijd die u nodig heeft voor het volbrengen van deze test (Dat zal maximaal vijf minuten – mogen – zijn.);
- Het aantal fouten dat u maakt;
- Het aantal fouten dat u zelf opmerkt en daarna meteen verbetert;
- Het aantal keren dat u meer dan vijfenveertig seconden nodig heeft om het volgende getal op het bord op te sporen.

Veelal worden uw *antwoorden per vijftien seconden genoteerd*. Let erop dat u probeert voor elke periode van vijftien seconden evenveel antwoorden te geven (cijfers opnoemen). Lukt u dat niet, dan spreekt men van een inzinking. Een inzinking is 'toegestaan'. Bij meerdere komt u in de problemen! Inzinkingen komen in de praktijk vaak voor in de tweede en laatste minuut. U bent gewaarschuwd!

De Grünbaum Test vertoont wetenschappelijk gezien nogal wat problemen. Daarom wordt zij nog maar weinig ingezet bij selectie-onderzoek.

Commerciële tests

Kandidaten voor commerciële functies worden tegenwoordig vaak onderzocht met assessment opdrachten, waaronder een rollenspel, zoals in *Alles over assessment centers* uitvoerig wordt besproken. We zullen er daarom nu niet dieper op ingaan.

Er zijn ook schriftelijke tests die menen iemands commerciële capaciteiten te kunnen voorspellen. De top-twaalf-test VCI is hier een voorbeeld van. Zij meet het commerciële inzicht via 27 multiple-choice vragen. Of deze test een goede indicator is van commercieel inzicht (wat is dat eigenlijk?) betwijfelen de deskundigen. (Zie hoofdstuk 6.) Misschien heeft u ook al het bruine vermoeden dat iemand die een goede score weet neer te leggen op deze test niet per se een goede verkoper is. Het verschil tussen kruisjes zetten en een ander ergens van overtuigen is nogal groot...

Zie *Alles over management tests* Hoofdstuk 6.

De volgende vraag komt uit een meer informele 'test' voor de selectie van verkopers:

'Winkelier Willemse laat aan een klant een elektrisch scheerapparaat zien waarnaar deze vroeg. Het apparaat kost *f* 98,–. Als hij de werking ervan wil uitleggen, zegt de klant dat hij niet geïnteresseerd is in zo'n duur apparaat en dat hij er een van *f* 66,– heeft gezien. De winkelier heeft dit ook in voorraad, evenals trouwens apparaten van *f* 48,–. Alle drie de apparaten zijn afkomstig van bona fide fabrikanten die deugdelijke kwaliteit voor hun prijs leveren. Wat moet winkelier Willemse doen?'

- Doorgaan met de demonstratie van het *f* 98,– apparaat?
- Het apparaat van *f* 66,– demonstreren en leveren?
- Een volledige uitstalling geven van de apparaten van *f* 48,–, *f* 66,–, en *f* 98,–?
- Iets anders, dat u op de achterkant van dit formulier mag toelichten?

(Uit: Wage, 1974)

(Iets anders? Bijvoorbeeld zijn winkel 's nachts in brand steken en van de verzekeringspenningen genieten op Hawaii?)

Dit soort tests is van nogal twijfelachtige waarde.

Creativiteitstests

Soms wil de werkgever weten of u creatief bent – en daar bedoelt hij niet mee of u op de wereldkampioenschappen boetseren of macrameeën goed mee kunt komen of creatief kunt boekhouden. Kunt u snel leuke dingen bedenken? Díe vraag wil de aanstaande broodheer of -dame beantwoord zien. Een voorbeeld van een eenvoudige en snelle creativiteits- of divergentietestvraag is de volgende (die tussen andere tests kan worden gepropt):

'Bedenk zo veel mogelijk gebruiksmogelijkheden met de volgende voorwerpen': knoop, autoband, horloge, sleutel, paperclip, en andere alledaagse gebruiksvoorwerpen. Voor deze schriftelijke test (met dus meer objecten) krijgt u twee minuten denktijd.

We nemen de knoop als voorbeeld. Dat u er delen van een kledingstuk mee kunt verbinden getuigt van een praktisch inzicht, niet zo zeer van een buitensporige creativiteit. U zou ook kunnen noemen dat een knoop is te gebruiken als dobber, als hefboom, onderlegger, schroevedraaier (bij gebrek aan beter), fiche (bij een kaartspel), decoratie, stop voor een draad, om er een cirkel mee te tekenen, enz. En een autoband? Denk eens aan een stootkussen, een vlot, zolen (uit de band te snijden), rookgordijn (als de vlam de band pakt), stoel, gewicht ter bescherming van bijvoorbeeld een zeil op het land, enz.

TIP: Management tests behoren ook tot de 'andere tests'. In hoofdstuk 9 zijn we kort ingegaan op het gebruik van tests die specifieke managementvaardigheden meten. Meer weten? Lees *Alles over management tests.*

HOOFDSTUK 13

Kinderen en de test

Tot nu toe hebben we onze aandacht beperkt tot tests voor volwassenen. In dit hoofdstuk willen we kort stilstaan bij tests die aan kinderen worden afgenomen.

We kunnen ons goed het spervuur van vragen voorstellen wanneer u te horen krijgt dat een of meer van uw kinderen getest moet worden. Of het nu om de 'Cito-toets' of een intelligentietest gaat, u tast misschien in het duister (wat herinnert u zich nog van uw 'eigen' Cito-toets?) en uw kinderen blijven in onzekerheid en spanning zitten. We geven u in dit hoofdstuk informatie over:

- Schoolkeuze;
- Ontwikkeling van intelligentie;
- Kinderintelligentietests;
- Vaardigheden en begaafdheden;
- Cito-toetsen.

'Kindertests' zullen hier niet diepgaand worden besproken, omdat het verder weg legt van het centrale onderwerp van dit boek en omdat voor oudere kinderen dezelfde tests worden ingezet als voor volwassenen.

Schoolkeuze

Het kiezen van de juiste (middelbare) school is niet altijd makkelijk, vooral omdat er zoveel op het spel staat. De basis voor het later te kiezen beroep wordt voor een deel al gelegd bij de overgang naar de middelbare school. Dank zij het open systeem kunnen leerlingen nu gemakkelijker dan vroeger 'overstappen'. Helaas wijst de praktijk uit dat dit toch minder vaak gebeurt dan aanvankelijk werd verwacht.

Soms is het bepalen van de juiste vervolgschool eenvoudig: de onderwijzer van de basisschool weet zeker dat het kind een heel laag of juist heel hoog intelligentieniveau heeft. Een advies is dan ook niet moeilijk te geven. Maar verreweg de meeste leerlingen vallen in een grote middengroep. De onderwijzer heeft dan niet alleen te maken met de intelligentie van het kind, maar ook met 'vertroebelende' zaken als hobby's en belangstellingen, gedrevenheid (motivatie), druk van de ouders, enzovoort. Een testonderzoek van een neutrale instelling zal zeker helpen om meer duidelijkheid over het kind te verstrekken.

Het is soms ook gemakkelijk wanneer het jonge kind precies weet wat het later worden wil. Grootvader en vader zijn arts – en dat wil de jonge Kees ook worden. Kees *moet* naar een VWO-opleiding, wil hij later toegelaten worden tot de universiteit. Er zitten niet zoveel 'Keesen' op school. Verreweg de meeste kinderen hebben geen flauw idee welk beroep ze later gaan kiezen.

Het wordt aan de ene kant iets eenvoudiger wanneer er gezocht moet worden naar een passende vervolgopleiding (beroeps- of hoger onderwijs). De reden? Het kind is iets ouder geworden en er zijn duidelijker uitspraken te doen over zijn interessen, vaardigheden en intelligentie. Aan de andere kant wordt het ook weer moeilijker, omdat er zo'n geweldig groot aantal vervolg- en beroepsopleidingen is.

In de psychologie spreekt men van 'school- en beroepskeuze', een onlosmakelijk geheel. Dat komt omdat de onderzoekmethoden voor schoolkeuze en beroepskeuze gelijk zijn. De vragen van bezorgde ouders komen dan in belangrijke mate overeen. In beide gevallen wordt bij het geteste kind bepaald:

- Hoe intelligent is het?
- Welke vaardigheden bezit het?
- Welke (beroeps)interessen heeft het?

Natuurlijk veranderen kinderen. Ze groeien, ook in psychisch opzicht. Maar hoe groot, denkt u, is de kans dat een kind dat nu al een behoorlijk technisch inzicht heeft dit later zal verliezen? Of omgekeerd, zal een kind met 'twee linkerhanden' plotseling technisch begaafd worden? Waarschijnlijk niet. De wortels van de toekomst liggen in het heden. Wij verwijzen u verder naar het vorige hoofdstuk, wanneer u meer wilt weten over beroepskeuze.

Ontwikkeling van intelligentie

Er doen allerlei indianenverhalen over de ontwikkeling van intelligentie de ronde. De professor die als jong kind een laag I.Q. had. Of het meisje dat zo'n vreselijk hoog I.Q. had op de middelbare school (de trots van de familie!) en nu elke dag achter de kassa zit bij een bekende kruidenierszaak. Hoe kan dat nu?

In hoofdstuk 8 is gesteld dat intelligentie langzaam groeit totdat het kind de leeftijd van vijftien à zeventien jaar heeft bereikt. (Anderen zijn van mening dat het I.Q. al op zesjarige leeftijd muurvast zit. Wie heeft gelijk? Het lijkt ons waarschijnlijk dat de I.Q.-toeneming steeds kleiner wordt met het klimmen der jaren.) Intelligentie wordt gemeten met intelligentietests en deze doen een beroep op aanwezige kennis, vaardigheden en inzicht. Dat zijn zaken die het kind op school leert. Laten we een voorbeeld noemen. Woordenrijkdom is een onderdeel van veel 'complete' intelligentietests. Hoe meer tijd het kind op school heeft doorgebracht – en ook hoe beter de school – hoe meer woorden het kent en des te hoger zijn score op het onderdeel woordenrijkdom. Het is dus logisch dat op dit punt een zestienjarige tot een beter cijfer komt dan een zesjarige. (Natuurlijk heeft men hier rekening mee gehouden. Bij kinderintelligentietests wordt naar gemakkelijker en eenvoudiger woorden gevraagd dan bij deze tests voor volwassenen.) We willen hier stellen dat het weinig zin heeft onder-zesjarigen te testen. Vanaf vijftien tot zeventien jaar zullen er nauwelijks afwijkingen in de I.Q.-scores komen. Tussen de zes en de vijftien tot zeventien jaar is er groei, maar die is in het algemeen klein. En voor wat de indianenverhalen betreft, er zijn soms uitschieters naar boven en naar beneden. Dit blijkt dan samen te hangen met allerlei dramatische gebeurtenissen in het leven van het kind. Emigratie (taalproblemen), echtscheiding, verandering van woonplaats en school, gezondheidsproblemen (opname in ziekenhuis, sanatorium). De dood van een ouder zal meestal een zware klap voor het kind zijn, maar kan soms ook positief uitvallen, wanneer een eind komt aan een lange lijdensweg waarbij het kind jarenlang alle aandacht en steun moest missen.

Kinderintelligentietests

We stippen twee tests aan, specifiek bestemd voor kinderen, de WISC en de AKIT. Meer informatie over intelligentietests staat in hoofdstuk 8, terwijl de Cito-toets, die eigenlijk schoolvorderingen meet, hierna wordt besproken.

WISC

De WISC, een afkorting van Wechsler Intelligence Scale for Children, werd in 1949 door de al eerder genoemde Amerikaanse psycholoog David Wechsler ten doop gehouden.

Deze test meet het intelligentieniveau van vijf- tot vijftienjarige kinderen en wordt individueel afgenomen. De kwaliteit van de test wordt door de experts als 'onvoldoende' beoordeeld.

In veertig tot zestig minuten krijgt uw kind met de volgende subtests te maken:

1 Algemene ontwikkeling;
2 Gezond verstand;
3 Rekenen;
4 Overeenkomsten;
5 Woordenschat;
6 Cijfers nazeggen;
7 Plaatjes aanvullen;
8 Plaatjes rangschikken;
9 Blokpatronen;
10 Legkaarten;
11 Codes;
12 Doolhoven.

U ziet het: de test is qua uiterlijk bijna gelijk aan de eerder beschreven WAIS voor volwassenen. En ook hier levert de test drie I.Q.'s op, een algemeen I.Q., een verbaal (taal) I.Q., en een niet-verbaal I.Q. In enkele gevallen wordt de WISC gebruikt om bepaalde afwijkingen in kinderen te onderzoeken. We zullen daar verder niet op ingaan.

Soms worden 'doolhoven' gegeven, als vervanger van 'codes'. Uw kind krijgt in de 'doolhoftest' acht getekende doolhoven te zien, in klimmende moeilijkheid. De tester stelt het aantal fouten vast en ook de tijd die het kind nodig heeft om alle doolhoven te maken. 'Cijfers nazeggen' wordt soms als extra aangeboden.

AKIT

De AKIT, wat staat voor Amsterdamse Kinder Intelligentie Test, is net zoals enkele al eerder besproken tests aan de Vrije Universiteit ontwikkeld door prof. Drenth en diens medewerkers. Deze intelligentietest is bestemd voor kinderen van vier tot acht jaar en duurt ongeveer anderhalf uur. (Er bestaat ook een kortere versie, die drie kwartier in beslag neemt.) De test, die uit acht onderdelen bestaat, wordt voor elk kind apart afgenomen en het aardige is dat er niet hoeft te worden gelezen of geschreven.

Er bestaan méér kinderintelligentietests dan deze twee. Zo is er de PMA-test. De letters staan voor 'Primary Mental Abilities' en dat is een wat modernere naam voor intelligentie. Deze test is zowel qua opbouw als tijdsduur te vergelijken met de eerder besproken DAT.

Is het belangrijk het I.Q. (van je kind) te kennen?

Psychologen worden vaak gekweld met het probleem of ze kandidaten moeten vertellen wat hun I.Q.-score is. Aan de ene kant is er niets geheimzinnigs aan en heeft iedereen recht op informatie over de behaalde testprestaties. Aan de andere kant kennen de meeste mensen de noodzakelijke achtergrond van intelligentietests niet. Het I.Q.-getal gaat na verloop van tijd een 'eigen leven' leiden. Voor sommigen zal het een teleurstelling zijn. Misschien levert het gevoelens van minderwaardigheid op. Anderen, die juist een hoog I.Q. blijken te hebben, zullen misschien overmoedig worden.

Een I.Q. is maar een betrekkelijk cijfer. Als het volgens vele volwassenen al zo'n belangrijk gegeven is, hoe zwaar zullen kinderen er dan niet aan tillen? En hoe zal de onderwijzer reageren op het I.Q.? Zal hij het kind dan een andere behandeling geven? We zullen ook moeten bedenken dat het jonge kind nog niet is 'uitontwikkeld'.

TIP: Het is soms moeilijk voor een ouder die opbelt om resultaten te bemachtigen van de test van zijn kind. Hoe ouder het kind, des te groter de weerstand van de psycholoog een en ander aan een ouder mee te delen, zonder eerst de uitdrukkelijke toestemming van het kind te hebben gevraagd. Er wordt gewaakt over de privacy van het kind!

Begaafdheden

Over het ontstaan van begaafdheden (talenten) zijn de geleerden het nog niet eens. Is het erfelijk? Vader en moeder zijn muzikaal en het kind erft de muzikale aanleg. Of krijgt het kind gevoel voor muziek, omdat het er dag en nacht naar moet luisteren? In dat geval is er sprake van leren door allerlei omgevingsinvloeden. (Dat zal vooral belangrijk zijn wanneer de ouders hun kind steeds voorhouden dat muziek zo belangrijk is en het cadeautjes geven bij (mooi) pianospel en nare opmerkingen maken (straffen) wanneer het in de oren van de ouders tegenvalt.) Over begaafdheden is nog minder bekend. De psychologie heeft zich bijna angstvallig afzijdig gehouden van de wonderkinderen en genieën. Komt dat omdat een geniaal psycholoog nodig is om een test te ontwerpen voor geniale kinderen...? Begaafdheidstests bestaan nauwelijks.

Schoolvorderingentests en specifieke vaardigheden

Er bestaat een groot aantal vaardigheidstests voor schoolgaande kinderen. We noemen tests voor algemene en technische leesvaardigheid, het begrijpen van teksten, spelling, rekenen, algemene kennis. Al deze 'losse' tests bepalen hoe goed kinderen mee kunnen komen op de basisschool en welke vervolgopleiding zou kunnen aansluiten bij hun niveau. Alhoewel in de jaren zeventig deze situatie is veranderd door de oprichting van het Cito worden juist genoemde tests nog steeds gebruikt.

Cito-toetsen

Veel Nederlandse ouders zijn vertrouwd geraakt met de Cito-toets, officieel 'Eindtoets Basisonderwijs' geheten. Jaarlijks worden meer dan 100.000 basisschoolverlaters hieraan onderworpen, die soms de functie van scheidsrechter (of beul) heeft.

Het Centraal Instituut voor Toetsontwikkeling, zoals het Cito officieel heet, is een stichting die haar meeste inkomsten rechtstreeks van de overheid krijgt. We zouden het Cito beslist onrecht aandoen door alleen te vermelden dat het de Eindtoets Basisonderwijs verzorgt. Het Cito heeft nogal wat toetsen ontworpen en breidt zijn programma nog steeds uit. Zo zijn er onder andere 'examens' ontwikkeld voor middelbare-schoolvakken, het land- en tuinbouwonderwijs en beroepsopleidingen in de gezondheidszorg.

Nuttige informatie voor ouders

We zullen het nu verder hebben over de Eindtoets Basisonderwijs, toegelicht met een kleine selectie van vragen uit toetsen van de afgelopen jaren.

De 'Eindtoets' bevat vier onderdelen: Nederlandse taal, rekenen, informatieverwerking en wereldoriëntatie[1] en neemt in totaal zo'n 6,5 uur, verdeeld over drie dagen, in beslag. Het is misschien interessant te weten dat deze drie deeltoetsen als volgt zijn opgebouwd:

Nederlandse taal:
- Correct taalgebruik (excl. spelling);
- Spellen van werkwoorden;
- Spellen van niet-werkwoorden;
- Interpreteerbaar taalgebruik;
- Passend taalgebruik;
- Inhoud.

Rekenen:
- Basiskennis van getallen;
- Hoofdrekenen;
- Bewerkingen;
- Breuken, procenten en verhoudingen;
- Meten, meetkunde, tijd en geld.

Informatieverwerking:
- Hanteren van informatiebronnen;
- Kaartlezen;

[1] Scholen hebben de vrijheid dit onderdeel achterwege te laten.

- Lezen van schema's, tabellen en grafieken;
- Lezen van teksten: identificeren;
- Lezen van teksten: afleiden.

Wereldoriëntatie:

- Aardrijkskunde: topografie;
- Regionale aardrijkskunde;
- Geschiedenis;
- Natuuronderwijs: niet-levende natuur;
- Natuuronderwijs: levende natuur;
- Maatschappelijke verhoudingen en geestelijke stromingen.

Een grens in Europa 1945-1989

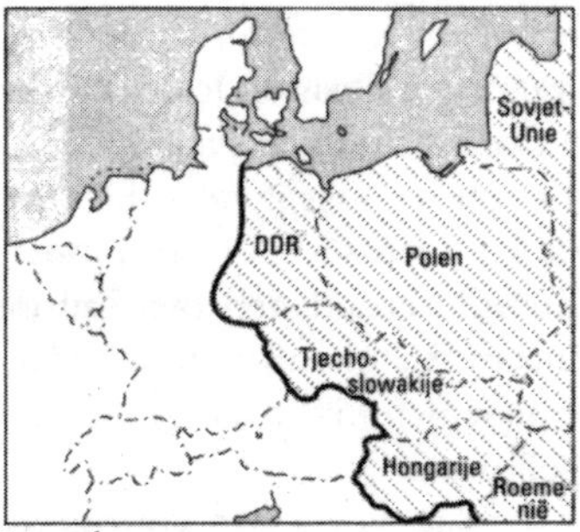

Legenda
—— ijzeren gordijn

Op het kaartje zie je een grens die vanaf 1945 dwars door Europa liep. We noemden deze grens het IJzeren Gordijn. Alle gestreepte landen hadden iets gemeenschappelijk.
Wat hadden ze gemeenschappelijk?

A alle mensen waren er katholiek
B de mensen leefden er vooral van de landbouw
C er waren veel strengere wetten tegen milieuvervuiling
D het waren communistische landen

Spreiding van de bevolking in Noord-Afrika

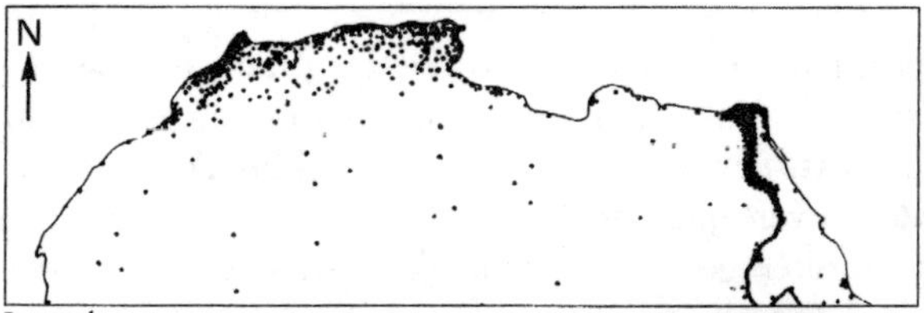

Legenda
• = ongeveer 10.000 inwoners
0 800 1500 km

In het zuiden van dit gebied wonen veel minder mensen dan in het noorden.
Hoe komt dat vooral?

A in het zuiden leven veel gevaarlijke dieren
B in het zuiden zijn hoge bergen
C in het zuiden zijn ondoordringbare tropische bossen
D in het zuiden zijn woestijnen

Het gaat in elk van de vier subtests om in totaal zestig opgaven, waarvan we u dadelijk enkele voorbeelden laten zien. Alle opgaven hebben de vorm van vierkeuzevragen. Het kind moet dus per opgave uit vier gegeven antwoorden (A, B, C en D) het juiste kiezen.

Het Cito geeft elk jaar een uitstekend informatieblad voor de ouders uit, dat via de school wordt bezorgd. We hebben hieruit een aantal nuttige wetenswaardigheden overgenomen. (Voor verdere informatie kunt u terecht bij de onderwijzer van uw kind of bij het Cito, Postbus 1034, 6801 MG Arnhem, Tel. 026- 3521111.)

De Eindtoets Basisonderwijs is geen examen, waarvoor je kunt slagen of zakken, maar een objectief hulpmiddel. De toets levert namelijk informatie op die goed te gebruiken is bij het kiezen van een school voor voortgezet onderwijs voor uw kind. De betekenis zit vooral in het volgende. De mate waarin een kind de leerstof van de basisschool onder de knie heeft weten te krijgen, voorspelt de mate van studiesucces in het voortgezet onderwijs. Sterk vereenvoudigd komt het hierop neer: hoe hoger de score op de Eindtoets, hoe groter de kans op succes in een moeilijker schooltype van het voortgezet onderwijs. Vanzelfsprekend kan de Eindtoets niet in àlle gevallen het schoolsucces in het voortgezet onderwijs voorspellen.

De leerkracht van uw kind geeft u advies over de vorm van voortgezet onderwijs waarin uw kind het meeste kans op succes heeft. Dat advies is erg belangrijk, omdat de school uw kind een groot aantal jaren onder verschillende omstandigheden heeft meegemaakt. Ook de scholen voor voortgezet onderwijs hechten bij hun beslissing over de toelating veel waarde aan het advies van de basisschool. Zelf zult u over de schoolkeuze voor uw kind ook wel uw gedachten hebben. De Eindtoets Basisonderwijs van het Cito levert informatie op die van betekenis kan zijn voor de uiteindelijke keuze, omdat dit objectieve hulpmiddel de vorderingen van het kind vergelijkt met die van zijn leeftijdgenoten. Soms zijn de Eindtoetsresultaten van een kind ook aanleiding om nog eens te praten met de leerkracht van de basisschool of met de brugklascoördinator van een school voor voortgezet onderwijs. Eén ding moet u echter wel beseffen: de testuitslag is niet bindend – het gaat om het verkrijgen van inzicht in de schoolvorderingen van leerlingen. De uiteindelijke beslissing is aan u. Als ouders besluit u uiteindelijk bij welke school u uw kind aanmeldt.

De Eindtoets Basisonderwijs levert over elk van de deelnemende kinderen een zogenaamd Leerlingrapport op. Een voorbeeld is hierna afgedrukt. Aan de hand van het rapport van Adrie wordt hier kort uitgelegd wat de betekenis is van de gegevens.

Uit het rapport van Adrie van Geenen kunt u allereerst opmaken hoeveel opgaven hij goed beantwoordde. Voor Taal waren dat er 45 van de 60, voor Rekenen 44 van de 60, voor Informatieverwerking 41 van de 60 en voor Wereldoriëntatie 48. In totaal maakte Adrie 178 van de 240 opgaven goed. Met die informatie valt nog weinig te beginnen, want zolang u niet weet hoe andere kinderen het er afbrachten, is het moeilijk de prestaties van Adrie te beoordelen.

Resultaten	Taal	Rekenen	Informatie-verwerking	Wereld-oriëntatie	Totaal
Aantal opgaven	60	60	60	60	240
Aantal goed	45	44	41	48	178
Percentielscore	56	52	42	57	53

Standaardscore 536

Op de achterkant van dit leerlingrapport staat een korte toelichting

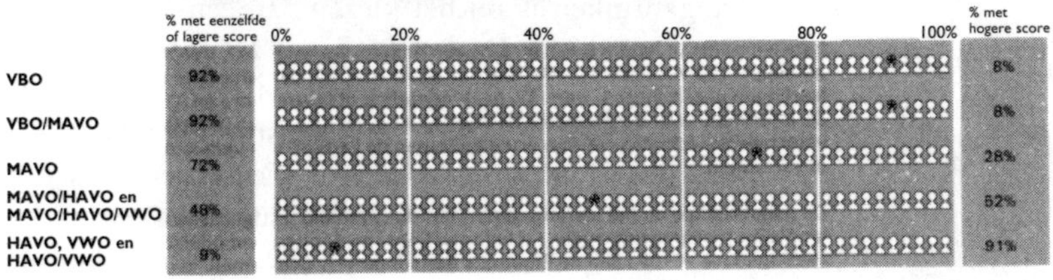

Om die reden vermeldt het leerlingenrapport ook de zogenaamde percentielscore. Dat is een percentage dat aangeeft hoeveel procent van de leerlingen in dezelfde stad of streek evenveel of minder opgaven goed maakte. Zo haalde Adrie voor taal een percentielscore van 56. Dat wil zeggen dat 56 procent van de kinderen uit dezelfde regio als Adrie evenveel of minder opgaven goed maakte. Omgekeerd betekent dat natuurlijk dat 100 min 56 oftewel 46 procent van de kinderen meer opgaven goed maakte dan Adrie. Over de toets als geheel behaalde Adrie een percentielscore van 53, hetgeen dus betekent dat 47 procent van de kinderen uit dezelfde regio een hogere score behaalde dan Adrie. Samenvattend geldt het volgende: hoe hoger de percentielscore van uw zoon of dochter uitvalt, des te beter heeft hij of zij het gedaan ten opzichte van de kinderen in de eigen regio. Daarmee weet u al weer een heleboel meer. Maar het is nog steeds niet goed duidelijk wat de betekenis van een en ander is voor de keuze van een school voor voortgezet onderwijs voor uw kind.

Om die betekenis aan te kunnen geven vermeldt het leerlingrapport ook een zogenaamde standaardscore. De standaardscore is een getal tussen de 501 en 550. Adrie van Geenen behaalde bijvoorbeeld een standaardscore van 536. Op zich zelf zegt de standaardscore niet zoveel. Ze krijgt pas betekenis in combinatie met andere gegevens. Zo gaat het Cito bijvoorbeeld regelmatig na in welke typen voortgezet onderwijs de kinderen die aan de Eindtoets deelnemen, terechtkomen. Uit de grafiek kunt u opma-

In deze bijlage wordt aangegeven hoe de onderscheiden typen voortgezet onderwijs zich qua prestatieniveau ten opzichte van elkaar verhouden. Het prestatieniveau van een onderwijstype wordt bepaald door de standaardscores van de leerlingen die in 1993 tot het eerste leerjaar van het betreffende type voortgezet onderwijs werden toegelaten. Per onderwijstype wordt de gemiddelde standaardscore gegeven en de grenzen van drie standaardscoregebieden (1 t/m 25%, 26 t/m 75%, 76 t/m 100% van de scores).
In het toelatings- en doorstroomonderzoek van leerlingen die in 1993 aan de Eindtoets deelnamen, hebben de scholen voor voortgezet onderwijs aangegeven in welk type eerste leerjaar de leerlingen zijn geplaatst. Omdat brede scholengemeenschappen in hun eerste leerjaar soms verschillende stromen of 'dakpannen' onderscheiden (bijvoorbeeld: een MAVO/HAVO/VWO- scholengemeenschap met een MAVO-, een MAVO/HAVO- en een HAVO/VWO-'dakpan') moet opgemerkt worden dat de gegevens in deze bijlage niet betrekking hebben op schooltypen maar op typen eerste leerjaar.

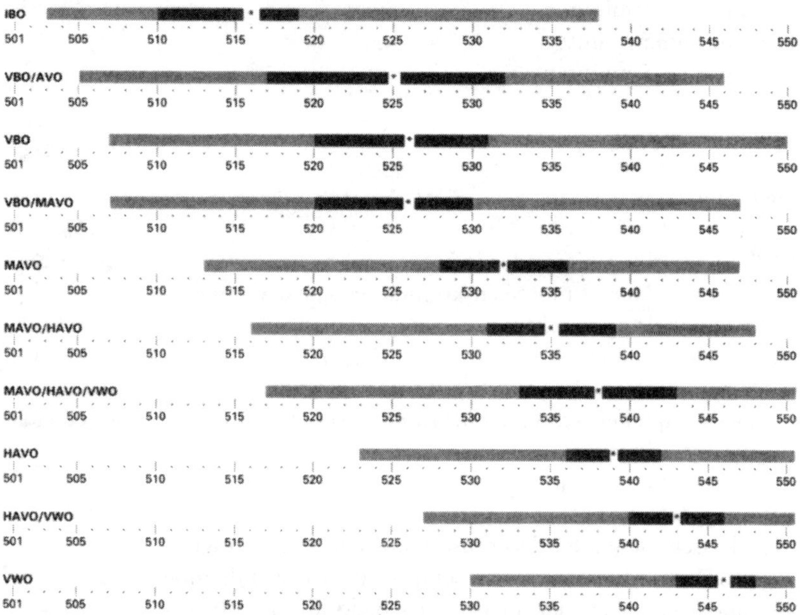

Toelichting
* = de gemiddelde standaardscore van het betreffende onderwijstype
■ = het gebied waarin de middelste 50% van de scores zich bevinden
▒ = het gebied waarin de laagste, respectievelijk de hoogste 25% van de scores zich bevinden

ken dat Adrie met zijn standaardscore van 536 waarschijnlijk goed zal aarden op MAVO/HAVO niveau. (De school van uw kind beschikt over een brochure waarin de bedoelde gegevens overzichtelijk zijn weergegeven.)

Voorbeelden van opgaven

We hebben hieronder diverse opgaven uit verschillende 'Cito-jaren' en onderdelen opgenomen. De eerste twee zijn rekenopdrachten, daarna volgen twee taalvragen, twee informatievragen en ten slotte twee wereldoriëntatievragen.

Rekenen:

Hoeveel is 1/3 meer dan 1/4?

a 1/1   b 1/7   c 1/12   d 1/3 is niet meer dan, maar minder dan 1/4

We vertrekken per boot uit Kampen om 21.45 uur. De volgende morgen om 5.40 uur arriveren we in Lemmer. Hoe lang duurde de tocht?

a 4 uur en 5 minuten
b 7 uur en 55 minuten
c 8 uur en 55 minuten
d 16 uur en 5 minuten

Nederlandse taal:

De badmeester wachtte even, deed een stap achteruit en vroeg: Wie wil er beginnen?

Welke opmerking hieronder is juist?

a Achter *achteruit* moet een komma geplaatst worden.
b De dubbele punt achter *vroeg* moet vervangen worden door een komma.
c Het stukje van *Wie* t/m *beginnen?* moet tussen aanhalingstekens.
d Het vraagteken achter *beginnen* moet vervangen worden door een uitroepteken.

Uit een folder

Tussen Genua en de Franse grens ligt de prachtige Italiaanse Rivièra; men noemt dit gebied wel de bloemenrivièra. De natuur is er rijk bedeeld met subtropische bloemen, palmen, cipressen en parasol-pijnbomen. De natuur is hier wel heel kwistig geweest en heeft met gulle hand een bonte pracht van bloemen, planten en bomen langs deze kust uitgestrooid. Vlak bij een van deze dorpjes ligt ons bungalowpark. Langs deze kust zijn eeuwen geleden kleine vissersplaatsjes ontstaan. Deze dorpjes zijn inmiddels door de toeristen ontdekt en het zijn nu gezellige badplaatsen geworden. De bungalows zijn gerieflijk ingericht en die liggen op kleine afstand van de zee. De bungalows bieden plaats aan maximaal zes personen. Als u tijdig bespreekt, kunt u ook genieten van een heerlijke zonnige vakantie in één van onze riante bungalows in Samplino.

Reisburo 'Onbezorgd'
Hoofdkantoor: Valenciakade 13, Amsterdam

- Wat kun je het beste doen met: Vlak bij een van deze dorpjes ligt ons bungalowpark. (regel 8)

a Op deze plaats laten staan.
b Verplaatsen en zetten achter: parasolpijnbomen. (regel 4 en 5)
c Verplaatsen en zetten achter: geworden. (regel 12)
d Verplaatsen en zetten achter: zee. (regel 13)

- Welk woord kun je het beste weglaten uit: De bungalows zijn gerieflijk ingericht en die liggen op kleine afstand van de zee. (regel 12 en 13)

a De
b die
c gerieflijk
d geen van deze woorden

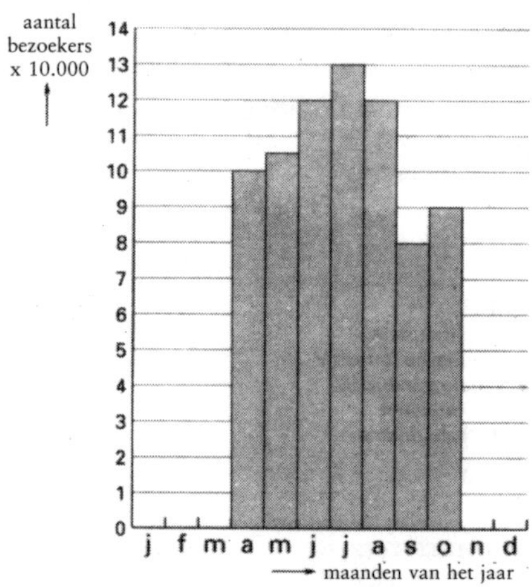

Waar zal deze grafiek waarschijnlijk over gaan? Over de bezoekersaantallen van een ...

A kunstijsbaan
B museum
C pretpark
D sporthal

Aantal inwoners van vier plaatsen

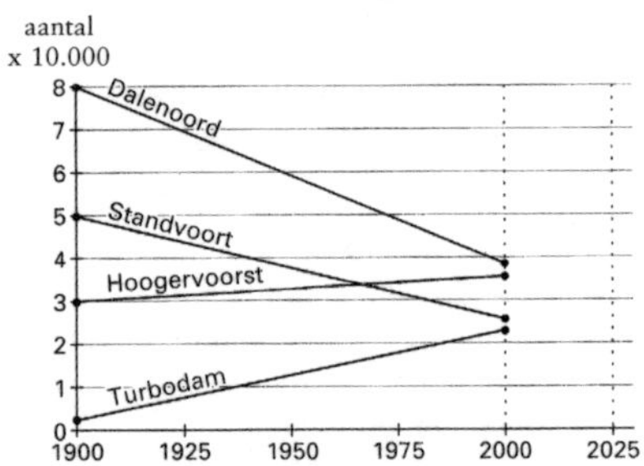

Welke twee plaatsen zullen in 2025 evenveel inwoners hebben als de veranderingen op dezelfde wijze doorgaan?

A Dalenoord en Standvoort
B Dalenoord en Turbodam
C Hoogervoorst en Standvoort
D Hoogervoorst en Turbodam

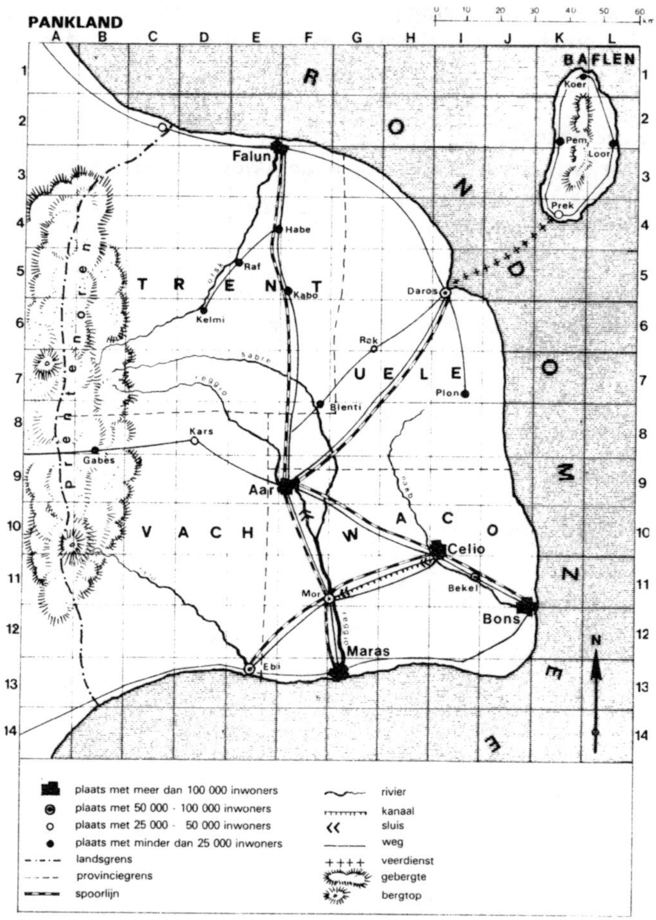

Een typische Cito-toetsvraag

1 Hoeveel inwoners heeft de plaats Ebi?
- a meer dan 100 000
- b tussen de 50 000 en 100 000
- c tussen de 25 000 en 50 000
- d minder dan 25 000

2 Met welk symbool wordt aangegeven dat een plaats minder dan 25 000 inwoners heeft? Teken dit symbool.

3 In welke rivier zit een sluis?

4 Met welk symbool wordt een bergtop aangegeven? Teken dit symbool.

Kies bij onderstaande opgaven uit: weg, spoorweg, rivier, kanaal.

5 Wat voor soort verbinding staat er op de kaart tussen Aar en Kars?
6 Welke soorten verbindingen staan er op de kaart tussen Mor en Celio?
7 Welke soorten verbindingen staan er op de kaart tussen Aar en Maras?

Informatieverwerking:

Bij een skiwedstrijd vertrekken de skiërs in alfabetische volgorde. Welke lijst is juist?

a	b	c	d
Horsman	Horsting	Horsman	Horstmann
Horstman	Horstman	Horsting	Horsman
Horstmann	Horsman	Horstman	Horstman
Horsting	Horstmann	Horstmann	Horsting

HOOFDSTUK 14

Het persoonlijke gesprek

In vroeger dagen zei men wel dat elke psycholoog zijn eigen test is. Men bedoelde daarmee dat de psycholoog geen of nauwelijks hulpmiddelen, zoals tests, gebruikte bij personeelsselectie. Hij stelde vragen, luisterde scherp en knikte af en toe instemmend of schudde afkeurend het hoofd. Na zo'n gesprek kon de psycholoog dan haarfijn zijn opdrachtgever uitleggen, wat voor vlees hij in de kuip had. Pas later is men erachter gekomen dat de psycholoog ook maar een mens is – en zich laat leiden door sympathieën en antipathieën en ook niet altijd even goed op dreef is. Dat was een van de redenen voor het invoeren van gestandaardiseerde psychologische tests. De rol van de psycholoog is daardoor teruggedrongen tot drie, meestal bescheiden, taken:

- Het (kortere) persoonlijke gesprek met de kandidaat voeren;
- Het interpreteren van de gegevens van (sommige) tests;
- Het schrijven van het rapport.

We gaan hier niet in op test-research: het ontwerpen van nieuwe tests en wetenschappelijk onderzoek naar bestaande. Ook dit behoort tot het werkterrein van de testpsycholoog, of zou daartoe gerekend moeten worden. 'Kwaliteitsbewaking' van tests blijkt in de selectiepraktijk sterk tegen te vallen.

In het persoonlijke gesprek met de psycholoog wordt geprobeerd u uit uw tent te lokken. De resultaten van dit gesprek tellen ook mee in 'uw' rapport (ze zijn daarin verweven). We raden dan ook aan het 'gesprek-met-de-psycholoog' net zo serieus als een test op te vatten.

We beginnen dit hoofdstuk met het doel van het persoonlijke gesprek, waarna de vier soorten gesprekken aan de orde komen, die u kunt verwachten en de zogenaamde 'klinische blik' van de psycholoog – en hoe effectief deze is. We laten zien dat de psycholoog ook te beïnvloeden is en gaan vervolgens in op de onderwerpen die waarschijnlijk ter sprake zullen komen in het samenzijn met uw 'gastheer'. We staan stil bij mogelijke trucs en valkuilen die voor u kunnen worden aangelegd – en hoe u zich hiertegen kunt wapenen. Soms wordt geklaagd over al te indiscrete vragen tijdens het persoonlijke gesprek en de inbreuk die op uw privéleven kan worden gemaakt. We zullen ook hier aandacht aan besteden. Na lezing van dit hoofdstuk zult u een stuk alerter zijn!

Het doel

We hoeven niet lang stil te staan bij het doel van het persoonlijke gesprek tussen geteste en tester. Er zijn doorgaans vier redenen:

1 De psycholoog hoopt *extra* informatie uit het gesprek te krijgen.
2 Zoals u inmiddels begrepen heeft zijn tests geen perfecte hulpmiddelen. De psycholoog beseft dat maar al te goed. Hij wil meer zekerheid over u krijgen.
3 Een dagje testen levert soms een aantal tegenstrijdigheden op. De psycholoog zoekt opheldering over gegevens die moeilijk met elkaar zijn te verenigen.
4 Voor sommige vaardigheden, problemen of beroepen zijn geen (goede) tests beschikbaar. De enige manier om de kandidaat te peilen (te pellen?) is dan een interview. De kille cijfers, de uitkomsten, van de meeste tests, zeggen maar weinig over hoe goed of slecht iemand luistert, de gesprekspartner in de ogen kijkt, er 'representatief' uitziet, een 'goed gesprek' kan voeren, sympathiek overkomt, enzovoort. De psycholoog kan aan zijn opdrachtgever een meer gefundeerd en completer beeld over de geteste persoon verstrekken. Het gesprek kan dus voor zowel de (welbespraakte) kandidaat als voor de opdrachtgever plezierige consequenties hebben.

TIP: In oefentest 5 treft u enkele typische 'psychologenvragen' aan, en mogelijke antwoorden. Indien u hier meer over wilt weten lees dan *Alles over selectiegesprekken* hierop na.

Hoe ziet het gesprek eruit?

We kunnen misschien een onderscheid maken in vier typen psychologen. Voor alle duidelijkheid: het zijn uitersten waarover we hier spreken. De meeste psychologen zullen wel ergens tussen deze extremen in zitten. Er zijn testers die een persoonlijk gesprek opvatten als een 'verplicht nummer'. Het hoort erbij, het is standaard – en de klant heeft ervoor betaald! Zij zullen korte en nogal oppervlakkige gesprekken voeren. Van deze groep heeft u weinig te vrezen. Het andere uiterste is natuurlijk de groep psychologen die meer waarde hecht aan het persoonlijke gesprek dan aan de testbatterij waar u die dag al zo op heeft gezwoegd. (Het levende voorbeeld van de psycholoog die nog steeds zijn eigen test is.) Dit type zult u niet zo vaak meer aantreffen. Komt u toevallig er wel mee in aanraking dan moet u natuurlijk op uw hoede zijn en uw woorden op een goudschaal leggen. Aan de hand van de ondoorzichtigheid van de vragen (waaronder over uw jeugd en opvoeding) en de moeite die het u kost ze te beantwoorden merkt u met welke van deze twee psychologen u heeft te maken. Maar let op! Beiden zullen met de eenvoudigste vragen beginnen om u op uw gemak te stellen.

Zoals gezegd zijn er ook nog twee andere uitersten. De ene groep psychologen werkt met een zogenaamde checklist, een puntenlijst die men systematisch afhandelt. We tonen u straks een voorbeeld. Bij sommigen lijkt zo'n checklist wel erg veel op een test. De 'concurrent' stelt de vragen uit de losse pols en zal dan ook van tijd tot tijd een paar belangrijke vragen missen. Maar misschien wordt dit wel goedgemaakt door jarenlange ervaring. Springt de interviewer van de hak op de tak om het gesprek zo spontaan mogelijk te laten verlopen, dan zal de checklist in de la blijven.

Er zijn psychologen die werken met een 'klinische blik'. We verstaan hieronder de ervaringen en het gevoel (intuïtie) die zij laten meespelen in hun beoordeling. In het begin van dit hoofdstuk hebben we gemeld dat vroeger elke selectiepsycholoog zijn eigen test was. *Elke* beoordeling was dus gebaseerd op deze klinische blik. Deze methode is, gelukkig maar, vervangen door de meer wetenschappelijke tests (hoewel deze verre van perfect zijn, zoals u keer op keer heeft gezien). Wat is nu de waarde van de klinische blik? Anders gezegd, wat levert betere resultaten op: uitsluitend kandidaten testen (zonder gesprek) of uitsluitend een gesprek met de psycholoog (zonder tests)? Hoe goed is de psycholoog als voorspeller van toekomstig gedrag op het werk?

In het midden van de jaren vijftig werd dit onderwerp voor het eerst uitvoerig onderzocht. Men ontdekte dat beide methoden even goed voorspelden! Maar we moeten hieraan toevoegen dat de kosten van zo'n 'klinisch onderzoek' veel groter zijn, zowel in tijd als wat betreft de vereiste mankracht. Beide methoden hebben voor- en nadelen ten opzichte van elkaar. Een combinatie van de twee zorgt voor het optimale resultaat.

Hoe lang duurt het?

Veel selectiebureaus zijn tegenwoordig 'fabrieken', waar massaal moet worden getest. Dat vindt u misschien niet leuk – en de daar werkzame psychologen evenmin – maar dat zijn nu eenmaal de economische wetten. Dat betekent dat de gesprekken in de regel nogal kort zijn. U kunt uitgaan van zo'n halfuur. Voor een aantal hogere functies wordt soms meer tijd uitgetrokken: één à anderhalf uur.

Een halfuur is natuurlijk zo voorbij. Als u bang bent uzelf te veel bloot te geven in een mondeling gesprek, kunt u altijd proberen tijd te rekken door het geven van nogal omslachtige antwoorden. U loopt hierbij natuurlijk wel een ander risico. Maar die afweging moet u zelf maar maken.

De psycholoog laat zich ook beïnvloeden!

Zoals u misschien uit eigen ervaring weet is het niet gemakkelijk mensen te beoordelen. Vooral niet wanneer je iemand maar korte tijd ziet en spreekt, bijvoorbeeld in een trein, café of op een feestje. De psycholoog heeft datzelfde probleem. Hij moet in een korte tijd zoveel mogelijk over u te weten zien te komen. Hij krijgt hiervoor maar één gelegenheid.

De psycholoog weet natuurlijk wel waar hij zo in het algemeen op moet letten. Hij is hiervoor opgeleid en beschikt over de nodige ervaring. Toch blijft, ook voor hem, het beoordelen van mensen in een kort gesprek een hachelijke opgave. Hoe komt dat?

Ten eerste staat de psychologische wetenschap wat dit betreft eigenlijk nog in de kinderschoenen. (Dit geldt in mindere mate voor de test als beoordelaar.) We weten nog maar erg weinig over hoe de ene mens de andere beoordeelt en op welke gegevens hij deze beoordeling baseert.

Ten tweede kan de te beoordelen persoon opzettelijk verkeerde informatie verstrekken, of proberen een bepaalde indruk te wekken.

Ten derde is de psycholoog ook maar een mens, die zich laat leiden door allerlei subjectieve zaken waardoor zijn oordeel wordt gekleurd. Dat kan voor u gunstig, maar ook ongunstig uitvallen. We willen bij dit laatste even stilstaan. Misschien leert u hieruit hoe u de psycholoog in het persoonlijke gesprek kunt beïnvloeden. Niet alleen door wat u zegt, maar ook hoe u het brengt, het presenteert.

De psycholoog staat bloot aan allerlei beoordelingseffecten, waar elk mens door wordt geteisterd. We hebben de belangrijkste boosdoeners op een rijtje gezet. Ook u kunt gebruikmaken van deze 'zwakheden' van de psycholoog. Veel kandidaten zullen dat al gevoelsmatig doen.

1 *Halo-effect* (Een halo is een stralenkrans.) We hebben de neiging mensen als te hoog of te goed, te beoordelen door een enkel bijzonder

kenmerk. (Het tegendeel komt ook voor: het horn-effect.) We worden 'verblind' door zo'n opvallende eigenschap. Twee voorbeelden. Misschien schrijven we iemand die buitengewoon goed kan kruiswoordpuzzelen (onbewust) hoge intelligentie toe. Het verband tussen intelligentie en puzzelen is niet zo hecht. De conclusie is dus niet gerechtvaardigd. Het tweede voorbeeld: iemand gebruikt in een gesprek veel 'moeilijke' woorden en begrippen uit de geneeskunde. We zijn dan algauw geneigd te denken dat we met een arts, een medisch student of zo te maken hebben, terwijl de persoon in kwestie misschien wat populair-wetenschappelijke boeken heeft gelezen om indruk te maken! Wat is *uw* 'verblindende' kenmerk?

2 *Vriendelijkheid* Vooral bij een sollicitatieprocedure zal de kandidaat proberen zo vriendelijk mogelijk te voorschijn te komen. Hij wil in de ogen van de psycholoog aardig lijken. Een 'harde' manager zal alle moeite doen om zich als zodanig te presenteren. De reden hiervoor is duidelijk. Probleem voor de psycholoog: hoe is deze persoon in werkelijkheid? Deze vraag dient hij zich herhaaldelijk te stellen.

3 *Lankmoedigheid en rationalisatie* Sommige psychologen zien nogal veel door de vingers of bedenken meteen een 'diepere' reden voor wat een kandidaat zojuist heeft gedaan of gezegd. Bijvoorbeeld, een kandidaat vertelt eerst iets over zijn afkomst. Vader was altijd dronken en sloeg moeder en de kinderen. De psycholoog denkt, aha, een moeilijke jeugd gehad. Dan kun je hem een aantal dingen niet kwalijk nemen. Dit is ook een voorbeeld van rationalisatie, proberen iemands gedrag of denkbeelden te rechtvaardigen. Er zijn natuurlijk ook psychologen die juist tegengesteld redeneren: slechte opvoeding, moeilijke jeugd. Dat leidt dan vroeg of laat tot problemen op het werk...

4 *Herinneringsfouten* Vooral de psycholoog die veel gesprekken per dag voert, merkt bij het samenstellen van het rapport dat zijn geheugen hem af en toe in de steek laat of dat hij verschillende personen met elkaar verwart. Het maken van goede aantekeningen helpt natuurlijk veel, maar dit effect is nooit helemaal uit te sluiten.

5 *Vermoeidheidsverschijnselen* Vooral na een lange dag, met veel interviews, treden vermoeidheidsverschijnselen en ongeïnteresseerdheid op. Hij laat steken vallen in zijn waarneming. De testkandidaat lijdt misschien ook aan vermoeidheid na zo'n lange en intensieve dag.

Er zijn onderzoeken verricht naar de mate van overeenstemming tussen psychologen, die dezelfde sollicitanten moeten beoordelen. Die overeenstemming is soms vrij laag. Dat geeft te denken...

Bekende gespreksonderwerpen

Het zal duidelijk zijn dat geen twee gesprekken gelijk zijn. Wat er allemaal aan de orde komt hangt af van zaken als de functie waarvoor u wordt getest, uw eigen achtergrond, opleiding, werkgeschiedenis, testprestaties en de tijd die voor het gesprek beschikbaar is.

Het persoonlijke gesprek begint meestal met wat gemakkelijke vragen, zodat u kunt 'warmdraaien'. Vragen als wat u tot nog toe van de testdag vindt, wat u had verwacht, of het vermoeiend is, enzovoort. Langzamerhand bereikt u het uiteindelijke doel van het gesprek: *de psycholoog wil extra informatie loskrijgen.*

Hij zal dan ook met belangstelling vragen stellen over:

- Uw persoonlijke verleden;
- Uw opleiding en werkervaringen;
- Uw huidige baan en waarom u wilt vertrekken;
- De redenen waarom u juist naar deze baan hebt gesolliciteerd, of op het aanbod van 'headhunter' of bedrijf bent ingegaan;
- Hoe u uw eigen toekomst ziet.

TIP: Vaak fungeert uw c.v. of het eerder ingevulde loopbaanoverzicht van het bureau de leidraad van het gesprek. Het is dan ook zaak deze documenten paraat te hebben, in ieder geval in uw hoofd. Sommige kandidaten beschikken over c.v.'s die zijn aangepast aan de functies waarnaar zij dingen. Voorkom verwarring bij uzelf!

Deskundigen zijn van mening dat een goed gesprek met de testpsycholoog de volgende elementen moet bevatten:

1 De prestaties die u tot dusverre heeft verricht en de manier waarop. Hierbij zijn vooral voor managers belangrijk planning, het nemen van (snelle, maar weloverwogen) beslissingen, leiding geven, enzovoorts.
2 Samenhangende ervaringen als werk en vrije tijd / recreatie, het plannen van werk en vakanties, het delen van ervaringen met anderen zoals het gezin en vrienden en collega's.
3 Veranderingen in uw status. Wat is uw komaf? Hoe beweegt u zich op de maatschappelijke ladder? Snel of langzaam naar boven, of bent u aan een lange afdaling bezig?
4 Culturele ervaringen. Waar ligt uw belangstelling? Op het artistieke, politieke, intellectuele, literaire, technische of wetenschappelijke vlak? Of

zijn er geen zaken (hobby's) waarvoor u warm loopt?

5 Andere sociale en economische ervaringen. U kunt denken aan de mate waarin u om (luxe) goederen en artikelen geeft, lidmaatschap van verenigingen en hoe actief u hierin bent.

6 Uw visie op de mogelijk nieuwe baan, de organisatie, enzovoort.

Bedenk altijd dat u nooit te veel moet afwijken van wat gangbaar is in de functie waarvoor u wordt getest. Heeft u gesolliciteerd naar een baan in een sociaal-georiënteerde stichting? U doet er dan vaak goed aan politiek een beetje links te denken. (Niet extreem links!) Zou u graag een functie willen aanvaarden bij een grote multinational? Dan bent u een rechtse stemmer, maar ook weer niet extreem. Grote ondernemingen houden van mensen die zich conformeren aan de regels en zich aanpassen. Presenteer u tijdens het persoonlijke gesprek dan ook niet als een relschopper, of een kritische denker. Veel werkgevers vinden het een goed teken dat u zich naast uw werk inzet voor allerlei maatschappelijke zaken. Dat mag best het penningmeesterschap zijn van de plaatselijke tennisclub, of het leiden van een junioren voetbalelftal op zondagochtend. In vorige hoofdstukken is al een groot aantal tips gegeven voor het beantwoorden van persoonlijkheidstests. Lees deze nog eens goed door, want ze gelden ook voor het persoonlijke gesprek.

⚠ Sommige sollicitanten vertrekken bij hun 'huidige' baas omdat er met name op het persoonlijke vlak zaken scheef zijn. Laat u *nooit* verleiden negatief te praten over uw huidige of ex-werkgever(s).

'Waarom wilt u van baan veranderen?' vraagt de psycholoog. Uw antwoord: 'Omdat ik denk meer in mijn mars te hebben' / 'er financieel op vooruit zal gaan' / 'een nieuwe uitdaging krijg.' Geef alleen positieve redenen op voor uw verandering van baan. Wanneer u nogal bitter bent gestemd is het gemakkelijk kwaad hierover te spreken. Vooral bij een aandachtig oor van een ander. U voelt zich misschien opgelucht 'de waarheid' over uw baan of de sfeer in het bedrijf wereldkundig te maken. Doe het niet. Praat positief over uw baan, hoe moeilijk u dat misschien ook valt. U doet er goed aan te bedenken dat niet elke psycholoog genoegen neemt met bovenstaande antwoorden. Men zal vaak 'doorvragen': 'Hoe bedoelt u dat?' 'Kunt u hier nog wat meer over vertellen?' 'Is dat de werkelijke reden?' 'Maar waarom...?' Het is duidelijk dat wordt geprobeerd de kandidaat uit zijn tent te lokken. We kunnen aanbevelen dit soort dialogen in huiselijke kring te oefenen.

Het kan voorkomen dat de psycholoog u vraagt of u wel eens eerder psychologisch bent getest, al dan niet voor een sollicitatieprocedure. U doet er goed aan met 'nee' te antwoorden. Waarom? Ten eerste is het een bekend feit dat eerder geteste personen bij volgende tests beter 'scoren'. Het op de juiste manier en snel invullen van tests is te leren, zoals u nu weet. Uw testervaring kan u enkele punten kosten.

Ten tweede zou u de psycholoog een reden kunnen geven om te vragen waarom u dan wel eerder bent getest. Hoe ging dat? Waarom heeft u die baan uiteindelijk *niet* gekregen? (Als u voor beroepskeuze of in verband met persoonlijke problemen bent getest, kunt u ook allerlei nare en pijnlijke vragen hierover verwachten. Waarom zou u het uzelf onnodig moeilijk maken?) Wanneer u eerder bij hetzelfde bureau bent getest maakt u het wel erg gemakkelijk uw dossier uit de archieven op te vissen. Sommige bureaus blijken over een uitstekend gecomputeriseerd documentatiesysteem te beschikken...

Waar let de psycholoog nog meer op?

De psycholoog heeft naast de tests, die u misschien alle al heeft afgelegd, en de inhoud van het persoonlijke gesprek nog enkele zaken waaruit hij conclusies kan trekken: kleding en lichamelijke verzorging en non-verbale communicatie.

Kleding en verzorging is in hoofdstuk 7 besproken. We verwijzen ernaar. U mag non-verbale communicatie vertalen met 'lichaamstaal'. Uw lichaam kan mensen, die daar op letten, nogal wat informatie verstrekken. We zullen hier enkele voorbeelden van geven.

- Het zweet staat op uw voorhoofd, u heeft klamme handen en uw oksels zijn zichtbaar nat. Wat betekenen deze signalen? Bent u ergens bang voor? Zenuwachtig? Waarvoor? Is het algemene testangst, of bent u altijd gespannen bij vreemden? Of liegt u en bent u bang om uzelf te verraden? Hoe dan ook: zweten vertelt iets over uzelf. En dat is meestal niet zo positief.
- Tijdens het gesprek zit u in een stoel. U kunt achteroverleunen, in het midden van de stoel zitten, of op het puntje. Wat zegt dat over u? Veel. Zit u op de voorste punt van de stoel dan bent u in het algemeen zenuwachtig, onzeker of bang. (Of heeft u een gehoorprobleem?) Leunt u naar achteren, dan betekent dat in de regel dat u ontspannen bent en open staat voor de dingen om u heen.
- Stottert u een beetje of vindt u het moeilijk uit uw woorden te komen? Dat kan een spraakgebrek zijn, waarvan u al jaren last heeft. Maar het kan ook op zenuwachtigheid duiden – en dat is meestal minder gun-

stig voor u. Vooral voor beroepen en functies waarbij u bijvoorbeeld dagelijks met veel mensen moet spreken en hen moet overtuigen.

- Klinkt er opwinding in uw stem door? Sommige mensen gaan sneller spreken dan normaal wanneer zij onder druk staan of zenuwachtig zijn, of iets hebben te verbergen.
- Hoe is de houding van uw armen of benen? Ook dit kan u soms verraden. Hangen uw armen langs uw lichaam of heeft u ze voor uw borst gekruist. De eerste houding wordt meestal gezien als open staan, luisteren. De tweede als een afweerreactie, een afwachtende of soms uitdagende houding. (Een en ander hangt vaak af van onder andere de positie van uw hoofd, stand van de ogen – en het onderwerp!) Iets soortgelijks kan van uw benen worden gezegd. Staan zij naast elkaar op de grond of heeft u een been over het andere gelegd?
- Geeft u de psycholoog een sterke (mannelijke) hand of een zwakke (vrouwelijke). Sommige mensen zijn heel gevoelig voor de aangeboden hand en verbinden daar – niet altijd even terecht – conclusies aan.
- In veel beroepen zijn 'contactuele vaardigheden' (het vlot omgaan met mensen) belangrijk. Het is heel moeilijk, zo niet onmogelijk dit met de bestaande psychologische tests te meten. Daarom fungeert uw gesprekspartner tijdens het onderzoek zelf als test. Wat voor iemand bent u? Als men u drie woorden geeft blijft u dan praten, of moeten de woorden uit u worden 'getrokken'? Praat u gemakkelijk en losjes of moet u altijd diep nadenken om de juiste woorden te vinden? Bent u iemand die zich bijna overal op zijn gemak voelt of lijdt u aan ernstige vormen van verlegenheid? Lijkt u meer op een 'joviale verkoper' dan een 'ernstige wetenschapper'? U kunt zich uitstekend op dit gesprek voorbereiden en u wat minder gemakkelijk laten vangen!

We hebben eerder gesteld dat sommige psychologen met een checklist werken om systematisch de vragen af te werken en hun indrukken meteen aan het papier toe te vertrouwen. Een voorbeeld hiervan is de beoordeling van de 'energie' die een kandidaat kennelijk heeft. Tijdens het gesprek wordt een cirkel gezet om een van de volgende cijfers:

9 Vitaal, pittig, krachtig, doortastend, flink, slagvaardig, ondernemend, neemt veel hooi op zijn vork.
8
7 Is bereid zijn schouders ook onder andere dan verplichte taken te zetten.
6
5 Voldoende energiek
4

3 Maakt een wat matte indruk, niet erg doortastend.
2
1 Weinig krachtig, traag, doet wat afwezig, gaat niets van uit, langzaam in zijn reacties, maakt een lusteloze en / of onverschillige indruk.

De psycholoog weet iets dat u niet weet: maatstaven

Als sollicitant bent u altijd in het nadeel, ook op het testbureau. Maar dat wist u al. Maar wat u zich misschien nog niet voldoende bewust bent is dat de psycholoog u vergelijkt met anderen, die hij voor deze job test. (Soms wordt vergeleken met kandidaten die vroeger voor deze baan zijn gekeurd.) Laten we een voorbeeld nemen. Een bekende fabrikant van fotokopieermachines is op zoek naar een vertegenwoordiger en heeft uit een groot aantal reacties er drie geselecteerd die voor verder onderzoek naar het testbureau zijn verwezen. De desbetreffende psycholoog keurt al jaren vertegenwoordigers voor deze fabrikant – en kennelijk met succes. Hij weet nu ongeveer hoe de geslaagde vertegenwoordiger bij dat bedrijf eruitziet, wat voor soort persoon het is. (Geslaagd in termen van omzet, maar ook passend bij de heersende 'cultuur' van de organisatie.)

Zo weet de psycholoog (fictieve voorbeelden) dat de beste kandidaten er ongeveer zo uit moeten zien:

- Is een gesjeesde technische student (universiteitsniveau);
- Houdt van vrijheid, tijd zelf indelen;
- Leest zelden een boek, maar wel veel tijdschriften;
- Gaat vlot met mensen om;
- Heeft zekere charmes;
- Is ondernemend – meer dan andere vertegenwoordigers;
- Houdt van veel geld verdienen – en het snel weer uitgeven;
- Vindt uiterlijk (kleding!) belangrijker dan inhoud ('karakter').

Dit is dus het beeld dat de psycholoog voor ogen heeft van de vertegenwoordiger die hij voor zijn opdrachtgever zoekt. U weet misschien in algemene termen hoe 'de' vertegenwoordiger eruitziet. Misschien bent u er zelf een en zoekt u een betere baan. Maar u weet niet hoe de *gezochte* vertegenwoordiger eruit moet zien. Dat is een groot nadeel voor u. Wanneer de psycholoog nu vraagt of u wel eens leest en u antwoordt dat u met name zo gesteld bent op 'klassieke literatuur' en jonge Nederlandse schrijvers slaat u in dit fictieve voorbeeld de plank mis. Maar dat kon u niet weten. Wanneer u ook niet zoveel om geld geeft en een spaarder bent komt het er somber voor u uit te zien... Dat betekent niet dat u een slechte vertegenwoordiger bent. Nee, u past kennelijk alleen minder goed bij de firma die u laat onderzoeken.

Of u nu als vertegenwoordiger, manager, piloot of administratief medewerker wordt onderzocht, u beschikt misschien wel over de vereiste technische kwaliteiten en opleiding. Maar daarnaast wil men ook weten hoe goed u in de *'cultuur'* van de nieuwe werkgever past. En vooral hierover mist u vaak de juiste informatie. U weet dus niet welke maatstaven hiervoor worden aangelegd. (Dit probleem doet zich natuurlijk ook voor bij een aantal van de eerder besproken psychologische tests.) Het gaat dus om informatie die verzameld moet worden tijdens de gesprekken in het bedrijf zelf. Een goede raad: laat u *nooit* testen, voordat u een goed beeld heeft van de functie, de organisatie en de bedrijfscultuur!

De werkelijkheid verfraaien: pas op voor valkuilen!

Wij willen u hier niet oproepen om tijdens het gesprek voortdurend te liegen. Dat is erg moeilijk, zoals u dadelijk zult zien. Maar bovendien kan dat u later opbreken wanneer u bent aangenomen door de werkgever. Als u niet goed blijkt te passen in zijn organisatie is dat zowel voor u als het bedrijf erg vervelend. Dat alles neemt niet weg dat u de werkelijkheid wel iets kunt verfraaien...

U heeft hierbij twee problemen. Ten eerste kent u de maatstaven van de psycholoog niet. We hebben hier juist over gesproken. Ten tweede is het niet altijd even gemakkelijk om een draai aan de werkelijkheid te geven.

Wanneer uw gesprekspartner maar even het idee heeft dat u niet de waarheid spreekt, zal hij proberen u via allerlei – soms slinkse – omwegen hierover aan de tand te voelen.

Een voorbeeld ter verduidelijking. Het blijkt dat uw aanstaande collega's (als u althans wordt aangenomen) veel lezen, met name boeken. De psycholoog vraagt of u veel leest en u antwoordt volmondig met 'ja', alhoewel u geen lezer bent. De volgende vraag die u misschien kunt verwachten is: 'Wanneer heeft u voor het laatst een boek gelezen?' Dat is twee jaar geleden geweest, maar dat zegt u niet. In plaats daarvan liegt u: 'Drie weken geleden.' De volgende vraag luidt: 'Wat is de titel van dat boek?' Als u nu zegt dat u zich de titel, schrijver noch inhoud kunt herinneren, zijn er twee mogelijkheden: u liegt of u heeft een zeer slecht geheugen. En beide zullen beslist niet in uw voordeel werken! Als u de waarheid een eigen kleur wilt geven, doe dit dan consequent en 'professioneel' en laat u niet vangen door wat strikvragen.

TIP: Het interview is een 'marginale toetsing'. Het is of technisch niet mogelijk een aantal bronnen te controleren (zoals huidige of vroegere werkgevers, schooldiploma's, sommige lidmaatschappen, kranten waarop u bent geabonneerd), of er is hiervoor geen tijd beschikbaar. (De opdrachtgever wil hier niet voor betalen.)

Inbreuk op uw privacy?

In het persoonlijke gesprek worden soms nogal brutale vragen gesteld, waarop u liever niet antwoordt. Daar kunt u verschillende redenen voor hebben. Bijvoorbeeld omdat het voor u een erg emotionele zaak is, of omdat u er liever niet aan wordt herinnerd, het is een zwakheid van u, een achilleshiel, of u vindt dat het niemand iets aangaat. Welke (provocerende) vragen kunnen worden gesteld waarop u liever niet antwoordt?

- 'Heeft u een gelukkige jeugd gehad?'
- 'Heeft u veel vrienden / vriendinnen? Al lang?'
- 'Heeft u in uw jeugd veel vrienden / vriendinnen gehad?'
- 'Hoe zou u uw huwelijk beschrijven?'
- 'Heeft u wel eens intieme relaties met mensen van hetzelfde geslacht gehad?'
- 'Voelt u zich wel eens eenzaam?'
- 'Kunt u goed met uw kinderen opschieten?'
- 'Kijkt u wel eens te diep in het glas?'
- 'Heeft u wel eens marihuana / hasjiesj gebruikt?'
- 'Hoe vaak gaat u naar de kerk en welke?'
- 'Biecht u wel eens?' (Wat en waarom?)
- 'Wilt u kinderen nemen?' (aan vrouwen te stellen.)

Er zal op veel van deze vragen worden doorgezaagd en daarna doorgevraagd. U bent er dus niet met een eenvoudig 'ja', 'veel' of 'goed'... U heeft het volste recht te weigeren bepaalde vragen te beantwoorden. U kunt ook zeggen dat het u niet duidelijk is wat bijvoorbeeld uw jeugd te maken heeft met de baan, waarvoor u wordt getest. Wanneer u wel op deze 'gevoelige' vragen ingaat, bedenk dan dat het altijd het beste is om antwoorden te geven, die de 'gemiddelde Nederlander' (vertegenwoordiger, manager, boekhouder) zou geven. Natuurlijk bent u (al x jaar) gelukkig getrouwd. Natuurlijk heeft u een fijne jeugd gehad, met ouders die u meestal (niet altijd) begrepen. Natuurlijk heeft u wel eens marihuana gebruikt. (U heeft er zoveel over gelezen, dat u het zelf wel eens wilde ervaren. Maar u bent gestopt na die ene keer.) Natuurlijk drinkt u wel eens een glas wijn bij het avondeten. Maar dronken? Zelden, misschien eens in de vijf jaar. Natuurlijk kunt u goed met uw kinderen van dertien en vijftien jaar opschieten. Alleen, ja, er zijn wel eens problemen. Ze hebben een moeilijke leeftijd! Kunt u de rest van de antwoorden invullen?

Hoe kunt u zich nu wapenen tegen deze aanvallen? Het eerste eenvoudige recept is: laat u niet provoceren, word niet kwaad, blijf vriendelijk. En daarna moet u zo'n vraag met een wedervraag beantwoorden! Enkele voorbeelden:

- 'Hoe bedoelt u dat?'
- 'Ik begrijp u, geloof ik, niet helemaal...'
- 'Kunt u dat nog eens uitleggen?'
- 'Vindt u dat echt?'
- 'Waarom denkt / meent / vindt u dat?'
- 'Waarom vraagt u dat? / Waarom wil de firma X (de aanstaande werkgever) dat weten?'
- 'Waarom is het belangrijk dat te weten?'
- 'Wat doet u (de aanstaande werkgever) met deze informatie?'

Het aardige van dit soort wedervragen is dat u de psycholoog met zijn eigen wapens terugslaat!

Wij wijzen erop dat u het natuurlijk nooit hoeft te pikken dat de normale fatsoensregels worden overschreden. Bovendien bestaan er allerlei *gedragscodes* en richtlijnen, waaraan de ondervrager zich dient te houden. (Bijvoorbeeld die van het NIP voor psychologen, van de N.V.P. voor personeelsfunctionarissen, enzovoorts.)

Een andere vorm van inbreuk op uw privacy is het nemen van uw foto. Het relaas van een kandidaat: 'Tijdens een van de tests werd ik door de assistente meegenomen naar een donkere kamer voor het maken van een foto. Ik vroeg natuurlijk: "Wat gebeurt hiermee? Hoe lang wordt deze foto bewaard? En wanneer wordt hij vernietigd?" Het antwoord luidde: "Als geheugensteun voor de psycholoog." Voor het overige kon zij de vragen niet beantwoorden. De assistente wist het niet...' Zo'n onaangename verrassing getuigt van een weinig vriendelijke opstelling jegens de kandidaat.

We hebben er eerder op gewezen dat enkele bureaus uw rollenspel op video opnemen. Dat is te vergelijken met de foto-opname. Maar men laat u wel van tevoren weten dat u wordt gefilmd. Een Oscar zit er helaas niet voor u in. Misschien wel een aantrekkelijke baan! Of het 'filmgeheim' goed wordt bewaard blijft de vraag...

Enkele trucs

In enkele gevallen zal een 'oude rot in het vak' misschien een aantal voor u vervelende trucs uithalen. We weten niet of dit soort praktijken nog veel voorkomt, maar het is altijd goed gewaarschuwd te zijn! Een paar voorbeelden van deze trucs:

a Een testassistent leidt u binnen bij de psycholoog en trekt de deur achter zich dicht. Hij is kennelijk druk in de weer met lezen, schrijven, aantekeningen maken en ziet u niet staan. Wat te doen? Even wachten totdat hij toevallig opkijkt van zijn werk? Uw keel schrapen of op een andere manier zijn aandacht trekken? Of gewoon zeggen 'goedemiddag, mijn naam is Van Gelderen en ik heb een afspraak met u!' Waarom zou u niet voor de laatste oplossing kiezen. Laat u niet beetnemen! Wanneer u blijft staan wachten totdat het de ander behaagt u op te merken komt u te boek te staan als verlegen, weinig zelfstandig, angstig, niet zelfverzekerd. Kom assertief over!

b Een variant hierop is de 'stoelentruc'. U staat weer in de kamer van de psycholoog en deze kijkt op uit zijn werkzaamheden en verzoekt u plaats te nemen. Hij verontschuldigt zich met de mededeling dat hij nog even een paar dingen op moet schrijven. Hij is hier bijna klaar mee... Tot uw schrik merkt u dat er geen stoel voor u is. Wat moet u nu doen? Rustig blijven staan of de kamer uitlopen? Een stoel uit de wachtkamer halen, waar u juist vandaan kwam, of zeggen dat er geen stoel is om op te zitten? Of gaat u dan maar op de rand van het bureau van de psycholoog zitten? U doet er ook nu weer goed aan u niet af te laten schepen en uw mond open te doen. Blijf in geen geval slaafs staan!

c Moeilijke en vervelende vragen, waarvan u vaak al aanvoelt dat het om trucjes gaat. Enkele voorbeelden:

- 'Wat komt u hier (in mijn kantoor) eigenlijk doen?'
- 'Waar wilt u mij over spreken?'
- 'U bent te laat!'

TIP: Als u een beter en uitgebreider inzicht wilt krijgen in het (psychologische) selectiegesprek en de meest voorkomende vragen (en bijbehorende antwoorden) wilt kennen, is het handig om *Alles over selectiegesprekken* te bestuderen en de oefeningen hierin te maken.

HOOFDSTUK 15

Het testrapport

Een van de rechten van de geteste is inzage te krijgen in het eigen rapport, dat de resultaten, interpretaties en aanbevelingen van de testdag bevat. U zult vooral in dat laatste zijn geïnteresseerd: het advies van het testbureau aan zijn opdrachtgever, deze kandidaat aannemen of afwijzen.

Volgens de 'spelregels' van het psychologisch testen heeft u altijd recht op een kosteloze nabespreking van de afgelegde tests. Velen vinden het maar een rompslomp om terug te gaan naar het testbureau voor de uitslag. Vooral bij een tegenvaller. We zullen in dit hoofdstuk vertellen waarom het nuttig is gebruik te maken van dit recht. Wat staat er nog meer in dit hoofdstuk? We tonen enkele voorbeelden van testrapporten, zodat u een idee krijgt van de inhoud ervan. Verder komen aan de orde: algemene / vage en specifieke / gedetailleerde beschrijvingen van uw persoon, de juistheid van voorspellingen, het telefonisch verslag, foute rapporten en 'in hoger beroep gaan'.

In hoofdstuk 16 wordt uitvoerig ingegaan op uw (andere) rechten.

Sta op uw recht!

U heeft een dag op het testbureau doorgebracht en één à twee weken later – zei men bij het afscheid – kunt u opbellen om het resultaat te horen. (Sommige bureaus geven op het eind van de testdag al enkele indicaties.) Wanneer u voor een sollicitatie werd getest bent u maar nieuwsgierig naar één ding: 'geslaagd', of niet? Als de uitslag negatief uitvalt – en dat gebeurt voor de meeste mensen, omdat er nu eenmaal maar één persoon uit zoveel concurrenten wordt aangenomen – wilt u snel de hoorn neerleggen. Dag test, dag baan. De rest van de test doet er niet meer toe. Maar dan heeft u het helemaal mis!

TIP: Maak altijd gebruik van de mogelijkheid om het testrapport kosteloos in te zien!

Waarom zou u nu weer zo'n (trein)reis naar het testbureau maken, als u de uitslag toch al weet, via een telefoontje of een kort, zakelijk briefje?

We hebben u verschillende malen aangeraden *testervaring* op te doen. Hoe meer ervaring u hebt, hoe minder angstig u zult zijn en des te beter uw prestaties. Dus ongeacht hoe u het er dit keer af heeft gebracht: probeer zoveel mogelijk te weten te komen over de tests. Misschien heeft u een positief advies van het testbureau gekregen. Dat is heel prettig en geeft de 'burger' moed. Maar daarmee heeft u de baan nog niet! Tenslotte treedt u niet in dienst van het testbureau, maar van een organisatie, die op zoek is naar geschikte kandidaten.

TIP: Juich niet te snel. De opdrachtgever kan het advies van het testbureau in de wind slaan. Bijvoorbeeld wanneer de aanstaande werkgever moet kiezen tussen meerdere, goedgekeurde, kandidaten. Of als het testrapport op zich te licht wordt bevonden, of de conclusies niet geloofwaardig klinken. De opdrachtgever blijft de baas.

Misschien bent u – we hopen het niet voor u – een van de mensen die afvalt, met land in zicht.

U zult het solliciteren niet opgeven en misschien moet u korte tijd later weer worden getest. De opgedane testervaring zal u zeer goed van pas komen. Vooral als de kans groot is dat voor een vergelijkbare baan deels dezelfde tests op u zullen worden losgelaten...

Maar ook wanneer u die fel begeerde baan wel krijgt is het goed meer over de tests te weten te komen. Waarom is dat nodig, denkt u misschien. Ten eerste kunt u niet weten wanneer u weer eens getest zult worden. Waarom zou u dan niet van de geboden mogelijkheid profiteren? Ten tweede, bent u niet nieuwsgierig naar hoe een neutraal deskundige uw persoonlijkheid, uw sterke en zwakke kanten, uw goede en minder goede eigenschappen ziet? (Zo niet, waar liggen de 'fouten': heeft u uzelf altijd verkeerd ingeschat, of heeft het testbureau u niet goed in kaart kunnen brengen?) Ten derde, als uit het testrapport een aantal zwakke, maar verbeterbare, punten komen, heeft u een prima reden om voor uzelf een soort opleidingsplan op te stellen. U wordt nooit slechter van een cursus of training. (Hooguit armer...)

De situatie ligt natuurlijk iets anders wanneer u min of meer vrijwillig (voor beroepskeuze bijvoorbeeld) wordt getest. Ook dan (vooral dan!) doet u er goed aan *zoveel mogelijk* over uzelf en de tests te weten te komen. Geen mens ter wereld is gesneuveld aan een teveel aan kennis... behalve in misdaadfilms!

Herkent u zichzelf in dit testrapport?

Op de volgende regels treft u een kort testrapport aan. Lees dit rustig en zorgvuldig door en beantwoord dan de drie vragen.

Persoonlijkheidsbeschrijving en capaciteiten 'X is iemand die er redelijk verzorgd uitziet en een prettige indruk op mij maakte. Hij / zij ziet er jonger uit dan zijn / haar werkelijke leeftijd. Hij / zij is enigszins bedachtzaam, maar kan ook spontaan uit de hoek komen. X is redelijk gedreven, zonder hem / haar nu over-ambitieus te noemen. Hij / zij zal een prettige collega kunnen zijn, zonder zich aan iemand op te dringen.

De geteste persoon vertoont geen persoonlijkheidsafwijkingen of indicaties van ernstige ziekten, alhoewel X af en toe behoefte heeft aan een dagje vrij. (Mogelijk heeft X enkele lichte fobieën, deze zullen echter geen enkele rol spelen bij zijn / haar baan.) Vroeger is hij / zij een actieve sportbeoefenaar geweest, maar wegens drukke werkzaamheden is dat er de afgelopen jaren nogal bij ingeschoten. X houdt van lezen, waarbij het voorkeursgenre van jaar tot jaar toch wel verandert. Hij / zij spreekt zelf over 'goede' boeken. X houdt ook van tv kijken, zonder hier overigens een 'slaaf' van te zijn. Zijn / haar voorkeur gaat uit naar documentaires, spannende sportprogramma's, het nieuws en 'betere' speelfilms.

X heeft een iets onder-gemiddeld ruimtelijk inzicht, maar zijn / haar technische begaafdheden zijn ongeveer gemiddeld. De administratieve vaardigheden van X zijn zonder meer goed te noemen (snel, accuraat, creatief), terwijl hij / zij ook behoorlijk stressbestendig is.

Het I.Q. van X ligt bij de 110 (afwijking van 15 punten in beide richtingen), waarbij vooral het verbale I.Q. goed scoort (125). X beschikt over zekere leiderschapscapaciteiten, die hem / haar de nodige doorgroeimogelijkheden zouden kunnen geven, *mits* deze kans krijgen zich verder te ontwikkelen.

Qua opleiding, mentaliteit en vriendenkring past X niet meer zo goed bij zijn / haar wat lagere afkomst. Dat levert nu en dan nogal wat spanningen op met ouders, die hij / zij tegenwoordig dan ook minder vaak ziet.

X heeft een redelijke 'ik-sterkte', waardoor hij / zij zijn / haar mening in een discussie goed kan verdedigen. Alhoewel hij /zij geen ervaring heeft in de verkoopsfeer, is hiervoor beslist de nodige ruimte aanwezig. Deze indruk wordt versterkt doordat X betrouwbaar is en ook over de nodige durf beschikt, zonder nu een uitgesproken waaghals te zijn.

Onze conclusie luidt dan ook dat X aan alle door u gestelde eisen voldoet. Wij hebben geen bezwaar tegen deze kandidaat. Wanneer het voorkomen, de representativiteit van de kandidaat iets wordt verbeterd, terwijl hij / zij ook enkele cursussen kan volgen, menen wij dat X tot dusverre een van de betere kandidaten is voor de door u beschreven werkzaamheden.'

Getekend,

DRS. B. DE GROOT

Beantwoord nu de volgende vragen:

1 In welke mate herkent u uzelf in dit testrapport?

Helemaal ❑
In belangrijke mate ❑
Een beetje ❑
Nauwelijks ❑
Helemaal niet ❑

2 Welke in het rapport genoemde eigenschappen van u worden correct beschreven? (Noem er maximaal drie.)

a ______________________________
b ______________________________
c ______________________________

3 Welke in het rapport genoemde eigenschappen worden niet correct beschreven? (Noem er maximaal drie.)

a ______________________________
b ______________________________
c ______________________________

Wat willen we met dit rapport en bijbehorende vragen duidelijk maken? Vele lezers zullen het al door hebben. Het bovenstaande rapport is verzonnen! Indien u uzelf in het rapport 'helemaal', 'in belangrijke mate' of 'een beetje' herkent is dat echt niet zo gek. Allerlei onderzoek met dit soort *algemene* rapporten laat steeds weer zien dat vele mensen het een goede beschrijving van henzelf vinden. Hoe zou dat komen? Daar is een eenvoudige verklaring voor. Er staan namelijk geen specifieke dingen in, die u onderscheiden van anderen. Wie kijkt er niet af en toe tv, zonder 'een slaaf' te zijn geworden? Wie heeft er niet een onder-gemiddeld ruimtelijk inzicht? (En wat betekent dat dan?) Wie heeft er niet af en toe problemen met zijn ouders, waardoor men elkaar wat minder vaak ziet?

Zo'n algemeen rapport heeft dan ook wel iets weg van een astrologierubriek in krant of tijdschrift. 'U zult binnenkort een belangrijke brief ontvangen.' Dat kan prettig zijn om te weten. Maar wat is belangrijk? Is het plezierig-belangrijk? Geld terug van de belastingen. Een oude vriend laat weer wat van zich horen. Of onplezierig-belangrijk? Aanslagbiljet van de belastingen. Of een vervelende liefdesbrief? Wat is eigenlijk belangrijk, zult u zich afvragen als er in de horoscoopweek geen echt belangrijke brief wordt bezorgd. Wordt de rekening van de melkboer dan plotseling belangrijk? En wat is 'binnenkort'? Ook dat is nogal rekbaar...

Kortom, zo'n algemeen rapport heeft geen enkele waarde. Voor niemand. Maar op het eerste gezicht lijkt het best een treffend rapport, tenzij u iemand bent die nogal extreme antwoorden geeft. ('Ik háát tv kijken.' 'Ik ben vijfenveertig jaar en woon nog bij mijn ouders – wij hebben een fantastische relatie.' 'Ik heb nog nooit problemen op mijn werk gehad.')

Wanneer u uw testrapport door mag lezen vraag u dan steeds af of er specifieke zaken in staan: persoonlijkheidseigenschappen en capaciteiten, die alleen op u slaan. U heeft gezien hoe gemakkelijk het is mensen te beschrijven met nietszeggende kreten. *Een testrapport mag nooit een jas zijn die iedereen past.*

Drie voorbeelden van testrapporten

Een groot Nederlands psychologisch selectiebureau vermeldt in zijn brochure voor kandidaten de volgende procedure: 'Na de dag van het onderzoek zijn dus behalve de door u gemaakte schriftelijke tests, ook de beoordelingen van de twee medewerkers die u ontmoet heeft, voorhanden. Dit alles te zamen vormt het materiaal op basis waarvan wij ten slotte ons oordeel over uw kans van slagen in de functie bepalen en vervolgens ons advies betreffende uw aanstelling formuleren.

Het advies, met alle overwegingen die daartoe hebben geleid, en aangevuld met een overzicht van de door u verstrekte gegevens over behaalde diploma's en vroegere werkkringen, wordt in de vorm van een rapport aan onze opdrachtgever gezonden. In het rapport worden overigens slechts uitspraken gedaan over díe eigenschappen en capaciteiten die van belang zijn voor de functie waarvoor u onderzocht bent. Ieder rapport eindigt met een conclusie, of u naar onze mening al dan niet aan de eisen die voor de desbetreffende functie gesteld zijn, kunt beantwoorden.'

Na het lezen van deze (overigens duidelijke) tekst heeft u er nog geen enkel inzicht in hoe zo'n testrapport er in werkelijkheid uitziet. We hebben daarom drie voorbeelden van testrapporten, voor uiteenlopende functies, opgenomen. Wij bieden ze aan zonder verder commentaar. Het doel is een indruk te geven van een testrapport.

Ter verduidelijking: dit zijn rapporten zoals die aan de opdrachtgever en de onderzochte persoon worden aangeboden. Het *interne rapport* ziet er anders uit. Hierin staan allerlei ruwe testscores vermeld, omzettingstabellen, normen, enzovoort. Dat zijn dus allemaal technische zaken, die we hier buiten beschouwing laten. (Deze gegevens worden soms voor wetenschappelijk onderzoek gebruikt – bijvoorbeeld om de kwaliteit van een test te peilen.)

RAPPORT 1

Dit rapport is de neerslag van een psychologisch onderzoek naar een kandidate voor de functie van afdelingssecretaresse. (Herkenbare achtergrondgegevens zoals leeftijd, werkervaring, burgerlijke status, enzovoort zijn weggelaten.)

Mevrouw X presenteerde zich als een representatieve kandidate. Ze praatte veel en gemakkelijk en maakte tijdens het gesprek geenszins een gespannen indruk. Haar mondelinge uitdrukkingsvaardigheid is dan ook goed te noemen. De schriftelijke uitdrukkingsvaardigheid is, na observatie, van ruim voldoende niveau voor de betreffende functie.

De geteste intellectuele capaciteiten van de kandidate liggen, gezien haar vooropleiding en de functie-eisen, op een gemiddeld niveau.

Zowel het vermogen om abstract te redeneren met verbaal materiaal als het taalgebruik voor wat betreft de spelling en de grammatica, liggen op dat gemiddelde niveau.

Het herkennen van fouten in zinsconstructies gaat haar, gezien haar vooropleiding, minder goed af dan verwacht zou kunnen worden. Het tempo en de nauwkeurigheid van het werken met verbaal materiaal bevindt zich echter op een hoger niveau dan verwacht.

Bij niet-verbaal materiaal, cijfers en getallen, valt het tempo tamelijk sterk terug, terwijl de kwaliteit van het werk, de accuratesse, op een hoog peil blijft.

Haar tekstverwerking werd als goed beoordeeld. Het verbeteren van geschreven concepten in de Engelse taal is van voldoende niveau. In het Duits is dit matig te noemen.

Als opvallende persoonlijkheidskenmerken moeten allereerst de behoefte aan variatie en de jeugdige, sociale extraversie genoemd worden. Door deze eigenschappen zal zij goed kunnen functioneren in werkomstandigheden die zowel afwisselend van karakter zijn als waarbij de contacten met mensen een belangrijke rol spelen.

Ze lijkt in staat tot aanpassing en coöperatie, waarbij een zekere activiteitsdrang haar niet vreemd is. De kandidate lijkt zich eerder zorgen te maken over een tekort dan over een teveel aan werkzaamheden.

In haar werk zal zij zich waarschijnlijk laten kennen als een prettige en aimabele persoon die bereid is een veelheid aan afwisselende taken op zich te nemen. In de omgang met collega's zal zij in een informele atmosfeer, waarin gelijkwaardigheid een belangrijke rol speelt, tot optimale prestaties kunnen komen.

Zij moet in staat geacht worden zich in de contacten met externe relaties correct en formeel op te stellen.

Haar 'paniekbestendigheid', zoals ze dat zelf noemde, is hierbij een extra pluspunt.

Negatieve indicaties in het persoonlijkheidsbeeld, zoals angsten, instabiliteit, belemmerende psychosomatische klachten of andere persoonlijkheidsfactoren die het functioneren in het werk negatief zouden kunnen beïnvloeden, werden niet geconstateerd.

Omdat enige nieuws- en leergierigheid de kandidate niet ontzegd kan worden, moet zij in staat geacht worden om de confrontatie met uiteenlopende computerprogramma's aan te kunnen.

Het afbreukrisico lijkt, gezien haar persoonlijke omstandigheden, niet bijzonder groot.

Ten slotte dient gezegd te worden dat de kandidate, ondanks het feit dat zij jonger is dan de leeftijdsindicatie aangeeft, reeds geruime tijd heeft gewerkt in soortgelijke functies.

Samenvattend kan gesteld worden dat mevrouw X, gezien haar capaciteiten, vaardigheden en persoonlijkheidskenmerken, voor de functie van afdelingssecretaresse ruim voldoende geschikt is.

RAPPORT 2

Deze kandidaat werd getest voor de functie van vertegenwoordiger. (Achtergrondgegevens zoals leeftijd, burgerlijke status, werkervaring, enzovoort zijn weggelaten.)

Indruk en karakter X is een man met representatief verzorgd voorkomen. Hij ziet er actief en stevig uit, poneert zich met een energiek gebaar en spreekt met duidelijke, sterke stem.

Hij is een man die zich met grote wilsinspanning en ijver erop toelegt om van zichzelf een goed vertegenwoordiger te maken. Hij maakt studie van zijn vak, verzamelt gegevens uit literatuur en andere bronnen, is echt aan zichzelf aan het 'werken'. Dat maakt hem nog iets te overbewust van zijn eigen vorm en houding, waardoor hij ook in het contact met klanten nog iets te strak, iets te zeer zichzelf forcerend kan optreden. Het zou hem goed doen als hij wat ongedwongener kon worden en iets meer afstand kreeg van zijn taken, zodat hij ze wat soepeler zou kunnen behandelen. Maar desondanks heeft zijn optreden een behoorlijke overtuigingskracht. Hij argumenteert goed, praat doordacht en controleert met scherpe zelfkritiek wat hij zegt, zodat hij zelden onzin praat. Hij is er bovendien op uit zich te verdiepen in de situatie van de ander, zodat hij zich waar mogelijk tracht op te werpen niet enkel als verkoper, maar ook als adviseur voor de cliënt in diens zakelijke moeilijkheden. Ook tracht hij met de verkoopleiding van zijn eigen onderneming mee te denken. Het zal niet nodig zijn hem aan te sporen, hij zal uit zichzelf een vinnige activiteit ontplooien. Om te voorkomen dat hij iets te krampachtig gaat werken, zal het nuttig zijn hem voor ieder goed werksucces duidelijke waardering te betonen.

Capaciteiten De algemene intelligentie van X ligt op een normaal HAVO-niveau. Hij is geen bijzonder scherp en snel denker, maar hij werkt hard met zijn mogelijkheden. Moet hij een moeilijkheid uitzoeken, dan gaat hij er ook voor zitten en is erop uit het grondig uit te zoeken. Hoewel hij wel zelfstandig wil denken in kwesties van algemene verkooppolitiek, etcetera, is het toch goed dat hij slechts als vertegenwoordiger werkt: een verkoopleider zien wij niet in hem, wel eventueel later een hoofdvertegenwoordiger. Hij heeft de vindingrijkheid om een verkoopgesprek op een originele manier te verlevendigen. Zijn argumenten weet hij duidelijk en overtuigend te brengen. Hoewel hij niet gemakkelijk kijk krijgt op technische zaken, heeft hij de instelling om zich een grondige kennis van het produkt en eventueel van de produktiemethoden eigen te maken, zodat hij als een ter zake deskundig vertegenwoordiger kan verschijnen.

Bijkomende correspondentie en rapportering zal hij verantwoord kunnen verzorgen.

Conclusie X is in zijn optreden representatief voor de onderneming. Hij is een harde werker, die nog iets ontspannener en soepeler moet worden, maar die op een overtuigende en deskundig aandoende wijze als vertegenwoordiger naar wens moet kunnen werken.

Advies Wij raden X aan als vertegenwoordiger, met voorkeur boven de beide tegenkandidaten. Nadere toelichting op dit rapport zullen wij desgewenst gaarne verstrekken.

RAPPORT 3

Deze kandidaat werd psychologisch onderzocht voor de functie van directeur voor een semi-overheidsorganisatie. (Achtergrondgegevens zijn ook hier weggelaten.)

Profiel

1 *Intelligentie*	*Zeer goed*	*Goed*	*Gemiddeld*	*Matig*	*Zwak*
1 Verbale aanleg	☐	☐	☐	☒	☐
2 Numerieke aanleg	☒	☐	☐	☐	☐
3 Analytisch vermogen	☒	☐	☐	☐	☐
4 Kritisch concluderen	☐	☒	☐	☐	☐
5 Inventiviteit	☐	☒	☐	☐	☐

2 *Vaardigheden*	*Ver boven gemiddeld*	*Boven gemiddeld*	*Gemiddeld*	*Beneden gemiddeld*	*Ver beneden gemiddeld*
6 Organisatorisch inzicht	☒	☐	☐	☐	☐
7 Medewerkersgerichte stijl van leiding geven	☐	☐	☐	☒	☐
8 Taakgerichte stijl van leiding geven	☐	☐	☐	☒	☐
9 Overtuigingskracht	☐	☐	☐	☐	☒

3	*Gedragswijzen*	*Zeer goed*	*Goed*	*Gemid-deld*	*Laag*	*Zeer laag*
10	Stabiliteit	❑	☒	❑	❑	❑
11	Contactvaardigheid	❑	☒	❑	❑	❑
12	Dynamische instelling	❑	❑	☒	❑	❑
13	Doorzettingsvermogen	☒	❑	❑	❑	❑
14	Flexibiliteit	❑	☒	❑	❑	❑

Met betrekking tot intelligentie geldt: gemiddeld = gemiddeld academisch niveau.

Intelligentie X beschikt over verstandelijke capaciteiten van een goed tot zeer goed universitair niveau. Het enige intelligentieaspect dat van dit sterke profiel afwijkt is de verbale aanleg. Dit betekent dat hij met het verwoorden en vorm geven van ideeën relatief gezien moeite heeft: wat hij qua inzicht en analytisch vermogen kan zal hij minder gemakkelijk weten te 'verkopen'.

Vaardigheden Het organisatorisch inzicht van de kandidaat is sterk. Zowel ten aanzien van beleidsmatige zaken die de lange termijn betreffen als de praktische dag-tot-dag problemen, zal hij adequaat weten te analyseren en kan hij komen met oplossingen, die een grote mate van positieve invloed kunnen hebben op de kwaliteit van het functioneren van een organisatie in zijn totaliteit.

In zijn wijze van leiding geven zal hij zich – als lijnmanager – niet sterk kunnen profileren. In feite is hij hiervoor te bescheiden en te filosofisch ingesteld.

Hij geeft zeer veel ruimte voor een eigen inbreng van mensen, doch dit kan in situaties, waarin het het lijnmanagement betreft, overkomen als besluiteloosheid dan wel het voor zich uitschuiven van beslissingen.

Deze instelling is die van de adviseur die gewend is om te gaan met situaties, waarin anderen de beslissingsbevoegdheid hebben.

Gedragswijzen X beschikt over de mogelijkheden om spanningen op een juiste wijze op te vangen en snel zodanige relaties te leggen dat een sfeer van onderling vertrouwen ontstaat.

Hij beschikt over een sterk doorzettingsvermogen en weet op een effectieve manier voor een grote variëteit aan onderwerpen enthousiast te worden. In zijn waardenpatroon scoort zakelijkheid niet erg hoog. Gesteld kan worden dat zijn commerciële handigheid hierdoor als minder sterk moet worden ingeschat.

Conclusie
X beschikt over mogelijkheden die hem een grote kans van slagen geven als manager van een specialistische stafafdeling, dan wel leider van een lijnmanagementteam waarin sprake is van een sterke mate aan vaktechnische kennis.

Of zijn instelling èn intelligentie aansluiten bij datgene, wat vereist wordt in de functie van directeur is echter de vraag. De mogelijkheid is zeer reëel aanwezig dat hij niet tegemoet kan komen aan de rechttoe rechtaan eisen ten aanzien van 'commercie' en onderhandelen: dat hij zich te veel opstelt als de afstandelijke adviseur.

Drie regels bij rapportage

Bij elk testrapport behoren drie regels die we u niet willen onthouden. Het gaat om de reikwijdte van het rapport, de geldigheidsduur en de vertrouwelijkheid van de gegevens. Een testbureau formuleert het als volgt: *Richtlijnen voor het gebruik van het psychologisch rapport* 'Ten aanzien van het gebruik van dit psychologisch rapport maken wij u attent op de volgende regels. Deze zijn mede gebaseerd op de 'Beroepsethiek voor Psychologen' van het Nederlands Instituut van Psychologen (NIP). Een exemplaar van deze beroepsethiek ligt op ons instituut ter inzage.'

1 *Reikwijdte van het rapport* 'Het rapport is afgestemd op de functie waarvoor de sollicitant is onderzocht: dat wil zeggen op de soort, de aard en het niveau van de werkzaamheden in deze functie. Er wordt een verwachting in uitgesproken van de mate waarin de sollicitant aan de eisen van deze specifieke functie zal voldoen. Dit betekent dat de uitspraken in dit rapport niet zonder meer van toepassing zijn op de geschiktheid voor andere functies of op andere vraagstellingen.'

2 *Geldigheidsduur van het rapport* 'Mensen zijn – tot op zekere hoogte – veranderlijk. Daarom kan een psychologisch rapport slechts een beperkte geldigheidsduur hebben. Voor dit rapport wordt een geldigheidsduur van anderhalf jaar aangehouden. Deze termijn is korter wanneer zich inmiddels ingrijpende veranderingen bij de cliënt voordoen.'

3 *Vertrouwelijkheid* 'Psychologische rapporten bevatten informatie van vertrouwelijke aard. Dit brengt met zich mee dat bij de opdrachtgever slechts een beperkt aantal personen van het rapport kennis neemt, en

dat rapporten met de grootst mogelijke zorgvuldigheid dienen te worden beheerd. Het wordt op prijs gesteld dat de opdrachtgever na afloop van de selectieprocedure het rapport ofwel vernietigt, ofwel terugzendt naar het bureau.'

Het telefonisch verslag

Mocht u echt helemaal geen tijd hebben om naar het testbureau te togen, bel dan!

De meeste bureaus zullen bereid zijn telefonisch mee te delen hoe u het er afgebracht heeft. Als u noodgedwongen opbelt, bedenk dan wel het volgende:

1 Men zal u waarschijnlijk niet het gehele rapport voorlezen; u zult het advies horen en misschien nog enkele 'hoogtepunten' uit het onderzoek.
2 U heeft maar weinig tijd om vragen te stellen over het onderzoek. De testpsycholoog zal er weinig voor voelen een lange discussie met u aan te gaan.
3 Het wordt moeilijk door de telefoon beroep tegen het selectie-onderzoek aan te tekenen.
4 U leert er niet zoveel uit.

Denk eraan dat het altijd beter is een belangrijk gesprek onder vier ogen te hebben dan onder twee oren!

Mondelinge toelichting

De kosteloze nabespreking met de psycholoog zal er in grote lijnen als volgt uit zien.

1 Het doel van de testdag wordt nogmaals uitgelegd en in verband gebracht met bijvoorbeeld de functie waarnaar u heeft gesolliciteerd.
2 De psycholoog zal kunnen vragen wat u zelf van de testdag vond. Was het moeilijk / gemakkelijk? Zijn uw verwachtingen uitgekomen? Op welke tests was u het beste, denkt u?
3 Test voor test kunnen de resultaten worden doorgenomen, gevolgd door de betekenis van de resultaten (conclusies en interpretaties van de psycholoog). Dit zal meestal niet het geval zijn.
4 De testprofielen (grafieken) worden misschien getoond met de hierbij behorende normen voor uw (beroeps)groep. U kunt dan zelf aflezen hoe u verschilt van het gemiddelde of de 'gemiddelde beoefenaar' in uw beroep.

5 Afhankelijk van de beschikbare tijd en de manier waarop u omgaat met de psycholoog zal aandacht kunnen worden besteed aan uw sterke en zwakke punten. Soms zal bij afwijzing een advies worden gegeven. (Volg een avondopleiding in talen, solliciteer naar een half-technische, half-commerciële functie, vraag een beroepskeuzeadvies aan, enzovoort.)
6 Misschien kunt u zich niet helemaal verenigen met de conclusies van de psycholoog. Wat dan?

Beroep aantekenen

Wanneer u het met het rapport en de aanbevelingen niet eens bent kunt u bezwaar aantekenen, in beroep gaan. Maar bedenk dat de testpsycholoog een advies opstelt aan zijn opdrachtgever. De wil van de psycholoog is geen wet, de opdrachtgever beslist zelf. En zijn besluit hoeft niet altijd overeen te komen met het advies van het testbureau. Zoals gezegd, wanneer meerdere kandidaten zijn gewogen en zwaar genoeg bevonden, dan betekent een positief advies nog niet dat de begeerde baan al de uwe is...

Wat zijn nu de mogelijkheden voor de sollicitant die het niet eens is met de testresultaten?

Vernietiging van resultaten eisen Zoals we in het volgende hoofdstuk zullen zien is dat een van uw grondrechten. Er wordt dan gedaan alsof het onderzoek nooit heeft plaatsgevonden. Uw 'tegenprestatie' is dan bijna altijd terugtrekking uit de sollicitatieprocedure. Het is een soort 'voor wat hoort wat'-regeling. U schiet hier dus niet zoveel mee op. Hooguit wordt u voor een 'afgang' (zoals u dat ervaart) behoed. En u heeft testervaring opgedaan!

Contra-expertise op eigen kosten Het is logisch dat dit tot de mogelijkheden behoort. Toch zitten er drie ongemakkelijke kanten aan deze oplossing. Ten eerste moet u zelf de rekening betalen. Dat komt u toch al gauw op zo'n *f* 1.000,– te staan. Ten tweede is de kans op de baan vermoedelijk verkeken. U bent namelijk lastig en houdt de gang van zaken op. Het derde punt is het meest interessant. Stel dat u in de race blijft *en* dat de contra-expertise – zoals u had gehoopt – in uw voordeel uitvalt. Wat zou er dan voor strijd gaan losbranden tussen aan de ene kant twee testbureaus (wie heeft gelijk?) en aan de andere kant het oorspronkelijke testbureau en bijvoorbeeld de personeelsafdeling van de werkgever? Maar wat is uw kans als de 'briefing' aan de twee bureaus niet gelijk is? Nul.

Contra-expertise op kosten van testbureau of opdrachtgever Dit is een draaglijker oplossing, omdat alle partijen zich hier achter kunnen scharen en de 'briefing' gelijk zal zijn aan beide bureaus. Bovendien hoeft u er dit keer niets (behalve tijd) in te investeren. Maar ook deze oplossing komt niet zo vaak voor. Het is duidelijk dat ook hier een strijd onder deskundigen kan ontstaan. We willen de problemen met contra-expertise beëindigen met de opmerking dat wanneer de psychologen van het tweede testbureau (de contra-experts) *weten* dat zij worden vergeleken met die van een collega-instelling, zij daar contact mee zullen opnemen. Net zoals vaak het geval is met artsen houden ook psychologen elkaar graag droog. Men geeft er de voorkeur aan elkaar aan te vullen, in plaats van elkaar af te vallen...

Klacht voor het NIP Wanneer u het niet eens bent met de gang van zaken en het rapport kunt u te allen tijde contact opnemen met het Nederlands Instituut van Psychologen om een klacht te deponeren. In het volgende hoofdstuk komen we hierop terug.

Uw mening aan het rapport voor de opdrachtgever toevoegen Dit is een meer praktische oplossing, die soms wordt toegepast. Over de effectiviteit ervan tasten we in het duister. Wordt u als een lastpost gezien? Hebben de meeste opdrachtgevers de stelregel dat kandidaten die iets (willen) toevoegen aan een testrapport 'eigenwijs' zijn? Of zijn dit juist de meest waardevolle mensen voor een organisatie? (Durf, kritisch, zelfkennis, enzovoort.)

Missers...

De drie partijen in het selectieonderzoek, de werkgever, het testbureau en u, hebben een gemeenschappelijk belang. En dat is dat de juiste man of vrouw de vacature gaat vervullen. Indien u ten onrechte de baan krijgt is dat voor u vervelend, maar ook voor de werkgever. Wanneer u de baan niet krijgt – terwijl u eigenlijk de meest geschikte kandidaat was – is dat ook voor u en de werkgever onprettig. We zullen het in schemavorm zetten:

		Uw testuitslag	
		+	–
Uw werkprestatie	+	+ +	+ –
	–	– +	– –

Het testbureau levert goed werk wanneer het de juiste kandidaten voor de baan selecteert, terwijl de praktijk later uitwijst dat dat een verstandige keuze is geweest. Dat zijn dus de twee plusjes in de tabel. Het bureau is ook goed bezig wanneer het een negatief advies geeft over een kandidaat en deze blijkt (voor een zelfde baan ergens anders) inderdaad niet te voldoen. Het testbureau heeft natuurlijk ook gelijk wanneer een afgewezen kandidaat toch wordt aangenomen en later strandt. Een vervelende zaak voor alle betrokkenen. Het selectiebureau heeft missers in handen wanneer het positief adviseert en, na aanstelling, de kandidaat in de praktijk struikelt. Het is voor u heel vervelend wanneer het testbureau uw kandidatuur afwijst, terwijl u juist zo geknipt voor de baan zou zijn. Ook dat is een misser. Het is dit type misser dat u zo graag wilt voorkomen en waarvoor u in beroep wilt gaan.

Wanneer u de nodige zelfkennis heeft (en dat komt vanzelf met het klimmen der jaren), schroom dan niet om protest tegen het testrapport aan te tekenen. Maar wanneer u niet zeker van uw zaak bent begin er dan niet aan, want de kans dat u iets bereikt is niet bijster groot.

HOOFDSTUK 16

Ken uw 'rechten'!

Sollicitanten hebben maar weinig rechten. Zij klagen dan ook vaak over de behandeling van een mogelijk toekomstige werkgever. Om enkele veelgehoorde klachten te noemen: het duurt vaak lang voordat de sollicitatiebrief wordt beantwoord, een afzegging geeft niet altijd een duidelijke reden aan, het eerste gesprek is meestal eenrichtingsverkeer: de aanstaande werkgever stelt allerlei vragen die tot het privé-domein van de werkzoekende behoren. En niet te vergeten: de plicht mee te werken aan een psychologisch onderzoek.

Geen enkele aanstaande werkgever kan u dwingen psychologisch getest te worden. Maar u kunt dan natuurlijk wel de sollicitatie als beëindigd beschouwen... De werkzoekende heeft weinig keuze.

Als u zich laat testen dan heeft u enkele rechten. Welke, dat leest u in dit hoofdstuk. We geven u eerst enkele reacties van een groep mensen die we naar hun mening hebben gevraagd over hun vermeende rechten in een psychologisch onderzoek.

Hierna gaan we in op klachten van meer algemene aard over tests (onder andere misleiding en discriminatie). In dit hoofdstuk zal ook de relatie tussen opdrachtgever (werkgever) en testbureau worden besproken. We wijzen ook op de gedragsregels waaraan (test)psychologen zich hebben te houden en hoe u beroep kunt aantekenen bij onenigheid bij test of rapport.

Welke rechten hebben kandidaten? Een kleine opiniepeiling

We hebben de meningen gepeild van zowel mensen die enige tijd geleden psychologisch zijn getest, als bij wie dit nog niet is gebeurd; een interessante mengeling van meningen.

Een part-time student merkt op dat 'de resultaten van het onderzoek nauwelijks doorgesproken worden. Er zijn eigenlijk geen mogelijkheden om meer over je eigen onderzoek te weten te komen. Althans, ze worden je niet gegeven.'

Een tweede student, met nogal wat testervaring: 'Je hebt inzage in de testresultaten en bovendien bepaal je zelf – niet het testbureau – of de resultaten later naar een andere werkgever mogen worden gestuurd.' (Heeft deze student gelijk?)

Een al wat oudere boekhouder, nogal verontwaardigd: 'Ik heb nooit de uitslag van de test gehad, terwijl het mij wel was toegezegd...'

We laten nu een nogal sceptische huisvrouw aan het woord die voor het eerst na jaren weer op zoek is naar een baan. 'Ik zou zeggen dat je bijna geen enkel recht hebt. Ik heb de testresultaten mogen inzien. Dat wel. Maar alleen omdat ik aandrong! Trouwens, wie controleert de psycholoog? Of moet je maar aannemen, dat hij alles zo goed weet?'

'Natuurlijk heb je rechten. Je beslist toch zelf of je je rapport samen met je baas doorneemt!' meent een manager die graag intern wordt overgeplaatst.

'Wat voor rechten kun je in hemelsnaam hebben? Je bent nog niet eens aangenomen voor die baan!' zegt een vrouw die haar 'uitzendcarrière' wil stoppen en naar een baan als 'office-manager' heeft gesolliciteerd.

Een verkoopleider die graag van baan verandert: 'Het is allemaal zo voorgekookt. Je wordt als een robot van opdracht tot opdracht gesleurd en er staat precies vast hoeveel tijd je aan al die taken mag besteden. Wat, als je nu eens weigert een bepaalde opdracht uit te voeren?'

Een export-manager die voor elke nieuwe baan weer werd getest: 'Voor zover ik weet heb je maar twee rechten. Je kunt de uitslag inzien en de testresultaten zullen niet voor andere doeleinden worden gebruikt.'

Een vijfentwintigjarige administratieve medewerker is ook niet erg optimistisch over zijn rechten. 'Kijk, dat het testresultaat in vijf minuten met je wordt doorgenomen betekent nog niet dat je rechten hebt. Je maakt gebruik van een gunst. Zo zie ik het.'

'Een paar jaar geleden werd ik getest en ik was het helemaal niet eens met de resultaten, de positieve en de negatieve. Hoe kon ik dat als leek bestrijden? Je staat toch helemaal machteloos!'

Een ander is meer berustend van aard. 'Ach ja, je kunt natuurlijk tegen het resultaat ingaan. Maar of het helpt... ik geloof van niet...'

De korte nabespreking is ook bij een zesenveertigjarige marketingmanager in het verkeerde keelgat geschoten. 'Ik vind dat het een basisrecht moet zijn om het hele rapport in te zien en van kanttekeningen te voorzien, wanneer je het ergens niet mee eens bent of grote vraagtekens achter een test zet!'

'Rechten als sollicitant? Rechten bij een psychologische test? Ik heb daar nooit zoveel van gemerkt... Toen ik de eerste keer werd getest kreeg ik niet eens de resultaten te zien! De tweede keer, een paar jaar later, kon ik niet praten over verschillen tussen hoe ik mijzelf zag en hoe de psycholoog mij beoordeelde...'

Een wat oudere gemeenteambtenaar: 'Ik heb het angstige gevoel dat testresultaten niet zo erg geheim zijn...'

We willen de volgende conclusies trekken uit onze opiniepeiling:

1 Psychologisch getest worden en persoonlijke rechten gaan niet hand in hand.
2 Is het een recht of een gunst om testresultaten naderhand ter inzage te krijgen? Dat is volgens deze peiling niet al te duidelijk.
3 De geheimhouding van testresultaten laat misschien ook wel iets te wensen over.
4 Getest worden is voor velen een fnuikende aangelegenheid. Er wordt een onderzoek naar je eigen persoon(lijkheid) ingesteld, maar je wordt als een koud voorwerp behandeld.

Algemene bezwaren tegen psychologische tests

Het zijn niet alleen sollicitanten die soms moeite hebben met tests. Ook in wetenschappelijke kringen vinden we tegenstanders en critici. De bekende Nederlandse psycholoog Drenth, zelf ontwerper van (in dit boek besproken) tests heeft alle kritiek op een rij gezet en signaleert: '...omdat de psychologie en de psycholoog het er voor een belangrijk deel zelf naar gemaakt hebben: ze hebben te veel met hun tests gepretendeerd (volstrekt accurate metingen, onbetwistbare predicties, vaststaande differentiaaldiagnosen), ze hebben mis-concepties doen ontstaan (dat een intelligentietest een aangeboren, vaststaand en onveranderbaar concept meet, dat persoonlijkheidstests permanente, dominante en generale karakteristieken openbaren), ze hebben aanleiding gegeven tot misbruik van testgegevens (geen confidentialiteit gewaarborgd, onvoldoende openheid betracht ten aanzien van de doelstelling van het onderzoek), en ze hebben te weinig aan publiciteit en informatie gedaan, waardoor maar al te gemakkelijk een vreemd, magisch en voor sommigen zelfs een wat angstaanjagend beeld ontstaat.' (Drenth, 1970)

Ondanks het gebruik van een aantal 'zware woorden' is de boodschap duidelijk. Laten we eens kijken naar enkele zojuist aangestipte problemen, die steeds weer de kop op steken.

Het gaat om:

- schending van vertrouwen;
- misleiding;
- inbreuk op privacy;
- discriminatie.

1 *Schending van vertrouwen* Iemand zal zelden in zijn leven zo open en eerlijk moeten spreken (en schrijven) over zijn persoonlijkheid, zijn sterke en zwakke punten, liefhebberijen, enzovoort, als op een testdag. In een aantal gevallen is het de geteste persoon duidelijk naar welke informatie een test vist (bijvoorbeeld intelligentie, leiderschapsvaardigheden), soms tast men helemaal in het duister (bijvoorbeeld bij een inktvlekkentest). We mogen de psychologische test als een 'ruilhandel' zien. De sollicitant geeft zijn eigen persoonlijkheid bloot in ruil voor een plezierige werkkring. Dat is een gecalculeerd risico. Worden gegevens van onderzoek wel eens doorgespeeld naar anderen dan de directe opdrachtgever? (Collega's, personeelsfunctionarissen, hogere bazen, enzovoorts.) Mag een testbureau het psychologisch profiel van een beroemde kandidaat verkopen aan het hoogst biedende landelijke ochtendblad? Mag het testbureau de testresultaten doorgeven aan een dochter- of zusteronderneming, waar een vacature is? Mag een testbureau het rapport van een gezocht misdadiger (als sollicitant) aan de politie verkopen, of het laten inzien?

Het gaat bij al deze vragen om het vertrouwen dat een persoon aan het testbureau heeft geschonken. We willen erop wijzen dat psychologen, net als artsen, een beroepsgeheim hebben. We zullen dadelijk zien aan welke (vrij strenge) regels testpsychologen gebonden zijn.

2 *Misleiding* Eerder is duidelijk geworden dat de geteste niet altijd wordt voorgelicht over het doel van een test of de vragen in een persoonlijk gesprek. Mag een kandidaat een lunch(pauze) of een diner worden onthouden? Mag hij de hele dag doorwerken zonder rust om zijn uithoudingsvermogen, werken onder stress, arbeiden op een lege maag, enzovoorts uit te testen? Mag terwille van Het Onderzoek worden gescholden, gedreigd, geprovoceerd, gevochten om de kandidaat op proef te stellen? Heiligt het doel de middelen? Altijd? Hebben testbureaus het recht om te liegen over bepaalde tests om iemand zodoende informatie te kunnen ontfutselen? We willen ervoor pleiten om zo zuinig mogelijk om

te gaan met tests met verborgen doelen. Hierdoor wordt de toekomst van projectieve en andere tests natuurlijk onzeker. Terecht? Wij menen van wel!

3 *Inbreuk op privacy* Een dagje testen betekent doorgezaagd worden over allerlei intieme en persoonlijke zaken. Bij vrijwillige tests (loopbaanadvisering) is dat geen probleem. Maar bij onvrijwillige tests (sollicitatie) is de inbreuk op iemands privé-leven wel een ernstige zaak, omdat de kandidaat dan geen keuze heeft. Hij kan nauwelijks weigeren... We hebben hierboven gezien dat men soms wordt misleid. Psychologische tests worden dan wel in een erg onvriendelijk daglicht geplaatst. De psycholoog als gluurder.

Er worden soms vragen gesteld die nodeloos inbreuk maken op iemands privé-leven. Zaken die een ander niets aangaan en die weinig of niets zeggen over iemands toekomstige prestaties als werknemer. Denk aan seksuele geaardheid, aantal vrienden / vriendinnen dat men heeft, duur van liefdesrelaties, huwelijksproblemen, de eigen jeugd / manier waarop men is opgevoed, relaties met de eigen kinderen, godsdienst, enzovoort. Wanneer u het gevoel heeft dat deze en andere vragen net even te ver gaan, kunt u beter vriendelijk zeggen dat de relatie tussen de vraag en de baan u ontgaat.

Er is nogal wat gefilosofeerd en geschreven over het algemene recht op privacy en het recht hierop van de sollicitant. Het algemene recht wordt erkend door heel wat regels en organisaties. De grondwet beschermt de persoonlijke levenssfeer. Deze eerbiediging vinden we ook terug in de Universele Verklaring van de Rechten van de Mens (VN-1948) en het Verdrag van Rome. Vanzelfsprekend blijven de vakorganisaties van psychologen niet achter. Het probleem bij psychologische tests (in tegenstelling tot bijvoorbeeld geneeskundig onderzoek) is dat er eigenlijk geen strikte scheiding kan worden gemaakt tussen privé-gegevens en 'functionele' zaken. Waar ligt de grens tussen pure werkgegevens en iemands persoonlijke 'eigenaardigheden'? De positie van de sollicitant is nogal zwak. Er wordt daarom al een aantal jaren door overheidscommissies gestudeerd op veranderingen.

4 *Discriminatie* Een van de grootste (ook technische) problemen van psychologische tests is dat sommige bevolkingsgroepen altijd beter uit een onderzoek komen dan andere. Hoe komt dat? Daar zijn eigenlijk drie redenen voor. Ten eerste hebben sommigen meer ervaring met tests (schooltoetsen, examens, enzovoort) dan anderen. Ten tweede is *taalbeheersing* erg belangrijk. De meeste tests zijn schriftelijk. Je moet de instructie en de vragen in het Nederlands kunnen lezen en begrijpen. Ten derde wordt

er in veel tests uitgegaan van bepaalde culturele gewoonten en gebruiken. Maar welke betekenis heeft Sinterklaas voor een Turkse man van vijfendertig jaar die vijftien jaar in Nederland woont en vloeiend Nederlands spreekt? Zou hij ook weten bij welke gelegenheid 'beschuit met muisjes' wordt uitgedeeld? Kortom, culturele minderheden en mensen met taalproblemen en weinig scholing worden achtergesteld bij psychologische tests. (Zie ook hoofdstuk 19.)

We willen hier nog twee veel gehoorde problemen met tests bespreken. We hebben gezien dat 'het ideaal' van bijna elke test is om schriftelijk en groepsgewijs afgenomen te worden. Dat spaart veel tijd uit en bovendien kan de computer worden ingeschakeld voor het 'vuile' werk. Toch kleven hier nadelen aan. Ten eerste is het gemakkelijker voor de kandidaat het juiste antwoord te kiezen uit bijvoorbeeld de vier aangeboden antwoordmogelijkheden. Het gaat dan om (soms oppervlakkig) herkennen, in plaats van uitgebreid over een antwoord na te denken. Ten tweede kan zo'n meervoudige-keuzetest moeilijk nagaan hoe creatief of spitsvondig iemand is, wanneer er alleen maar een kruisje op een formulier wordt gezet. Ten derde benadelen sommige tests de meest kritische en creatieve doordenkers. Dat komt omdat veel mensen een vraag snel doorlezen en het verwachte (juiste) antwoord meteen zien. Heel kritische mensen, daarentegen, leggen elk woord misschien op een goudschaal en geven ten slotte een fout antwoord. Maar hadden zij hun weloverwogen antwoord mogen toelichten, dan zou er misschien een extra punt voor hen hebben ingezeten.

Het is al eerder genoemd: de meeste (persoonlijkheids)tests zijn zo gemaakt dat 'gemiddelde mensen', die zich gemakkelijk aanpassen aan algemene normen en regels in de maatschappij, het er goed afbrengen op de testdag. Eerlijke sollicitanten, die er andere normen en meningen op na houden, vergooien hun kansen. Deze bijzondere mensen, die vaak heel bruikbaar zullen zijn in bedrijven en instellingen, worden eruit gefilterd ten gunste van de kandidaten die eigenlijk tegen de test zeggen 'ik zal mij netjes gedragen en mij snel aanpassen'. Door dit mechanisme hebben conservatieve sollicitanten een betere kans dan 'wereldverbeteraars'. We hebben dit eerder de 'grijze muizen'-selectie genoemd.

De relatie tussen opdrachtgever en testbureau

Een werkgever zal in de regel alleen een testbureau inschakelen wanneer hij onzekerheid over één of meer kandidaten ervaart. Het testbureau kan die onzekerheid niet wegnemen, maar wel verkleinen. Het is voor het bedrijf, maar ook voor de werknemer, erg vervelend te merken dat het 'huwelijk' niet functioneert. Er treden dan allerlei juridische problemen op (bijvoorbeeld ontslagaanvrage) en persoonlijke.

De werkgever zoekt voor deze risicoverkleining contact met een testbureau of misschien bestaat er al een relatie. Is de werkgever een nieuwe relatie, dan zal het testbureau er prijs op stellen uitgebreid kennis te maken. Hoe beter het bedrijf of instelling bekend is, des te scherper er kan worden getest.

Bij grotere ondernemingen en instellingen wordt het contact met het testbureau onderhouden door medewerkers van de afdeling personeelszaken. Een aantal mammoetorganisaties heeft een eigen afdeling psychologisch onderzoek, waar interne en externe kandidaten aan de tand worden gevoeld. Bij kleinere bedrijven zal het vaak een van de directieleden zijn of een toekomstige 'baas', die graag wat meer over de sollicitanten wil weten of een steun in de rug bij het selecteren goed kan gebruiken.

Veel opdrachtgevers zullen een psychologische testprocedure als een normale zakelijke activiteit zien. Misschien vinden zij het wel vergelijkbaar met marketing-onderzoek voor nieuwe produkten. Het gaat bij beide om mogelijke 'nieuwe aanwinsten' voor het bedrijf en beperking van het (financiële) risico van miskleunen. Marketing-onderzoek en selectietests *voorspellen* beide, maar zekerheid bieden zij geen van beide.

Enkele grondrechten

Het Nederlands Instituut van Psychologen is een vereniging waarvan naar schatting iets minder dan de helft van alle Nederlandse psychologen lid is. Het instituut staat open voor alle psychologen, maar er bestaat geen verplicht lidmaatschap. We zien zo dadelijk wat dat in de praktijk voor u kan betekenen.

Het NIP, zoals de vereniging meestal wordt genoemd, heeft voor haar leden een beroepsethiek opgesteld. Deze 'spelregels' gelden voor alle psychologen, ongeacht hun specialiteit en werkterrein. Daarnaast bestaan er 'Gedragsregels voor de bedrijfs- en organisatiepsychologen' die, zoals de naam al aangeeft, niet alleen voor testpsychologen zijn bestemd. We zullen hieronder alleen die gedragsvoorschriften bespreken die voor u als sollicitant in een testprocedure van belang kunnen zijn.

Het zijn alleen NIP-psychologen die zich aan deze voorschriften moeten houden. Voor andere psychologen gelden deze regels niet – zij kunnen dus doen en laten wat zij willen... De geldigheid van deze regels is daarom nogal beperkt. Misschien verandert dat in de toekomst door toedoen van het rapport van de Commissie (van prof. dr. W.) Hessel en 'Brussel', die naar een betere bescherming van de persoonlijke belangen van de sollicitant streven. Maar niemand maakt haast...

1 De 'betrokkenen (dat bent u!) hebben wanneer hun medewerking wordt gevraagd het recht duidelijk te weten wat dat voor hen inhoudt.' Dat betekent dat men u *tevoren* moet inlichten over:

- De te volgen werkwijze op de testdag;
- De rapportering, zowel naar u als naar de opdrachtgever (en eventueel nog anderen);
- De directe en indirecte doeleinden waarvoor de resultaten worden gebruikt (Dat is dus meestal selectie.);
- Het bestaan van een klachtrecht en hoe u hier gebruik van kunt maken.

Kortom, de psycholoog (of een assistent) moet u tevoren de nodige informatie geven, zodat u weet waar u aan toe bent.

2 'De medewerking van betrokkenen dient te berusten op overleg en vrijwilligheid.' Dit houdt het volgende in:

- U mag niet zonder uw toestemming worden onderzocht (gemakshalve wordt uw zogenaamde 'impliciete toestemming' verondersteld);
- U heeft het recht op elk ogenblik tijdens het onderzoek verdere medewerking op te zeggen;
- In dit laatste geval zal de psycholoog samen met u en de opdrachtgever naar een oplossing moeten zoeken die voor alle drie partijen aanvaardbaar is (Dat betekent in de regel dat u zich uit de sollicitatieprocedure moet terugtrekken.).

3 'De psycholoog mag de vertrouwensrelatie niet schaden.' In de relatie met u liggen twee zaken besloten:

- Geheimhouding van gegevens (behalve dan naar u en de opdrachtgever);
- Verschoningsrecht tot vertrouwelijke gegevens (De psycholoog heeft dus wel toegang tot deze gegevens.).

4 'Bij het gebruik van methoden moet de psycholoog waken tegen discriminatie en onnodige aantasting van de privé-sfeer.'

Anders gezegd: alle kandidaten, ongeacht huidkleur, godsdienst, leeftijd, sociale afkomst, politieke overtuiging of geslacht moeten een gelijke kans hebben. Dat is mooi geformuleerd, maar we hebben al eerder gesteld dat de meeste tests met name etnische minderheden nadelig beïnvloeden (onder andere door taalproblemen).

De psycholoog mag ook geen methoden gebruiken die 'verder in het privé-leven van de betrokkenen doordringen dan nodig is voor het gestelde doel'. Dat is een bewonderenswaardig streven, maar zegt in de praktijk bijzonder weinig. Wanneer u bepaalde vragen in een test of in het persoonlijke gesprek te ver vindt gaan, mag u dus vertellen dat dat 'niet nodig is voor het gestelde doel'. De psycholoog zal misschien antwoorden dat het 'wel nodig is'... U weet zich in ieder geval een beetje gesteund door enkele voorschriften.

5 'Ieder die bij een onderzoek betrokken is geweest heeft het recht geïnformeerd te worden over de resultaten ervan.' Hieruit vloeien twee voor u erg belangrijke regels voort:

- U heeft recht op een *kosteloze nabespreking* waarbij men u kennis laat nemen van de testresultaten.
- Wanneer u hierop staat is de psycholoog verplicht het testrapport *niet* aan de opdrachtgever te verstrekken. (Dat betekent in de praktijk bijna altijd dat u zich uit de selectieprocedure terugtrekt.) Dit is het zogenaamde blokkeringsrecht.

6 'Wie meent dat de beroepscode wordt overtreden kan een klacht indienen.'

U kunt te allen tijde een klacht indienen bij het College van Toezicht van het Nederlands Instituut van Psychologen (Postbus 9921, 1006 AP Amsterdam. Tel. 020-6109596). Of in Vlaanderen bij de Belgische Federatie van Psychologen (BFP) P.a. UPC St. Kamillus, Krijkelberg 1, 3034 Bierbeek.

Helaas stelt het klachtrecht weinig voor. Allereerst moet uw klacht door een commissie van wijze mannen en vrouwen ontvankelijk worden verklaard. Het zal u als leek op testgebied waarschijnlijk niet gemakkelijk afgaan de commissie te overtuigen. Wanneer uw klacht inderdaad ontvankelijk wordt verklaard, heeft de commissie alleen greep op de NIP-psychologen. Andere psychologen kunnen rustig doorgaan met hun praktijk(en). Zij hoeven zich niet te storen aan welke uitspraak van de commissie dan ook. De NIP-leden kunnen een reprimande krijgen, of nog 'erger': als lid geroyeerd worden. Meer strafmaatregelen zijn er niet! De gestrafte kan natuurlijk ook zelf als lid bedanken. En daarmee is de kous af.

Het klachtrecht is dus een wassen neus.

7 'Bij de opslag van gegevens dient de psycholoog deugdelijke maatregelen te nemen om misbruik te voorkomen.' De volgende bijzonderheden kunnen voor u van belang zijn:

- Als uw persoonsgegevens worden opgeslagen (dat zal bijna altijd het geval zijn) dient de psycholoog u dit te *melden*. Hij zal u ook moeten voorlichten over het eventuele latere gebruik hiervan. Er bestaat hiervoor een wettelijke meldplicht (de WPR, de Wet Persoons Registratie.) U moet toestemming verlenen voor de 'bewaarzucht' van het bureau. De ervaring wijst uit dat veel bureaus nogal losjes omgaan met deze wet.
- U kunt verzoeken uw testgegevens na gebruik onmiddellijk te vernietigen of op een ander door u gewenst tijdstip.
- Als de psycholoog (of een collega) op een later tijdstip nogmaals gebruik wil maken van uw gegevens, moet hij uw *schriftelijke toestemming* hiervoor krijgen.

TIP: Wanneer u zich zorgen maakt over de opslag van uw rapport bij het testbureau kunt u om vernietiging hiervan vragen. Doe dit aangetekend en verzoek om een schriftelijke bevestiging, waarin deze vernietiging aan u wordt bevestigd. Er kan dan bij een eventueel later contact met hetzelfde bureau niet meer gecontroleerd worden wat uw prestaties en bijzonderheden waren.

Maar hoe is het gesteld met de opslag in de computer van gevoelige informatie? Helemaal gerust zijn we hier niet op...

Het klachtrecht is in Nederland niet goed van de grond gekomen. Er worden per jaar slechts een paar klachten van ontevreden kandidaten in behandeling genomen. Doen psychologen het zo goed, zodat sollicitanten weinig reden tot klagen hebben? Of kennen de meeste mensen de geëigende weg naar protesten en klachten niet? Of is deze te lang en ondoorzichtig? Of hebben ze misschien te weinig vertrouwen in een effectieve en zinvolle behandeling van hun serieuze klachten...?

TIP: In *Alles over management tests* wordt uitvoerig ingegaan op bij het NIP ingediende klachten en de resultaten hiervan. U kunt daar ook lezen wat uw kansen zijn bij het aanspannen van een rechtszaak tegen een testbureau...

HOOFDSTUK 17

De techniek achter de test

Dit hoofdstuk is bestemd voor lezers die zijn geïnteresseerd in 'technische gegevens' van tests. Als u zich nu driftig moet gaan voorbereiden op de zware testdag van morgen kunt u dit hoofdstuk met een gerust hart overslaan. Tenslotte kun je best een goede automobilist zijn zonder iets te weten over krukas, carburator of compressie.

In dit nogal technische (maar niet moeilijke) hoofdstuk volgen we de gang van zaken op het testbureau, nadat u de formulieren heeft ingeleverd en klaar bent. We nemen een kijkje in de keuken van de verwerking van de testresultaten. Hierna bespreken we enkele kernbegrippen rond het meten van menselijke eigenschappen. We voeren u mee naar het terrein van de zogenaamde psychometrica en het fictieve testbureau van de Stichting Psi, waar een brandnieuwe test wordt ontwikkeld. We laten u (hernieuwd) kennismaken met begrippen als validiteit, betrouwbaarheid, standaardscores, ruwe scores, normen, percentielen, decielen en kwartielen. Na lezing van dit hoofdstuk zult u begrijpen dat er meer achter een psychologische test steekt dan een enkel vragenlijstje doet vermoeden.

De verwerking van testresultaten

U heeft juist uw ingevulde testformulieren ingeleverd en krijgt te horen dat het rapport over één tot twee weken klaar is. Maar wat gebeurt er in de tussentijd met uw resultaten? We nemen u mee naar de rekenaars van het testbureau.

Ter wille van de duidelijkheid zullen we het spoor van de verwerking van een enkele test volgen. We hebben gekozen voor de ABV (Amsterdamse Biografische Vragenlijst) als demonstratiemodel, omdat de test al eerder is besproken, eenvoudig te verwerken is en toch kwalitatief op een hoog peil staat.

U heeft het formulier, waarop 107 vragen voorkomen die u met 'ja', 'nee' of '?' moet beantwoorden, juist ingeleverd bij de testassistente. We zullen aannemen dat zij niet eerst koffie gaat drinken of met haar collega's gaat kletsen, maar meteen aan de slag gaat met uw formulier. (De ABV wordt meestal in groepen afgenomen, dus in werkelijkheid is uw formulier een van de vele, die op dat moment voor verwerking in aanmerking komt.) De ABV heeft vier zogenaamde schalen, dat zijn antwoordpatronen, die alle een deel van uw persoonlijkheid meten. (Zo is er een verzameling antwoorden die aangeeft of u een naar binnen gekeerd persoon bent. De schalen zijn in hoofdstuk 9 besproken.) Voordat de ABV op de markt kwam is er erg veel (experimenteel) onderzoek naar deze test verricht. We komen daar straks nog op terug. Dat heeft geleid tot het ontwikkelen van zogenaamde sleutels. Dat mag u zien als sjablonen die over het testformulier worden gelegd. Elke sleutel kent punten toe aan de testvragen. De uiteindelijke schaalscores zijn de totalen van de toegekende punten. Dit is het eerste deel van het cijferwerk. Het tweede deel bestaat onder andere uit het berekenen van percentielen en decielen. Hiermee wordt uw score vergeleken met die van anderen, bijvoorbeeld leeftijdgenoten, beroepsgenoten, enzovoort. Voor al deze groepen zijn normen in eerder onderzoek aangelegd. U wordt vergeleken met anderen – wat het doel van elke test is.

De ABV is zo'n eenvoudige test dat de gehele procedure zonder mensenhanden kan worden uitgevoerd. De computer kan alle taken overnemen. U wilt natuurlijk ook *snel* het resultaat van de testdag weten! Nadat de computer de cijfers heeft uitgespuwd probeert de psycholoog zich een beeld van u te vormen, *ten opzichte van* anderen. Daarnaast worden de resultaten van deze ene test in samenhang met die van andere (persoonlijkheids) tests en het interview geïnterpreteerd.

In het algemeen mag worden gesteld dat hoe meer (experimenteel) vooronderzoek naar een test is verricht, des te eenvoudiger de verwerking van de resultaten in de praktijk van het selectieonderzoek. 'De kost gaat voor de baat uit' wisten zeventiende-eeuwse kooplieden al.

Een test ontwerpen: geen kleinigheid

De psycholoog dr. R. Visser werd bij zijn afscheid als voorzitter van de Commissie Testaangelegenheden van het NIP geïnterviewd over zijn stokpaardje. Deze deskundige gaf aan waarom het zo'n zware opgave is een nieuwe test te ontwikkelen. We zullen eerst deze specialist aan het woord laten, voordat we een concreet voorbeeld geven over de voetangels en klemmen die altijd moeten worden bedwongen bij het opzetten van een nieuwe psychologische test.

'De kwaliteit van testconstructie is zeer matig. Ik denk dat daar verschillende redenen voor aan te wijzen zijn. Ten eerste heeft iedere constructeur te maken met het dilemma van wachten of niet-wachten met het op de markt brengen van een test. Als je wacht met het oog op meer tijd voor een deugdelijke onderbouwing, loop je het risico dat je gegevens toch bekend worden en dat anderen ermee naar een uitgever gaan. Daarnaast is het construeren van tests vaak een soort hobbyisme. Maar het maken van een goede test is een tijdrovende en kostbare zaak. En aan zowel tijd als geld ontbreekt het vaak, wat ten koste gaat van de kwaliteit.

Het belangrijkste probleem is echter de kloof tussen de praktizerende psycholoog en de testconstructeur: de onderzoeker kent de diagnostische situatie niet goed genoeg. Er is veel te weinig bekend over het beslissingsproces van de diagnosticus. Daar bedoel ik het volgende mee. Een test meet een of enkele gegevens, terwijl de psycholoog een beslissing moet nemen op basis van een complex van gegevens afkomstig van verschillende bronnen zoals observaties, gesprekken en testresultaten.' (Stevens, 1984)

Ons korte en droge commentaar: een vrij somber beeld...

Psychometrica bij de Stichting Psi

Psychometrica of psychometrie is niets anders dan de leer van het *meten* in de psychologie, in het bijzonder via psychologische tests. We laten u kennis maken met de belangrijkste psychometrische achtergronden. U zult dan merken dat een ogenschijnlijk eenvoudig vragenformulier (als de ABV) eigenlijk een topje van de grote en onzichtbare ijsberg is. Er gaat achter goede tests meestal een ongelooflijke hoeveelheid denkwerk en onderzoek schuil. We zullen nagaan welke hindernissen en valkuilen een testontwerper op zijn weg tegenkomt.

Het volgende leerzame voorbeeld is fictief, maar de manier waarop gedacht wordt over de constructie van een verantwoorde test niet. (Vanzelfsprekend is het een sterk vereenvoudigde afspiegeling van de werkelijkheid.)

De Stichting Psi houdt zich voornamelijk bezig met het selecteren van medewerkers voor allerlei bedrijven en instellingen in haar provincie. De Stichting beschikt over de luxe van een psycholoog, de heer Testgraag, die zich uitsluitend bezighoudt met het ontwerpen van nieuwe tests en het controleren van de kwaliteit van bestaande.

Testgraag krijgt tijdens de wekelijkse werkvergadering te horen dat meer en meer opdrachtgevers sollicitanten willen selecteren op 'brutaliteit'. Wat is het geval? Brutale medewerkers schijnen effectiever te zijn dan meer verlegen mensen. Brutalen hebben immers de halve wereld! De collega's van dr. Testgraag willen weten of er een Nederlandse test bestaat die brutaliteit van mensen meet. Of anders, kent hij een Amerikaanse brutaliteitstest die vertaald zou kunnen worden? Testgraag schudt zijn hoofd. Zo'n test bestaat niet, is het oordeel van de deskundige. Maar misschien zou de geleerde heer toch nog eens kunnen uitpluizen of er ergens ter wereld zo'n test bestaat. Want waarom zou de Stichting Psi het wiel opnieuw moeten uitvinden? Drie weken later op de werkvergadering maakt dr. Testgraag bekend dat hij er ondanks zijn uitgebreide speurwerk en contact met collega's over de gehele wereld niet in is geslaagd een brutaliteitstest te vinden. De vergadering gaat uiteen met het verzoek aan Testgraag om er zelf dan maar een te ontwikkelen.

Hoe gaat deze specialist de opdracht aanpakken? We volgen zijn denkwijze. Probleem nummer 1: wat betekent het woord 'brutaliteit' eigenlijk? Wat doet iemand die brutaal is? Is brutaliteit een eigenschap, dat wil zeggen zijn brutale mensen altijd brutaal, of is het een reactie op de situatie waarin men verkeert? Met andere woorden, iedereen zou zich brutaal kunnen gedragen als de toestand dat vereist. Indien brutaliteit een eigenschap is: welke kenmerken bezitten brutale personen dan, die niet-brutalen niet hebben?

Dr. Testgraag begint heel rustig met het uitpluizen van het begrip 'brutaliteit'. Hij raadpleegt tien woordenboeken en schrijft al die definities en omschrijvingen van het begrip over. Ontevreden met de gevonden definities bedenkt hij ten slotte zelf een voorlopige werkdefinitie. Testgraags eerste stap is een eind maken aan de Babylonische spraakverwarring rond brutaliteit. Maar de weg naar de uiteindelijke test is nog erg lang...

De psycholoog gaat nu probleem nummer 2 te lijf. Is brutaliteit een eigenschap die personen in meerdere of mindere mate bezitten, of verwijst het voornamelijk naar de situatie waarin men verkeert? Voor het gemak zullen we aannemen dat dr. Testgraag gevonden heeft, na een uitgebreide literatuurstudie en het interviewen van een aantal deskundigen, dat het om een kenmerk van de persoonlijkheid gaat, net zoals intelligentie, technisch inzicht of creativiteit. Testgraag kan dus doorgaan met zijn opdracht.

Probleem nummer 3 dient zich aan. Om inzicht te krijgen in de verschillen tussen brutalen en niet-brutalen moet hij nu twee categorieën mensen zien te vinden die lijnrecht tegenover elkaar staan op het kenmerk brutaliteit. (Het is altijd handig om met twee extreme groepen te werken. Gemiddelde personen vertroebelen het plaatje snel.) Testgraag krijgt een geniale inval! Hij gaat een categorie brutalen samenstellen, die bestaat uit:

- Top-autoverkopers (hij gaat alle autodealers aanschrijven);
- Veroordeelde oplichters en zwendelaars (een brief naar de gevangenisdirecties);
- Directeuren van reclamebureaus (via hun beroepsvereniging).

Maar nu nog de niet-brutalen! Dr. Testgraag denkt hen te vinden in de volgende drie groepen:

- Verlegen personen die hiervoor een psychotherapeutische behandeling ondergaan (namen en adressen behandelcentra);
- Maatschappelijk werkers (via de ledenlijst van hun vereniging);
- Binnenhuisarchitecten (via hun beroepsvereniging).

Natuurlijk beseft Testgraag dat niet alle binnenhuisarchitecten verlegen (niet-brutaal) zijn, of dat elke directeur van een reclamebureau brutaal is. Maar ja, hij moet toch ergens beginnen en de twijfelgevallen kan hij altijd nog uit zijn onderzoekgroepen verwijderen.

Testgraag beschikt nu over alle namen en adressen van de twee categorieën, schrijft ze aan en ten slotte stemt ongeveer de helft in met een persoonlijk gesprek voor dit onderzoek. Welke vragen zou Testgraag aan de brutalen en niet-brutalen stellen?

De psycholoog neemt er de tijd voor om een bijzonder groot aantal vragen te bedenken die hij op de brutalen en niet-brutalen kan loslaten. De vragen zijn in de vorm van uitspraken, waarmee de ondervraagde kan zeggen in hoeverre deze zijn persoonlijkheid beschrijven. Brutalen en niet-brutalen krijgen dezelfde vragenlijst voorgelegd. Testgraag verwacht dat de resultaten van beide groepen lijnrecht tegenover elkaar zullen staan. (Als dat niet het geval is heeft hij òf verkeerde mensen uitgenodigd, òf verkeerde vragen gesteld, of beide...)

Als hij een lijst met zo'n 300 vragen heeft samengesteld gaat hij zijn 'huisbezoeken' afleggen.

Wat voor vragen zal hij stellen? We beperken ons tot een enkel voorbeeld.

Vraag: 'Ik ben iemand die altijd voordringt in een winkel, hoe druk het er ook is.'

In hoeverre slaat deze uitspraak op u?

Helemaal
Gedeeltelijk
Misschien een beetje
Niet
Helemaal niet

Nadat hij alle gesprekken gevoerd heeft, verwerkt hij de antwoorden vraag voor vraag. De uitkomst van de zojuist gestelde vraag zal er in tabelvorm als volgt uit kunnen zien:

	Brutalen	*Niet-brutalen*
'Deze uitspraak slaat op mij':	%	%
Helemaal	65	10
Gedeeltelijk	9	10
Misschien een beetje	15	2
Niet	8	8
Helemaal niet	3	70
	100	100

Dr. Testgraag is niet ontevreden. Een aantal uitspraken *discrimineert* (onderscheidt) sterk tussen beide groepen. Waar 65 procent van de brutalen een uitspraak helemaal op zichzelf vindt slaan, is 70 procent van de nietbrutalen een totaal andere mening toegedaan.

Testgraag gaat ook nog na welke van zijn groepen proefpersonen het meest extreem hebben geantwoord. Hij ontdekt dat de binnenhuisarchitecten aan de ene kant en de directeuren van reclamebureaus aan de andere kant het plaatje behoorlijk hebben vertroebeld. In beide groepen zitten maar weinig 'echte' brutalen of 'niet-brutalen'. (Of kennen deze mensen zichzelf slecht?) Een nieuwe analyse, waarbij hij geen rekening houdt met deze twee groepen, levert nog betere resultaten op.

Zo werkt dr. Testgraag vraag voor vraag af. Hij houdt op deze manier vijftig vragen over, waarvoor hij een nieuw onderzoek gaat opzetten, maar nu alleen onder de meest brutalen: de top-autoverkopers. Hij gaat er een aantal bezoeken dat nog niet eerder ondervraagd is.

Als Testgraag hiermee klaar is kan hij tevreden zijn. Hij heeft een lijstje met veertig vragen overgehouden. Hij heeft er tien weg moeten laten, omdat deze niet zo duidelijk waren geformuleerd. Trots laat hij zijn produkt nu zien op de werkvergadering van de Stichting Psi.

Nadat alle collega's hem gelukwensen met de fantastische resultaten breken de (kritische) vragen los.

- 'Is de begripsvaliditeit vastgesteld?'
- 'Wat is de predictieve validiteit van de brutaliteitstest?'
- 'Welke gegevens over de betrouwbaarheid zijn er nu bekend?'

- 'Waar is de tabel met de landelijke brutaliteitsnormen?'
- 'Wat is de relatie tussen de brutaliteitstest en intelligentie?'
- 'En wat is de relatie met managementvaardigheden?'
- 'Kan iedereen de vragen begrijpen?'

Testgraag wijst zijn geachte collega's erop dat ze een beetje te hard van stapel lopen. Er moet nog veel werk worden verzet voordat zijn brutaliteitstest in de praktijk gebruikt kan gaan worden. Maar hij wil best de nu gestelde vragen beantwoorden.

Testgraag wil graag de laatste vraag, de gemakkelijkste, het eerst beantwoorden. Hebben de dames en heren daar problemen mee? De testvragen bleken begrijpelijk te zijn – de tien minder begrijpelijke waren al eerder verwijderd uit de test. Maar, zo voegt Testgraag eraan toe, een test kun je vergelijken met een goede wijn. Beide rijpen met de jaren. Bij verder onderzoek zullen misschien hier en daar wat zinnetjes veranderd moeten worden.

Er werd met belangstelling gevraagd naar de begripsvaliditeit van de brutaliteitstest. Waarom is dat zo'n belangrijke vraag? U wilt dus weten, zegt Testgraag, of de brutaliteitstest inderdaad iemands brutaliteit vaststelt, en niet iets anders zoals bijvoorbeeld intelligentie, ambitie of sociale vaardigheid. Dat is geen gemakkelijk te beantwoorden vraag, maar Testgraag verwijst naar zijn eerste onderzoek, waarbij hij van de *aanname* is uitgegaan dat bepaalde mensen brutaal zijn en anderen niet. En dat is de basis geweest van zijn onderzoek. Wanneer nu later zal blijken dat andere groepen brutalen niet hoog op de test scoren, moet een en ander natuurlijk worden herzien...

De predictieve validiteit (predictie = voorspelling) houdt in dat de test een voorspellende waarde heeft. Hoe goed voorspelt deze test? Daar is op dit moment nog geen antwoord op te geven. Maar dr. Testgraag wil graag een voorbeeld geven hoe hij dit wil vaststellen.

Hij heeft gevonden dat de top-autoverkopers tot de meest brutale mensen behoren. Hij wil nu een aantal autodealers en importeurs vragen hun aanstaande autoverkopers (sollicitanten) te mogen testen en daarnaast wil hij hun 'effectiviteit' (bijvoorbeeld verkoopprestaties) gedurende twee jaar volgen. Wanneer nu de brutaliteitstest kan voorspellen welke sollicitanten later wel en welke niet 'effectief' zullen zijn – liefst in de juiste rangorde van alle kandidaten – en dat komt behoorlijk overeen met de werkelijke prestaties van deze mensen, dan blijkt de brutaliteitstest goed te voorspellen. (Vergelijk de intelligentietest, die een onderscheid moet kunnen maken tussen goede en slechte basisschoolleerlingen en ook succes op de middelbare school moet kunnen voorspellen.) Het bepalen van de predictieve validiteit is dus geen peuleschil, legt Testgraag zijn luisterende collega's uit. Want de brutaliteitstest mag natuurlijk niet iets als verkoopvaardigheden meten, dat is niet de opzet van de test geweest.

Een andere vragensteller was nieuwsgierig naar de betrouwbaarheid van de brutaliteitstest. Waar het dus om gaat, verduidelijkt Testgraag, is dat dezelfde mensen ongeveer dezelfde uitslag moeten krijgen, wanneer ze meerdere malen met deze brutaliteitstest worden onderzocht. Dat is nu net het volgende onderzoek dat deze psycholoog wil gaan opzetten. Van de vele soorten betrouwbaarheden die er zijn wil hij er voorlopig één peilen. Testgraag stelt zich voor een viertal groepen beroepsbeoefenaars twee maal de test af te nemen. De eerste groep twee maal binnen een maand, de tweede met vier maanden daartussen, de derde negen maanden en de laatste groep wil hij na anderhalf jaar weer onderzoeken. Testgraag weet dat mensen een klein beetje veranderen en dat ze ook leren hoe een test in te vullen. Maar hij neemt aan dat zijn brutaliteitstest een *stabiel* meetinstrument is. De toekomst zal het leren...

U wilt weten hoe het is gesteld met de landelijke brutaliteitsnormen? Ook dat moet nog worden onderzocht! Hoe? Testgraag wil meten *hoeveel* volwassen mannen meer of minder brutaal zijn dan vrouwen. Maar ook wil hij uit onderzoek destilleren welke verschillen er zijn per leeftijdsgroep (van vijftien jaar tot vijfenzestig jaar, per leeftijdsklasse van tien jaar), voor een dertigtal beroepsgroepen, schoolopleidingen en voor de gezamenlijke grote steden, kleinere plaatsen en het platteland. Testgraag wil zijn 'normonderzoeken' in groepen van telkens vijfhonderd streng geselecteerde personen uitvoeren. Ook hiermee zal veel tijd zijn gemoeid.

Enkele geachte collega's willen graag weten welke relatie er bestaat tussen de brutaliteitstest aan de ene kant en intelligentie, verkoopkunde en managementvaardigheden aan de andere kant. Verschillende psychologen, verbonden aan onder andere universiteiten, hebben Testgraag hun medewerking toegezegd bij het vaststellen van de relatie tussen een groot aantal bekende en veel gebruikte tests en de nieuwe brutaliteitstest. Deze studies zijn niet al te ingewikkeld. Men onderzoekt bij een groot aantal mensen eerst de intelligentie en daarna hun mate van brutaliteit. Vervolgens wordt het verband tussen beide metingen berekend. (Men spreekt in vaktermen van correlaties.) Hoe lager de correlatie tussen twee tests, die andere eigenschappen geacht worden te meten, des te beter. Stel dat de correlatie tussen I.Q. en brutaliteit heel hoog is. Dat zou dan betekenen dat intelligentie misschien hetzelfde is (of meer) als brutaliteit. Een van beide tests is dan eigenlijk overbodig...

De weledelzeergeleerde heer dr. Testgraag heeft nogal wat werkzaamheden voor de boeg, waarin we hem verder niet willen storen. Het ontwerpen en 'gebruiksklaar' maken van een psychologische test is niet zo gemakkelijk als het misschien op het eerste gezicht lijkt!

Ruwe scores en standaardscores

In veel psychologische tests maakt men een onderscheid tussen ruwe scores en standaardscores. De ruwe score is het eenvoudig optellen van bijvoorbeeld uw goede antwoorden. Stel dat u bij een intelligentietest een lijstje van twintig woorden krijgt, waarbij u van elk van deze moet zeggen wat zij betekenen. U heeft er dertien goed beantwoord. Dat is de ruwe score. Deze wordt nu meestal omgezet via een formule of afleestabel in een standaardscore, met onder andere een bekend, vast gemiddelde. Uw 'dertien goed' wordt op deze manier vergeleken met anderen, voordat kan worden gezegd of u beter of slechter bent dan het gemiddelde van de groep waarmee u wordt vergeleken. Er zijn allerlei methodes voor het herberekenen van ruwe scores. Zo kan men er steeds tien punten, of 100, bij optellen. Dat is soms handig wanneer op deze manier negatieve scores voorkómen kunnen worden. (Wanneer elke kandidaat er 100 punten bij krijgt verandert er feitelijk niets aan het testresultaat. Interpretaties worden er alleen gemakkelijker op.) Dit geldt ook voor bijvoorbeeld het vermenigvuldigen van testscores met 100. Psychologen willen graag weten *hoeveel* uw resultaat afwijkt van het gemiddelde van de groep waartoe u behoort.

Het aardige is ook dat men via standaardscores tests onderling met elkaar kan vergelijken. Zo kan men uw score op de ene intelligentietest (die u gemaakt heeft) uitdrukken in een totaal verschillende, die een paar van uw (aanstaande) collega's hebben gemaakt.

Prestaties worden ook uitgedrukt in percentielen, decielen en kwartielen. Een percentiel lijkt op een percentage. De ruwe testscore van elke kandidaat kan worden omgezet in een die loopt van 1 (als laagste) tot 100. Wanneer uw ruwe score nu na omzetting uitkomt op 83 (het 83ste percentiel) betekent dat dat u het er even goed of beter afbracht dan 83 procent van de mensen met wie u wordt vergeleken (bijvoorbeeld volwassen beroepsgenoten). Het betekent ook dat 17 procent deze test beter heeft gemaakt dan u. Wat u natuurlijk niet weet is *hoeveel* u beter moet zijn dan anderen. Ligt de minimumgrens bij het 60ste percentiel, of is de eis erg hoog: het 95ste percentiel?

Loopt de verdeling bij percentielen van 1 tot 100, bij het deciel wordt men ingedeeld in groepjes van tien punten. Er zijn dus 100 percentielen en 10 decielen. Dezelfde redenering wordt bij kwartielen gebruikt. Maar nu wordt iedereen ingedeeld in een van de vier groepjes. In het hoogste kwartiel komt de top-25 procent terecht, en in het onderste kwartiel de 25 procent die het er het slechtst op de test afbracht. Het tweede en derde kwartiel zijn de middengroepen.

De lange weg

Een bekende psycholoog heeft zich er eens over verbaasd dat er geen officiële kwaliteitscontrole van overheidswege op psychologische tests bestaat. De slager en de groenteman worden regelmatig bezocht door inspecteurs van de Keuringsdienst van Waren en van het IJkwezen. Bedorven biefstuk en een onnauwkeurige weegschaal (vooral ten nadele van de klant) kunnen boetes opleveren, of erger. Psychologische weegschalen onttrekken zich aan elke controle. Hecht de samenleving meer waarde aan het keuren en wegen van groente en vlees dan van mensen? Of komt het doordat de psychologische test nog verre van volmaakt is? De test heeft een nog lange weg voor zich, vol valkuilen, versperringen en hinderlagen...

Heeft u problemen met tests?

Heeft u problemen met psychologische tests gehad? Of heeft u vragen over de afgelegde testprocedure? Of bent u misschien minder tevreden met de afwikkeling? De auteur stelt het zeer op prijs over uw testervaringen te horen. U kunt uw brief richten aan:

Psycom
T.a.v. drs. J.J.R. van Minden
Parlevinker 5
1186 ZA Amstelveen
Tel. 020-6450292/6451073
Fax. 020-6450340

HOOFDSTUK 18

De computer, hulpmiddel bij de psychologische test

De computer is het handige hulpje van de psycholoog. In de spelonken van het testbureau wordt er veel gebruik van gemaakt. Dat zal u waarschijnlijk een zorg zijn. Zolang ze niet zichtbaar zijn heeft u er geen last van... Maar tegenwoordig worden meer en meer testkandidaten achter de knoppen en voor het beeldscherm geplaatst. Dat heeft ook voor u een voordeel: de resultaten van de testdag worden snel bekend. Maar er kleven ook nadelen aan, en soms is er zelfs sprake van gevaarlijke kanten – als u niet oplet. In dit hoofdstuk laten we u kennismaken met de verschillende kanten van dit stuk 'psycho-informatica'.

Van papier naar beeldscherm

In principe kan elke psychologische test worden geautomatiseerd. Dat wil zeggen het papieren formulier of de vragenlijst wordt op diskette of harde schijf gezet. Dat is wat u te zien krijgt. Wanneer de testsleutel (verborgen voor het blote oog) in het programma is opgenomen kan razendsnel de eindscore worden berekend. Soms ook worden deze automatisch afgezet tegen de normen: de computer maakt bekend wat de scores *betekenen*. (Is 15 punten hoog? Dat hangt van de norm af. Als slechts 10% van alle kandidaten dit aantal haalt is er sprake van een hoog aantal.) Top-programma's laten de printer daarnaast ook nog eens uitgebreide tabellen, (veelkleurige) grafieken en tekstverslagen uitspuwen. Andere voordelen van 'testware' zijn de automatische controle op invulfouten en het per ongeluk overslaan van vragen en – voor het testbureau – het in een handomdraai bepalen van de eigen normen, bepaalde groepsnormen en de 'kampioensscore van de dag'. (Er zijn ook theoretische voordelen, zoals het onderzoek naar iemands denkprocessen. We zullen daar niet op ingaan.) Hoe meer gecomputeriseerde tests het bureau in huis heeft, des te minder persoonlijk contact er zal zijn met de alom-aanwezige testassistenten. (Totdat u alleen maar zit te 'computeren' en de testassistent weg is bezuinigd.)

Computertests bieden dus vele voordelen, voor de opdrachtgever, het testbureau en u als kandidaat. Maar er zijn ook enkele nadelen aan verbonden. De gedachte dat het paradijs op aarde bestaat moet u maar even parkeren.

Computercheck

De computer van het (grote) testbureau kan goed worden ingeschakeld om een snelle check op u te doen. Werd u eerder door dit bureau getest? Wanneer was dat? Welke tests werden toegepast en met welke resultaten? Deze informatie kan ertoe leiden dat u bijvoorbeeld andere tests krijgt voorgelegd, zusjes van de produkten die u kennelijk eerder onder ogen heeft gehad.

Reactietijden, behendigheid, concentratie, aandacht en nauwkeurigheid

Als fervent computerspeler kent u ze wel: spellen die op het beeldscherm uw reactietijd of behendigheid op de proef stellen. Al dan niet met een joystick. Diezelfde spellen hebben ook sommige testbureaus in huis, alleen zijn het plotseling dan geen spelletjes meer...

Wanneer uw reactietijden, behendigheid of nauwkeurigheid worden gemeten doet u er goed aan tevoren thuis te oefenen met deze computerspelletjes. U kunt hiermee namelijk het resultaat op het testbureau aanmerkelijk verbeteren!

Poppetje gezien, kastje dicht

Het papier is gewillig. (Het vlees ook, maar daarover hebben we het niet.) Wanneer de papieren test voor u ligt, kunt u met één oogopslag van vraag 1, naar vraag 17 en terug naar 8. Dat is vooral handig als u sommige moeilijke vragen overslaat, om er later naar terug te keren. Ook kunt u een verkeerd antwoord doorstrepen en het goede er later bij schrijven... als u in de tussentijd van andere vragen heeft geleerd.

Bij sommige automatische tests bestaat die mogelijkheid niet. De computer laat u niet terugkeren naar vorige beelden (opgaven). Let daarop en/of vraag daarnaar voordat u met de test begint. Anders gaat u misschien van de knoppen naar de knoppen.

TIP: Heeft u sowieso een probleem met computers, of heeft u er een hekel aan? Herzie uw mening snel, anders heeft u er vroeg of laat een probleem bij, *nadat* u met succes door de testprocedure bent gekomen...

Computerangst?

Bezitten sommige jonge kinderen al een paplepel met ingebouwde chip, ouderen (alhoewel steeds minder) zijn soms minder vertrouwd met de computer, cursor en muis. En dat leidt soms tot angst voor het onzekere.

Wanneer u geen angst heeft voor deze stukken voormalig zand, maar slechts zelden een toetsenbord met uw vingers beroert, zult u een probleem kunnen hebben in de snelheid van probleemoplossing, of de nauwkeurigheid van de aanslagen. Als u 'zo'n geval' bent, ga dan serieus werk maken van uw computer. Laat het uw tweede huis worden, zodat u zich tijdens de testprocedure net zo prettig voelt als een priester op zondagochtend. Sommige testprogramma's laten u (vooral als u daarom vraagt) eerst kennismaken met een voortest, vooral als u een minder ervaren computergebruiker bent is dat handig. Maar is het niet beter ruim tevoren vertrouwd te raken met chips en bits en bytes?

> **TIP:** De afgelopen jaren zijn verschillende intelligentie oefentests op diskette en CD-Rom verschenen. Misschien helpen zij u om over uw angst voor het nieuwe heen te komen – voordat u bij de a.s. werkgever of het selectiebureau uw kunnen en kunstjes aan de machine mag vertonen.

Geautomatiseerde tests

Er zijn nu al een aantal (intelligentie-, persoonlijkheids- en andere) tests geautomatiseerd, dat wil zeggen dat u het beeldscherm uw geheimen moet toevertrouwen. Hieronder treft u in alfabetische volgorde een opsomming aan van deze 'computertests'. Hun beschrijving en voorbeeldvragen vindt u in dit boek of *Alles over management tests*.

ABIV	GATB	SCL-90
ABV	GLTS	SIW
APT	KUDER	SVL
BIT	Letterrekenen	Syllogismen
Bourdon stippeltest	NAT	TNVA
BZO	NPV	VAT
DAT	OPQ	VCI
EPPS	PMT	WIMAS

Overigens, naar schatting wordt niet meer dan 5% van de testafnamen per computer uitgevoerd.

Enkele nadelen

1 Er zijn automatiseerders die denken het ei van Columbus te hebben uitgevonden: de gehele selectie per computer afnemen. Zij geven kandidaten een grote batterij van vragen (over hun tot nog toe afgelegde levensweg, gevolgde opleidingen, motieven om bij de huidige werkgever te vertrekken en koppelen daar hun eigen intelligentie-, persoonlijkheids-, management- en andere tests aan. Deze selecteurs hoeven de kandidaat niet meer in de ogen te kijken. Snel, goedkoop en... onpersoonlijk en onbetrouwbaar....

Als u ook vindt dat u goed op allerlei (waaronder uw leidinggevende) capaciteiten kunt worden beoordeeld zonder persoonlijk contact met een selecteur, moet u vooral aan zo'n procedure meewerken. Denkt u echter dat deze 'droge feiten methode' op zijn best een heel beperkt beeld van u schetst, dan moet u zich afvragen of u wilt meewerken aan dit soort testerij (pesterij?)

2 De zwart/wit (en een enkele keer in kleur) gedrukte computeruitdraai staat als een huis. Het suggereert een absolute waarheid over uw persoon (computers kunnen immers niet liegen) en kan dan ook een eigen leven gaan leiden. Wijs betrokkenen op de relativiteit van het fraai-ogende rapport.

3 Computerangsthazen zijn in het nadeel. We hebben eerder genoemd wat u kunt (moet!) doen om op een gelijk niveau te komen met uw concurrenten die deze machine met een glimlach tegemoet treden. Te meer daar is geconstateerd dat testkandidaten met een computerweerstand langzamer werken.

4 Een tijdlimiet kan niet worden overschreden. De ingebouwde computerklok sluit het scherm op de honderdste seconde nauwkeurig af. Als het plotseling zwart voor uw ogen wordt is dat het beeldscherm. Twijfel niet aan uw eigen 'harde schijf'. De testassistent van vlees en bloed is minder scherp en onverbiddelijk.

5 Een nadeel van een andere orde van grootte is de opslag van uw vertrouwelijke gegevens. Worden die op uw verzoek inderdaad gewist of geanonimiseerd? Controle daarop is buitengewoon moeilijk. Wie hebben allemaal inzage in uw gegevens? (Via een netwerk kunnen deze gemakkelijk weglekken.)

Selectie voor de computer-industrie

Het is logisch dat voor functies in de automatisering (denk aan programmeurs, systeem-analisten, etc.) de computer een onontkoombaar selectie-instrument is. Veelvoorkomende tests voor automatiseerders zijn de volgende (die ook nog steeds hun papieren broeders en zusters hebben): Stroomdiagrammen, analogieën, cijferreeksen, letterrekenen. Ze zijn eerder behandeld.

Testen via Internet

Internet, het wereldomspannende computernetwerk, kan u ook testen, en meteen hierover rapporteren. De eerste stappen hiervoor zijn al gezet. Het is nog geen serieuze business, maar het zal niet lang meer duren voordat er via een afgeschermd deel van Internet (of een gesloten netwerk) rechtstreeks contact bestaat tussen werkgever en testbureau. Dit zal ongetwijfeld de snelste vorm van onderzoek zijn. Maar dat zegt natuurlijk niets over de kwaliteit van de gebruikte tests...

HOOFDSTUK 19

Tests, vrouwen en allochtonen

Misschien een beetje overdreven: omdat gespierde mannen enkele tienduizenden jaren geleden vakkundig een mammoet konden 'omleggen' werken psychologische tests soms in het nadeel van vrouwen... Zij worden veelal gediscrimineerd door tests – zonder dat zij dit beseffen. Een euvel dat testpsychologen niet ontkennen. Sterker nog: zij zijn bezig, vrij laat overigens, tests op verschillende manieren 'sekse-neutraal' te maken.

Testkandidaten afkomstig uit etnische groepen of culturele minderheden in de samenleving hebben ook een probleem dat hen vaak opbreekt. We doelen niet alleen op grotere of kleinere taalproblemen maar een, fijngevoeliger, cultuurprobleem. Zij zijn niet geheel vertrouwd met alle details van de Nederlandse cultuur, en dat kan punten schelen op intelligentie- en persoonlijkheidstests.

Steeds meer vrouwen en allochtonen betreden de arbeidsmarkt en worden in steeds grotere aantallen getest. Probleem: beide groepen scoren *systematisch lager* dan mannelijke en autochtone kandidaten. Ligt dat aan de persoon of aan de test? In dit hoofdstuk wordt ingegaan op enkele aspecten die voor beide groepen van belang zijn bij het afleggen van een psychologische test.

Discriminatie

Discriminatie is bij selectie een goede zaak. Sterker nog: een test wordt juist ontwikkeld om te discrimineren tussen de verschillende kandidaten. Zonder dit vermogen is hij waardeloos! We spreken over bedoelde en gewenste discriminatie. Maar u bent waarschijnlijk meer geïnteresseerd in niet-bedoelde discriminatie, waardoor, zo is inmiddels in brede kring bekend, groepen als culturele minderheden en vrouwen *systematisch* minder goed uit een testprocedure naar voren komen.

Het is wetenschappelijk gezien buitengewoon lastig te bepalen waaraan de oorzaak hiervan precies is toe te schrijven. Anders gezegd, scoren bijvoorbeeld allochtone kandidaten slechter op tests omdat zij minder goed zijn op wat wordt gemeten? (Dan is de meting op zich goed.) Of scoren zij lager omdat de gebruikte tests niet deugen? (Dan deugt de 'meetlat' niet – een schandelijke en schadelijke zaak!) Of misschien ligt de oorzaak zowel in de test als in de persoon...

Het is overigens niet moeilijk voor te stellen dat *systematische vertekening* kan optreden. Er zijn hiervoor drie schuldigen aan te wijzen: de opdrachtgever, de test(maker) en de testafnemer. We dalen af in enkele details.

1. DE OPDRACHTGEVER

Werkgevers of PZ-functionarissen (vaak mannen, maar het aantal vrouwen in deze functie groeit sterk) hebben veelal algemene of specifieke beelden voor ogen over wat voor iemand de nieuwe medewerker moet zijn. Dat geven zij door aan het testbureau, de uitvoerende instantie. Gewoontegetrouw zal het beeld eerder op 'mannelijke' dan op 'vrouwelijke' eigenschappen betrekking hebben. Het testbureau beschouwt het niet als zijn taak om elke opdracht op vrouwvriendelijkheid te toetsen.

Bij sommige functies is er een gevaar voor mannen ontstaan, in positieve discriminatie: zij zijn bijna bij voorbaat kansloos, omdat de aangeboden baan door een vrouw vervuld 'moet' worden...

2. DE TEST EN DE TESTMAKER

U moet zich voorstellen dat achter elke test een *bepaald model* schuilgaat: een opvatting over hoe de wereld eruitziet, hoe mensen zich in het algemeen of in bepaalde situaties dienen te gedragen. Een voorbeeld. Een secretaresse moet zich op een bepaalde ideale en / of typische manier gedragen. Zo zou een testconstructeur, want het gaat om *zijn* wereldbeeld, *zijn* opvattingen, kunnen denken dat een goede secretaresse behulpzaam, misschien wel onderdanig is. In een persoonlijkheidstest zou hierdoor een zelfverzekerde, assertieve vrouw als 'slechte' secretaresse naar voren komen, omdat haar antwoorden niet stroken met het – subjectieve – beeld van de testmaker.

We gaan een stapje verder. Waar komen de meest gebruikte tests in Nederland vandaan? En wie hebben ze ontwikkeld? Overwegend mannen. Engelse of Amerikaanse (soms ook Nederlandse) heteroseksuele mannen, afkomstig uit de middenklasse, met een hogere opleiding. Autochtone blanke mannen.

In principe zouden tests zodanig geconstrueerd moeten zijn dat geslacht en andere kenmerken van de testmaker geen invloed hebben. Maar vaak worden het model, de normen en de waarden van de testconstructeur in de test teruggevonden.

3. DE TESTAFNEMER

Voorheen waren er geen problemen. Tests waren bestemd voor autochtone mannen. Zij waren de werkers die moesten worden onderzocht. De maatschappelijke veranderingen zijn tot de stoep van sommige testers gekomen...

We denken aan de effecten van het interview dat de psycholoog afneemt, de gehanteerde normen en de *interpretatie* van de testresultaten. Anders gezegd: 'blanke middenklasse-mannen' is de groep cliënten die door testbureaus vooral werd en wordt bediend – en dat is ook de groep waarmee 'de anderen' worden vergeleken. In dit referentiekader moeten ook vrouwelijke en allochtone kandidaten worden opgenomen.

Mannelijkheid, vrouwelijkheid of homoseksualiteit?

De in hoofdstuk 9 besproken top-twaalf-test GLTS is een van origine Amerikaanse persoonlijkheidstest. Een van de persoonlijkheidsdimensies ('kenmerken') die zij probeert bloot te leggen is masculiniteit, ofwel mannelijkheid. (Voor alle duidelijkheid: via potlood en papier.)

De zogenaamde M-schaal meet onder andere: mannelijke interesses qua beroepen en andere zaken, emotioneel niet snel geraakt zijn, liever houtvester willen worden dan mode-ontwerper, liever wis- en natuurkunde studeren dan muziek of talen.

Onder *feminiteit*, de tegenhanger, wordt verstaan: interesses voor datgene wat in de huidige maatschappij als 'vrouwelijk' wordt gezien. Denk aan durven uitkomen voor je gevoelens, een zachtaardige inslag hebben, niet naar een slang kunnen kijken zonder te griezelen, medelijden hebben met de vis aan de haak, enzovoort.

Nog enkele voorbeelden uit deze persoonlijkheidstest:

- 'U zou liever binnenhuisarchitect zijn dan bouwkundig ingenieur.'
- 'U ziet graag liefdesscènes in een film of toneelstuk.'
- 'U zou liever automonteur zijn dan bloemenkweker.'
- 'U zou liever naar een sportwedstrijd gaan dan naar een dansavondje.'
- 'Als u geëmotioneerd raakt scheelt het maar weinig of de tranen komen te voorschijn.'

- Een mooie tot slot: 'U rent vaak met twee treden tegelijk de trap op.' (Toch een probleem voor vrouwen met een strakke rok...)

Deze schaal schept de nodige problemen. Allereerst, wat is nu 'typisch' mannelijk of vrouwelijk? En wie bepaalt dit? Mannelijke en vrouwelijke belangstelling wordt in grote mate bepaald door iemands afkomst (milieu en cultuur). Bovendien veranderen interesses door veranderingen in onze maatschappij. Er zijn steeds minder 'typisch' vrouwelijke of mannelijke beroepen – en we zullen er geen overhouden!

En wat is nu de *praktische* betekenis van een hoge of lage score op Masculiniteit? De GLTS werd ook gebruikt om verborgen homoseksualiteit in mannen te ontdekken. Daar zijn de meeste bureaus inmiddels van afgestapt. Want, wat kan er worden gedaan met deze 'vondst'?

Guilfords GLTS kwam in de VS in de jaren vijftig beschikbaar, de huidige Nederlandse versie is zo'n vijfentwintig jaar oud. En dat merk je. Sommige vragen doen gedateerd aan. Denk aan de eerder genoemde 'houtvester'. De sfeer van de test is 'jaren vijftig'. Vrouwen waren modepoppen, mannen kenden het woord mode niet. De wereld was nog goed te overzien en iedereen kende zijn plaats...

De eveneens eerder besproken MMPI maakt ook een onderscheid tussen mannelijke en vrouwelijke interesses. Enkele voorbeelden uit deze test, voor zover die van andere aard zijn dan bij de GLTS:

- 'Ik heb het nooit betreurd dat ik een meisje ben.' (voor vrouwen)
- 'Ik hield vroeger een dagboek bij.'
- 'Als ik kunstenaar was zou ik bloemen tekenen.'
- 'Ik zou graag soldaat willen zijn.'

De grote vraag blijft: wat doet de testpsycholoog met uw mate van mannelijkheid of vrouwelijkheid? Waarom is de psycholoog – en/of de opdrachtgever – hierin zo geïnteresseerd?

Anders reageren...

De oorspronkelijk Nederlandse ABV is een persoonlijkheidstest die uw welbevinden blootlegt. Zo komt u hier nogal wat vragen tegen over hoofdpijn, migraine en ontlasting. Zaken waar vrouwen in de regel *gemakkelijker over spreken* dan mannen. Indien u hier te veel 'psychosomatische klachten' deponeert, komt u als enigszins ziekelijk en ongezond naar voren. Pas daarvoor op!

De EPPS legt uw persoonlijkheid bloot op vijftien schalen, waarbij u vooral moet oppassen voor:

- ambitie;
- vriendschap;
- agressie;
- autonomie;
- liefderijke zorg;
- steun zoeken.

Ziet u in één oogopslag waar mannen en waar vrouwen anders zullen scoren?

Overigens, ook andere tests, zoals de eerder genoemde commerciële inzichttest VCI, gaan uit van een mannelijke belevingswereld.

Wat kan en moet veranderen?

1 De maatschappij dient mannen en vrouwen *echt* gelijke kansen te geven. (Dat sluit positieve discriminatie uit.) Bij gelijke geschiktheid dienen sollicitanten gelijke kansen te hebben, ongeacht ras, godsdienst, politieke voorkeur of geslacht.
2 De attitude en de instelling van beslissers (selecteurs, managers, PZ-functionarissen) dienen te veranderen. Trouwens, binnenkort kunnen organisaties het zich niet meer veroorloven te selecteren op andere kwaliteiten dan die het werk betreffen.
3 Selectiemethoden en tests dienen sekse-neutraal te worden gemaakt. Wanneer testbureaus deze 'uitdaging' niet oppakken zullen de opdrachtgevers druk moeten uitoefenen. Want uiteindelijk bezitten zij de sleutel tot eerlijke en rechtvaardige selectie.

Drie adviezen

1 Houd er rekening mee dat tests geneigd zijn mannen te bevoordelen. Daarom dient u bij het beantwoorden van (schriftelijke dan wel mondelinge) vragen te bepalen welk 'mannelijk' antwoord gewenst wordt.
2 Leg in de testprocedure en het interview steeds de nadruk op *zakelijkheid, ratio, efficiency* en *ambitie*. Dat schijnen mannen hoog in hun vaandel te voeren... Vrouwen zijn kennelijk sterker op het gebied van de interpersoonlijke relaties, gevoel, emotie, intuïtie. U legt het accent op 'de hersenen' en slechts in geringe mate op het hart. Hoeveel harde managers, denkt u, zijn geïnteresseerd in romantische liefdesverhalen? En hoeveel zullen dat toegeven?

3 Vrouwen zijn in het algemeen meer onderworpen en verlegen dan mannen. Met assertief gedrag, ook op de testdag, zult u verder komen in uw loopbaan...

Allochtonen

Met name in de VS wordt al meer dan een halve eeuw een felle discussie gevoerd over de validiteit van tests in relatie tot de verschillende etnische groepen.

Sinds enkele jaren beseft men ook in Nederland dat tests, en de interpretatie van testresultaten, kunnen discrimineren naar etnische afkomst. De testscores van allochtonen zijn zowel in het onderwijs als op de arbeidsmarkt lager dan die van autochtone Nederlanders.

Een aantal factoren is hierbij van invloed op de testprestaties van allochtonen:

- De verblijfsduur in Nederland;
- De taal die thuis wordt gesproken;
- De taal die iemand heeft leren lezen en schrijven;
- De contacten met de eigen oorspronkelijke cultuur;
- De mate waarin men is opgenomen in de Nederlandse cultuur;
- Cultuurgebonden emoties zoals schaamte, bescheidenheid, enzovoort;
- Het mede door de cultuur bepaalde werktempo;
- Het geslacht en ras van de testafnemer.

Intelligentietests

Bij taalkundige tests kunt u (vanzelfsprekend) enige problemen verwachten, wanneer u een taalachterstand heeft. Van de intelligentietests zullen daarom met name *taaltests* discrimineren. Hieronder bespreken we de voornaamste.

> **TIP:** Is er misschien sprake van een taalprobleem? De 'Indicator Testbaarheid Toets (ITT) kan in negentien minuten aangeven of u voldoende taalvaardig bent voor het maken van psychologische tests, stelt het Landelijk Dienstverlenend Centrum voor Studie- en Beroepskeuzevoorlichting in Leeuwarden. RBA's kunnen u verder helpen.

1 *Woordenlijst* In de DAT (zie hoofdstuk 8) dient u in de Woordenlijst de betekenis van woorden aan te geven. De gepresenteerde lijst bestaat

gedeeltelijk uit woorden die uit een andere taal, bijvoorbeeld het Latijn, zijn overgenomen, terwijl andere, 'gewone', reeds lang tot het Nederlands behoren. Sommige van de woorden komen weinig voor in de huidige spreek- of schrijftaal. De kans deze ooit te zijn tegengekomen is kleiner voor mensen met een beperkte Nederlandse 'ervaring'. Denk hierbij vooral aan woorden als:

stuntelig	beraad	brevet	loven	dulden	gissen
perforeren	karkas	dralen	ferm	torsen	bondig
ronselen					

2 *Woordenschat* (onderdeel van de eerder besproken VAT, zie hoofdstuk 8) is moeilijker dan zijn hiervoor genoemde soortgenoot, omdat het veelal om uit het Grieks of Latijn of een andere taal afkomstige woorden gaat, of (nog) weinig gebruikte woorden. Een paar voorbeelden: pedant (= verwaand), deficit (= tekort).

3 *Woordbeeld* Bij deze test moet men aangeven of de *spelling* van een woord goed of fout is. Wanneer de kandidaat in Nederland een middelbare-schoolopleiding heeft gevolgd, zal hij niet al te veel moeite hebben met de test. Allochtonen kunnen in de problemen komen... Denk aan woorden als: aftroggelen, hardvochtig, pleisteren.

4 *Zinnen* De kandidaat dient aan te geven welk van vier gedeelten van iedere zin (A, B, C, of D) een fout tegen de regels van het Nederlands bevat.

Een voorbeeld:

Nauwelijks / was hij / de straat op gerend, / of ontplofte de oven.
A B C D

(De fout zit in onderdeel D, het moet zijn: of de oven ontplofte.)

5 *Functies van woorden* Hierin wordt het grammaticaal inzicht van de kandidaat getoetst. Naarmate hij meer op de hoogte is van de regels van de Nederlandse grammatica, zal hij op deze test hoger scoren. Trouwens, ook veel autochtone Nederlanders hebben moeite met deze test! Een voorbeeld:

Mijn VRIEND ging naar huis.
Achter het huis vlak bij de *waterput stond* een *berkje*
A B C D E

De bedoeling is om uit de tweede zin het woord aan te wijzen dat grammaticaal dezelfde functie heeft als het in de eerste zin met hoofdletters geschreven woord.

(Het juiste antwoord is E.)

6 *Analogieën* De kandidaat moet bepaalde begrippen met elkaar in verband brengen. Uit een aantal alternatieven worden vervolgens twee begrippen gekozen zodat er twee overeenkomstige relaties ontstaan.

Het gaat dus om twee vaardigheden: enerzijds het vinden van een betekenis voor een begrip, anderzijds het zoeken naar de juiste verhouding tussen de twee begrippen.
Een voorbeeld:

...staat tot trein als haven staat tot ...

a locomotief – schip
b rijden – varen
c station – schip
d station – kust
e rails – oceaan

(Het juiste antwoord is C.)

TIP: Voor een uitgebreide uiteenzetting over analogieën verwijzen we naar het boek *Alles over management tests*. Vergeet ook niet de analogieën oefentest van dit boek te maken!

Bij de Verbale Analogieën van de VAT is een extra moeilijkheid dat sommige woorden weinig voorkomen in de spreek- en / of schrijftaal, zoals:

gemaal (in de betekenis van pomp)
el (lengtemaat)
parvenu (nieuwe rijke, die dit laat blijken)
immer (synoniem voor altijd)
ternauwernood (net wel)
kwezel (overdreven deugdzaam persoon)
hoedanigheid (aard, eigenschap)

TIP: Er bestaan intelligentietests die geen beroep doen op uw beheersing van het Nederlands, de zogenaamde 'cultuurvrije' tests. Bekende voorbeelden hiervan, de Matrijzentest van Raven en de IPAT, zijn in hoofdstuk 8 besproken. Vraag het selectiebureau hiernaar.

Persoonlijkheidstests

Bij discriminatie in persoonlijkheidstests zijn drie factoren van belang:

1 interpretatie van de testitems door de kandidaat;
2 cultuurgebonden beantwoording;
3 omgangsvormen.

1 Interpretatie van de testitems door de kandidaat Bij persoonlijkheidstests krijgt de kandidaat een aantal uitspraken aangeboden, waaruit bijvoorbeeld gekozen moet worden welke uitspraken op hem van toepassing zijn. Nu wordt deze keuze ook bepaald door de manier waarop hij de uitspraken *interpreteert*. Sommige zijn zo geformuleerd dat ze op verschillende manieren kunnen worden opgevat en dus verkeerd worden geïnterpreteerd, wat de score oneigenlijk zal beïnvloeden. Een voorbeeld: 'Trekt u zich sommige dingen heel erg aan?' luidt de vraag in een persoonlijkheidstest.

Wat wordt onder 'sommige dingen' verstaan? En wat is 'heel erg'? Iemand die deze bewering interpreteert als: 'Ik trek me sommige dingen overdreven erg aan', zal de uitspraak misschien niet van toepassing vinden. Maar wanneer iemand bij 'sommige dingen' denkt aan 'sommige *belangrijke* dingen', zoals het overlijden van een goede vriend of van een dierbaar familielid, zal hij of zij de uitspraak wel van toepassing vinden.

De kans is dus groot dat allochtonen, die immers uit een andere cultuur komen, een aantal uitspraken anders zullen interpreteren.

2 Cultuurgebonden beantwoording Een ander probleem is dat allochtonen, op grond van wat binnen hun eigen gemeenschap van hen wordt verwacht, bij sommige items in feite geen keuzemogelijkheid hebben. Een voorbeeld: 'Vindt u het prettig om veel omgang met andere mensen te hebben?' Wanneer de kandidaat een vrouw is uit een cultuur die veel omgang met andere mensen verbiedt, dan voelt zij zich misschien op grond van wat er van haar wordt verwacht, verplicht de vraag met 'nee' te beantwoorden.

Nog een voorbeeld: 'Gebeurt het wel eens een enkele keer dat u uw kalmte verliest en boos wordt?' Wanneer vanuit de culturele achtergrond van iemand wordt verwacht dat hij *nooit* kwaadheid mag uiten, dan kan iemand deze vraag slechts met 'nee' beantwoorden.

3 *Omgangsvormen* Iemand uit een andere cultuur heeft te maken met twee verschillende omgangspatronen: die van de eigen en die van de Nederlandse cultuur. De kandidaat kan uitspraken op twee manieren beantwoorden: hoe hij zich in de regel gedraagt binnen de eigen of binnen de Nederlandse cultuur. Beantwoordt hij vragen vanuit de eigen cultuur dan kunnen problemen ontstaan...

We zullen nu via enkele eerder besproken persoonlijkheidstests aangeven met wat voor uitspraken een allochtone kandidaat moeite kan hebben. (De tests staan beschreven in hoofdstuk 9.)

ABV

'Geeft u er de voorkeur aan om uw omgang met andere mensen beperkt te houden tot enkele heel goede vrienden en kennissen?'
'Bent u nogal eens verlegen in aanwezigheid van leden van het andere geslacht?'
'Wanneer u in een gezelschap bent, hebt u dan de neiging om u onopvallend te gedragen?'
'Bent u meestal onbezorgd over de dag van morgen?'
'Vindt u het prettig om veel afspraken en omgang met andere mensen te hebben?'
'Vindt u het fijn om mee te doen als mensen zich uitleven in een hoerastemming?'

NPV

'Als je vader en moeder oud worden, heb je de plicht voor hen te zorgen.'
'Het stoort mij als vrouwen alleen in een café zitten.'
'Als je stemt heb je je plicht als Nederlander gedaan.'
'Ik heb het gevoel dat de mensen mij als een kind behandelen.'
'Ik doe wat de mensen van mij verwachten.'
'In een groep mensen houd ik mij liever op de achtergrond.'

EPPS

'Ik gedraag me tegenover mijn superieuren graag met respect.'
'Als ik uitga wil ik graag opvallen en indruk maken.'
'Ik houd van erotische boeken en films.'
'Ik doe graag mee aan een nieuwe rage of een nieuwe mode.'

Deze tests meten onder andere eigenschappen als *labiliteit* (= zich veel zorgen maken, zich zwak voelen), *extraversie* (gemakkelijk met andere mensen omgaan), *rigiditeit* (= het hebben van vaste gewoontes, principes) en *verongelijktheid* (= wantrouwend zijn tegenover anderen). Het is mogelijk dat juist mensen uit culturele minderheden anders scoren op deze eigenschappen. Niet zozeer omdat zij zulke eigenschappen bezitten, maar doordat zij de aangeboden uitspraken interpreteren vanuit hun eigen cultuur.

Mondelinge testafname en het interview

We hebben enkele bekende intelligentietests en persoonlijkheidstests kort onder de loep genomen. Er zijn echter ook onderdelen die *mondeling* worden afgenomen, en het persoonlijk gesprek met de selectiepsycholoog.

Bij mondelinge afname van een test is de rol van degene die de test afneemt opeens veel belangrijker. Zo is ontdekt dat de testscores hoger zijn wanneer geteste en testafnemer van hetzelfde ras zijn. Ook het geobserveerde werktempo laat culturele verschillen zien.

Sommige kandidaten zullen misschien bepaalde vragen als beschamend ervaren. Anderen zijn vanuit hun cultuur gewend zich bescheiden op te stellen, terwijl de psycholoog of testafnemer er juist op let hoe assertief iemand is. Verschillen in culturele achtergrond zijn ook goed merkbaar bij de *non-verbale communicatie* tussen testafnemer en de kandidaat. Zo is het in sommige culturen voor een vrouw onacceptabel om een man recht in de ogen te kijken.

Wat voor iemand is de testafnemer? Is hij in staat de kandidaat op zijn kwaliteiten te beoordelen? Wat is zijn houding wanneer de kandidaat een allochtoon is? En hoe reageert de kandidaat hierop? In al deze gevallen kunnen factoren een rol spelen die de testsituatie oneigenlijk beïnvloeden, dat wil zeggen, waardoor het eindoordeel op andere criteria is gebaseerd. (Een interessante vraag: zal een allochtoon selectiepsycholoog betrekkelijk veel autochtone kandidaten te laag inschatten?)

Zie *Alles over selectiegesprekken*

Cultuurgebonden tests

Het rapport 'psychologische tests en allochtonen' heeft 20 tests onderzocht op cultuurgebondenheid. Bij geen van deze tests werd een racistische inhoud ontdekt. Dat is positief. In vrijwel geen enkel geval bestonden onderzoekgegevens naar de mate waarin testvragen onbedoeld allochtonen beïnvloeden. Dat is een gemis. Van de eerder in dit boek besproken tests nemen we enkele conclusies over:

DAT: drie subtests meten beheersing van het Nederlands, in plaats van verbale intelligentie. Dit geldt ook voor de VAT.

TNVA: de claim dat deze test 'cultuurvrij' is, is niet onderbouwd. De invloed van schoolervaring blijkt bij de vergelijkbare Matrijzentest groot te zijn. De WAIS levert misvattingen op. Zo is bij de subtest Plaatjes ordenen het gevoel voor allochtonen en autochtonen niet gelijk. De onvolledige Tekeningen laten enkele verschillende interpretaties zien. Zo wordt bijvoorbeeld een hondje gezien, waar het gaat om de Vlaamse Leeuw.

BIT: sommige items werken vervreemdend, zoals 'vluchtelingen helpen aan huisvesting', of 'Nederlands leren aan gastarbeiders'. Dit geldt ook voor de Kuder test. Bij de NPV kunnen nogal wat vragen verkeerd of onaangenaam overkomen. Twee voorbeelden: 'Ik vind dat arme landen zichzelf moeten redden' en: 'Volgens mij komen de beste bruggenbouwers uit ons land'. De ABV zou over te veel ingewikkelde zinnen beschikken. De PMT, waaraan begrippen als ambitie, concurrentie en het nemen van risico's ten grondslag liggen, hebben in andere culturen een andere betekenis.

De vraag die blijft: moeten allochtonen zich maar aanpassen aan de Nederlandse normen en waarden? En als blijkt uit testresultaten dat ze daar niet helemaal in zijn geslaagd, dan moeten ze terecht worden afgewezen. Of zijn deze tests oneerlijk, omdat mensen niet dezelfde kansen hebben?

Richtlijnen

Bestaan er richtlijnen voor het testen van allochtonen? Slechts op kleine schaal houdt men rekening met hen. Drie voorbeelden. RPD Advies, de voormalige Rijks Psychologische Dienst, hanteert een aangepaste testprocedure, nadat de kandidaat hiervoor toestemming heeft verleend. Dit geldt ook voor het uitgebreidere interview. De RPD benadrukt overigens ook het belang van extra begeleiding bij bepaalde kandidaten.

Wanneer een kandidaat bij KPN (PTT) vanwege zijn culturele achtergrond denkt een test minder goed af te leggen, kan hij daarover eerst een gesprek voeren. Hierin wordt doorgenomen wat de tests inhouden en er wordt nagegaan of de kandidaat inderdaad kans loopt op discriminatie. Is dit gevaar aanwezig, dan wordt een aangepaste test afgenomen. Of de standaardtest wordt normaal afgenomen, maar verder niet in de selectieprocedure betrokken...

De politie lost het probleem iets anders op: blijken kandidaten op de intelligentietests onder de maat te scoren, dan wordt ook een mondelinge test afgenomen. Met als doel: meer inzicht te krijgen in de aard van de problemen. Pas daarna wordt een advies afgegeven.

In enkele gevallen wordt ook een techniek toegepast die bekend staat als 'race norming'. Dat betekent dat de testnormen voor kandidaten worden verlaagd. Een goede techniek? Daar wordt heftig over gediscussieerd, want met hoeveel punten moet je normen dan verlagen? En wordt de kans dan niet vergroot de verkeerde kandidaten aan te nemen?

Commerciële bureaus passen, voor zover bekend, geen aparte testprocedures toe.

Welke stappen zijn mogelijk?

Het testpsychologisch bolwerk loopt enigszins achter de feiten aan. De Amerikaanse federale overheid heeft al jaren geleden expliciete richtlijnen uitgevaardigd waaraan selectieprocedures moeten voldoen, wil er geen sprake zijn van indirecte discriminatie. In Nederland zijn psychologen ook gebonden aan een aantal regels, waaronder het waken tegen discriminatie. Alle kandidaten, ongeacht huidkleur, godsdienst, leeftijd, sociale afkomst, politieke overtuiging of geslacht moeten een gelijke kans hebben. Dit is mooi geformuleerd, maar we hebben gezien dat veel discriminerende effecten liggen besloten in het testmateriaal zelf!

In Nederland heeft de Stichting van de Arbeid (in de wandeling 'STAR' genoemd) al in 1982 een aantal aanbevelingen aan het Nederlandse bedrijfsleven gedaan om 'afspraken te maken over regelingen met betrekking tot werving en selectie met oog op verbetering van de positie van de sollicitant'. Zij draait om twee hoofdpunten: geschiktheid van de sollicitant en zijn of haar rechtsbescherming. We nemen de zinnige aanbeveling over het geschiktheidscriterium hier over:

'Essentieel bij het volgen van een selectieprocedure is, dat de uiteindelijke beslissing, de keuze van de kandidaat voor een bepaalde functie, geschiedt op basis van een zorgvuldige afweging van relevante feiten en argumenten. Het hanteren van een geschiktheidscriterium leidt ertoe dat in het algemeen de meest geschikte kandidaat wordt gekozen en het selectieproces meer wordt geobjectiveerd. Dat is in het belang van zowel de organisatie, de mensen die daarin werken als van de sollicitant zelf.'

'Uitgaande van het hanteren van het geschiktheidscriterium, wat inhoudt dat de functionele geschiktheid van de kandidaat het vertrekpunt vormt, moet dit criterium zo zuiver mogelijk worden toegepast. Dit sluit evenwel niet uit dat een kandidaat ook kan worden aangesteld in de verwachting dat hij na verloop van tijd aan de gestelde eisen kan voldoen. Het geschiktheidscriterium kan ook om sociale overwegingen niet als een te statisch en absoluut begrip worden gezien, bijvoorbeeld teneinde bepaalde groepen op de arbeidsmarkt, die nauwelijks aan bod kunnen komen, betere kansen te bieden.'

'Dit criterium is echter wel het meest voorkomende en het meest voor de hand liggende. Door de geschiktheid als uitgangspunt te nemen wordt het gebruik van onjuiste selectiecriteria teruggedrongen, waarmee het eerste en belangrijkste recht van de sollicitant, te weten het recht op een eerlijke kans op aanstelling, het beste is gewaarborgd.'

Deze aanbeveling spreekt voor zich: er dient geselecteerd te worden op geschiktheden, maar er moet ook ruimte zijn om 'bepaalde groepen' (lees: vrouwen en allochtonen) te kunnen helpen.

TIP: Wordt u getest bij een bureau dat geen aandacht schenkt aan eventuele problemen vanwege uw culturele achtergrond, dan kunt u altijd *voorafgaand* aan de procedure bespreken wat bij tegenvallende prestaties gedaan kan worden.

- In het verlengde hiervan kunt u het testbureau verzoeken om rekening te houden met het te gebruiken testmateriaal. Tests moeten zoveel mogelijk betrekking hebben op de functie.
- Verzoek het bureau zorgvuldigheid te betrachten bij de interpretatie van testuitslagen. Het blijft een kwestie van *onderhandelen*. Maar nee heb je en ja kun je krijgen. Hoe meer personen met dergelijke vragen komen, des te vaker testbureaus met hun neus op de werkelijkheid worden gedrukt...

BINNENLAND

NRC HANDELSBLAD

Speciale test voor selectie allochtonen

Geraadpleegde literatuur

Er is bij de samenstelling van dit boek gebruik gemaakt van de handleidingen van een aantal tests. Bovendien zijn onder andere de volgende publikaties geraadpleegd:

Akkerman, T., 'Wat is een test (ons) waard?'. *De Psycholoog*, juli/aug. 1994, 278.

Alink, L., 'Rechteloos. De sollicitant en de psychologische test'. *P.W.*, 1985, 5, 25-27.

Anastasi, A., *Psychological testing* (2nd ed.). Macmillan, New York, 1961.

Barnette, W.L., *Readings in psychological tests and measurements*. Dorsey, Homewood, 1964.

Beroepen Almanak 1995. Elsevier Bonaventura, Amsterdam, 1994.

Bissesur, T., Hockx, M. en Van der Maessen de Sombreff, P., 'Psychologische selectie van allochtonen' in *Gids voor Personeelsmanagement*, 1989, 4, 11-17.

Camilli, G. & Shepard, L.A., *Methods for identifying biased test items*. Sage, Thousand Oaks, 1994.

Commissie Hessel, *Een sollicitant is ook een mens*. Staatsuitgeverij, Den Haag, 1977.

Cooper, D. & Robertson, I.T., *The psychology of personnel selection*. Routledge, Londen/New York, 1995.

Cronbach, L.J., *Essentials of psychological testing* (2nd ed.). Harper & Brothers, New York, 1960.

Derksen, J. & de Mey, H., 'De MMPI-2; Een "oudgediende" opnieuw in stelling gebracht'. *De Psycholoog*, apr. 1994, 138-142.

Draaisma, D., 'Zoveel mensen, zoveel bomen'. *Psychologie*, 11, 1990, 18-22.

Drenth, P.J.D., *De psychologische test* (4de druk). Van Loghum Slaterus, Deventer, 1972.

Drenth, P.J.D., 'Sociale en ethische aspecten van het testgebruik' in: Drenth, P.J.D., Willems, P.J. en De Wolff, Ch.J. (red.) *Bedrijfspsychologie; onderzoek en evaluatie*. Kluwer / Van Loghum Slaterus, Deventer, 1970.

Drunen, P. van, & van Strien, P.J., *Op de proef gesteld; Geschiedenis van de psychologische test*. Passage / Archief en Documentatiecentrum Nederlandse Psychologie, Groningen, 1995.

Dunnette, M.D., 'Use of the sugar pill by industrial psychologists' in: Barnette, W.L. (ed.) *Readings in psychological tests and measurements*. Dorsey, Homewood, 1964.

Edwards, A.J., *Individual mental testing, Part 1. History and theories*. Intext, Scranton, 1971.

Eindrapport Interdepartementale Werkgroep Selectie-procedures. Ministerie van Sociale Zaken en Werkgelegenheid (Afd. Externe Betrekkingen), Den Haag, 1982.

Eppings, F.C.I.M., 'Arbeidsvoorzieningenbeleid en 1992'. *Nieuw Europa*, 1988, 14, 4, 149-153.

Evers, A., *ABIV 92. Handleiding*. Swets & Zeitlinger, Lisse, 1992.

Evers, A., Van Vliet-Mulder, J.C. en Ter Laak, J., *Documentatie tests en testresearch in Nederland*. Van Gorcum / NIP, Assen, 1992.

Eysenck, H.J., *Gebruik en misbruik van de psychologie*. Het Spectrum, Utrecht, 1965.

Eysenck, H.J., *Wat is uw I.Q.?* Het Spectrum, Utrecht, 1989.

Eysenck, H.J. / Kamin, L., *Intelligentie; erven of verwerven*. Het Spectrum, Utrecht, 1982.

Flynn, J.R. 'Massive IQ gains in 14 nations: what IQ tests really measure'. *Psychological Bulletin*, 1987, 2, 171-191.

Franzen, E., *De psychologische test; achtergrond en methodiek*. Het Spectrum, Utrecht, 1959.

Giessen, C.F. van der, en Ligteringen B., 'Selecteren via de assessment center methode'. *P.W.* april, 1983, 4, 17-23.

Gould, S.J., *The mismeasure of man*. Norton, New York, 1981.

Grinten, T.B. van der, en Rumke, A.C., 'De arbeids- en organisatiepsycholoog' in: Roe, R.A. (red.) *Wat doet de psycholoog?* Van Gorcum, Assen, 1984.

Guion, R.M., *Personnel testing*. McGraw-Hill, New York, 1965.

Hamaker, H.G., *Arbeidsmarkt en personeelsvoorziening*. Samsom, Alphen aan den Rijn, 1976.

Handleiding VZM, Swets & Zeitlinger, Lisse, 1987.

Herrnstein, R.J. & Murray, C., *The Bell curve: intelligence and class structure in American life*. The Free Press, New York, 1994.

Hofstee, W.K.B., *Psychologische uitspraken over personen; beoordeling / voorspelling / advies / test*. Van Loghum Slaterus, Deventer, 1974.

Hogerheijde, R.P., *BZO. Meer over jezelf en je beroepskeuze*. Swets & Zeitlinger, Lisse, 1980.

Hogerheijde, R.P., 'De beroepskeuzepsycholoog' in: Roe, R.A. (red.), *Wat doet de psycholoog?* Van Gorcum, Assen, 1984.

Hogerheijde, R.P. en Van Amstel, B., *BZO. Beroepskeuze zelf-onderzoek*. (Een gids voor opleidings- en beroepskeuze). Swets & Zeitlinger, Lisse, 1995.

Holzhauer, F.F.O en Van Minden, J.J.R., *Handwoordenboek der psychologie*. Van Loghum Slaterus, Deventer, 1977.

Holzhauer, F.F.O en Van Minden, J.J.R., *Psychologie; theorie en praktijk* (4de druk). Stenfert Kroese, Leiden, 1993.

Holzhauer, F.F.O. en Van Minden, J.J.R., *De vele gezichten van de toegepaste psychologie*. Het Spectrum, Utrecht, 1979.

Hoogeveen, K., Smit, B. en Veenis, E., 'Bij gelijke geschiktheid...' in: *Licor*, rapport nr. 8, Leiden, 1989.

Jansen, A., *Ethiek en praktijk van personeelsselectie*. Van Gorcum, Assen, 1979.

Jansen, A., *Vrouwen in de selectieprocedure*. Instituut voor Sociale en Bedrijfspsychologie, Amsterdam, mei 1983.

Keen, G.W., 'Effecten van testtraining, voorbereiding hoeft selectieprocedure niet te ondergraven'. *Gids voor Personeelsmanagement* 7/8, 1992, 24-276.

Kirkpatrick, J.J., Ewen, R.B., Barrett, R.S. en Katzell, R.A., *Testing and fair employment: fairness and validity of personnel tests for different ethnic groups*. New York University Press, New York, 1969.

Kotan, *Richtlijnen voor ontwikkeling en gebruik van psychologische tests en studietoetsen*. Nederlands Instituut van Psychologen, Amsterdam, 1988.

Linden, K.W. en Linden, J.D., *Modern mental measurement: a historical perspective*. Houghton Mifflin, New York, 1968.

Linden, J.D. en Linden, K.W., *Tests on trial*. Houghton Mifflin, New York, 1968.

Lyman, H.B., *Intelligence, aptitude and achievement testing*. Houghton Mifflin, New York, 1968.

Lyman, H.B., *Test scores and what they mean* (3rd ed). Prentice-Hall, Englewood Cliffs, 1978.

Maesen de Sombreff, P.E.A.M. van der, en Noort, G.J., 'Videotest voor communicatieve vaardigheden'. *Personeelsbeleid*, 1989, 25, 71-76.

Maesen de Sombreff, P. van der, 'De selectiepsycholoog, dinosaurus van de toekomst?'. *De Psycholoog*, febr. 1995, 66-71.

Miller, K.M., *Psychological testing in personnel assessment*. Gower, Westmead, 1980.

Minden, J.J.R. van, 'Book Review Honesty in the Workplace'. *International Journal of Selection and Assessment*, 1994, 2, 2, 128-130.

Molen, H. van der, te Nijenhuis, J. & Keen, G., 'Effecten van Test-Training; Voorbereiding op het psychologisch onderzoek bij personeelsselectie'. *De Psycholoog*, jan. 1994, 3-7.

Musschoot, F. en Demeijer, W., *De boomtekening; een ontwikkelingspsychologische studie*. Editest, Brussel, 1974.

Olde, C. de, *Vrouwen worden met nadruk verzocht te solliciteren*. Onderzoek i.o.v. het ministerie van Sociale Zaken en Werkgelegenheid, verricht door De Jong & Van Doorne-Huiskes, Bureau voor Organisatieresearch en Positieve Actie. Z.j.

Parreren, C.F. van, Peeck, J. en Velema, E., *Effectief studeren*. Het Spectrum, Utrecht, 1966.

Psychological tests and teaching aids 1987 (+ supplementen), *Swets Tests Services*. Swets & Zeitlinger, Lisse, 1987.

Psychologische test en allochtonen. Symposiumverslag. LBR-brochure nr. 6, Utrecht, 1988.

Rich, L., 'Can salesmen be tested?'. *Dun's Review*, 1966, 87, 3, 40-41.

Richtlijnen voor ontwikkeling en gebruik van psychologische tests en studietoetsen. Nederlands Instituut van Psychologen, Amsterdam, z.j.

Roe, R.A., 'Persoonskenmerken' in: Drenth, P.J.D., Thierry, H., Willems, P.J. en De Wolff, Ch.J. (red.), *Handboek arbeids- en organisatiepsychologie*. Van Loghum Slaterus, Deventer, 1980.

Roe, R.A., *Grondslagen der personeelsselectie*. Van Gorcum, Assen, 1983.

Roe, R.A. (red.), *Wat doet de psycholoog?* Van Gorcum, Assen, 1984.

Schoonman, W. & Van der Flier, H., 'Testen per computer'. *De Psycholoog*, maart 1996, 105-110.

Shlien, J.M., 'Mental testing and modern society' in: Barnette, W.L. (ed.), *Readings in psychological tests and measurements*. Dorsey, Homewood, 1964.

Solliciteren als probleem (Informatiebrochure over solliciteren). Nederlands Instituut van Psychologen, Amsterdam, 1984.

Standards for educational and psychological tests. American Psychological Associaton, Washington, 1977.

Stevens, E., 'Interview dr. R.S.H. Visser: "Rehabilitatie van de diagnostiek te constateren?"' *De Psycholoog*, april 1984, 177-179.

Stichting van de Arbeid (STAR), *Aanbevelingen met betrekking tot regelingen inzake werving en selectie*. Den Haag, 1982.

Strien, P.J. van, *Problemen van de bedrijfspsychologische rapportering*. Van Gorcum, Assen, 1964.

Super, D.E. (ed.), *Measuring vocational maturity for counseling and evaluation*. National Vocational Guidance Associaton, Washington, 1974.

Sijtsma, K., 'Kaf en koren onder Nederlandse tests'. *De Psycholoog*, dec. 1995, 502-503.

Tallent, N., *Psychological report writing*. Prentice-Hall, Englewood Cliffs, 1983.

'Test, Rijks Psychologische Dienst'. *Psychologie*, 1985, 9, 8.

Tjoa, A.S.H., *De Edwards Personal Preference Schedule* (EPPS). Proefschrift Universiteit van Amsterdam, 1973.

Toepasbaarheid van psychologische tests bij allochtonen. LBR-reeks nr. 11. LBR, Utrecht, 1990.

Topman, R., 'Het maken van een multiple choice-tentamen'. *NRC Handelsblad*, 1995.

Tyler, L.E., *Tests and measurements* (2nd ed.). Prentice-Hall, Londen, 1973.

Vander Meeren, H. & Gerrichhausen, J., 'Computertesting'. In: *Selectie en Assessment; Theorie en Praktijk*. Open Universiteit / LEMMA, Heerlen / Utrecht 1991.

Verbeek, Th., *Inleiding tot de geschiedenis van de psychologie*. Het Spectrum, Utrecht, 1977.

Vervoort, M., 'Faalangst op school'. *Psychologie*, 1991, 5, 10-13.

Vonk, W., 'Een test is ook niet alles'. *Intermediair*, 25 maart 1994.

Wage, J.L., *Psychologie en techniek van het verkoopgesprek* (3de druk). Samsom, Alphen aan den Rijn, 1974.

Warnaar, B., 'Over vlekjes die zich niet laten wegwerken'. *De Psycholoog*, 1987, 22, 565-569.

Weusten, S., 'Een psychologisch brandmerk'. *Intermediair*, 9 apr. 1993.

Whyte, W.H., *The organization man*. Penguin, Harmondsworth, 1960.

Wiegersma, S., 'Beroepskeuzepsychologie' in: Drenth, P.J.D., Thierry, H., Willems, P.J. en De Wolff, Ch.J. (red.), *Handboek arbeids- en organisatiepsychologie*. Van Loghum Slaterus, Deventer, 1980.

OEFENTEST I

Cijferreeksen

Het onderdeel cijferreeksen is de schrik van menig testkandidaat.

Hieronder ziet u links twintig cijferreeksen. In elk van deze cijferreeksen ziet u een of meer puntenreeksen. Hier dient u het getal (of de getallen) neer te zetten dat *logisch in de cijferreeks past.*

In de rechterkolom ziet u de antwoorden staan, waaruit u kunt kiezen.

	Antwoorden:
1. 1/3 2/3 ... 5/3 8/3 13/3 7	1 4/3 3 2/3 1 1/3
2. 64 8 9 3 4 ...	5 16 2 1 –3
3. ... 26/8 20/9 40/10 34/11 68/12	14/7 16/3 8/26 13/7 20/7
4. 4/3 6/8 16/12 24/32 64/48 ...	82/68 96/128 32/24 8/6 86/68
5. 4/3 14/11 16/13 6/5 20/17 22/19 ...	8/7 24/23 26/21 10/9 9/8
6. 7 49 39 23 529 519 ...	503 493 256 483 305
7. 3 2 3 8 13 24 ...	25 21 45 43 37
8. ... 3 6 18 108 1944	0 –2 1 2 3
9. 3 5 9 15 ... 33 45	17 23 19 27 21
10. 75 39 14 –2 –11 –15 ...	–9 –5 –16 0 –12
11. 121 100 81 64 49 36 ...	24 21 25 16 33
12. 1 3 16 6 1 49 ...	7 9 82 5 39
13. 2 17 7 12 12 7	zelf bedenken

14. –5 25 4 16 2 4 … –3 0 16 12 8

15. 1/2 2/4 8/6 48/8 384/10 … 480/12 3840/12 834/14 3072/12

16. 18 3 9 1 1/2 4 1/2 3/4 2 1/4 … 3/8 5/6 4 1 1/8 7/16

17. 2 12 3 18 4 1/2 27 … 6 1/2 6 45 6 3/4 11 3/4

18. –7 –4 2 11 23 38 … 46 56 62 –2 53

19. 4 27 16 125 36 … 343 245 223 49 155

20. 90 20 75 4 72 1 711/4 1/3… 70 71 69 70 1/3… 851/12

Juiste antwoorden:
1.) 1; **2.**) 2; **3.**) 13/7; **4.**) 96/128; **5.**) 8/7; **6.**) 503; **7.**) 45; **8.**) 2; **9.**) 23; **10.**) *f*16; **11.**) 25; **12.**) 39; **13.**) 2; **14.**) *f*3; **15.**) 3840/12; **16.**) 3/8; **17.**) 6 3/4; **18.**)56; **19.**) 343; **20.**) 71.

OEFENTEST 2

Analogieën

In veel intelligentietests vormen analogieën een belangrijk onderdeel. Analogieëntests worden ook vaak los van een 'grotere' test gebruikt om na te gaan hoe het gesteld is met het verbaal abstract redeneren van de kandidaat.

In deze oefenset treft u dertig zogenaamde 'dubbele' analogieën aan. Op de puntjes links moet een van de woorden achter 1 t/m 5 geplaatst worden. Voor de meest rechtse plaats kiest u uit een van de woorden A t/m E.

Dit type analogieprobleem moet u zien als een vergelijking met twee onbekenden. Dat houdt in dat u een analogie pas juist heeft opgelost, (en 1 punt hiervoor krijgt) wanneer u zowel links als rechts het juiste antwoord geeft. *Eén* correcte keuze is dus niet goed genoeg!

1. ... staat tot peer als wortel staat tot ...

1. sinaasappel	2. boom	3. fruit	4. pruim	5. aardappel
A. appel	B. koolraap	C. aarde	D. konijn	E. peterselie

2. ... staat tot altijd als nergens staat tot ...

1. nooit	2. veel	3. geregeld	4. steeds	5. immer
A. daar	B. ergens	C. nimmer	D. overal	E. soms

3. ... staat tot Athene als Spanje staat tot ...

1. Griekenland	2. Acropolis	3. godin	4. stad	5. Zeus
A. matador	B. zon	C. Madrid	D. vakantie	E. stier

4. ... staat tot warm als warm staat tot ...

1. zon	2. koffie	3. heet	4. kachel	5. aangenaam
A. thee	B. koud	C. zomer	D. trui	E. temperatuur

5. ... staat tot water als vliegtuig staat tot ...

1. helder	2. drinken	3. zwemmen	4. vloeistof	5. schip
A. groot	B. vliegen	C. lucht	D. vleugels	E. passagiers

6. … staat tot hartstocht als groen staat tot …

1. liefde	2. emotie	3. hart	4. rood	5. voelen
A. jaloezie	B. kleur	C. boom	D. zien	E. mooi

7. … staat tot boven als dichtbij staat tot …

1. ver	2. onder	3. groot	4. top	5. hoog
A. vriend	B. naast	C. veraf	D. verzetten	E. staan

8. … staat tot huis als haar staat tot …

1. woonkamer	2. familie	3. dak	4. wonen	5. architect
A. knippen	B. kapper	C. vet	D. strik	E. hoofd

9. … staat tot vingers als ruiken staat tot …

1. slaan	2. ring	3. nagels	4. aanraken	5. hand
A. gezicht	B. bloem	C. zintuig	D. neus	E. slecht

10. … staat tot zitten als bed staat tot …

1. bureau	2. werken	3. lezen	4. stoel	5. bewegen
A. water	B. slaapkamer	C. slapen	D. dekken	E. meubelstuk

11. … staat tot overal als wanneer staat tot …

1. waar	2. ergens	3. hoe	4. hier	5. nergens
A. immer	B. overal	C. vaak	D. nooit	E. altijd

12. … staat tot nacht als wolken staat tot …

1. slapen	2. sterren	3. dag	4. zwart	5. donker
A. zacht	B. wit	C. hemel	D. dag	E. regen

13. … staat tot asiel als werkloze staat tot …

1. buitenland	2. gevangenis	3. paspoort	4. politie	5. vluchteling
A. park	B. geld	C. werk	D. dier	E. sollicitatie

14. … staat tot christen als Koran staat tot …

1. kerkgebouw	2. Bijbel	3. priester	4. bidden	5. missionaris
A. boek	B. moskee	C. Pakistan	D. moslim	E. gebedshuis

15. … staat tot papier als graan staat tot …

1. wit	2. schrijven	3. boek	4. bloknoot	5. hout
A. veld	B. boer	C. maïs	D. brood	E. zomer

16. ... staat tot Amerika als Einstein staat tot ...

1. Washington	2. Columbus	3. vrijheid	4. Engels	5. dollar
A. atoom	B. wetenschap	C. Duits	D. heelal	E. relativiteit

17. ... staat tot muziek als Rembrandt staat tot ...

1. instrument	2. Mozart	3. orkest	4. noot	5. viool
A. verzameling	B. schilder	C. museum	D. duur	E. schilderkunst

18. ... staat tot Griekenland als Sardinië staat tot ...

1. zuid	2. land	3. Athene	4. Kreta	5. vakantie
A. kaas	B. eiland	C. zee	D. Italië	E. vis

19. ... staat tot boek als schilder staat tot ...

1. hoofdstuk	2. schrijver	3. lezen	4. woord	5. literatuur
A. schilderij	B. verf	C. kwast	D. Rembrandt	E. atelier

20. ... staat tot trui als leer staat tot ...

1. wol	2. warm	3. zacht	4. groot	5. winkel
A. bruin	B. koe	C. soepel	D. tas	E. schaap

21. ... staat tot communicatie als wapen staat tot ...

1. verbinding	2. telefoon	3. contact	4. praten	5. schieten
A. leger	B. televisie	C. pistool	D. mes	E. vechten

22. ... staat tot paard als hyena staat tot ...

1. zebra	2. boerderij	3. tijger	4. tam	5. grazen
A. hond	B. savanne	C. wild	D. vogel	E. safari

23. ... staat tot koe als wol staat tot ...

1. tam	2. boerderij	3. melk	4. horens	5. stier
A. duur	B. zacht	C. warm	D. trui	E. schaap

24. ... staat tot geometrie als vergelijking staat tot ...

1. wiskunde	2. vierkant	3. leren	4. school	5. ingewikkeld
A. symmetrisch	B. algebra	C. gelijk	D. studie	E. passend

25. ... staat tot klein als lang staat tot ...

1. smal	2. groot	3. punt	4. kabouter	5. meter
A. reus	B. stok	C. hoog	D. kort	E. wachten

26. … staat tot orde als rechter staat tot …

1. misdrijf	2. straffen	3. politie	4. recht	5. gevangenis
A. veroordelen	B. betrappen	C. wet	D. advocaat	E. gerechtshof

27. … staat tot vliegtuig als machinist staat tot …

1. turbulentie	2. piloot	3. snel	4. Concorde	5. vliegen
A. trein	B. machine	C. overal	D. technisch	E. olie

28. … staat tot aristocraat als riool staat tot …

1. snob	2. miljonair	3. titel	4. kasteel	5. verfijning
A. smerig	B. rat	C. nuttig	D. stank	E. straat

29. … staat tot zeil als fiets staat tot …

1. zeilboot	2. wind	3. wit	4. touw	5. stof
A. slot	B. fietsen	C. wiel	D. goedkoop	E. reizen

30. … staat tot meter als gram staat tot …

1. centimeter	2. duimstok	3. volt	4. maat	5. millimeter
A. gewicht	B. watt	C. stuiver	D. kilogram	E. weegschaal

Juiste antwoorden:

1.) 5A; 2.) 1D; 3.) 1C; 4.) 3B; 5.) 5C; 6.) 4A; 7.) 2C; 8.) 3E; 9.) 4D; 10.) 4C; 11.) 1E; 12.) 2D; 13.) 5C; 14.) 2D; 15.) 5D; 16.) 2E; 17.) 2E; 18.) 4D; 19.) 2A; 20.) 1D; 21.) 2E; 22.) 1A; 23.) 3E; 24.) 2B; 25.) 2D; 26.) 3C; 27.) 2A; 28.) 4B; 29.) 1C; 30.) 5D.

OEFENTEST 3

Rekensommen

Hieronder ziet u een aantal opgaven, zoals die in rekenvaardigheidstests voorkomen. Probeert u *binnen drie minuten* zo veel mogelijk van deze probleempjes op te lossen.

1. 0,667 – 0,019 =

2. 0,16 × 0,75 =

3. 3/4 × 8/9 =

4. 6/3 : 4/5 =

5. 8/9 : … = 10/9

6. 27 : 3/8 =

7. los x op uit: 3x + 5x = 12

8. los x op uit: 14x + 4 = 60

9. 0,07 – … = 0,057

10. … – 0,02 = 0,28

11. 6/7 + 18/21 =

12. 27 + 339 =

13. 211 – … = 139

14. 0,002 × 0,02 =

15. 15,26 + 18,85 =

16. 25 × 25 =

17. 15 : 1/3 =

18. 0,02 : 0,1 =

19. 25/8 + 9/5 =

20. 0,02% van 150

21. (22 / …) × 100 = 110

22. 200 × 325 =

23. 35% van 35 =

24. 1/10.000 × 25 =

25. 10% van 1/3 =

26. 483,75 : 1 1/4

Juiste antwoorden:
1.) 0,648; **2.**) 0,12; **3.**) 2/3; **4.**) 5/2 ofwel 2 1/2; **5.**) 4/5; **6.**) 72; **7.**) 3/2; **8.**) 4; **9.**) 0,013; **10.**) 0,30; **11.**) 12/7; **12.**) 366; **13.**) 72; **14.**) 0,00004; **15.**) 34,11; **16.**) 625; **17.**) 45; **18.**) 0,2; **19.**) 197/40 ofwel 4 37/40; **20.**) 0,03; **21.**) 20; **22.**) 65000; **23.**) 12,25; **24.**) 0,0025; **25.**) 0,033; **26.**) 387

OEFENTEST 4

Redactieopgaven

1 Een plank van 7.38 m. wordt in zes gelijke stukken gedeeld. Hoe lang wordt elk stuk?

a. 1.23 m.
b. 1.12 m.
c. 1.26 m.
d. 1.33 m.
e. geen van deze

2 U gaat op reis met de trein van Den Haag HS naar Amsterdam Zuid. De trein vertrekt volgens dienstregeling om 7.52 u. De rit duurt 52 minuten. Hoe laat komt u aan?

a. 7.44 u.
b. 8.42 u.
c. 8.45 u.
d. 8.54 u.
e. geen van deze

3 U koopt in de supermarkt artikelen ter waarde van fl. 33,65. U betaalt met fl. 35,00. Hoeveel wisselgeld krijgt u terug?

a. fl. 1,65
b. fl. 2,65
c. fl. 1,35
d. fl. 2,35
e. geen van deze

4 Een typiste typt gemiddeld 25 brieven per uur. Gisteren heeft zij tussen 2 en 4 uur 20 % meer brieven getypt. Hoeveel brieven heeft zij gisteren tussen 2 en 4 uur getypt?

a. 30 brieven
b. 35 brieven
c. 55 brieven
d. 60 brieven
e. geen van deze

5 Op de markt is uw gulden (fl 1,00) een daalder (fl. 1,50) waard. U heeft zojuist op de markt voor fl 15,00 stoffen gekocht. Wat zijn de stoffen dus eigenlijk waard?

a. fl. 22,50
b. fl. 17,50
c. fl. 19,50
d. fl. 10,00
e. geen van deze

6 Hoeveel zijn 277 gram en 366 gram bij elkaar?

a. 6,43 kg
b. 0,643 kg
c. 0,0643 kg
d. 1 pond en 243 gram
e. geen van deze

7 Op uw renterekening staat fl. 5000,– waarover u 4 % rente ontvangt. Dit bedrag laat u 1 jaar op deze rekening staan. Hoeveel rente ontvangt u aan het einde van dat jaar?

a. fl. 50,–
b. fl. 200,–
c. fl. 250,–
d. fl. 2000,–
e. geen van deze

8 Hoeveel is 15 % van 300?

a. 4,5
b. 45
c. 2
d. 20
e. geen van deze

9 Jan krijgt 6 keer zo veel brieven als Piet. Piet krijgt 3 keer zoveel brieven als Rob. Samen krijgen zij in totaal 88 brieven. Hoeveel brieven zijn dan voor Jan bestemd?

a. 24
b. 62
c. 66
d. 72
e. geen van deze

10 Een dozijn potloden kost fl. 12,48. Wat kosten 3 potloden samen?

a. fl. 3,12
b. fl. 3,74
c. fl. 4,16
d. fl. 3,36
e. geen van deze

11 Klaas en Hans werken aan de lopende band bij de produktie van chips. Hans verpakt 8 dozen chips terwijl Klaas er in dezelfde tijd 12 verpakt. Hoeveel dozen chips heeft Hans verpakt wanneer Klaas er 30 heeft verpakt?

a. 16
b. 24
c. 18
d. 20
e. geen van deze

12 De tuin van Jaap bestaat uit twee delen: het moestuin gedeelte en de siertuin. De moestuin meet 2.50 m. bij 5 m. en de siertuin 3.50 m. bij 2.50 m. Hoe groot is de totale oppervlakte van de tuin wanneer de oppervlakte van het pad ertussen 2 m^2 meet?

a. 20.75 m^2
b. 30.75 m^2
c. 23.25 m^2
d. 25.75 m^2
e. geen van deze

13 Een groot bedrijf gaat naar de beurs. De aandelen worden verdeeld onder de nieuwe aandeelhouders en werknemers. In totaal krijgen de werknemers 1/3 deel van alle aandelen. Van dat deel gaat 2/5 deel naar het management. In totaal zijn er 3 miljoen aandelen. Hoeveel aandelen krijgt het management?

a. 500.000 aand.
b. 400.000 aand.
c. 1.200.000 aand.
d. 200.000 aand.
e. geen van deze

14 Een modem kan informatie verzenden met een snelheid van 2400 en 14.400 bits per seconde (Bps). Als we nu een bestand hebben van 792.000 bits, wat is dan de tijdwinst wanneer dit bestand wordt verzonden op 14.400 Bps ten opzichte van 2400 Bps?

a. 4 min. 35 sec.
b. 55 sec.
c. 3 min. 15 sec.
d. 5 min. 30 sec.
e. geen van deze

15 Een marktonderzoek naar het gebruik van autoradio's wees uit, dat 75 % van alle autobezitters een autoradio bezit. Van deze groep luistert 45% met enige regelmaat naar de file-berichten. Hoeveel procent van alle autobezitters luisteren dus met enige regelmaat naar de file-berichten?

a. 45,00%
b. 35,00%
c. 33,75%
d. 37,50%
e. geen van deze

Juiste antwoorden:
1 a, 2e, 3c, 4d, 5a, 6b, 7b, 8b, 9d, 10a, 11d, 12c, 13b, 14a, 15c

OEFENTEST 5

Enkele 'psychologenvragen'

U kunt bij het psychologisch selectiebureau een aantal vragen verwachten, die verband houden met de afgelegde tests. We geven enkele voorbeelden. Bovendien bevelen we ook een of meer pasklare antwoorden aan.

Vraag:
'Bent u al eens eerder psychologisch getest?' ('Met welk resultaat?')

Uw antwoord:
Wanneer het maar even kan is uw antwoord NEE. U brengt dat heel assertief, zodat er geen verdere vragen over kunnen worden gesteld. (De psycholoog kan niet vragen 'waarom bent u niet getest?' Dat staat gelijk met een vraag als 'waarom heeft u uw buurvrouw nog niet om zeep geholpen?')

Laat slapende honden... slapen!

Maar let op! Soms moet er positief worden geantwoord. Denk aan militaire dienstkeuring. Het is natuurlijk ook mogelijk dat u kortgeleden voor een vergelijkbare functie bij dit bureau bent verschenen. U loopt de kans op herkenning. Een derde reden kan zijn dat bekend is dat uw huidige werkgever (als standaard procedure) alle medewerkers laat testen – en wel bij bureau ABC. Waarom u dan niet?

Wanneer uw tong een 'ja' moet formuleren vraag uzelf dan eerst nog eens af of gecontroleerd kan worden wat uw waarheidsgehalte is. (Dat valt bijna altijd wel mee.) Geef dan een zwakke – en niet-psychologische – reden op voor uw 'gezakt examen'. Bijvoorbeeld 'ik heb een behoorlijk positief advies gekregen, maar mijn concurrent had meer ervaring in deze branche.'

Vraag:
'Herkende u uzelf in dat rapport?' ('Waarom niet?')

Uw antwoord:
Een ontkennend antwoord wordt steevast gevolgd door een 'waarom niet?' of nauwkeuriger: 'op welke punten dan niet?' Tien tegen een dat het hierbij gaat om iets wat minder vleiend voor u is. Als uw reactie bij-

voorbeeld is 'men schatte mijn conceptueel denken nogal laag in. Ik begrijp dat niet helemaal – wat is dat eigenlijk?' Geeft u de bal prima aan.

Bent u een verklaard tegenstander van psychologische tests – en wilt u uw mening hier kwijt, dan kunt u een pittige discussie tegemoet zien. Maar wat schiet u daarmee op? Het testbureau weet ook wel dat kandidaten met een positief advies niet tot de klagers horen...

Vraag:
'Zijn uw reacties vandaag (op het testbureau) anders dan normaal?'

Uw antwoord:
De beste reactie is deze vraag met een wedervraag te beantwoorden: 'Waarom vraagt u dat?' Of: 'Mag ik weten wat de achtergrond is van uw vraag?' Met de reactie hierop, kunt u waarschijnlijk een passend antwoord formuleren.

Vraag:
'Uit de persoonlijkheidstest blijkt dat u erg extravert bent. Maar als ik zo met u spreek merk ik eigenlijk het tegengestelde: u bent nogal in uzelf gekeerd. Hoe verklaart u dat verschil?'

Uw antwoord:
De grootste fout die u hier kunt maken is recht praten wat krom is. Of u uitputten in allerlei excuses. De beste reactie is: 'U (geachte psycholoog) bent de deskundige, ik kan u geen verklaring geven.' Einde verhaal.

Vraag:
'Uit de test voor commercieel inzicht blijkt dat uw inzicht erg laag is. Zeker voor iemand die al zo lang een commerciële functie bekleedt...'

Uw antwoord:
Allereerst is er geen vraag gesteld. U hoeft dus niet te antwoorden. Dat is een strategie die u kunt volgen, maar bedenk dat commerciëlen nogal extravert zijn en zich de kans op een 'goed gesprek' nooit laten ontglippen. Stilte is dus slecht. Waarom stelt u geen wedervraag: 'Wat wilt u precies weten?' Immers, hoe nauwkeuriger de vraag wordt geformuleerd, des te nauwkeuriger uw antwoord kan zijn.

Nog beter is te vragen wat dat precies betekent, 'commercieel inzicht.' Iedereen kan daar wat anders onder verstaan. Vraag daarna wat het verband is tussen commercieel inzicht en commercieel gedrag. Die twee zijn immers toch niet synoniem? We moeten nu een onderscheid maken tussen executieve functies (zeg: verkoop) en staffuncties (zeg: marketing).

Afhankelijk van de desbetreffende baan waarnaar u dingt kunt u aangeven dat inzicht voor een verkoper belangrijk is, maar dat het allereerst om het gedrag gaat. Daar wordt de klant mee geconfronteerd. Het inzicht blijft voor de afnemer onzichtbaar. Een tegengestelde reactie geldt voor de marketeer: een creatieve marketingdeskundige kan misschien het fietsje van zijn vierjarige zoon niet verkopen, maar wel baanbrekende sales promotions bedenken...

TIP: Wilt u meer vragen leren kennen? Lees dan *Alles over selectiegesprekken* (ISBN 90 245 1083 9).

OEFENTEST 6

Woorden invullen

Vul de juiste woorden in op de stippellijnen, telkens achter het cijfer. De juiste antwoorden staan onderaan de bladzijde vermeld.

Er zijn veel plaatsen (1)..... je onmogelijk een boek kunt schrijven, (2)..... voor mij spant Martha's Vineyard beslist de kroon. In dit artikel zal ik u vertellen (3)..... ik het voor elkaar kreeg een boek niet te schrijven, en ik geef die informatie graag door (4)..... alle auteurs die zich plechtig hebben voorgenomen een groots werk te produceren.
Het eerste (5)..... je nodig hebt is een stuk papier en een schrijfmachine of computer, en een rustig plekje in huis (6)..... uitzicht op zee. Je staat 's morgens (7)..... zeven uur op en neemt een duik (8)..... zee. Daarna ga je weer (9)..... huis en maak je (10)..... jezelf een stevig ontbijt klaar. Om acht uur ben je zover (11)..... met de eerste bladzijde te beginnen. Je begint te tikken: 'Het was een ideaal moment...'(12) ..... kijk je uit het raam en je ziet een zeemeeuw (13)..... een vis duiken. Het lijkt wel of hij een gebroken vleugel heeft, en je staat op (14)..... je stoel om hem te observeren (15)..... het geval dat je misschien ergens (16)..... je boek een scène in wilt lassen (17)..... een zeemeeuw met een gebroken vleugel die (18)..... een vis probeert te duiken. (Het zou een goed shot zijn, (19)..... het boek wordt verkocht (20)..... een filmmaatschappij, en het paar ligt in bed te vrijen.)

(Fragment uit *Martha's Vineyard* van Art Buchwald.)

Dit had u moeten invullen op de stippellijntjes:

1 waar
2 maar
3 hoe
4 aan
5 wat, dat
6 met
7 om
8 in
9 naar
10 voor
11 om
12 dan
13 naar
14 van
15 voor
16 in
17 over
18 naar
19 als
20 aan

OEFENTEST 7

Antoniemen (tegengestelden)

Omcirkel één van de woorden a tot en met e dat het beste tegengestelde is van het vetgedrukte hoofdwoord.

1	**Goed:**	a. redelijk b. slecht c. mineur d. gemeen e. lelijk
2	**Vroegtijdig:**	a. tijdig b. krachtig c. oud d. gewoon e. achterstallig
3	**Herinneren:**	a. afkeuren b. dispensatie c. vergeten d. vergiffenis e. uitstellen
4	**Spiritueel:**	a. bruisen b. betekenisvol c. aanpassen d. gelukkig e. wereldlijk
5	**Sensibel:**	a. hardvochtig b. ongevoelig c. sentimenteel d. wilskrachtig e. onverzoenlijk
6	**Onderdrukken:**	a. lucht b. aanklagen c. inwijden d. verwarren e. verbazen
7	**Ver:**	a. hartelijk b. naderen c. wetenschappelijk d. ijverig e. nabij
8	**Smart:**	a. insolatie b. besluiteloosheid c. plezier d. perplexheid e. preferentie
9	**Depreciëren:**	a. bewijzen b. aanvallen c. treuzelen d. vaststellen e. verheffen
10	**Toeven:**	a. inschrijven b. recreëren c. vertrekken d. ontmoedigen e. accepteren
11	**Objectief:**	a. ongelijke ronding b. zuiver c. controleerbaar d. ingetogen e. persoonlijk
12	**Egoïsme:**	a. vriendelijkheid b. deemoed c. goedheid d. altruïsme e. zachtmoedigheid
13	**Labiel:**	a. karaktertrek b. zelfbewust c. assertief d. beheerst e. stabiel
14	**Schande:**	a. eer b. lof c. trots d. gratieverlening e. berouw
15	**Gierigheid**	a. rijkdom b. verspilling c. armoede d. minzaamheid e. mecenaat

De juiste antwoorden zijn:
1.) b; 2.) e; 3.) c; 4.) e; 5.) b; 6.) c; 7.) e; 8.) c; 9.) e; 10.) c; 11.) e; 12.) d; 13.) e; 14.) a; 15.) b

CHECKLIST

Kritische vragen over uw testprocedure

Veel sollicitanten laten zich als makke lammeren naar het selectiebureau leiden. Zij hebben wel kritische vragen over de gehele procedure, maar weten veelal niet wat zij precies moeten (en 'mogen') vragen. Om het gemakkelijk te maken hebben we voor u al een aantal vragen geformuleerd. De vragen zijn in zeven categorieën ingedeeld. Deze kunt u stellen aan de (a.s.) werkgever, en/of aan het selectiebureau. Vanzelfsprekend zijn niet alle vragen (en antwoorden) voor iedereen even relevant.

1. Algemene vragen aan de (a.s.) werkgever

- Wat is de kans op 'lekken' bij het selectiebureau?
- Welke garantie kan worden gegeven dat het onderzoek(rapport) binnenskamers blijft? (Geheimhouding.)
- Waarom is juist voor *dit* selectiebureau gekozen?
- Waarom is überhaupt voor een extern bureau gekozen? (Know-how/expertise, objectiviteit, politieke noodzaak, overtuiging, eigen onzekerheid, statusoverwegingen, 'scheidsrechterfunctie'?)
- Hoe intiem of oppervlakkig is de relatie met het bureau?
- Hoe goed kent men de cultuur van de organisatie?
- Hoe staat de werkgever in het algemeen tegenover psychologische testmethoden?
- Zijn er ook 'dissidente' meningen bij de werkgever hierover?
- Welke bijdrage levert de psychologische testmethode aan de *verbetering* van de selectie?
- En de assessment center techniek?
- Wat gaat er precies met het testrapport gebeuren, nadat het door het externe bureau is verzonden aan de werkgever?
- Hoeveel kopieën worden verzonden?
- Wat gebeurt er precies met het 'archief-exemplaar' van het selectiebureau?
- Wanneer wordt dit exemplaar vernietigd?
- Wat voor zekerheid wordt hierover geboden?
- Welke waarde wordt toegekend aan het onderzoekrapport?
- Hoe verhoudt zich dit tegenover andere informatiebronnen over de sollicitant?

- Denkt het bureau aan, of wordt aandacht geschonken aan de mogelijkheid van onbedoelde 'discriminatie' door tests van vrouwen en culturele minderheden?

2. Het selectiebureau

- Wat voor (globale) filosofie hangt het bureau aan?
- Hangt het bureau speciale opvattingen, theorieën, modellen aan?
- Wat leert de bureaubrochure u allemaal? (Wordt deze aan de sollicitant ter beschikking gesteld? Waarom niet? Wat is er voor geheimzinnigs aan?)
- Hoe lang bestaat het bureau?
- Welke reputatie heeft het bureau in de loop der jaren opgebouwd?
- Waar staat het bureau om bekend?
- Hoeveel medewerkers telt het bureau? (Selecteurs, andere specialisten, ondersteunende stafleden. Full-timers en part-timers.)
- Welke specialismen en specialisten heeft men in huis?
- Voor welke opdrachtgevers en branches heeft men de afgelopen jaren vooral gewerkt?
- Is er *interne* controle op de werkzaamheden?
- Welke selectiemethoden hanteert men?
- Van welke beroepsverenigingen zijn de stafleden (overwegend) eventueel lid: NIP, BFP, NVP, OAWS, ROA?
- Hanteert het selectiebureau expliciet een of meer van deze gedragscodes? Welke?
- Welke activiteiten voert het bureau nog meer uit? (Denk aan werving, headhunting, beroepskeuze-advieswerk, loopbaanbegeleiding, training, organisatie-advieswerk, personeelsadviezen, outplacement.)
- Is dat voor u een pluspunt, of juist een minpunt? (Denk aan enerzijds objectiviteit en belangen-vermenging en anderzijds aan te ontvangen persoonlijke adviezen.)
- Waar ligt de nadruk op?
- Welke 'proeven van bekwaamheid' heeft men?
- Wat heeft het selectiebureau/hebben de medewerkers de afgelopen jaren gepubliceerd? (Eigen boeken en brochures, tijdschriftartikelen, congresverslagen, enzovoort.)
- Bestaat er een jaarverslag?
- Is er *over* het selectiebureau gepubliceerd? (Opvragen!)

3. Contactpersoon

- Met wat voor selecteur krijgt u te maken: een junior of senior?
- Wat is diens professionele achtergrond? (Psychologie of andere we-

tenschappelijke studie? Andere opleiding, aantal jaren in het vak, publikaties.)

- Op welke ervaringen kan hij/zij bogen?
- Begrijpt de contactpersoon het probleem?
- Is er een uitgebreide briefing aan de contactpersoon zelf geweest, of is deze in aantocht?
- Is de onderzoeker vertrouwd met het type organisatie van de werkgever, de branche, enzovoort? (Waar blijkt dat uit?)

4. Inhoudelijke selectieprocedure

- Maakt het bureau overwegend gebruik van zelf-ontwikkelde (en onbekende) tests of algemeen bekende? Welke dan?
- Werkt het bureau met gestandaardiseerde interviews of uit de 'losse pols'?
- Voor een specifieke selectieprocedure: waarom kiest het bureau juist voor *deze* testbatterij?
- Wat is de relevantie van elke test voor een bepaalde functie? (Anders gezegd: meten zij alleen die aspecten die belangrijk zijn voor een goede uitoefening van de functie? Of meten zij ook nog andere zaken? Welke? En waarom juist deze?)
- Maakt het bureau gebruik van een persoonlijkheidstest? Worden de resultaten hiervan gebruikt als *eye-opener* en als ingang voor het interview? Of kent men harde cijfers toe aan de resultaten van de test?
- Wat is de betrouwbaarheid van de te gebruiken tests – voor zover bekend?
- Wat is de validiteit van de te gebruiken tests – voor zover bekend?
- Van welke andere hulpmiddelen wordt gebruik gemaakt – en hoe? (Denk onder andere aan video en audio; doorkijkspiegel voor observatiedoeleinden.)
- Van welke andere selectiemethoden maakt men ook gebruik? (Denk onder andere aan assessment center-methode, arbeidsproef, grafologie.)
- Welke subjectieve en projectieve technieken worden eventueel toegepast? (Bijvoorbeeld de Rorschach-inktvlekkentest, Boomtest.)
- En wat is uw eigen mening over deze *ondoorzichtige* methoden?
- Indien relevant: welke tests discrimineren vrouwelijke kandidaten en kandidaten uit culturele minderheden?
- In hoeverre onderkent het selectiebureau dit probleem en neemt voorzorgsmaatregelen om eventuele *bias* te vermijden?
- Welke normen worden bij de beoordeling van een kandidaat aangelegd? Standaardnormen of ad hoc-normen? (Waar zijn de laatste op gebaseerd?)

- In hoeverre kunt u de *briefing* van de opdrachtgever terugvinden in de te gebruiken tests?
- Bestaat de kans dat de meest geschikte of briljante kandidaten worden afgewezen? (De zogenaamde 'grijze muizen-selectie'.)
- Zijn er tests/methoden die *volledig* zijn geautomatiseerd? (Kandidaat zit voor toetsenbord.)
- Hoe staat u daar tegenover?
- Is het u *volledig* duidelijk hoe de totale procedure verloopt, die voor de kandidaten wordt opgezet?
- Maakt men gebruik van groepstests? En worden deze massaal in een testzaal afgenomen? (Wat is *uw* mening hierover?)

5. Omgang met sollicitanten en 'kandidaat-vriendelijkheid'

- Wat voor voorlichting verstrekt men direct aan de kandidaten?
- Hoe worden kandidaten uitgenodigd?
- Hoe (goed) is het bureau bereikbaar? (Auto, parkeergelegenheid, openbaar vervoer.)
- Op welke termijn worden kandidaten uitgenodigd?
- Worden er ook alternatieve data gegeven?
- Wat doet men allemaal om kandidaten op hun gemak te stellen (van uitnodiging tot aan rapportage)?
- Geeft men de kandidaat een kosteloze nabespreking? (Mondeling en/of telefonisch.)
- Krijgt de kandidaat inzage in het voor de opdrachtgever bestemde eindrapport?
- Krijgt de kandidaat hiervan een kopie mee?
- Ontvangt de kandidaat een beknopte samenvatting?
- Geeft het bureau aan dat het uiteindelijke testrapport *niet* aan de opdrachtgever wordt verstuurd *op voorwaarde* dat de kandidaat zich dan automatisch terugtrekt uit de procedure?
- Kan men kandidaten beroepskeuze- en loopbaanadviezen geven?
- Ziet men de kandidaat als *klant* (en biedt hem hulp en service), of als 'noodzakelijk kwaad' (met een autoritaire behandeling).

6. Rapportage

- Hoe, in welke vorm, rapporteert het bureau gewoonlijk? (Kwantitatief, kwalitatief, of beide.)
- Welke voorbeelden kunt u hiervan krijgen?
- Is het rapport naar uw idee uniek (speciaal geschreven voor u) of kan het eigenlijk op vele kandidaten betrekking hebben?
- Is het rapport begrijpelijk/goed leesbaar voor de directe opdrachtge-

ver? (Denk aan gebruik van vaktermen, 'wollig' of 'gespierd' taalgebruik, enzovoort.)

- En voor anderen (leken) in de organisatie?
- En voor uzelf?
- Hoeveel tijd ligt er tussen de (laatste) onderzoekdag en het uiteindelijke rapport?
- Geeft het bureau duidelijke conclusies en aanbevelingen? (Spreekt men zich uit? Of kunt u alle kanten uit met het rapport?)
- Geeft men ook andere adviezen, voor zover relevant? (Bijvoorbeeld geschiktheid van een kandidaat voor een *andere* functie bij deze werkgever.)
- Is het duidelijk op welke tests en methoden de conclusies zijn gebaseerd?
- Ontbreken er bepaalde zaken in het rapport? (Welke?)
- Kan het bureau deze eventueel (alsnog) opnemen?
- Is men gevoelig voor uw argumenten?

7. Onenigheid

- Beschikt u over *criteria* waaraan u moet voldoen? (Wanneer krijgt de kandidaat bijvoorbeeld het predikaat 'goed'?
- Wat stelt het bureau voor te doen bij ernstige onenigheid over het rapport?
- En bij problemen/klachten van de kandidaat?
- Wijst het bureau u op de gedragsregels van de diverse beroepsverenigingen? (NIP, BFP, NVP, OAWS, ROA.)
- Is men bereid tot een eventuele hertest bij het eigen bureau?
- Werkt men mee aan een eventueel 'contra-expertise'-onderzoek van een concurrerend instituut?

BIJLAGE I

Nederlandse bureaus voor beroepskeuzeonderzoek

Groningen

Groningen: COMPAZ Noord Nederland: 050 52 52 999 Fax: 050 52 52 998

Hoogeveen: COMPAZ Noord Nederland: 0528 27 78 66 Fax: 0528 27 98 66

Friesland

Leeuwarden: COMPAZ Friesland: 058 286 54 44 Fax: 058 286 54 48

Drente

Assen: COMPAZ Noord Nederland: 0592 31 80 85 Fax: 0592 31 85 32

Emmen: COMPAZ Noord Nederland: 0591 62 75 23 Fax: 0591 62 57 70

Overijssel

Almelo: AOB Twente: 0546 81 44 62 Fax: 0546 82 24 40

Deventer: COMPAZ IJsselstreek: 0570 63 36 05 Fax: 0570 63 75 82

Zwolle: COMPAZ IJsselstreek: 038 454 03 20 Fax: 038 454 03 84

Flevoland

Lelystad: AOB: 0320 24 34 08 Fax: 0320 23 13 55

Gelderland

Apeldoorn: Geldergroep: 055 522 23 64 Fax: 055 578 92 11

Arnhem: Geldergroep: 026 443 08 88 Fax: 026 445 72 36

Doetinchem: Geldergroep: 0314 36 12 05 (Tel/fax)

Ede: Geldergroep: 0318 64 20 20 Fax: 0318 64 24 38

Nijmegen: Geldergroep:
024 322 99 43
Fax: 024 360 44 84

Tiel: Geldergroep:
0344 63 05 99

Terborg: Geldergroep:
0264 43 55 29

Utrecht

Amersfoort: AOB:
033 470 00 78
Fax: 033 472 19 69

Utrecht: AOB:
030 236 06 00
Fax: 030 236 06 99

Noord-Holland

Alkmaar: OCTANT:
072 5 61 43 00
Fax: 072 5 61 15 52

Amsterdam: OCTANT:
020 6 25 70 90
Fax: 020 6 25 23 69

Haarlem: OCTANT:
023 532 01 02
Fax: 023 534 30 85

Hilversum: OCTANT:
035 624 50 65

Hoorn: OCTANT:
0229 21 03 40

Zaandam: OCTANT:
075 631 30 51

Zuid-Holland

Alphen a/d Rijn: AOB Rijnstreek:
0172 490000

Dordrecht: COMPAZ
Drechtsteden:
078 614 88 22
Fax: 078 614 80 11

Den Haag: AOB Den
Haag/Delft:
070 360 25 85
Fax: 070 346 20 62

Gouda: AOB Rijnstreek:
0182 581255

Leiden: AOB Rijnstreek:
071 521 01 16
Fax: 071 521 74 91

Rijswijk: AOB:
070 298 7233

Rotterdam: AOB Rijnmond:
010 2 33 19 00
Fax: 010 4 33 29 10

Zeeland

Goes: SKOA Zeeland:
0113 23 05 48
Fax: 0113 25 18 66

Noord-Brabant

Bergen op Zoom: AOB Brabant:
0164 24 22 50
Fax: 0164 24 75 58

Breda:	AOB Brabant: 076 521 89 56 Fax: 076 521 28 69
Eindhoven:	DOBA/AOB Zuidoost Brabant: 040 245 28 45 Fax: 040 243 65 88
Helmond:	DOBA/AOB Zuidoost Brabant: 0492 53 88 55 Fax: 0492 52 92 72
Den Bosch:	AOB Brabant: 073 614 06 47 Fax: 073 613 43 59
Oss:	AOB Brabant: 0412 62 29 00 Fax: 0412 62 64 00
Roosendaal:	AOB Brabant: 0165 56 74 22
Tilburg:	AOB Brabant: 013 532 14 70 Fax: 013 544 57 13
Veghel:	AOB Brabant: 0413 36 48 99

Limburg

Geleen	RDC Limburg: 046 47 49 360
Heerlen	RDC Limburg: 045 57 17 669
Maastricht	RDC Limburg: 043 36 39 666
Roermond:	AOB Limburg: 0475 38 17 89 Fax: 0475 33 39 20
Venlo:	RDC Limburg: 077 35 18 354
Venray:	RDC Limburg: 0478 51 00 32

BIJLAGE 2

Adressenlijst van Vlaamse PMS-centra

1 Vrije centra

Antwerpen

2000	Antwerpen	Frankrijklei 87	(03)232 35 86
2000	Antwerpen	Italiëlei 189	(03)232 35 35
2060	Antwerpen	Lange Beeldekensstraat 17	(03)232 40 90
2060	Antwerpen	St. Willibrordusstraat 47	(03)236 34 94
2020	Antwerpen	J. De Voslei 23b	(03)216 29 38
2200	Borgerhout	Blijde Inkomststraat 3	(03)236 26 80
2200	Borgerhout	Kerkendijk 2	(03)235 01 33
2930	Brasschaat	De Zwaan 28	(03)651 88 85
2180	Ekeren	Markt 20	(03)542 21 55
2190	Essen	Kerkeneind 1	(03)542 21 55
2440	Geel	Stationsstraat 160	(014)58 85 34
2220	Heist-op-den-berg	Fr. Coeckelbergstraat 4	(015)24 81 10
2200	Herenthals	Hellekensstraat 2	(014)21 59 01
2320	Hoogstraten	Gravin Elisabethlaan 2	(03)314 39 70
2500	Lier	Fl. van Cauwenberghstraat 13	(03)480 80 18
2800	Mechelen	Vijfhoek 1	(015)41 89 14
2170	Merksem	J. De Boeckstraat 71	(03)645 47 37
2170	Merksem	Gagelveldenstraat 54	(03)646 21 78
2400	Mol	Baron van Eetveldeplein 3 (2e verd.)	(014)31 19 97
2400	Mol	Edm. van Hoofstraat 8	(014)31 47 46
2640	Mortsel	H. Kruisstraat 15	(03)440 32 65
2300	Turnhout	Astridlaan 33	(014)41 30 21
2300	Turnhout	Begijnenstraat 50	(014)41 42 16
2290	Vorselaar	Goorbergenlaan 4	(014)51 27 89
2260	Westerlo	De Merodedreef 123	(014)54 57 36
2110	Wijnegem	Kerkhofstraat 29	(03)353 93 91
2830	Willebroek	Overwinningstraat 15	(03)886 76 04
2980	Zoersel	Bethaniënlei 2	(03)383 06 02

Brabant

3200	Aarschot	Bekaflaan 63	(016)56 72 39
1730	Asse	Weverstraat 1	(02)452 79 95
1000	Brussel	Dinantstraat 39	(02)512 30 05
1000	Brussel	M. Lemonnierlaan 133 (8e verd.)	(02)513 57 15
1030	Brussel	E. Demolderlaan 1 (1e verd.)	(02)216 57 24
1080	Brussel	R. de Geneffestraat 12	(02)428 34 75
3290	Diest	Mariëndaalstraat 35	(013)31 27 29
3150	Haacht	Werchtersesteenweg 46	(016)60 21 86
1500	Halle	Steenweg naar Ninove 7	(02)356 55 23
3000	Leuven	Diestsevest 48	(016)22 74 48
3000	Leuven	Diestsevest 50	(016)22 50 22
3000	Leuven	Regastraat 12	(016)22 79 96
3001	Leuven-Heverlee	Naamsesteenweg 355	(016)40 68 69
3300	Tienen	Veldbornstraat 18	(016)81 31 05
1800	Vilvoorde	Gendarmeriestraat 63	(02)251 15 55

Limburg

3580	Beringen	St.-Catharinastraat 8	(011)42 25 69
3740	Bilzen	Tweevoetjesweg 2	(089)41 23 86
3960	Bree	Grauwe Torenwal 11	(089)46 26 91
3600	Genk	Zevenbonderstraat 80	(089)35 29 52
3500	Hasselt	Stadsomvaart 9	(011)22 11 93
3500	Hasselt	Rozenstraat 28	(011)25 33 80
3540	Herk-de-Stad	Zoutbrugstraat 5	(013)55 16 87
3550	Heusden-Zolder	Kerkenblookstraat 7	(011)42 29 96
3530	Houthalen-Helchteren	Ringlaan 20 VI	(011)52 52 05
3920	Lommel	Einde 67	(011)54 07 62
3680	Maaseik	Prinsenhoflaan 33	(011)56 32 30
3630	Maasmechelen	Deken Bernardstraat 4 bus 2	(089)76 44 33
3630	Maasmechelen	deken Bernardstraat 4 bus 3	(089)76 49 34
3910	Neerpelt	Sooi Willemsplein 3	(011)64 13 77
3910	Neerpelt	J. Tassetstraat 31 bus 1 en 3	(011)64 12 47
3800	St.-Truiden	Luikersteenweg 7 bus 1	(011)68 29 56
3700	Tongeren	Dirikenlaan 4	(012)23 24 56

Oost-Vlaanderen

9300	Aalst	Pontstraat 13	(053)78 09 37
9300	Aalst	Langestraat 12	(053)78 85 10
9120	Beveren	Ciamberlanidreef 246	(03)755 58 69
9800	Deinze	G. Gezellelaan 116	(09)386 27 80
9800	Deinze	G. Gazellelaan 118	(09)386 14 56
9200	Dendermonde	Dijkstraat 43	(052)21 52 53
9200	Dendermonde	Vlasmarkt 29	(052)21 23 38
9900	Eeklo	Visstraat 14	(09)377 36 50
9000	Gent	Holstraat 95	(09)225 95 96
9000	Gent	Holstraat 91	(09)223 77 50
9000	Gent	Marialand 29	(09)223 34 45
9000	Gent	Savaanstraat 35	(09)225 72 17
9220	Hamme	Kaaiplein 29	(052)47 74 62
9160	Lokeren	Grote kaai 7 bus 2	(09)348 25 62
9400	Ninove	Kluisweg z/n	(054)33 90 19
9700	Oudenaarde	Burgscheldestraat 7	(055)31 38 62
9600	Ronse	Abeelstraat 35	(055)21 22 84
9040	St.-Amandsberg	Halvemaanstraat 96	(09)228 62 05
9100	St.-Niklaas	Ankerstraat 63	(03)776 34 51
9230	Wetteren	Hoenderstraat 53	(09)369 22 21
9620	Zottegem	Kastanjelaan 8	(09)361 14 01

West-Vlaanderen

8370	Blankenberge	Astridlaan 35	(050)41 84 22
8200	Brugge	Legeweg 83a	(050)31 55 35
8000	Brugge	St. Maartensbilk 2	(050)33 76 21
8900	Ieper	Bukkersstraat 38	(057)21 60 48
8870	Izegem	Meensestraat 171	(051)30 13 61
8500	Kortrijk	Kasteelstraat 29	(056)24 09 01
8930	Menen	Oude Leielaan 83a	(056)51 36 01
8400	Oostende	Fr. Orbanstraat 145	(059)50 68 00
8400	Oostende	Ieperstraat 27	(059)80 31 82
8970	Poperinge	Rekhof 22	(057)33 43 28
8800	Roeselare	Kattenstraat 65	(051)24 30 00
8700	Tielt	Bruggestraat 42	(051)40 08 95
8700	Tielt	Peperstraat 6	(051)40 22 07
8820	Torhout	Papebrugstraat 8	(050)22 14 80
8630	Veurne	Oude Beestenmarkt 6	(058)31 16 14
8790	Waregem	Zuiderlaan 42	(056)60 23 93
8550	Zwevegem	Deerlijkstraat 133	(056)75 50 73

2 Centra van het gemeenschapsonderwijs

Antwerpen

2000	Antwerpen	Van Stralenstraat 48	(03)232 23 82
2850	Boom	Beukenlaan 54	(03)888 24 21
2930	Brasschaat	Van Hemelrijcklei 81	(03)651 79 11
2100	Deurne	Arendshoflaan 4	(03)324 52 55
2280	Herentals	Burchtstraat 7	(014)21 52 04
2660	Hoboken	Antwerpsesteenweg 59-61	(03)827 53 08
2500	Lier	Kard. Mercierplein 13	(03)480 17 81
2800	Mechelen	Augustijnenstraat 82	(015)20 07 31
2400	Mol	Schansstraat 41	(014)31 18 19
2300	Turnhout	Grote Markt 52	(014)41 33 30

Brabant

1000	Brussel	M. Lemonnierlaan 131 (4e verd.)	(02)512 20 59
1090	Brussel	Dieleghemsesteenweg 24-26	(02)479 26 82
3290	Diest	Boudewijnvest I	(013)33 35 81
1500	Halle	Willamekaai 19	(02)356 38 58
3000	Leuven	Redingenstraat 86 bus 2	(016)22 81 95
3300	Tienen	Oude Vestenstraat 14	(016)81 58 18
1800	Vilvoorde	Ridderstraat 7-9	(02)251 44 25

Limburg

3600	Genk	Weg naar As 199a	(011)35 50 61
3500	Hasselt	Luikersteenweg 56	(011)22 17 38
3500	Hasselt	Vilderstraat 2	(011)21 02 69
3680	Maaseik	Van Eycklaan 116	(089)56 47 32
3800	St.-Truiden	Breendonkstraat 21a	(011)68 28 91
3700	Tongeren	Sacramentstraat 70	(012)23 12 39

Oost-Vlaanderen

9300	Aalst	Zonnestraat 25	(053)78 37 35
9800	Deinze	Tolpoortstraat 68	(09)386 29 37
9470	Denderleeuw	Steenveldlaan 32	(053)66 91 26
9200	Dendermonde	Grote Markt 25	(052)21 54 33
9900	Eeklo	Eikelstraat 42	(09)377 36 93
9000	Gent	Voskenslaan 262	(09)222 81 85

9000	Gent	Graaf van Vlaanderenplein 23	(092)25 69 42
9500	Geraardsbergen	Kattestraat 5	(054)41 12 84
9700	Oudenaarde	Woeker bus A2/B2	(055)31 13 18
9600	Ronse	IJzerstraat 10	(055)21 30 78
9100	St.-Niklaas	Dr. A. Verdurmenstraat 2	(03)776 37 98

West-Vlaanderen

8370	Blankenberge	Vredelaan 39	(050)41 42 50
8000	Brugge	Klaverstraat 49	(050)33 78 73
8900	Ieper	Minneplein 42	(057)20 08 95
8500	Kortrijk	Burg. Nolfstraat 11	(056)22 56 61
8400	Oostende	Hennepstraat 53	(059)70 21 00
8800	Roeselare	H. Verrieststraat 36	(051)22 64 54
8630	Veurne	Smissestraat 10	(058)31 10 75

3 Provinciaal centrum

2018	Antwerpen	Markgravelei 86	(03)241 05 00

4 Gemeentelijke centra

Antwerpen

2000	Antwerpen	Lange Gasthuisstraat 29	(03)231 19 21
2060	Antwerpen	Bisschopstraat 67	(03)234 32 10
2040	Antwerpen	Dorpsbeekstraat 104	(03)568 79 31
2100	Deurne	P. Van Isackerlaan 1a	(03)366 16 36
2800	Mechelen	Van Benedenlaan 60	(015)41 98 41
2800	Mechelen	Oude Antwerpsebaan 92	(015)21 19 19

Oost-Vlaanderen

9000	Gent	Jubileumlaan 215 (2e verd.)	(09)223 84 74

West-Vlaanderen

8400	Oostende	Northlaan 14	(059)70 75 41

5 Neutrale centra

Antwerpen

2070 Ekeren	Kloosterstraat 99	(03)542 68 02

West-Vlaanderen

8420 De Haan	Koninklijke baan 5	(059)23 41 69

6 Vlaamse Gemeenschapscommissie Brussel

1000 Brussel	Gasthuisstraat 35	(02)515 77 67

Duitsland

Centra van het gemeenschapsonderwijs

D-5060 Bensberg Block Merkem K.A.
4090 SPD 4-BSD T.00-49.2204.49.92.62

BIJLAGE 3

Gedragscode beroepskeuze-adviseurs

Algemeen

Artikel 1
De beroepskeuze-adviseur heeft in zijn functie primair de plicht de consultant bij te staan in keuzen en beslissingen betreffende opleiding, beroep of arbeid.

Dit dient hij te doen naar beste weten en kunnen volgens de geldende Kwaliteitsstandaard van de Vereniging van Beroepskeuze-Adviseurs en de in deze Kode vastgestelde beroepsethische normen.

Artikel 2
De beroepskeuze-adviseur dient te bevorderen dat de consultant op basis van vrijwilligheid deelneemt aan de beroepskeuze-procedure en/of de op de consultant van toepassing verklaarde selectie-procedure.

Artikel 3
De beroepskeuze-adviseur is verplicht geheimhouding te bewaren over vertrouwelijke zaken die hem in verband met de uitoefening van zijn functie bekend worden. Het vorengenoemde is niet van toepassing indien er sprake is van misdrijven of pogingen daartoe zoals in het Wetboek van Strafrecht genoemd.

Artikel 4
De beroepskeuze-adviseur zal datgene vermijden waardoor het aanzien van het beroep kan worden geschaad.

Artikel 5
De beroepskeuze-adviseur dient zijn professioneel handelen primair aan deze Kode te toetsen en zich in twijfelgevallen te wenden tot het Bestuur van de Stichting Register Beroepskeuze-adviseurs.

De verhouding tot de consultant

Artikel 6
De houding van de beroepskeuze-adviseur tegenover de consultant dient

te zijn gebaseerd op eerbiediging van diens persoon en zijn levensbeschouwelijke overtuiging, alsmede op de erkenning van diens verantwoordelijkheid voor eigen keuze van handelen.

Artikel 7
De beroepskeuze-adviseur heeft de plicht de consultant zo volledig mogelijk op de hoogte te stellen van zaken, inhoud en resultaat van de op hem betrekking hebbende beroepskeuze-procedure of selectie-procedure.

Artikel 8
De beroepskeuze-adviseur zal de consultant zonodig duidelijk maken, op welke wijze, in welke vormen en door welke instellingen eventueel andere of aanvullende hulp kan worden geboden.

Artikel 9
De beroepskeuze-adviseur zal omtrent de persoon en de omstandigheden van de consultant slechts gegevens verzamelen voor zover deze van belang zijn voor de beroepskeuze-procedure en/of de van toepassing verklaarde selectie-procedure.

Artikel 10
De beroepskeuze-adviseur is tot geheimhouding verplicht van alle vertrouwelijke gegevens die hem over een consultant bekend zijn geworden. Deze plicht wordt slechts door de expliciete toestemming van de consultant opgeheven, waarbij de beroepskeuze-adviseur hem op de consequenties daarvan zal wijzen.

Artikel 11
Indien terwille van de beroepskeuze-procedure of een selectie-procedure wordt samengewerkt met anderen, zal de beroepskeuze-adviseur aan hen gegevens verstrekken, echter niet zonder de (bij voorkeur schriftelijke) toestemming van de consultant.

Artikel 12
Gegevens omtrent een consultant mogen zonder diens toestemming slechts aan anderen worden verstrekt ten behoeve van research. In dat geval dienen strikte waarborgen te worden getroffen voor de anonimiteit van de consultant.

Artikel 13
Indien de beroepskeuze-adviseur wordt opgeroepen als getuige zal hij zich van geval tot geval afvragen, of hij op grond van de in de voorgaande artikelen omschreven plicht tot geheimhouding zich dient te beroepen op het

in de Nederlandse Wetgeving neergelegde verschoningsrecht van getuigen.

Artikel 14
De beroepskeuze-adviseur streeft er ernstig naar dat de consultant ervan op de hoogte wordt gesteld dat hij het recht heeft bij het Bestuur van de Stichting Register Beroepskeuze-adviseurs een klacht in te dienen indien hij van mening is dat door de beroepskeuze-adviseur onjuist, derhalve in strijd met de bepalingen van deze Kode, is gehandeld.

De verhouding tot anderen

Artikel 15
De beroepskeuze-adviseur dient tot samenwerking met anderen bereid te zijn indien de vraagstelling dit noodzakelijk maakt en voor zover de Kode dit toelaat. Daarbij zal hij tegenover hen die uit hoofde van een ander beroep bemoeienis hebben met de consultant begrip tonen voor de inbreng der gegevens van deze beroepsbeoefenaren.

Artikel 16
De beroepskeuze-adviseur dient bereid te zijn, zijn vaktechnische inzichten en ervaring als beroepskeuze-adviseur ten dienste te stellen van collega's en eveneens zijn eigen opvattingen aan de hunne te toetsen.

Artikel 17
De beroepskeuze-adviseur die gegronde reden heeft om aan te nemen dat enig belang van de consultant en/of het aanzien van het beroep ernstig wordt geschaad door een collega dient, indien geen oplossing kan worden gevonden, zijn bezwaren aanhangig te maken bij het Bestuur van de Stichting Register Beroepskeuze-adviseurs.

Artikel 18
Indien standpunten van aanvrager en/of consultant de aangegane procedure belemmeren of verstoren, zal de beroepskeuze-adviseur deze situatie aan betrokkene(n) dienen te verduidelijken. Blijkt vervolgens geen voortgang mogelijk dan kan de beroepskeuze-adviseur desgewenst de consultant afzonderlijk van advies dienen.

Betreffende rapportage

Artikel 19
De inhoud van een omtrent de consultant opgemaakt rapport dient aanvaardbaar te zijn voor betrokkene of diens wettelijke vertegenwoordiger.

Anders kan het niet worden uitgebracht.

Artikel 20
Indien de aanvrager een ander is dan de consultant dient de beroepskeuze-adviseur ervoor te zorgen dat de consultant, indien hij dit wenst, een eensluidend afschrift krijgt van het rapport.

Artikel 21
Met betrekking tot rapporten die vertrouwelijke informatie bevatten over personen, dient de beroepskeuze-adviseur van alle anderen dan de consultant die van het rapport kennis nemen geheimhouding en zorgvuldige hantering van de informatie te verlangen.

Artikel 22
De beroepskeuze-adviseur dient de aanvrager en de consultant erop te wijzen dat de geldigheid van de in het rapport vastgelegde gegevens en bevindingen van beperkte duur kan zijn, met name indien zich belangrijke wijzigingen in de situatie en/of de vraagstelling van de consultant voordoen.

Bron: Stichting Register Beroepskeuze-adviseurs

BIJLAGE 4

Richtlijnen ontwikkeling en gebruik van psychologische tests en studietoetsen

1. Het afnemen van een test zonder toestemming van de cliënt is niet toegestaan, tenzij:
a. het testen wettelijk is geregeld (bijv. landelijke testprogramma's);
b. het testen een vast onderdeel vormt van schoolactiviteiten (bijv. in geval van schooltests die landelijk worden afgenomen of deelname van scholen aan normeringsonderzoek);
c. toestemming stilzwijgend is overeengekomen (bijv. bij sollicitaties of toelating tot onderwijs en opleidingen).

Wanneer toestemming niet is vereist, moet de cliënt worden geïnformeerd over de testprocedure en afname. (Primair.)

Toelichting
Cliënten behoren informatie te krijgen over het doel van het testprogramma, de typen tests die zullen worden gebruikt, de consequenties van de testresultaten en wie wel en wie niet toegang heeft tot deze gegevens. Ook wanneer het testen wettelijk is toegestaan en geen officiële toestemming voor afname is vereist, moeten de cliënten altijd de beschikking krijgen over relevante informatie over een test die in hun belang is.

Ook zeer jeugdige kandidaten dienen uitleg te krijgen over het hoe en waarom van het testen. Ook kinderen van twee à drie jaar en vele geestelijk gehandicapten kunnen, indien de uitleg duidelijk is, het doel van een test begrijpen. Bijvoorbeeld een verduidelijking als: 'Ik ga je vragen om enkele dingen te doen, zodat ik kan zien wat je kan en bij welke dingen je een beetje hulp kan gebruiken...', is voor eenieder te begrijpen.

2. Cliënten dienen in voor hen begrijpelijke taal voldoende informatie en uitleg te krijgen, over de testresultaten, de conclusies en aanbevelingen op basis van deze resultaten. (Primair.)

Toelichting
Bovenbedoelde informatie en uitleg moet begrijpelijk zijn voor alle cliënten, dus ook voor personen die de Nederlandse taal niet machtig zijn, voor kinderen en voor geestelijk gehandicapten.

3. Testresultaten op naam mogen niet zonder toestemming van de cliënt aan andere instellingen of personen worden gerapporteerd, tenzij dit wettelijk anders is vastgelegd. Alleen personen, die daartoe wettelijk of op basis van hun professie zijn gemachtigd mogen testinformatie die op naam staat onder ogen krijgen. (Primair.)

Toelichting
Indien de resultaten anoniem zijn, mogen testscores zonder toestemming van de cliënt voor wetenschappelijk onderzoek worden gebruikt, tenzij deze te kennen heeft gegeven hier bezwaar tegen te hebben.

4. Testscores en daarop gebaseerde adviezen en interpretaties moeten op verzoek van de cliënt beschikbaar worden gesteld aan deskundigen voor elk doel waarvoor dit materiaal redelijkerwijs geschikt is. (Secundair.)

Toelichting
Het kan hierbij bijvoorbeeld gaan om een klinische situatie waarin op basis van testscores een beslissing over een behandelingsplan wordt genomen. Wanneer de cliënt het met de beslissing niet eens is, kan het voorkomen dat hij de mening van een andere deskundige wil weten. Deze moet dan de beschikking over de testgegevens kunnen krijgen. Hetzelfde geldt voor andere situaties, bijvoorbeeld de selectiesituatie, waarin contra-expertise wordt gevraagd, of de beroepskeuzesituatie, waarin de testscores voor meerdere doeleinden bruikbaar kunnen zijn.

5. Organisaties die testscores van individuele personen in databestanden of dossiers bewaren, moeten duidelijke beleidsregels opstellen met betrekking tot de tijd dat de gegevens bewaard blijven, de toegankelijkheid en de termijn waarbinnen de gegevens voor welke doeleinden geldig blijven. (Primair.)

Toelichting
In veel gevallen neemt de waarde van testscores af met het verstrijken van de tijd, en zijn zij na een bepaalde periode zo verouderd dat zij niet meer gebruikt zouden moeten worden. Het komt echter ook voor dat testscores na enkele jaren nog bruikbaar zijn, bijvoorbeeld bij longitudinaal onderzoek. Centraal in het oordeel of testscores na verloop van tijd nog gebruikt mogen worden, staat de vraag of zij nog valide zijn.

6. De op computerfiles opgeslagen testgegevens moeten worden beschermd, zodat daartoe niet gemachtigde personen geen toegang krijgen tot vertrouwelijke gegevens. Het gebruik van gemeenschappelijke computernetwerken, databanken en andere elektronische dataverwerkings-

systemen moet beperkt blijven tot die situaties waarbij de vertrouwelijkheid van de informatie volledig is gewaarborgd. (Primair.)

Toelichting
Om de vertrouwelijkheid van informatie in databanken te waarborgen, verdient het aanbeveling dat verschillende categorieën gebruikers van die informatie slechts toegang hebben tot de informatie die voor hun werkzaamheden van belang is. Zo is het bijvoorbeeld niet nodig dat een research-psycholoog op achternaam in de databanken kan zoeken.

7. Wanneer op basis van testscores personen worden toegewezen aan categorieën, moeten deze categorieën zijn gebaseerd op zorgvuldig geselecteerde criteria. Er moet voor worden gezorgd dat beschrijvingen niet stigmatiserend zijn. (Primair.)

Toelichting
Het is van belang steeds te bedenken hoe een bepaalde kwalificatie door een cliënt kan worden geïnterpreteerd. Begrippen als 'geschikt' en 'intelligent' worden vaak geassocieerd met door het individu niet te veranderen en te beheersen toestanden. Bij vergelijkende selectie zou men beter in relatieve termen kunnen spreken dan gebruik te maken van genoemde begrippen, bijvoorbeeld 'meer geschikt dan andere sollicitanten voor deze functie'.

8. De testscore van een cliënt kan ongeldig worden verklaard, wanneer er sprake is van geconstateerde onregelmatigheden in de testprocedure, bijvoorbeeld onjuiste afname of fraude van de kandidaat. Wanneer dit het geval is moet de kandidaat volledig op de hoogte worden gesteld van het hoe en waarom van het ongeldig verklaren of niet rapporteren van de resultaten en ook van het onderzoek en de aard van de informatie die tot die beslissing aanleiding gaven.

Wanneer er vermoedens bestaan over onregelmatigheden in een testprocedure moeten alle relevante gegevens worden beoordeeld. (Primair.)

Toelichting
Wanneer degene die de test afneemt een protocol bijhoudt van de testafname waarin onregelmatigheden worden genoteerd, kan hierop een beroep worden gedaan wanneer over gemelde onregelmatigheden verantwoording moet worden afgelegd. Aantijgingen over onregelmatigheden die betrekking hebben op 'spieken' zijn soms gebaseerd op het optreden van een identiek patroon van foute antwoorden op meerkeuzevragen bij twee of meer kandidaten. Deze methode mag niet als enige worden gebruikt bij het opsporen van onregelmatigheden, omdat dan eventueel con-

trasterende informatie over het hoofd wordt gezien of wordt ondergewaardeerd. Er zal dus evenveel moeite worden gedaan voor het inwinnen van informatie die een aanleiding kan vormen voor het ongeldig verklaren van een testscore, als voor gegevens die dit tegenspreken.

9. Wanneer de rapportering van testscores en beslissingen wordt vertraagd, omdat onderzoek noodzakelijk is naar mogelijke onregelmatigheden in de testprocedure, moeten de cliënten op de hoogte worden gesteld van oorzaken en gevolgen van het uitstel. Het onderzoek moet zo snel mogelijk worden afgerond en er moet zorg voor worden gedragen dat de belangen van de cliënten niet worden geschaad. (Primair.)

Toelichting
De belangen van cliënten worden geschaad als het onderzoek naar onregelmatigheden zoveel tijd in beslag neemt dat bijvoorbeeld de aanmeldingstermijn voor een opleiding is verstreken, de sollicitatieprocedure reeds in een volgende fase is gekomen, enzovoort. Ook is het niet juist mededelingen over mogelijke onregelmatigheden aan derden te verstrekken voordat het onderzoek is afgerond.

10. Alvorens een testscore ongeldig wordt verklaard of niet wordt gerapporteerd, moet de cliënt in de gelegenheid worden gesteld het besluit aan te vechten volgens afgesproken regels. Alle informatie en argumenten, ook de informatie die kan leiden tot herziening van de beslissing, moet de cliënt op zijn verzoek worden verstrekt. (Primair.)

Toelichting
Sommige testorganisaties bieden de mogelijkheid een hertest aan te vragen of een geschil aan een arbitragecommissie voor te leggen.

Bron: Commissie Testaangelegenheden Nederland (COTAN), Nederlands Instituut van Psychologen, Amsterdam, 1988.

Testregister

Wilt u **snel** een test vinden? Alle in dit boek genoemde tests zijn in dit register opgenomen, in de eerste kolom, met vermelding van het paginacijfer. Wanneer tests (uitgebreider) zijn beschreven in de zusterpublikatie *Alles over management tests* staat dat in de tweede kolom met hoofdstuknummer vermeld.

Zaken- en personenregister